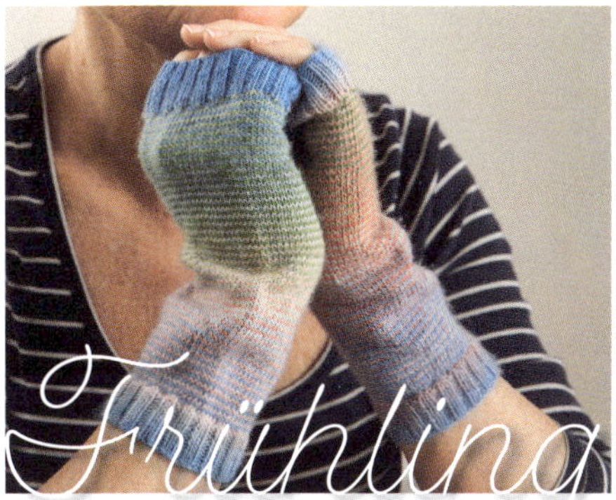

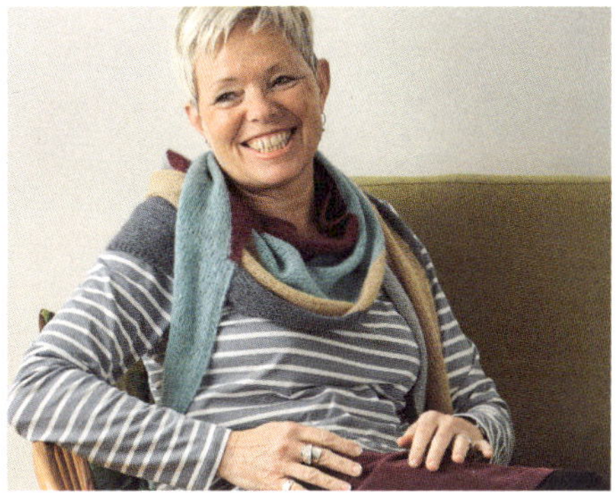

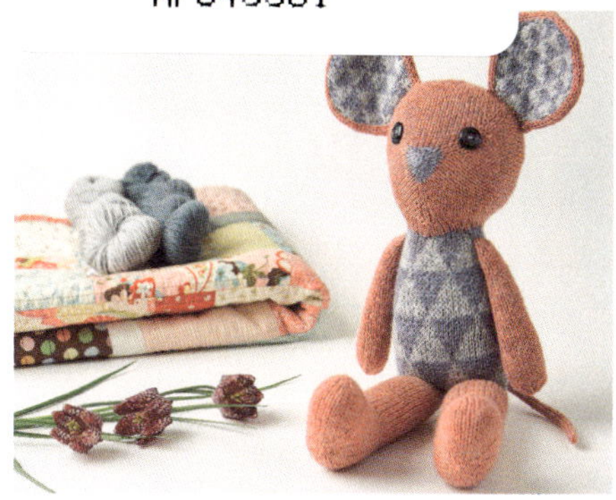

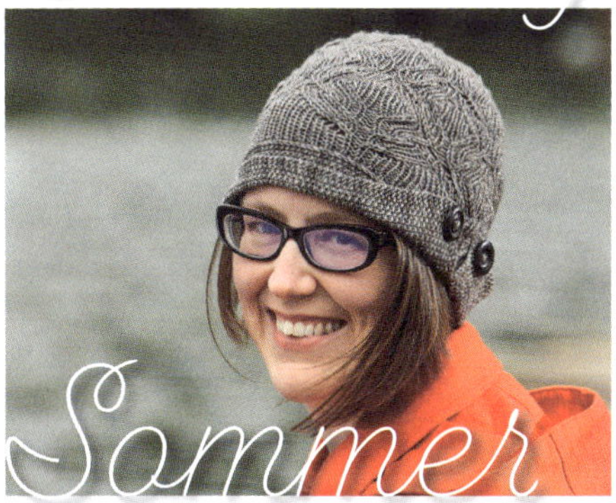

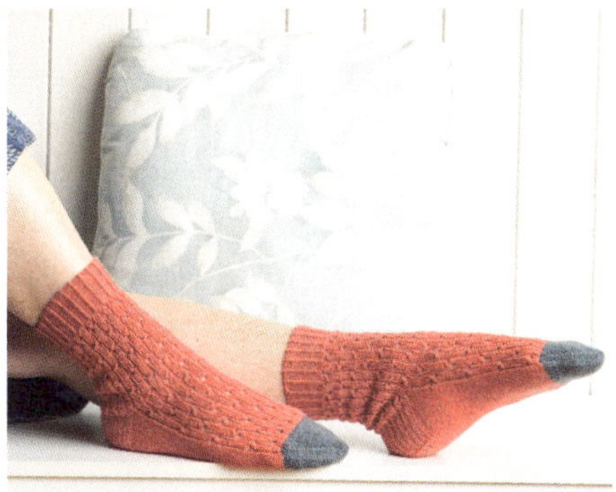

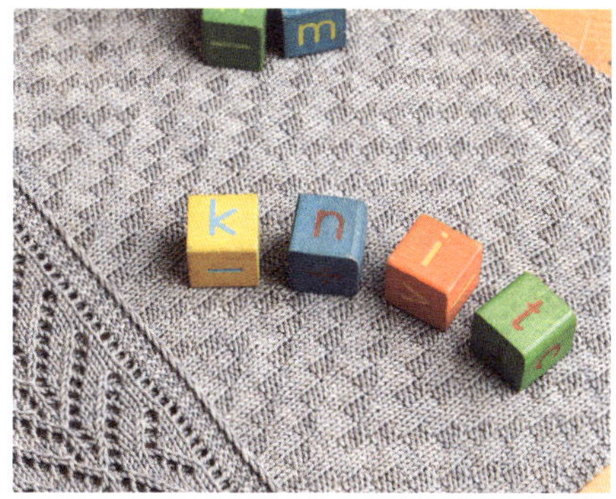

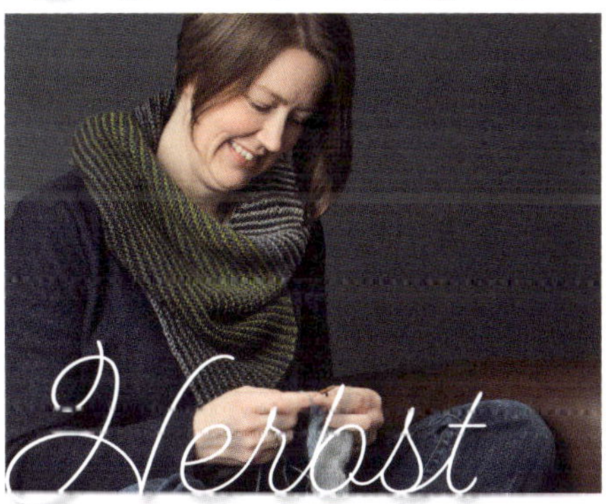

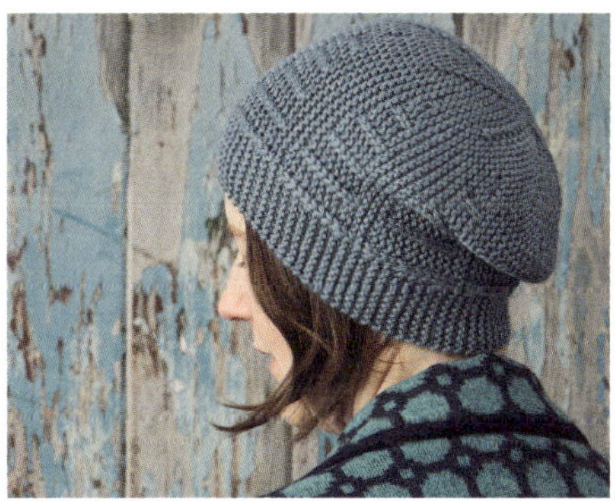

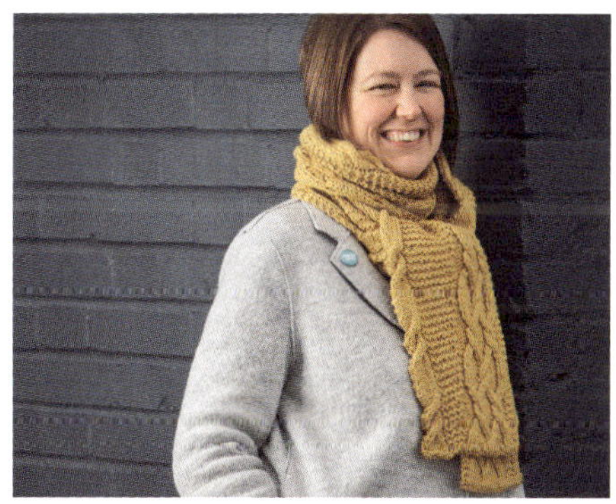

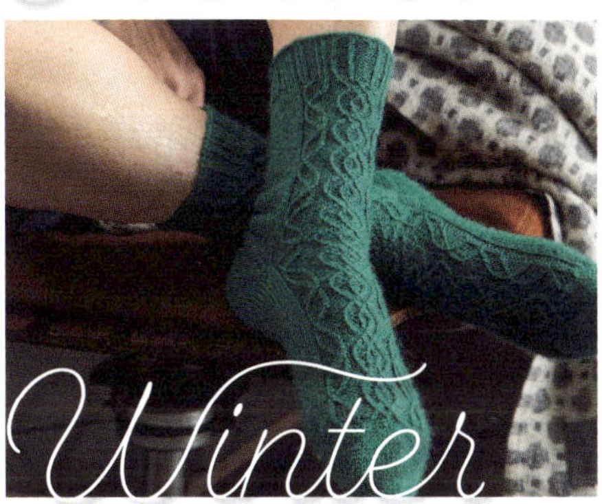

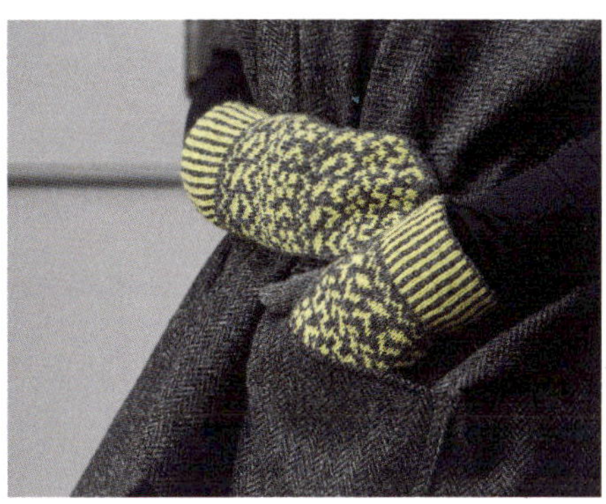

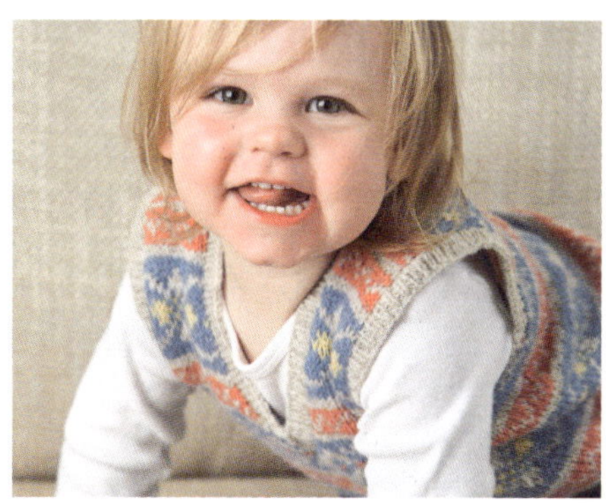

ARNALL-CULLIFORD KNITWEAR

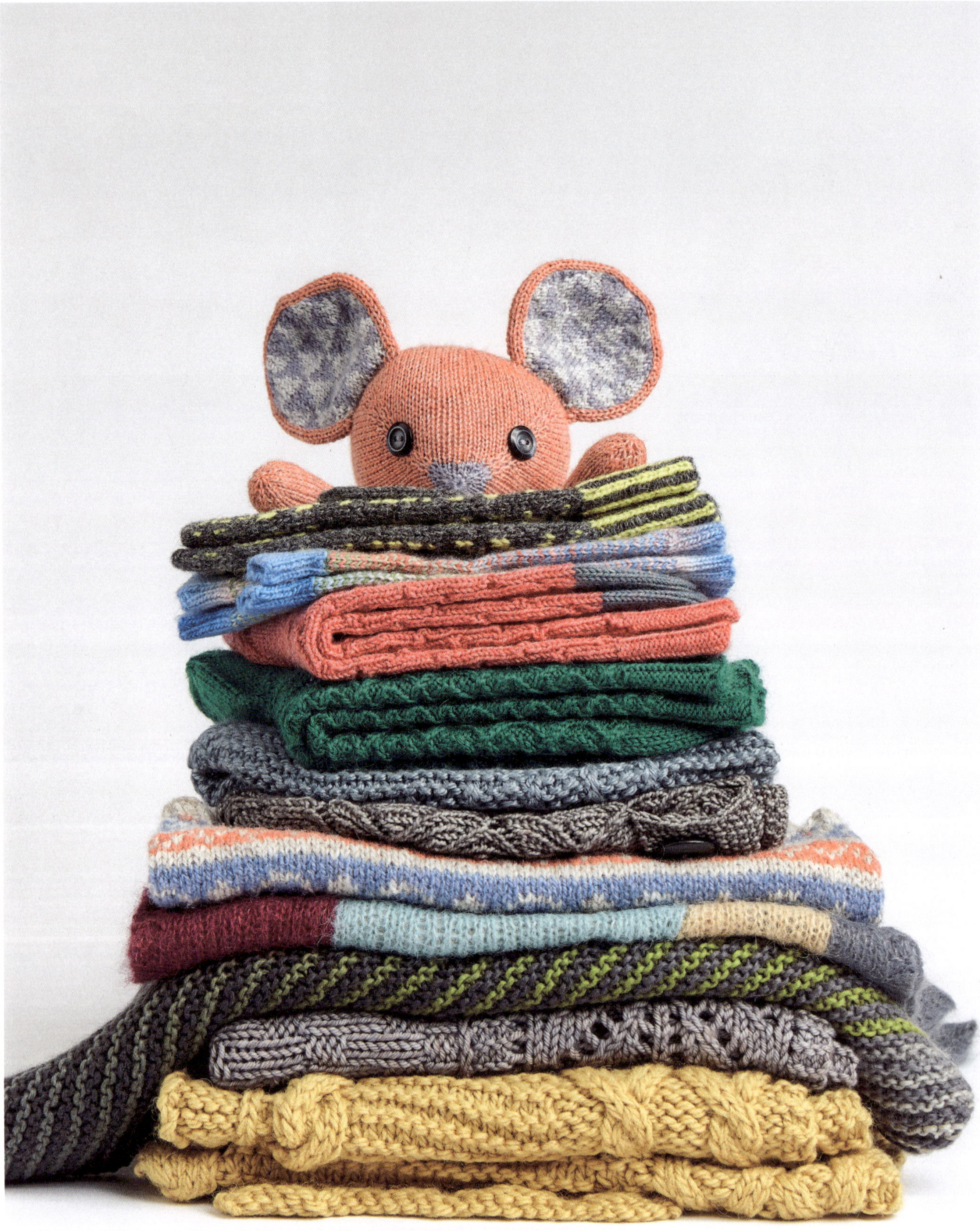

Jen Arnall-Culliford

MASTERCLASS STRICKEN

12 Techniken in 12 Monaten

stiebner

Vorwort
von
KAY GARDINER & ANN SHAYNE

Erinnern Sie sich daran, wie Sie stricken gelernt haben? Es war so ungewohnt. So merkwürdige Bewegungen, Wolle, die machte, was sie wollte, das unverständliche Kauderwelsch einer Anleitung. Wem gehören bloß die Hände am Ende meiner Arme? Sie gehorchen nicht!

Vielleicht haben Sie das Stricken von einer Freundin, Ihrer Mutter oder Oma gelernt. Vielleicht haben Sie einen Kurs besucht. Oder online ein Video gesehen. Ganz egal, wie Sie es gelernt haben, es hat funktioniert: Sie machen aus einem Faden ein Strickstück.

Dabei ist das eine bescheidene Beschreibung für diese heftige Leidenschaft. Wenn Sie so sind wie die Leute, die wir kennen, dann hat sich Ihre Ausdrucksweise durch das Stricken plötzlich verändert:

„Nur noch eine Reihe."

„Schhhh, ich zähle."

„Ich muss noch was besorgen" – Codewort, das natürlich „Ich gehe zum Wollladen. Mal wieder." bedeutet.

In den Monaten, in denen wir die Projekte in Masterclass Stricken gestrickt haben, spürten wir immer und immer wieder die schiere Freude, etwas Neues zu lernen.

Wir stricken schon seit Jahrzehnten, und manchmal bilden wir uns ziemlich was auf die tollen Dinge ein, die wir können. Aber Jen und Jim Arnall-Culliford zeigen uns in Masterclass Stricken, dass es immer etwas Neues zu lernen gibt. Und diese Sammlung von Projekten und Lektionen ist völlig anders als alles, was wir bisher gesehen haben.

Die Idee, jeden Monat mit einem neuen Projekt eine neue Technik zu lernen, bedeutet, dass wir nicht am Ende mit einem Stapel Maschenrproben dasitzen. Stattdessen haben wir völlig stressfrei für lauter Weihnachtsgeschenke gesorgt.

Die Anleitungen sind clever, schnell zu stricken und repräsentieren ein Who's who der internationalen Strickdesigner. Als wir die Liste der Beteiligten sahen, wussten wir sofort, dass Masterclass Stricken etwas ganz Besonderes werden würde: Ella Austin, Martina Behm, Rachel Coopey, Ella Gordon, Sarah Hatton, Rosemary (Romi) Hill, Bristol Ivy, Mary Jane Mucklestone, Tin Can Knits, Woolly Wormhead. Das sind alles absolute Topdesignerinnen, deren Designs überraschende Wendungen und Tricks bieten.

Jen und Jim Arnall-Culliford marschieren dabei furchtlos vorneweg. Jen ist ein wandelndes Lexikon, kennt selbst die ausgefallensten Aspekte praktisch jeder Technik. Noch erstaunlicher ist, dass sie ganz entspannt ist: Ihre Unterrichtsvideos vermitteln eine solche Ruhe und so viel Selbstvertrauen, dass wir nicken und denken: „Klar, keine große Sache. Ein Kinderspiel." Selbst wenn wir uns fragen, ob wir das tatsächlich hinkriegen. Dank ihrer sorgfältigen Erklärungen schaffen wir das natürlich.

Wir besteigen den Mount Intarsia. Wir stricken Streifen, die einander hinterherjagen, sich aber nie erwischen. Wir machen Mäuse. Wir lernen jeden Monat etwas Neues, und wenn wir mit den Projekten beginnen, fühlt es sich genauso an wie damals, als wir stricken lernten.

Das. Macht. So. Viel. Spaß.

Einleitung
von
JIM ARNALL-CULLIFORD

„Wäre es nicht toll, wenn …"-Gespräche bleiben allzu oft Träume, die nicht wahr werden. Manchmal jedoch werden diese vagen Ideen zu etwas, das sich tatsächlich umsetzen lässt. Masterclass Stricken begann als ein solches Gespräch. Bei unserer Firmenweihnachtsfeier – einem ruhigen Mittagessen an einem grauen Januartag – suchten wir nach Ideen für ein neues Projekt. Natürlich ging es um ein Strickbuch, aber wie könnten wir ihm unseren Stempel aufdrücken, so dass es etwas Besonderes wird?

Vielen Designern macht es Spaß, bei der Entwicklung einer Anleitung aus den unzähligen technischen Varianten auszuwählen, die am Ende alle mehr oder weniger zum selben Ergebnis führen. Die Herausforderung, eine ungewöhnliche Technik zu meistern, treibt uns an. Ein Buch über praktische und interessante Techniken passte zu unseren Erfahrungen als Lektoren und Schullehrer. Ein rein technisches Anleitungsbuch wäre aber ziemlich sicher sehr trocken, daher war uns klar, dass wir Designs zu den einzelnen Techniken zeigen wollten. Auch wenn wir beide schon Anleitungen veröffentlicht hatten, wollten wir Experten für jeden Bereich, die uns ihre Version einer bestimmten Methode näherbringen. Dann mussten wir ein Thema finden und entscheiden, wie viele Techniken und Anleitungen es enthalten sollte. Ich schlug zunächst vor, die Anleitungen nach Jahreszeiten zu ordnen, aber als wir uns auf 12 Anleitungen geeinigt hatten, war es kein großer Sprung mehr zu einer monatlichen Anordnung.

Stricken und Lernen macht in Gesellschaft mehr Spaß und ist auch effektiver. Wir wollten nicht bloß mit all den talentierten Designern arbeiten, sondern auch gemeinschaftlich. Das ist bei einem gedruckten Buch, dessen Leser über die ganze Welt verstreut sind, natürlich etwas schwierig. Die Lösung war, Inhalt und Diskussionen online zu stellen, so dass jeder mitmachen konnte.

Wir hatten das Glück, beim Videodreh mit dem tollen Jesse Wild zusammenzuarbeiten, so dass Jen Schritt für Schritt erklären konnte, wie man etwas macht und wieso überhaupt und das ganz bequem zu Hause. Außerdem waren die Knitalongs in der Arnall-Culliford-Knitwear-Gruppe auf Ravelry und in The Lounge bei Mason-Dixon Knitting ideal, um sich über Tipps, Probleme und vor allem den Spaß an neuen Stricktechniken auszutauschen.

Wir haben die Erklärungen so allgemein wie möglich gehalten, so dass man die Technik bei jedem Projekt anwenden kann, dazu gibt es Videotutorials auf Mason-Dixon Knitting. Oder man strickt einfach dieses oder jenes Projekt und nutzt die Fotoanleitungen nur, wenn man sie gerade braucht. Man kann natürlich auch das ganze Jahr durchstricken, und wenn man das tut, wird man bemerken, dass die Technik bei manchen Monaten ganz für sich steht, während andere auf Techniken zurückgreifen, die in vorangegangenen Monaten auf dem Plan standen.

Wie heißt es so schön? Es ist egal, ob man seit fünf Minuten, fünf Jahren oder fünf Jahrzehnten strickt, man kann immer noch etwas Neues lernen. Hier ist es also: Ein Buch mit 12 Lektionen, die über die Grundlagen des Strickens hinausgehen, mit unwiderstehlichen Projekten und einer lebendigen Onlinefamilie, so dass man sich gemeinsam durch ein Jahr voller Techniken arbeiten kann.

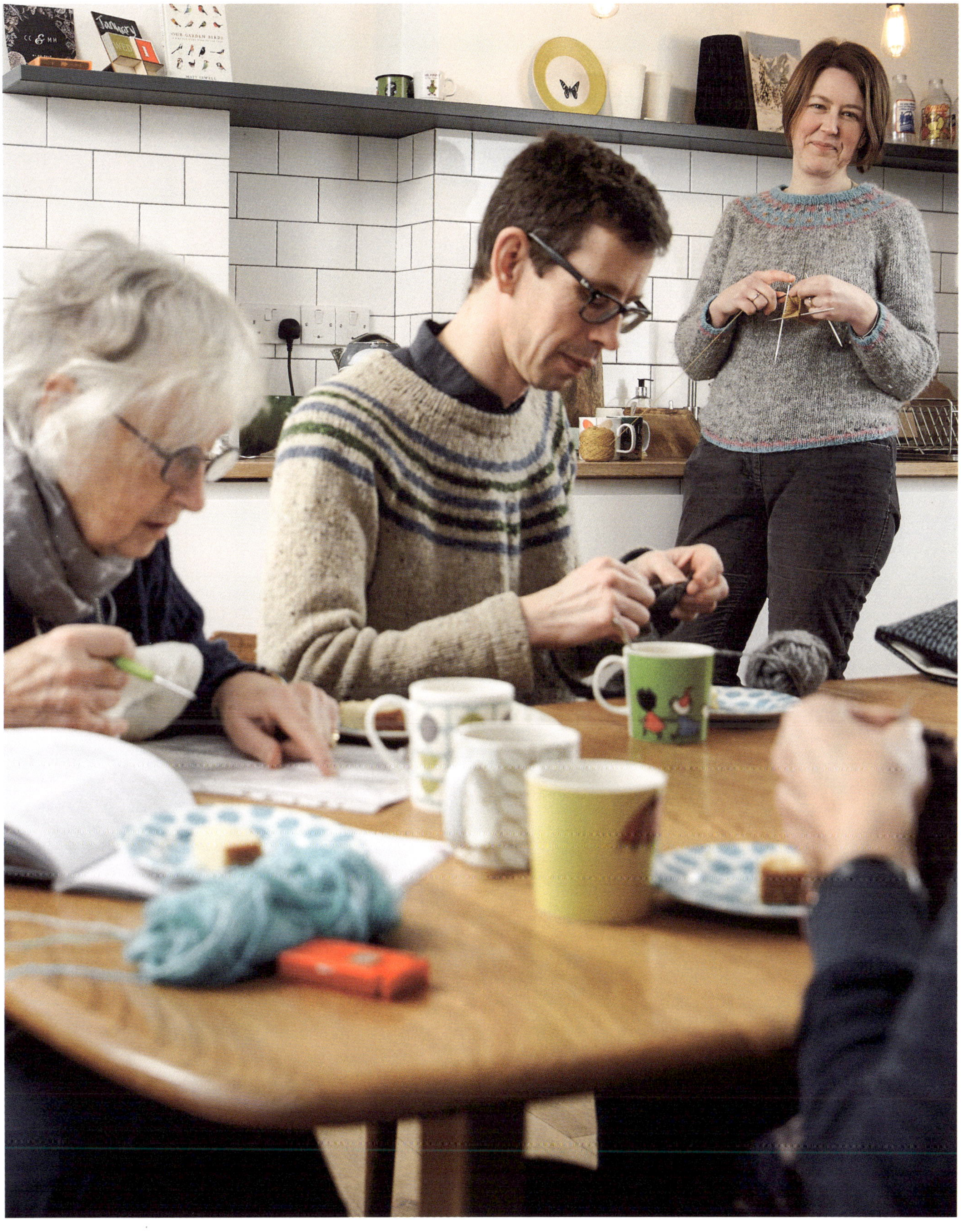

Jen trägt den Pulli Stopover von Mary Jane Mucklestone.

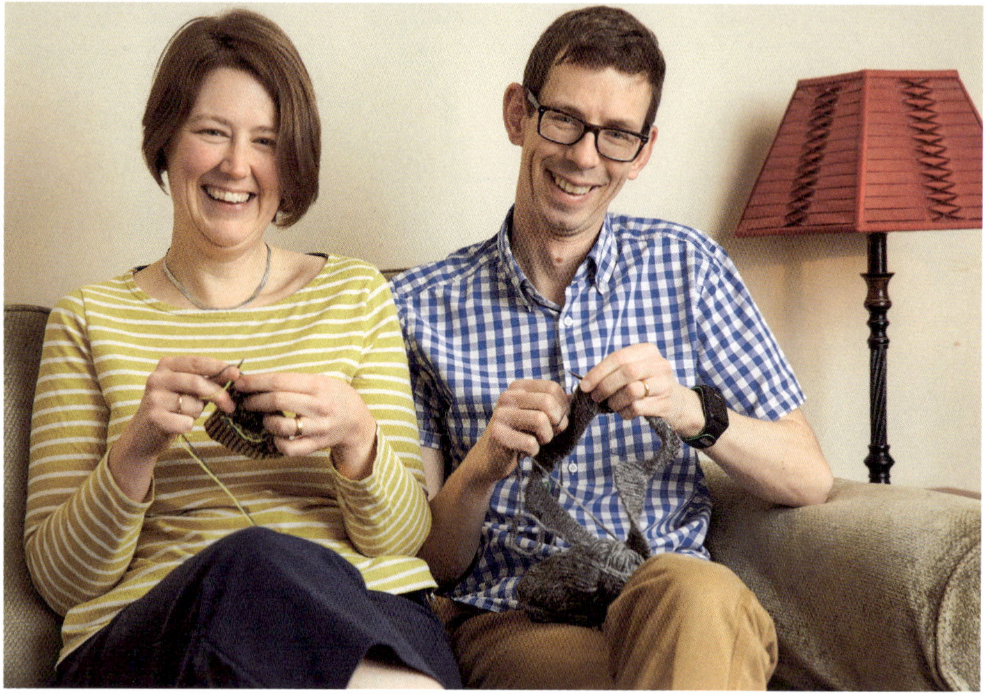

Jen und Jim Arnall-Culliford

Fotoanleitungen

Inhalt

Frühling

März

TECHNIK **Helixstreifen**
PROJEKT **Hyacinthus Armstulpen**
DESIGN **Jen Arnall-Culliford**

April

TECHNIK **Intarsien**
PROJEKT **Brambling Tuch**
DESIGN **Bristol Ivy**

Mai

TECHNIK **Anschlag im Fadenring**
PROJEKT **Alex die Maus**
DESIGN **Ella Austin**

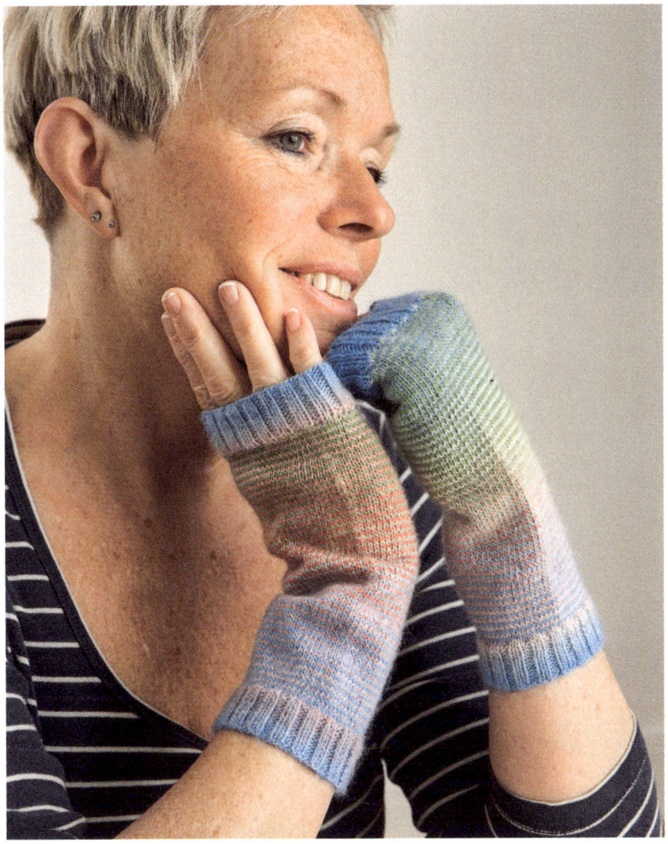

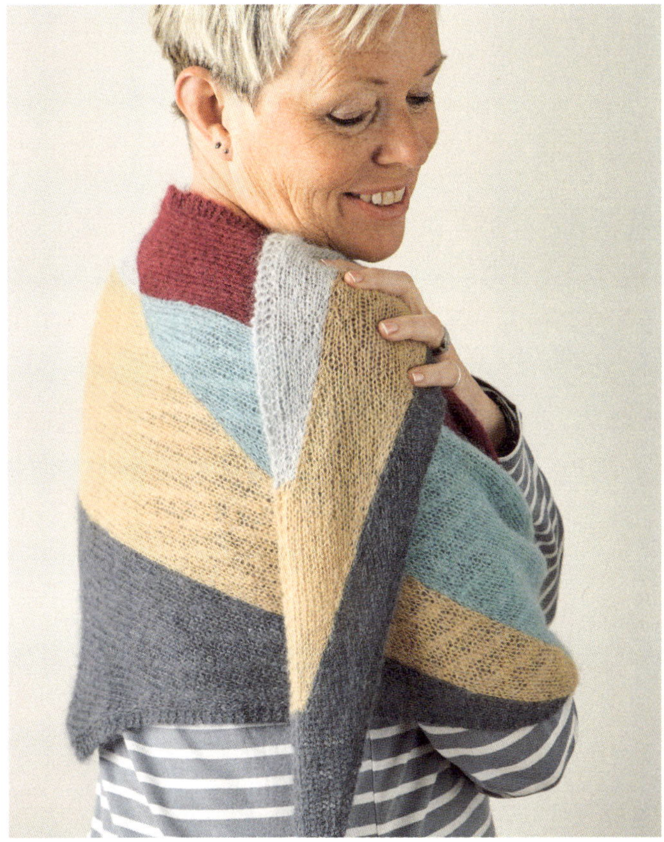

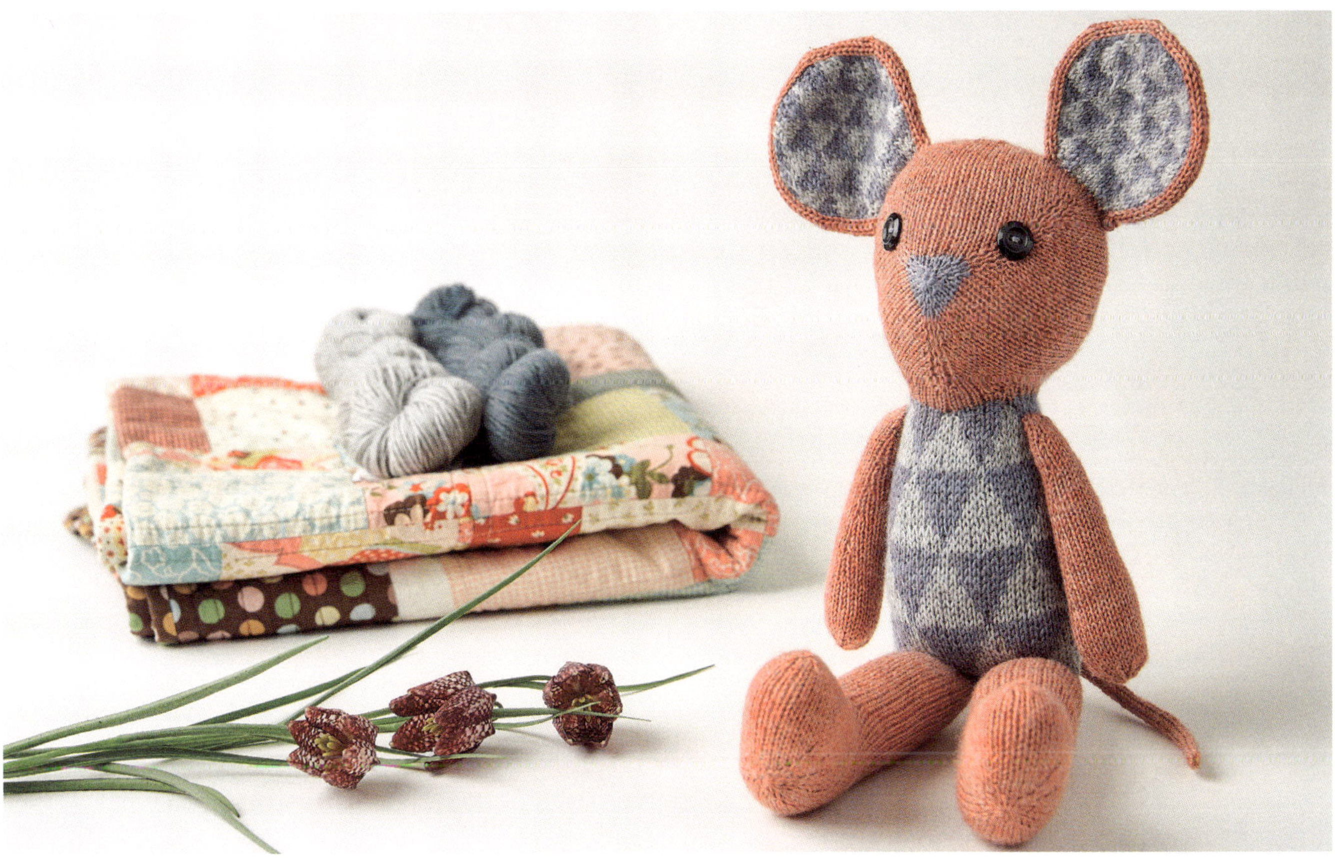

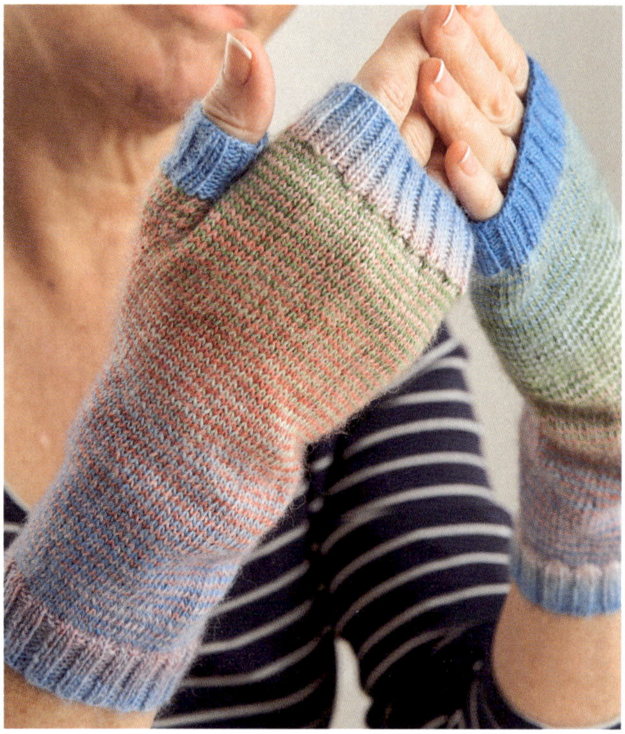

TECHNIK
HELIXSTREIFEN

Zum Aufwärmen starten wir mit einem meiner Lieblingsstricktricks. Diese Technik ist so simpel und dabei so clever, dass ich sofort anschlagen musste, als ich sie kennenlernte und daraus wurde meine erste veröffentlichte Anleitung.
Viele Strickprojekte werden rund gestrickt, weil das fertige Produkt im Prinzip ein Schlauch ist (Mützen, Handschuhe und Ärmel sind gute Beispiele), den man sonst zusammennähen müsste. Wenn man Streifen rund strickt, kommt es immer zu einem sichtbaren Übergang, einem kleinen Zacken am Farbwechsel. Es gibt verschiedene Möglichkeiten, diesen Zacken abzumildern, aber nur Helixstreifen verhindern ihn ganz.
Leider funktioniert diese Methode nur bei relativ schmalen Streifen (bis zu 4 Runden, bei mehr wird es kompliziert), aber bei Ringeln von nur einer Runde ist sie wirklich magisch.

1

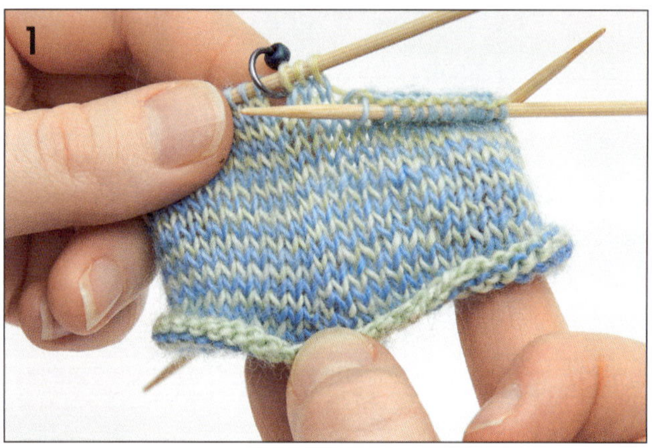

2

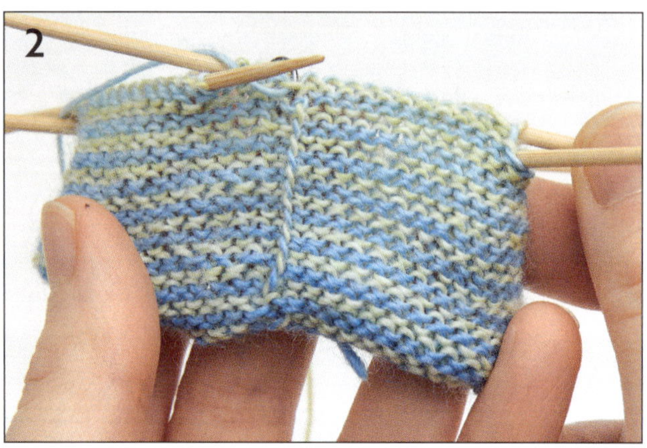

TRADITIONELLE STREIFEN

Bei traditionellen Streifen über eine Runde wird der nicht genutzte Faden am Ende jeder Runde fallen gelassen und wiederaufgenommen, sobald er wieder genutzt wird. Dadurch entsteht in den Streifen ein Zacken am Rundenbeginn (1), und auf der linken Seite eine erhabene Linie, wo die Farben sich kreuzen (2). Bei Helixstreifen liegen die Runden als Spiralen übereinander, so dass kein Zacken entsteht und keine Fäden verkreuzt werden.

HELIXSTREIFEN

Die grundlegende Methode für Helixstreifen ist, zwei (oder mehr) durchgehende Spiralen übereinander zu stricken. Ich stelle mir gern vorn, dass die Fäden einander hinterherjagen, sich aber nie erwischen! Bei Helixstreifen strickt man immer weniger als eine ganze Runde, so dass sich das Ende der „Runde" ändert. Der Markierer für den Rundenbeginn bleibt, damit man später Designelemente (wie Daumen oder Fersen) platzieren kann. Man kann auch vollständige Runden in jeder Farbe stricken, aber das macht es viel schwerer, am Rundenende eine gleichmäßige Spannung zu erhalten. Deswegen lohnt es sich, in jeder Runde ein paar Maschen abzuheben.

HELIXSTREIFEN KRAUSRECHTS

Wie bei rundgestrickten Streifen entsteht auch bei rundgestricktem Krausrechts eine Art Zacken, wo eine rechte Masche aus der vorigen Runde neben einer linken Maschen der neuen Runde sitzt (und umgekehrt). Für ein krausrechtes Gestrick ohne Übergang strickt man Helixstreifen mit zwei Fäden von zwei Knäueln in derselben Farbe, mit dem einen arbeitet man rechte Maschen, mit dem anderen linke.

Schritt für Schritt Anleitung für Helixstreifen

Im Folgenden ist A die blaue Wolle und B die gelbe.

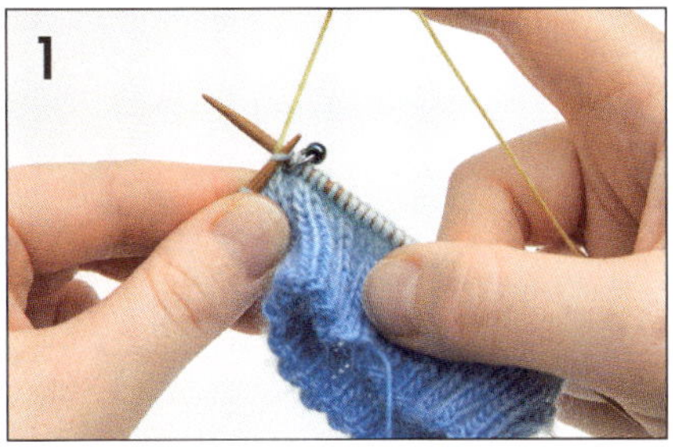

i Mindestens 1 Rd mit Farbe A str.
ii Farbe B dazunehmen (A nicht abschneiden).

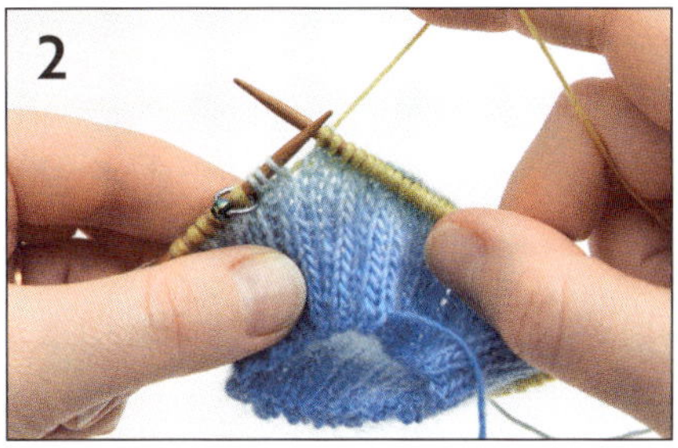

iii Mit Farbe B bis zu den letzten 3 Maschen rechts.

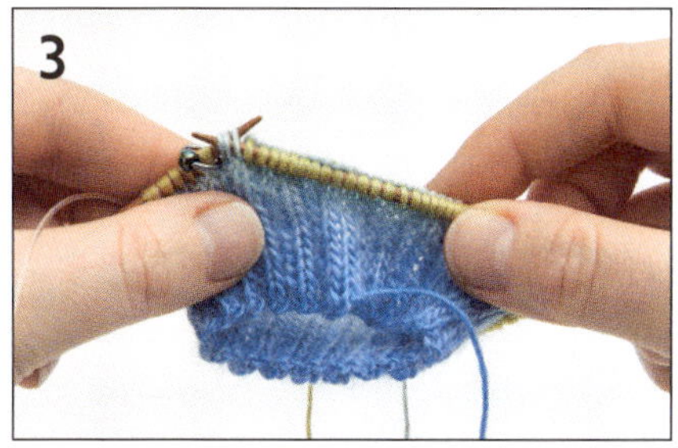

iv 3 M von der linken auf die rechte Nadel links abh, um das Rd-Ende zu erreichen.

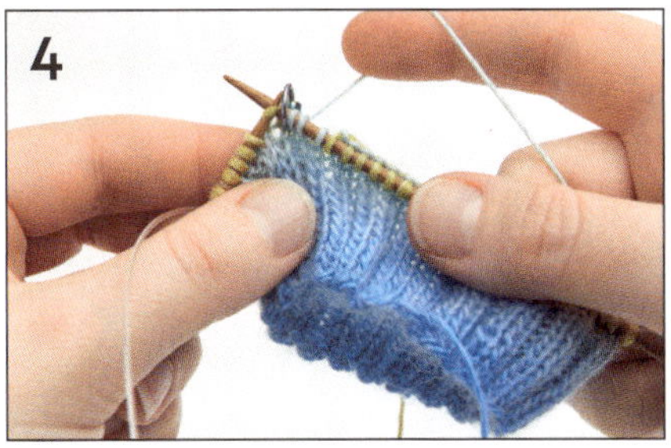

v Mit Farbe A weiterarbeiten.

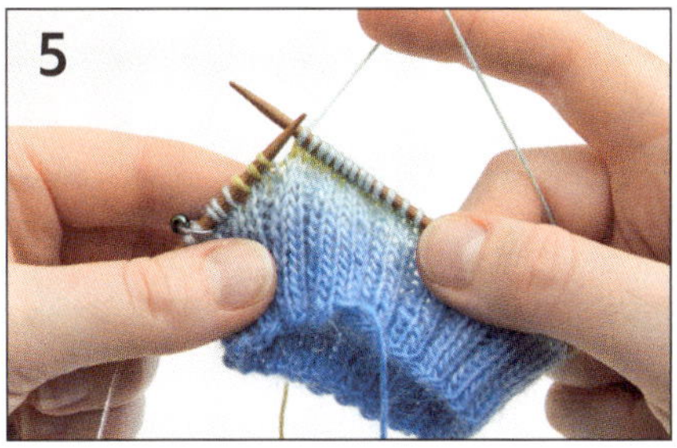

vi Mit Farbe A rechts bis noch 3 M in B auf der linken Nadel sind.

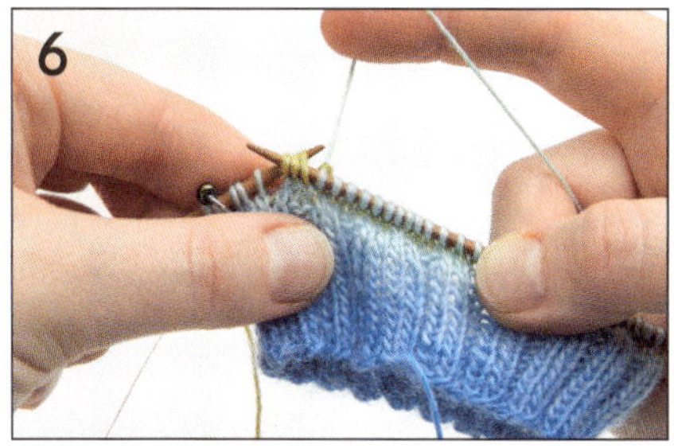

vii 3 M von der linken auf die rechte Nadel links abh, um B zu erreichen.

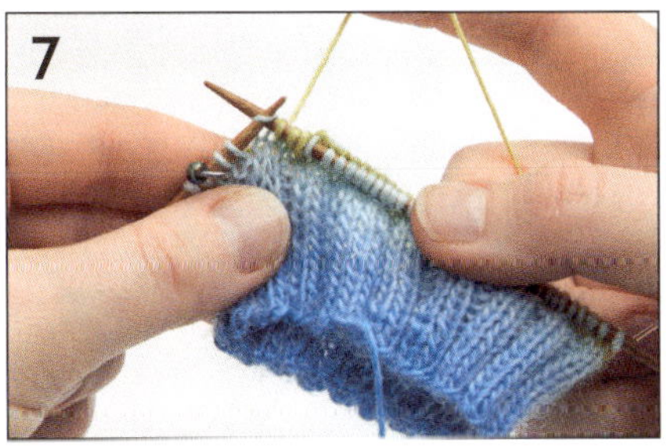

viii Mit B weiterstricken bis noch 3 M in A auf der linken Nadel sind.
ix 3 M von der linken auf die rechte Nadel links abh, um A zu erreichen.

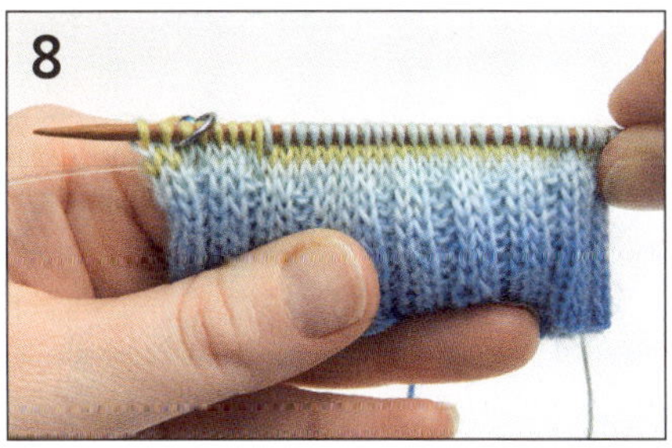

Schritte vi–ix für Helixstreifen wiederholen.

WAS, WENN SIE SICH "FANGEN"?

Besonders, wenn man Maschen ab- und zunimmt, muss man aufpassen, niemals über die letzte Masche der vorigen Farbe zu stricken. Sollte z.B. Farbe A Farbe B "einfangen", während man mitten am Daumen ist, muss man Folgendes tun:
So viele Maschen wie nötig aufribbeln, bis noch 3 Maschen in B auf der linken Nadel sind. Diese 3 Maschen wie zum links Stricken auf die rechte Nadel heben, so dass man B erreicht. Mit B stricken, bis noch 3 Maschen in A übrig sind. 3 Maschen wie zum links Stricken abheben und mit A weiterarbeiten, dabei das Ab- und Zunehmen nicht vergessen.

EIN WORT ZUR FADENFÜHRUNG / FADENHALTUNG

Es gibt verschiedene Möglichkeiten den oder die Arbeitsfäden zu halten. Bei der englischen Variante wird der Faden in der rechten Hand gehalten. Das sehen Sie auch auf den meisten Abbildungen hier im Buch. In Deutschland stricken die meisten mit dem Arbeitsfaden in der linken Hand. Wichtig: Es gibt hier kein „richtig" oder „falsch". Probieren Sie einfach aus, welche Art der Fadenführung Ihnen besser liegt.

EIN NADELSPIEL VERWENDEN

Die Anleitung auf S. 13 (und die für die Hyazinthen Armstulpen) kann mit jeder Nadelart umgesetzt werden. Für ein Nadelspiel kann man die Methode jedoch noch etwas vereinfachen, weil man keine Maschen abheben muss. Dabei kann man einen Faden an jeder Nadel hängen lassen, zu dem man dann jederzeit zurückkehren kann, ohne dafür Maschen abheben zu müssen.

SCHRITT FÜR SCHRITT ANLEITUNG FÜR NADELSPIEL

Im Folgenden ist A die hellgrüne und B die gelbe Wolle.

i Mindestens Runde mit A str.
ii Die M gleichmäßig über 4 Nadeln verteilen (mit einer 5. abstricken).
iii B dazunehmen.

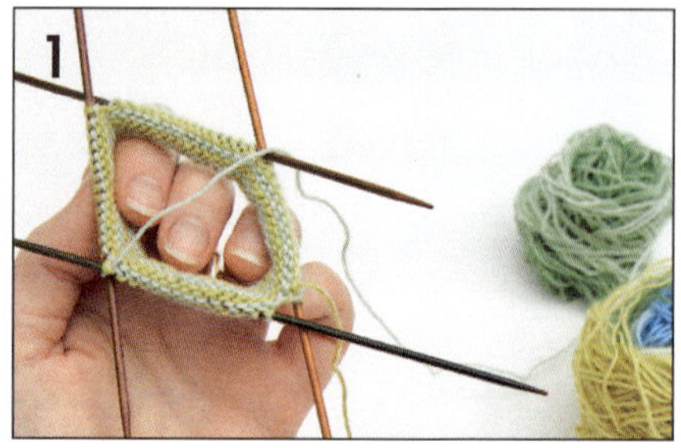

iv Mit B 3 Nadeln abstricken. B befindet sich unten rechts und A in der Ecke unten links.

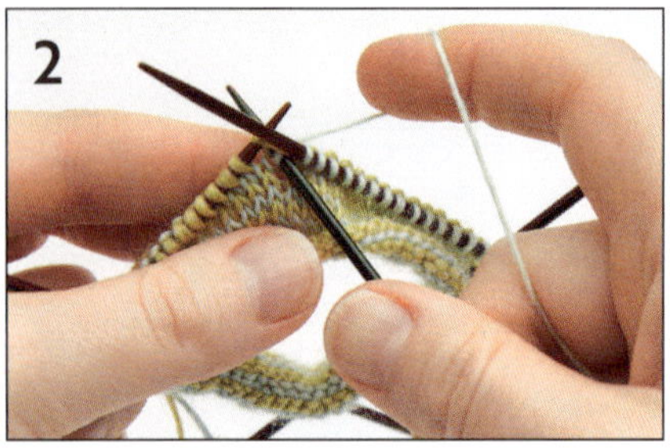

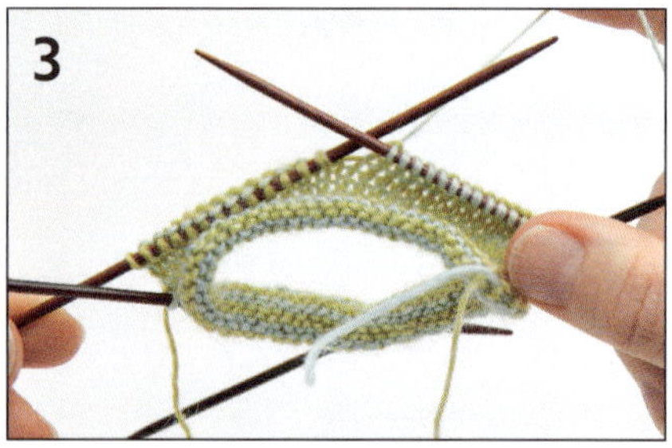

v Wieder mit A 2 Nadeln abstr. (2 & 3).

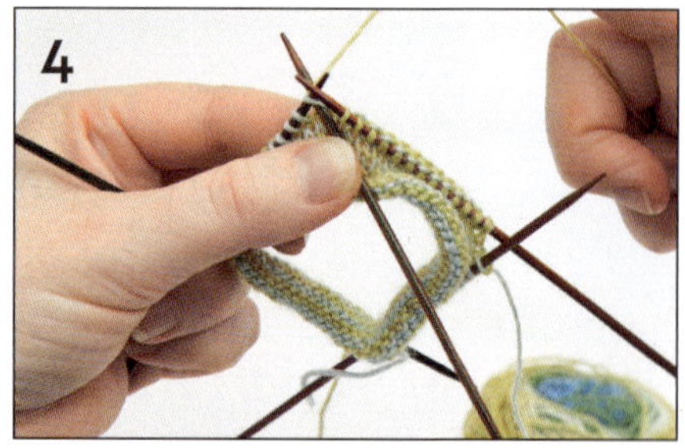

vi Mit B weiterstr. 2 Nadeln abstr. (4 & 5).

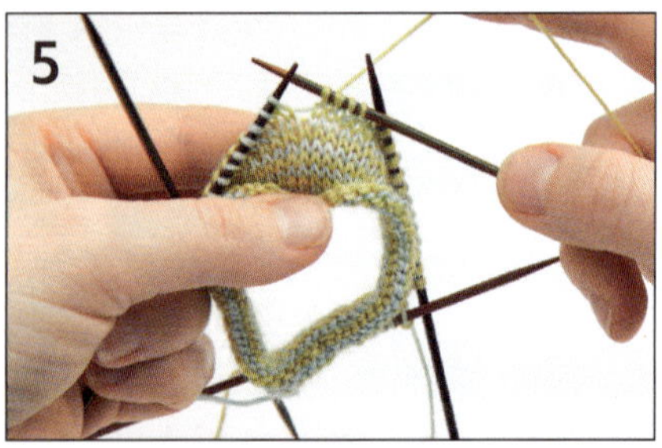

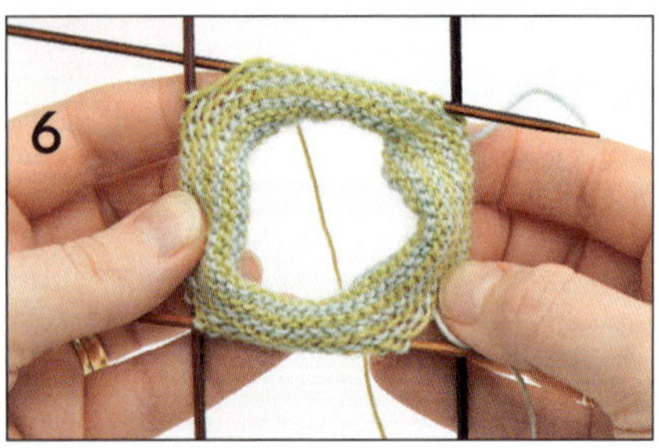

Schritte v und vi so oft wie nötig wiederholen. Man endet mit einer Farbe, wenn man die gerade in der anderen Farbe gestrickte Nadel erreicht. Die Fäden treffen einander nie und es gibt keine Spannfäden in der Innenseite.

ANDERE EINSATZMÖGLICHKEITEN VON HELIXSTREIFEN

Helixstreifen eigenen sich nicht nur dazuRingel ohne Zacken am Farbwechsel zu stricken, sondern noch für viel mehr. Wenn man mit handgefärbter Wolle arbeitet, wird oft geraten, abwechselnd mit zwei verschiedenen Knäueln zu stricken, damit eventuelle Farbunterschiede nicht auffallen. Wenn man ein Kleidungsstück in Runden strickt, müsste man bei traditionellen Streifen den Faden immer bis zum Rundenanfang mitnehmen, wohingegen Helixstreifen im Grunde unsichtbar sind und damit ideal. Ich stricke eine Reihe Helixstreifen, wenn ich ein Knäuel mit dem nächsten mischen will. Wenn noch ungefähr 15% des Knäuels übrig sind, beginne ich mit den Helixstreifen, so dass kein Übergang sichtbar ist.

VARIATIONEN ZUM THEMA

Sie wollen mit mehr Farben arbeiten? Wunderbar! Teilen Sie Ihre Runde in ungefähr gleich große Abschnitte (mit Maschenmarkierern oder auf einzelnen Nadeln eines Nadelspiels), und zwar so viele Abschnitte, wie Sie Farben nutzen wollen. Stricken Sie in der ersten Runde jeden Abschnitt mit einer neuen Farbe. Spätere Streifen werden dann wie folgt gearbeitet *bis zu den letzten 3 Maschen auf der linken Nadel vor dem Farbwechsel stricken. Diese 3 Maschen auf die rechte Nadel abheben, und die nächste Farbe dazunehmen. Ab * so oft wie nötig wiederholen.

Hebemaschenmuster passen sehr gut zu Helixstreifen. Mit einem Knäuel strickt man nur rechte Maschen, dann kann man Maschen in regelmäßigen Abständen mit der anderen Farbe abheben. Bei einem Muster über 72 Maschen pro Runde, erhält man senkrechte Streifen, wnn man jede 4. Masche mit einer Farbe abhebt. Man kann das noch weiter variieren, indem man eine Zahl auswählt, durch die sich die Maschenzahl nicht teilen lässt. Wenn man z.B. jede 5. Masche abhebt und 71 Maschen in der Runde hat, bilden die Hebemaschen eine Spirale.

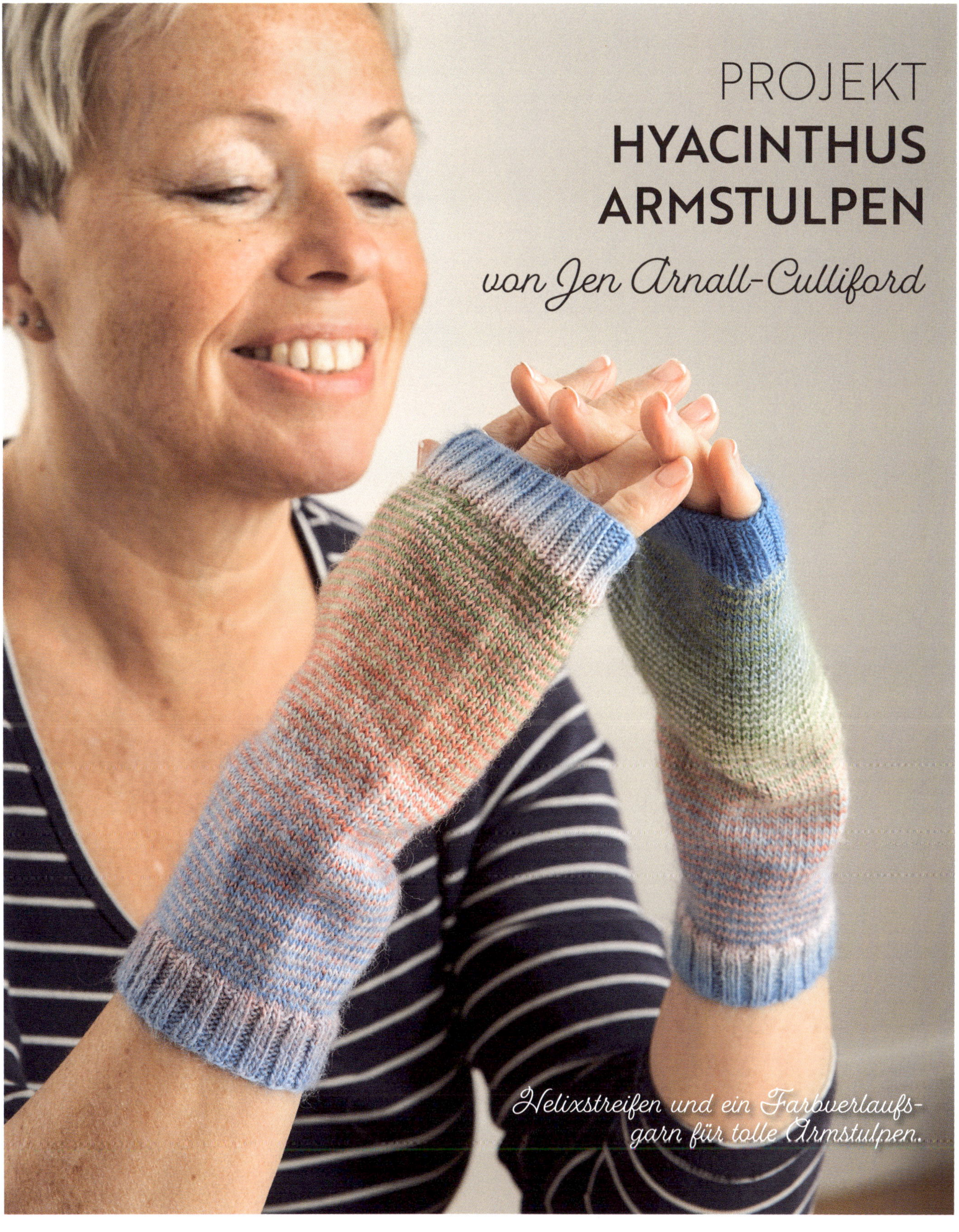
PROJEKT
HYACINTHUS ARMSTULPEN
von Jen Arnall-Culliford
Helixstreifen und ein Farbverlaufs-
garn für tolle Armstulpen.

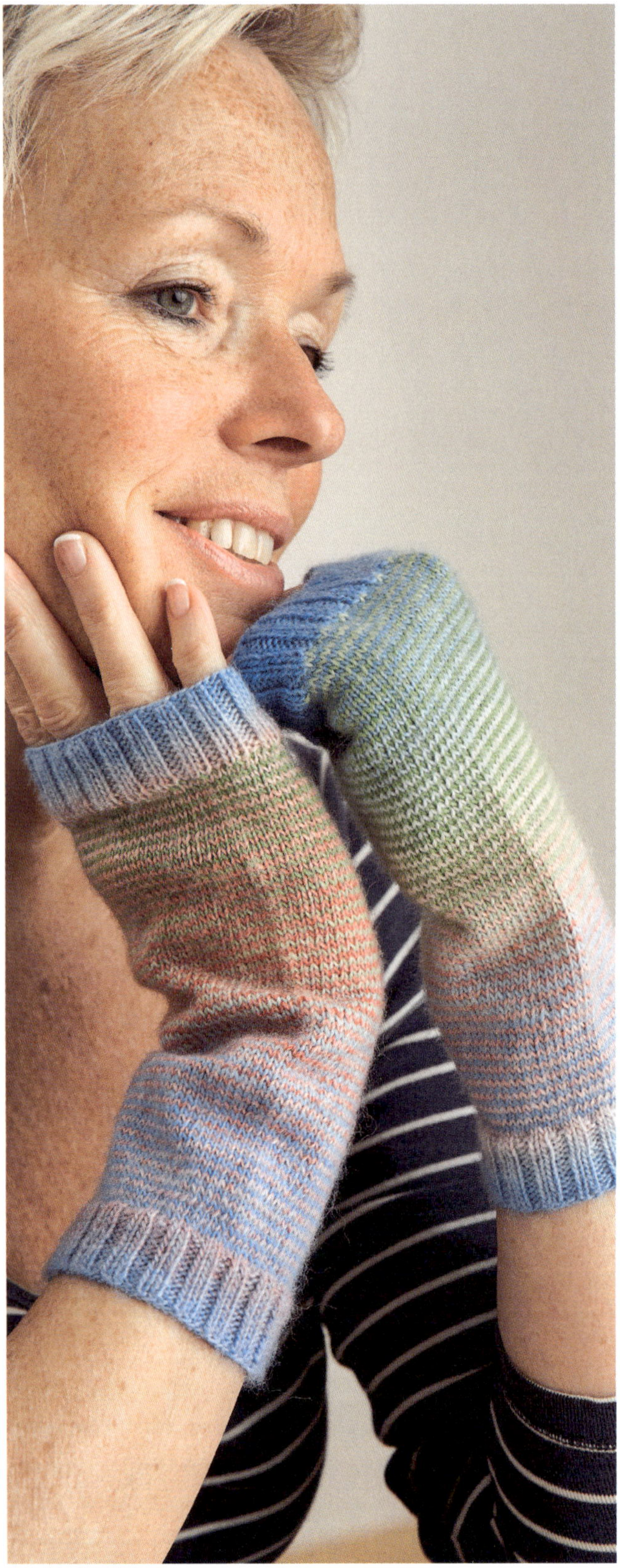

GRÖSSE
Durchschnittliche Erwachsenengröße
Umfang Armstulpe: 19 cm
Länge: 21,5 cm

WOLLE
Schoppel Wolle Zauberball (75% Wolle, 25% Polyamid; 420m pro 100g Knäuel)
Bunte Gasse (2310); 1 x 100g Knäuel (die Wolle wird auf zwei Knäuel gewickelt, die dann A und B heißen)

NADELN UND ZUBEHÖR
1 Nadelspiel 2,5 mm oder Ihre Lieblingsnadel für kleine Runden oder die Stärke, mit der die Maschenprobe erreicht wird
Maschenmarkierer
Wollrest

MASCHENPROBE
38 M und 50 Rd auf 10 cm in Helixstreifen, gewaschen und gespannt

ABKÜRZUNGEN
Eine komplette Abkürzungsliste findet sich am Ende des Buches.

ANMERKUNGEN ZUR ANLEITUNG
Die einreihigen Ringel, die bei dieser Methode entstehen, sehen am besten aus, wenn die zwei Farben einen starken Kontrast aufweisen. Sollte die Farbe am Anfang des zweiten Knäuels der des ersten sehr ähnlich sein, lohnt es sich, zunächst etwas vom zweiten Knäuel abzuwickeln, damit der Kontrast stärker ist. Ähnliches gilt bei der zweiten Stulpe, man kann etwas vom Knäuel abwickeln, damit sie mit einer Farbe beginnt, die der der ersten Stulpe ähnelt. Der Farbverlauf in einem Zauberball ist nicht bei jedem Knäuel exakt gleich, es wäre also recht schwierig, genau gleiche Armstulpen zu stricken, aber eine ähnliche Farbe am Bündchen hilft bereits, diesen Eindruck zu vermitteln.

ARMSTULPEN

2 GLEICHE STRICKEN

Bitte zunächst sorgfältig die bebilderte Anleitung zu Helixstreifen durchlesen (S. 13).

Die Wolle auf zwei gleich große Knäuel wickeln. Wenn Sie einen Zauberball verstricken, tut man das am besten von Hand, nicht mit einem Wollwickler, damit sich nichts verheddert. Ein Knäuel als Knäuel A festlegen, das andere als Knäuel B.

1 BUND

Mit A 72 M anschl. Die M gleichmäßig verteilen, zur Rd schließen, darauf achten, die M nicht zu verdrehen und den Rd-Beginn markieren.
Rd 1: *2M re, 2M li; ab * bis Rd-Ende wdh.
Noch 11 Rd in den 2M re, 2M li Rippen str.
1 Rd rechts.

2 ARM

Ab jetzt wie folgt in Helixstreifen str (s. Fotoanleitung für weitere Infos):
B dazunehmen (A nicht abschneiden).
Mit B re bis 3 M vor Rd-Ende. 3 M wie zum Linksstr auf die rechte Ndl abheben, um das Rd-Ende zu erreichen.
* Mit A rechts bis noch 3 M in B auf der linken Ndl sind.
3 M wie zum Linksstr auf die rechte Ndl abheben, um B zu erreichen.
Mit B rechts bis noch 3 M in A auf der linken Ndl sind.
3 M wie zum Linksstr auf die rechte Ndl abheben, um A zu erreichen.*
Ab * bis * wdh, um Helixstreifen zu stricken.
Weiter in Helixstreifen stricken, bis die Stulpen 13cm ab dem Anschlag messen.

3 DAUMENZWICKEL

Weiter wie oben beschrieben Helixstreifen stricken und GLEICHZEITIG wie folgt den Daumenzwickel arbeiten:
Die Zwickelzunahmen werden immer mit A gestrickt (B wird stets einfach rechts gestrickt, die MM abgehoben).
Am MM für den Rd-Beg mit A wie folgt zunehmen:
MM, 1M doppelt str, 1M re, 1M doppelt str, MM setzen. 2 M zugn; 74 M.
Wenn man das nächste Mal mit A an den MM für den Rd-Beg kommt, wie folgt für den Daumen zunehmen (es gibt eine Rd in B über der 1. Daumenzunahme in A):
MM, 1M doppelt str, bis zur letzten M vor dem MM, 1M doppelt str, MM. 2 M zugn.

Anmerkung:
Es kann sein, dass der Farbwechsel mitten im Daumenzwickel stattfindet. Das ist in Ordnung, man darf nur die Zunahmen nicht vergessen, wenn man wieder mit A arbeitet.

Weiter Helixstreifen und jedes Mal, wenn A den MM für den Rd-Beg erreicht, Daumenzunahmen stricken bis sich 23 Daumen-M zwischen den MM befinden (insgesamt 10 Zun-Rd wurden gestrickt). 92 M.
Weiter im Muster stricken, bis A das nächste Mal den MM für den Rd-Beg erreicht, dann wie folgt die Daumen-M abtrennen (falls der Farbwechsel in der Mitte des Zwickels liegt, s. Anmerkung unten):
MM, 1M re, die nächsten 22 M stilllegen. 2 M aufschlingen. Die MM für den Daumenzwickel entfernen. 72 M.

Anmerkung:
Sollte sich B mitten im Zwickel befinden, wenn die Zunahmen zu Ende gestrickt sind, so viele M abheben, bis man B erreicht. Weiter mit B bis hinter den Zwickel stricken (egal, ob bis kurz vor den Rd-Beg oder nur ein paar M, wie man möchte). Dann kehrt man zurück zu A und legt die Daumen-M wie beschrieben still.

4 HAND

Weiter ohne Zunahmen Helixstreifen stricken bis die Armstulpe 19cm ab dem Anschlag misst.
Weiter Helixstreifen stricken, bis B den MM des Rd-Endes erreicht und den Faden abschneiden. Die M so auf den Nadeln verteilen, dass man die letzte mit A gestrickte M erreicht, die sich dann auf der rechten Nadel befinden sollte.
Mit A bis MM des Rd-Endes rechts.

5 BUND

Mit A 12 Rd wie am Bund (Schritt 1) in 2M re, 2M li Rippen stricken.
Alle M abketten, wenn nötig dafür eine dickere Nadel verwenden, damit der Rand nicht zu eng wird.

6 DAUMEN

Die 22 Daumen-M auf Nadeln nehmen. Mit A 4 M unten aus dem Anschlag des Daumens aufnehmen. Rd-Beg markieren
Rd 1: Bis zu den letzten 4 M re, aaz, 2M re zus. 2 M abgn; 24 M.
Rd 2: *2M re, 2M li; ab * bis Rd-Ende wdh.
Weitere 11 Rd in 2M re, 2M li Rippen stricken.
Alle M abketten, wenn nötig dafür eine dickere Nadel verwenden, damit der Rand nicht zu eng wird.

7 AUSARBEITEN

Fäden vernähen, aber nicht abschneiden. Die Stulpen 20 Minuten in lauwarmes Wasser mit Wollwaschmittel legen. Überschüssiges Wasser ausdrücken (nicht wringen), zwischen Handtüchern pressen. Flach und ordentlich am Daumen gefaltet trocknen lassen. Wenn die Armstulpen ganz trocken sind, Fadenenden abschneiden.

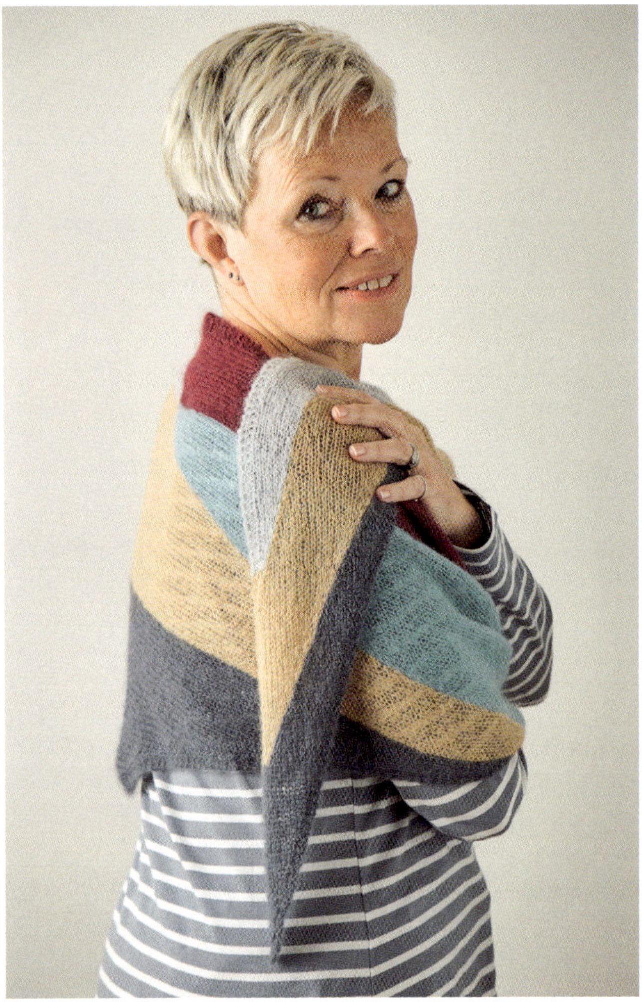

TECHNIK **INTARSIEN**

Jetzt, da wir nach ein paar Helixstreifen schön aufgewärmt sind, widmen wir uns einer Technik, die viele ziemlich einschüchternd finden: Intarsienmuster.

Es gibt viele Möglichkeiten, mehrere Farben zu verstricken. Von einfachen Streifen über Hebemaschen, Fair Isle Mustern bis zu Intarsien, die Farbverteilung entscheidet darüber, welche Methode die richtige ist. Bei Mustern mit nur einer Farbe pro Reihe werden Streifen oder Hebemaschen gestrickt. Aber bei mehr als einer Farbe pro Reihe muss man entweder Einstrick- oder Intarsienmuster stricken.

Bei Fair Isle Mustern werden alle Farben (meist nur zwei pro Reihe, manchmal auch mehr) direkt in der gesamten Reihe gestrickt. Die nicht genutzte Farbe wird auf der linken Seite mitgeführt. Intarsienstricken wird nötig, wenn man Farbblöcke erzielen möchte, jeder Block hat dann sein eigenes Knäuel. Wenn man von einer Farbe zur nächsten wechselt, verdreht man die Fäden, um die Farbblöcke miteinander zu verbinden und Löcher zu vermeiden. Unten wird erklärt, wie dieses Verkreuzen der Fäden gemacht wird und dazu noch eine geschickte Art, die Fäden zu vernähen.

Zu Beginn meiner Strickkarriere wollte ich bei jedem Projekt etwas Neues lernen. Über die Monate konnte ich viele Techniken abhaken – Zöpfe, Spitze, Strümpfe, Fair Isle Muster – und keine hat meine Arbeit verlangsamt, bis ich es mit einem Intarsienprojekt versuchte. Als erfahrene Strickerin weiß ich inzwischen, dass mein Projekt damals völlig unrealistisch war, aber dadurch war ich überzeugt, dass ich mich niemals mit Intarsienmustern anfreunden würde. Über die Jahre habe ich festgestellt, dass es vielen so ging, und sehr viele erfahrene Strickerinnen lehnen diese praktische Farbtechnik immer noch vehement ab.

Das wundervolle Tuch Brambling von Bristol Ivy wird beweisen, dass Intarsienstricken überhaupt nicht frustrierend sein muss. Bristol kombiniert Intarsienblöcke mit der Formgebung, so dass man die Maschen in jeder Reihe immer in derselben Farbe strickt. Wenn eine Masche in der letzten Reihe dunkelgrau gestrickt wurde, dann wird sie das auch in der nächsten Reihe (außer, es kommt eine neue Farbe dazu). Bei komplexeren Intarsienmustern muss man vorausplanen, wann man eine Farbe braucht und die Fäden müssen von einem Farbwechsel zum nächsten mitgeführt werden. Hier nicht, was das Projekt extrem viel einfacher macht.

Beim Tuch Brambling werden außerdem maximal 4 Farben pro Reihe gestrickt, was bedeutet, dass sich nicht so viele Fäden verheddern können. Dieses Tuch ist ein überraschend gut transportables Projekt und damit perfekt beim Pendeln oder dem Stricktreff.

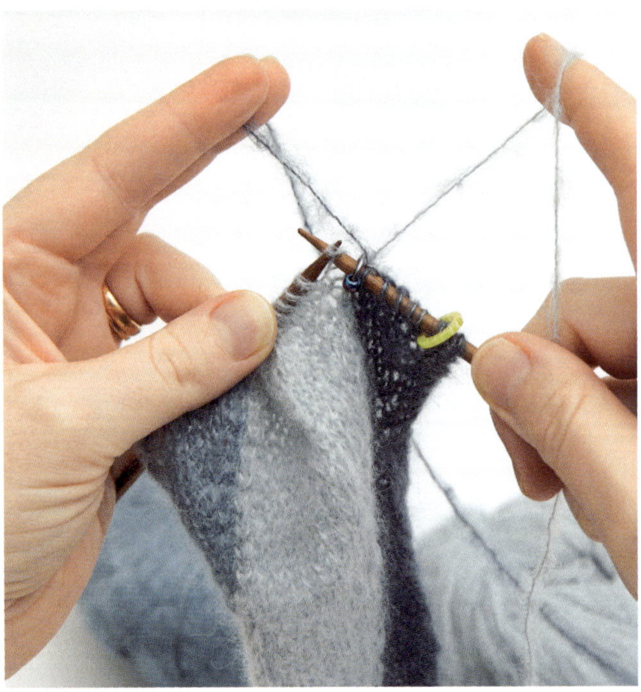

SCHRITT FÜR SCHRITT ANLEITUNG ZUM FARBWECHSEL (IT)

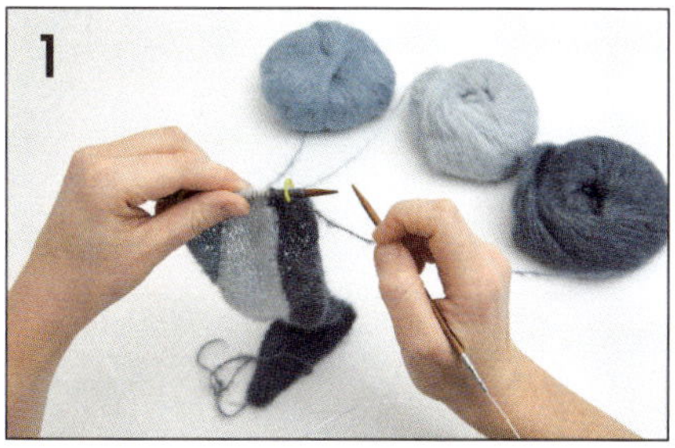

i Beim Start sichergehen, dass die Fäden nicht verheddert sind.

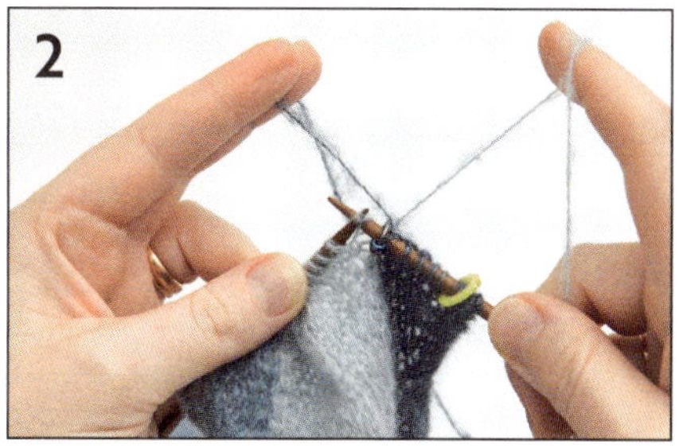

ii Bis zum Farbwechsel im Muster stricken. In dieser Anleitung stehen die y-Markierer für einen Farbwechsel.

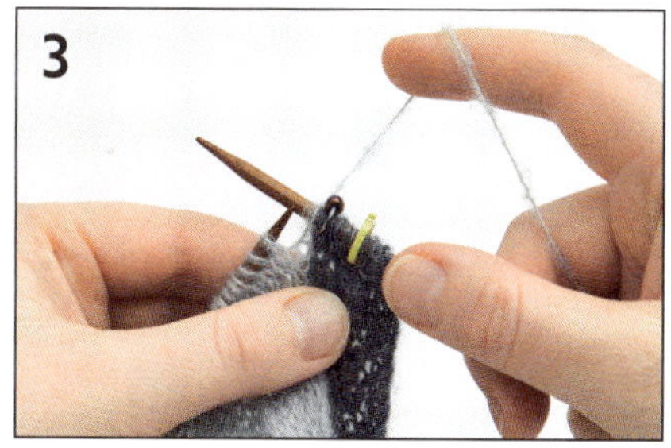

iii Den Markierer abheben, dann den alten Faden über den neuen halten, bevor die erste Masche in der neuen Farbe gestrickt wird.

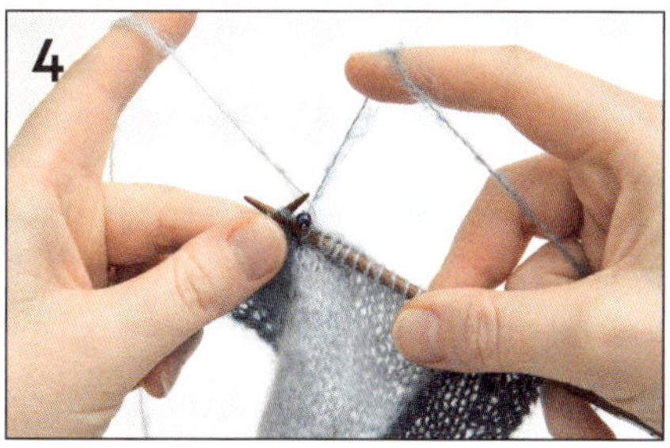

iv Die erste Masche in der neuen Farbe leicht anziehen, damit die Spannung gleichmäßig ist.

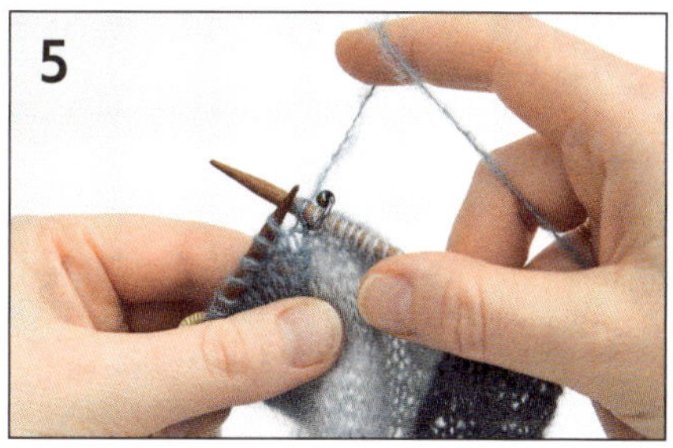

v Bis zum nächsten Farbwechsel stricken und genauso verfahren. Den y-Markierer abheben, dann den alten über den neuen Faden halten und die erste Masche in neuer Farbe stricken.

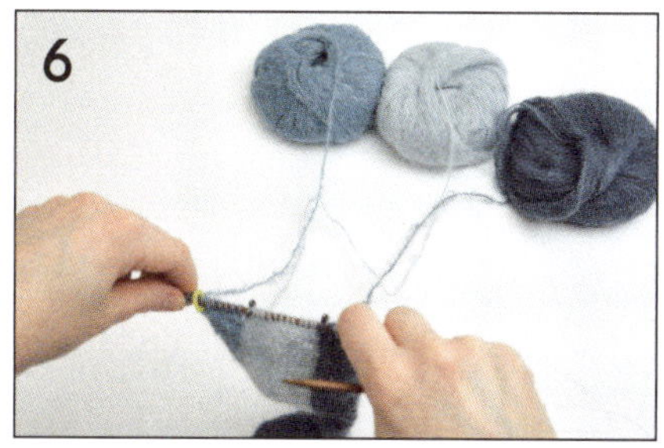

vi Die erste Masche in der neuen Farbe leicht anziehen, damit sie stramm genug ist.

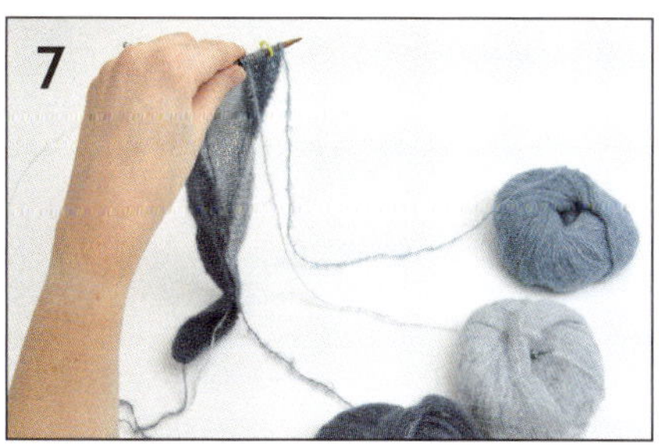

vii Am Ende der Reihe sind die Arbeitsfäden verdreht. Vor der nächsten Reihe die Fäden entwirren.

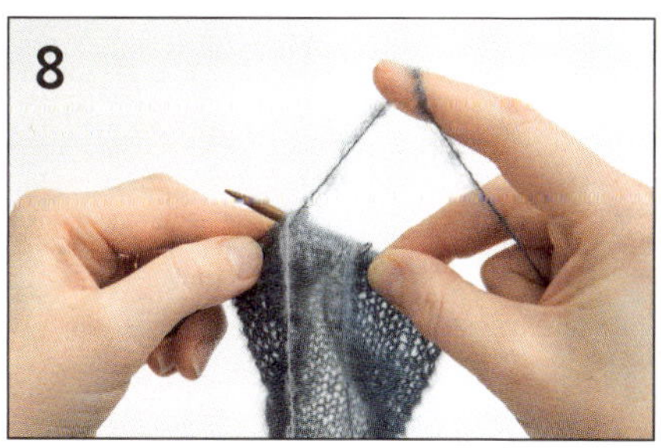

viii Auf der linken Seite genauso stricken. Bis zum nächsten Farbwechsel stricken, den y-Markierer abheben, dann den alten über den neuen Faden halten und die erste Masche in neuer Farbe stricken.

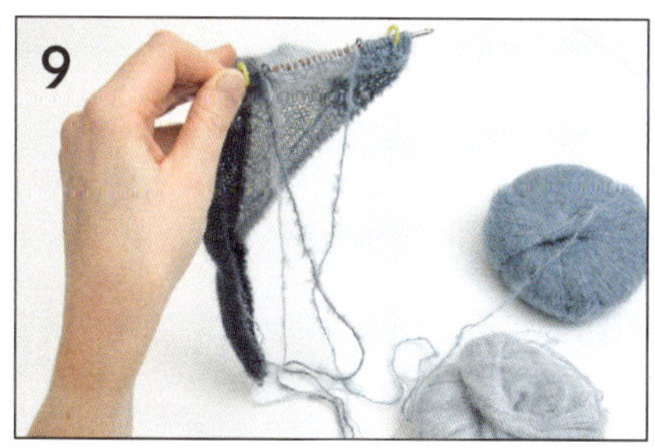

ix Die erste Masche in der neuen Farbe für eine gleichmäßige Spannung anziehen.

x Die Fäden immer wieder entwirren.

SCHRITT FÜR SCHRITT FÄDEN VERNÄHEN

Nach ein paar Reihen mit der neuen Farbe hilft es, die Fäden zu vernähen, dadurch wird alles rund um die erste Masche ordentlicher.

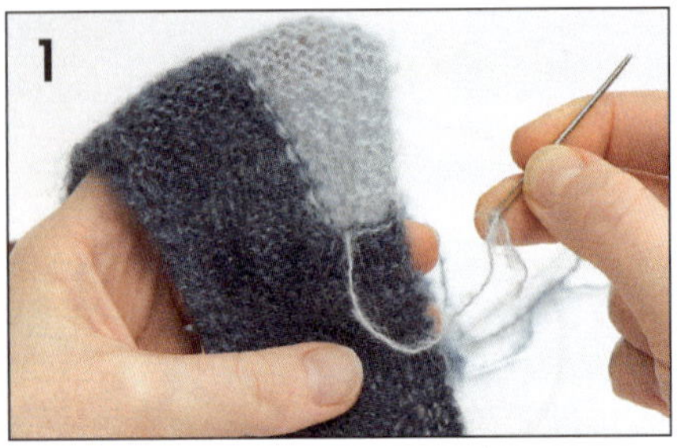

1

i Das Fadenende auf eine Stopfnadel fädeln.

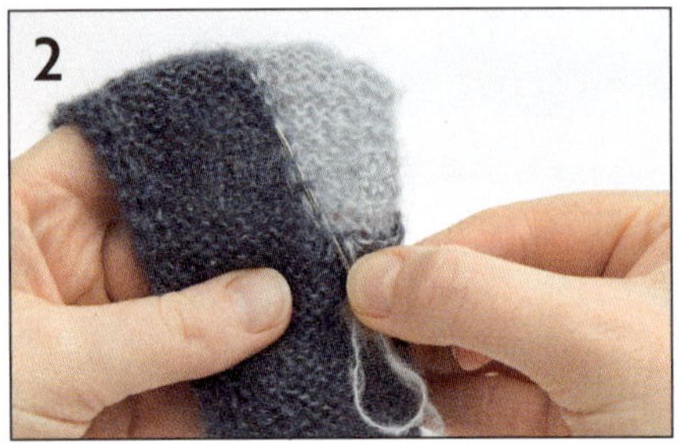

2

ii Den Faden auf der linken Seite zwischen den verdrehten Fäden nach oben und unten vernähen.

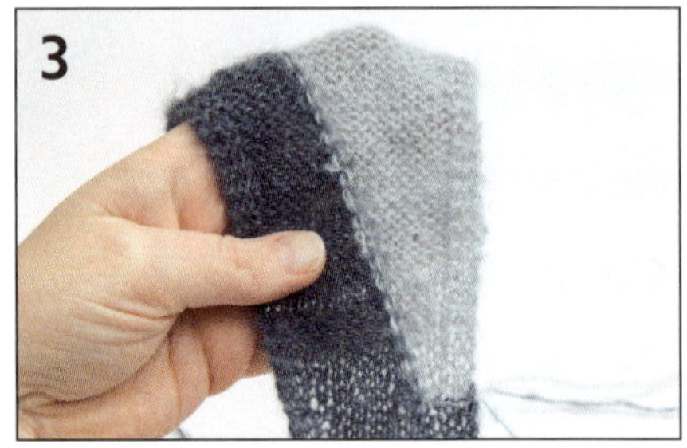

3

iii Fest in alle Richtungen ziehen, damit das Strickstück glatt liegt.

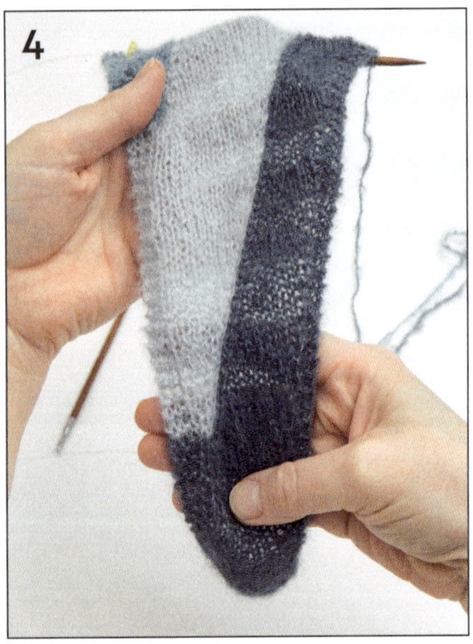

4

iv Die Enden erst nach dem Spannen des fertigen Tuchs abschneiden, damit sie nicht auf der rechten Seite herausschauen.

ERWEITERUNG DER INTARSIENTECHNIK

Wenn man die senkrechte Verschränkung der Fäden, die beim Tuch Brambling genutzt wird, gelernt hat, möchte man sich vielleicht an komplexere Designs wagen. Mehrere Faktoren bestimmen, wie schwierig ein bestimmtes Muster ist. Dazu gehört:

- Das Garn – Elastischere Garne verzeihen Fehler bei der Fadenspannung an der Farbgrenze, wohingegen es viel schwerer ist, die Kanten und Verbindungsstellen mit glatten Garnen sauber zu arbeiten.
- Die Anzahl von Farben pro Reihe – Mehr Farben bedeuten mehr Verbindungsstellen und jede muss ordentlich sein, damit der Gesamteindruck einheitlich ist.
- Wie regelmäßig die Formen sind – Gerade senkrechte und waagerechte Verbindungsstellen sind am einfachsten, gefolgt von diagonalen, die jedes Mal um 1 Masche verschoben werden. Unregelmäßige Formen erfordern die meiste Fadenführung und Planung, wo die Fadenenden landen.

Geometrische Designs mit wenig Farben, gestrickt aus Wolle, wären ein gutes nächstes Projekt. Ein komplexes Bildmuster mit vielen Farben könnte eine ziemliche Herausforderung sein. Es ist natürlich völlig in Ordnung, sich einer großen Herausforderung zu stellen, wenn man sich dessen bewusst ist!

Wenn man ein Muster aus regelmäßigen Motiven strickt, wie die klassischen Würfel, die Kaffe Fassett so beliebt gemacht hat, ist es sehr hilfreich, herauszufinden, wie viel Wolle genau für jeden Farbblock benötigt wird. Dann kann man die exakte Menge zuschneiden und entweder auf der linken Seite hängen lassen oder auf Spulen wickeln. Wenn die Fäden lose hängen, kann man sie einfach herausziehen, sollten sie verheddern.

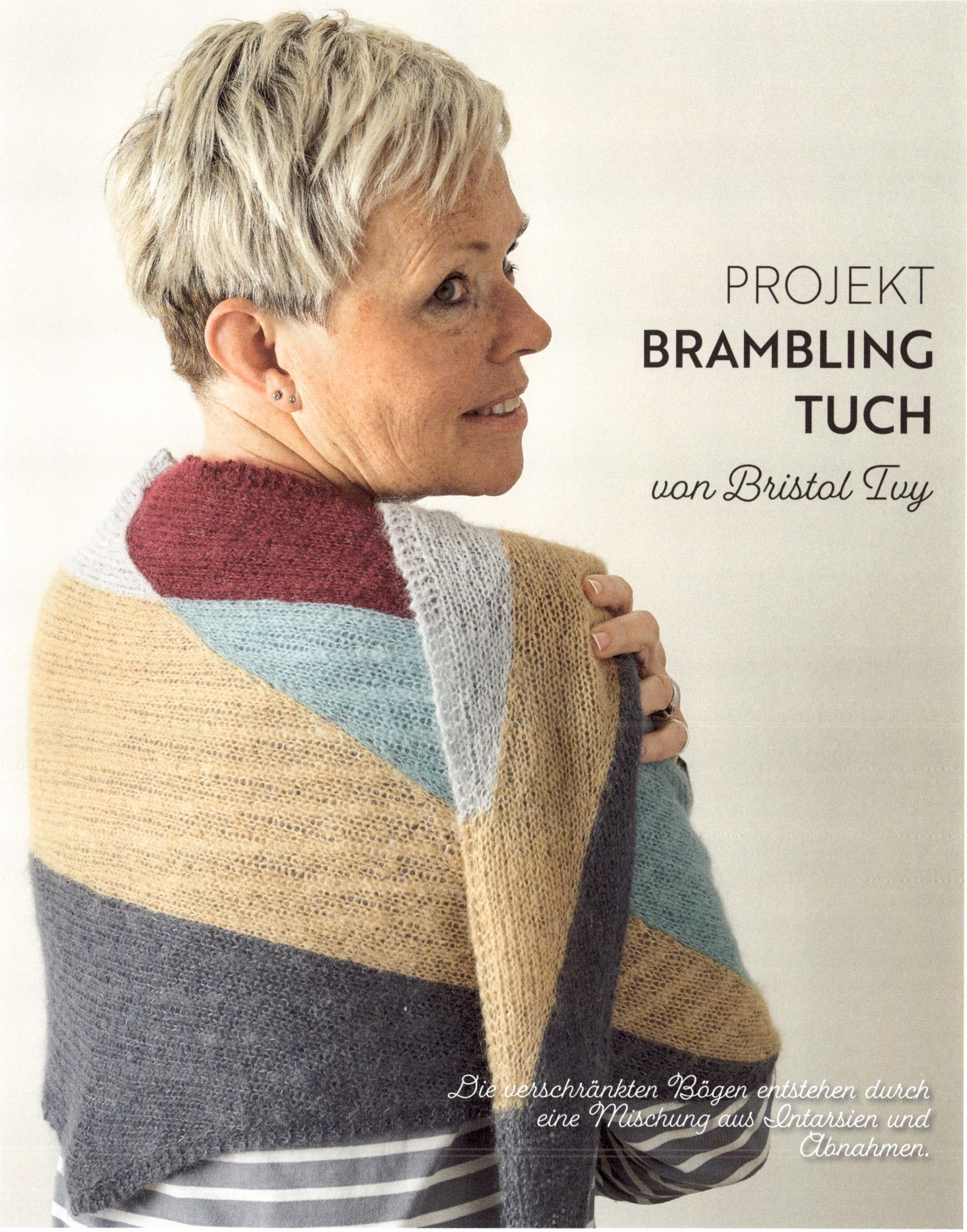

PROJEKT **BRAMBLING TUCH**

von Bristol Ivy

Die verschränkten Bögen entstehen durch eine Mischung aus Intarsien und Abnahmen.

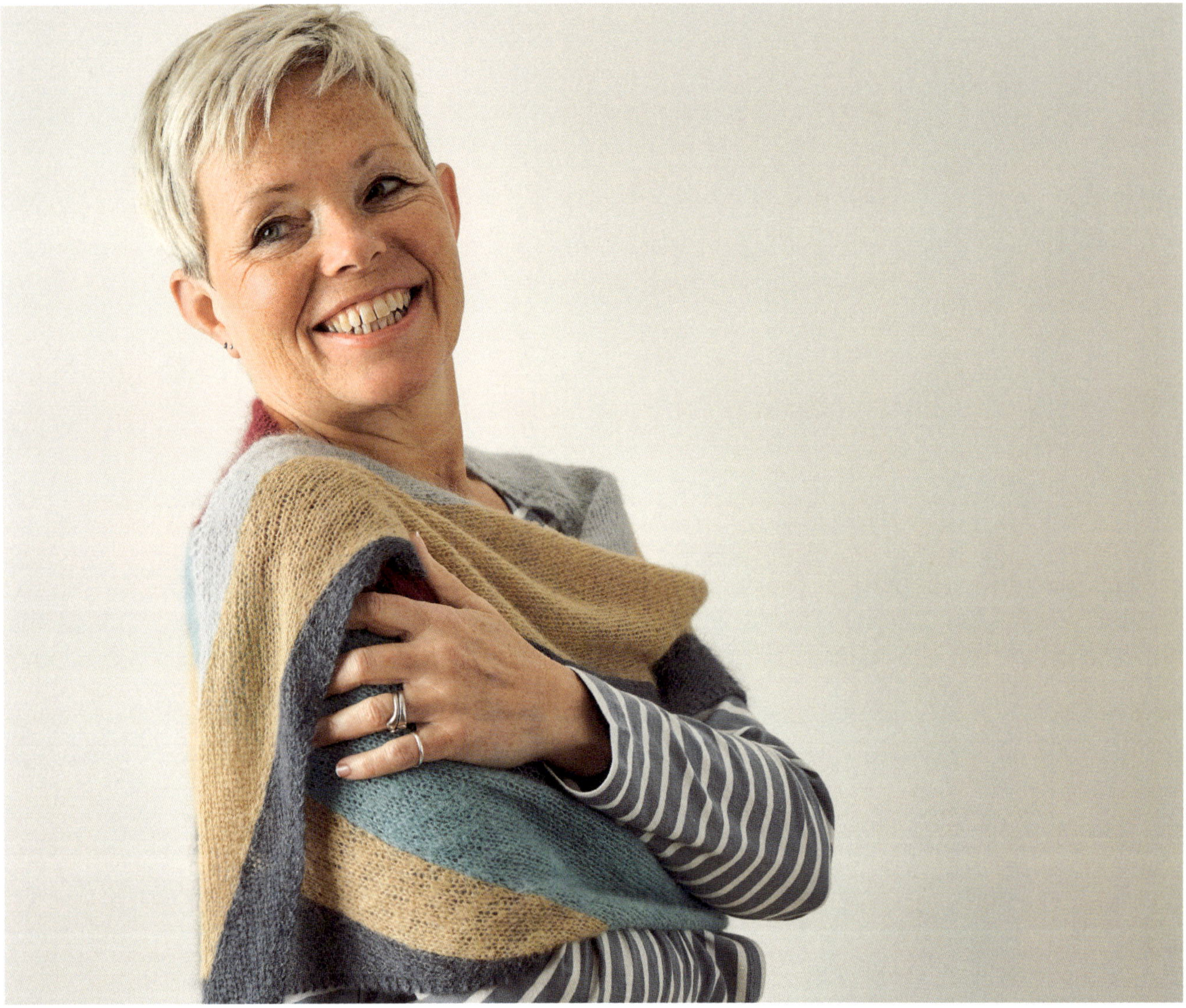

GRÖSSE
Breite: 216 cm
Länge in der Mitte: 41,5c m

WOLLE
Fyberspates Cumulus (74% Suri-Alpaka, 26% Seide; 150m pro 25g Knäuel)
Farbe A: Slate; 1 x 25g Knäuel
Farbe B: Camel; 1 x 25g Knäuel
Farbe C: Silver; 1 x 25g Knäuel
Farbe D: Plum; 1 x 25g Knäuel
Farbe E: Sea Green; 1 x 25g Knäuel

NADELN UND ZUBEHÖR
1 Rundnadel oder Nadeln 4 mm, oder die Stärke, bei der die Maschenprobe erreicht wird
2 verschiedene Maschenmarkierer (x und y)

MASCHENPROBE
20 M und 28 R auf 10 cm glatt rechts, gewaschen & gespannt.

ABKÜRZUNGEN
IT(y) Fäden für Intarsien verdrehen (und den MMy abh); die alte Farbe für die 1. M über die neue halten (und dann den MMy abh); s. Fotoanleitung

Eine komplette Abkürzungsliste findet sich am Ende des Buches.

MASCHEN ZU- UND ABNEHMEN
Jedes Mal, wenn die Gesamtmaschenzahl genannt wird, wird auch vermerkt, wie viele Maschen zu- oder abgenommen wurden. Bei der Wiederholung ganzer Abschnitte wird die Gesamtmaschenzahl nicht genannt, sondern nur die Änderung der Maschenzahl, wenn relevant.

TUCH

1 ZUNAHMEN
Mit A 7 M anschlagen.
Maschenaufteilung (RückR): 3M re, MMx setzen, 1M re, MMx setzen, 3M re.
R 1 (Zun, HinR): 3M re, MMx, 1M re zun, bis Ende re. *1 M zugn.*
R 2 (RückR): 3M re, MMx, bis MMx li, MMx, 3M re.
R 3: Rechts.
R 4: Wie R 2.
Diese 4 Reihen bilden den Anfang der krausrechten Kante (durch die x-Markierer angezeigt) und des Zunahmenmusters des Hauptteils des Tuchs (1 M alle 4 R zun).

R 5–36: R 1–4 noch 8 Mal wdh. *9 M zugn; 16 M.*

2 ZUNAHMEN, FARBE B DAZUNEHMEN
R 37 (Zun, HinR): 3M re, MMx, 1M re zun, bis 3 M vor MMx re, 2M re zus, MMy setzen, mit B 1M re, 1M re zun, MMx, 3M re. *1 1M zugn; 17 M.*

Jetzt, da Farbe B dazugekommen ist, wird sie in jeder 3. R verschoben, es werden mehr Maschen in Farbe B und weniger in Farbe A. Es wird weiter in jeder 4. R zugenommen.

R 38 (RückR): Mit B 3M re, MMx, bis MMy li, ITy, mit A bis MMx li, MMx, 3M re.
R 39: Mit A bis MMy re, ITy, mit B bis Ende re.
R 40 (Verschieben von B, RückR): Mit B 3M re, MMx, bis 1 M vor MMy li, 1 li M re zun, 1M li, ITy, mit A 2M li zus, bis MMx li, MMx, 3M re.
R 41 (Zun): Mit A 3M re, MMx, 1M re zun, bis MMy re, ITy, mit B bis Ende re. *1 M zugn.*
R 42: Mit B 3M re, MMx, bis MMy li, ITy, mit A bis MMx li, MMx, 3M re.
R 43 (Verschieben von B, HinR): Mit A bis 2 M vor MMy re, 2M re zus, ITy, mit B 1M re, 1M re zun, bis Ende re.
R 44: Wie R 42.
R 45 (Zun): Mit A 3M re, MMx, 1M re zun, bis MMy re, ITy, mit B bis Ende re. *1 M zugn.*
R 46: Verschieben von B RückR wdh (R 40).
R 47: Wie R 39.
R 48: Wie R 42.
R 49 (Zun, Verschieben von B, HinR): Mit A 3M re, MMx, 1M re zun, bis 2 M vor MMy re, 2M re zus, ITy, mit B 1M re, 1M re zun, bis Ende re. *1 M zugn.*
R 50: Wie R 42.

R 51–74: Wie R 39–50 noch 2 Mal wdh. *9 M zugn; 26 M insgesamt (9 M in A und 17 M in B).*

3 ZUNAHMEN, FARBE C DAZUNEHMEN
R 75 (HinR): Mit A bis MMy str, ITy, mit B bis 3 M vor MMx re, 2M re zus, MMy setzen, mit C 1M re, 1M re zun, MMx, 3M re.

Jetzt, da Farbe C dazugekommen ist, wird sie in jeder 4. R verschoben (in den HinR in denen KEINE Zunahmen für die Form gestrickt werden), es werden mehr Maschen in Farbe C. Farbe B wird sich weiterhin in jeder 3. R verschieben, es werden mehr Maschen in Farbe B und weniger in Farbe A. Es wird weiter in jeder 4. R zugenommen.

R 76 (RückR): Mit C 3M re, MMx, bis MMy li, ITy, mit B bis MMy li, ITy, mit A bis MMx li, MMx, 3M re.
R 77 (Zun, Verschieben von B, HinR): Mit A 3M re, MMx, 1M re zun, bis 2 M vor MMy re, 2M re zus, ITy, mit B 1M re, 1M re zun, bis MMy re, ITy, mit C bis Ende re. *1 M zugn; 27 M.*
R 78: Wie R 76.
R 79 (Verschieben von C, HinR): Mit A im Muster bis MMy str, ITy, mit B bis 2 M vor MMy re, 2M re zus, ITy, mit C 1M re, 1M re zun, bis Ende re.
R 80 (Verschieben von B, RückR): Mit C 3M re, MMx, bis MMy li, ITy, mit B bis 1M vor MMy li, 1 li M re zun, 1M li, ITy, mit A 2M li zus, bis MMx li, MMx, 3M re.
R 81 (Zun): Mit A 3M re, MMx, 1M re zun, bis MMy re, ITy, mit B bis MMy re, ITy, mit C bis Ende re. *1 M zugn; 28 M.*
R 82: Wie R 76.
R 83 (Verschieben von B und C, HinR): Mit A im Muster bis 2 M vor MMy, 2M re zus, ITy, mit B 1M re, 1M re zun, bis 2 M vor MMy re, 2M re zus, ITy, mit C 1M re, 1M re zun, bis Ende re.
R 84: Wie R 76.
R 85: Zun (R 81) wdh. *1 M zugn; 29 M.*

SCHNITT

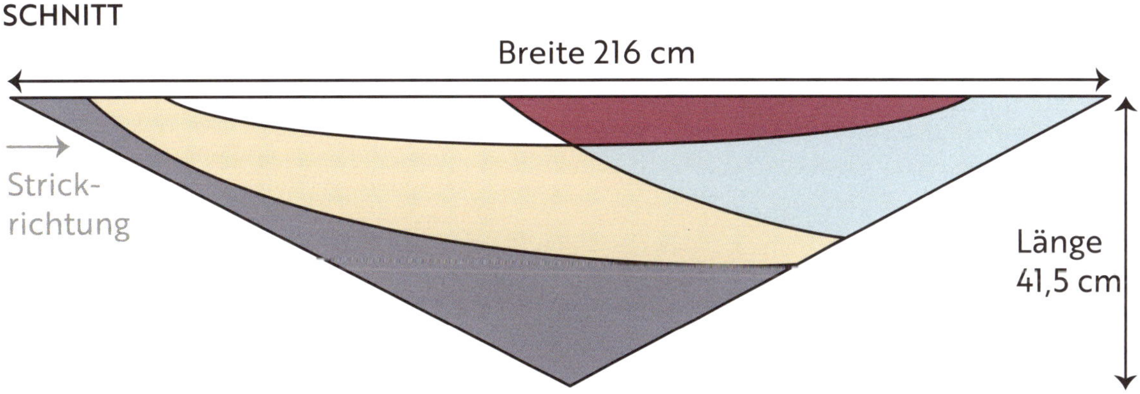

R 86: Verschieben von B RückR wdh (R 80).
R 87: Verschieben von C HinR wdh (R 79).
R 88: Wie R 76.
R 89: Zun Verschieben von B HinR wdh (R 77). *1 M zugn; 30 M.*
R 90: Wie R 76.
R 91: Verschieben von C HinR wdh (R 79).
R 92: Verschieben von B RückR wdh (R 80).
R 93: Zun (R 81) wdh. *1 M zugn; 31 M (8 M in A, 14 M in B und 9 M in C).*
R 94: Wie R 76.

In den Abschnitten 1–3 wurde festgelegt, wann für die Form zugenommen wird (in jeder 4. R), wie Farben an den y-Markierern gewechselt werden (lTy) und wie die Farben durch doppelte Zu- und Abnahmen über das Tuch wandern.

4 ZUNAHMEN, FARBE B UND C VERSCHIEBEN
In Abschnitt 4 wird Farbe B weiterhin in jeder 3. R verschoben und Farbe C jetzt in jeder 9. R. Dadurch entsteht eine flache Kurve in Farbe B. Am Ende dieses Abschnitts, ist der schmalste Punkt in Farbe A erreicht. Es wird weiterhin in jeder 4. R für das Tuch zugenommen (wie seit der 1. R von Abschnitt 1 und zwar mit A als 3M re, MMx, 1M re zun).

Weiter wie bisher in jeder 4. R zunehmen (die letzte Zunahme in Abschnitt 3 war in R 93, die nächste ist also in R 97).
Wichtig: Diese Zunahmen stehen nicht in der Anleitung, wegen der Wiederholung der Farbveränderung. Es ist eine gute Idee, sich die Reihen, in denen für das Tuch zugenommen wird, zu notieren.

R 95 (Verschieben von B und C, HinR): Mit A bis 2 M vor MMy str, 2M re zus, lTy, mit B 1M re, 1M re zun, bis 2M vor MMy re, 2M re zus, lTy, mit C 1M re, 1M re zun, bis Ende re.
R 96 (RückR): Mit C 3M re, MMx, bis MMy li, lTy, mit B bis MMy li, lTy, mit A bis MMx li, MMx, 3M re.
R 97: Mit A bis MMy str, lTy, mit B bis MMy re, lTy, mit C bis Ende re.
R 98 (Verschieben von B, RückR): Mit C 3M re, MMx, bis MMy li, lTy, mit B bis 1M vor MMy li, 1 li M re zun, 1M li, lTy, mit A 2M li zus, bis MMx li, MMx, 3M re.
R 99: Wie R 97.
R 100: Wie R 96.
R 101 (Verschieben von B, HinR): Mit A bis 2M vor MMy re, 2M re zus, lTy, mit B 1M re, 1M re zun, bis MMy re, lTy, mit C bis Ende re.
R 102: Wie R 96.
R 103: Wie R 97.
R 104 (Verschieben von B und C, RückR): Mit C 3M re, bis 1 M vor MMy li, 1 li M re zun, 1M li, lTy, mit B 2M li zus, bis 1 M vor MMy li, 1 li M re zun, 1M li, lTy, mit A 2M li zus, bis MMx li, MMx, 3M re.
R 105: Wie R 97.
R 106: Wie R 96.
R 107: Verschieben von B HinR wdh (R 101).
R 108: Wie R 96.
R 109: Wie R 97.
R 110: Verschieben von B RückR wdh (R 98).
R 111: Wie R 97.
R 112: Wie R 96.

R 113–130: Wie R 95–112 noch 1 Mal. *9 M zugn; 40 M (5 M in A, 22 M in B und 13 M in C).*

R 131–136: Wie R 95–100 noch 1 Mal. *1 M zugn; 41 M (4 M in A, 23 M in B und 14 M in C).*

In der nächsten R wird zugenommen und Farbe B verschoben, aber sie muss etwas anders gearbeitet werden als vorher, da nur noch wenige Maschen in Farbe A übrig sind.

R 137 (geänderte Zun und Verschieben von B, HinR): Mit A 2M re, aaz (MMx wird entfernt und nach aaz wieder gesetzt), 1M re zun, lTy, mit B 1M re, 1M re zun, bis MMy re, lTy, mit C bis Ende re. *1 M zugn; 42 M (4 M in A, 24 M in B und 14 M in C).*
R 138: Wie R 96.

5 ZUNAHMEN, FARBE B UND C VERSCHIEBEN
Am Beginn von Abschnitt 5 verschiebt sich Farbe B in jeder 10. R und Farbe C in jeder 20. R. Ab R 239 verschiebt sich Farbe B in jeder 16. R. Wenn der Farbwechsel seltener stattfindet, wird die Kurve flacher. Die üblichen Zunahmen in jeder 4. R bleiben bestehen (die 1. erfolgt in R 141) und stehen in der Anleitung.

R 139 (HinR): Mit A im Muster bis MMy str, lTy, mit B bis MMy re, lTy, mit C bis Ende re.
R 140 (RückR): Mit C 3M re, MMx, bis MMy li, lTy, mit B bis MMy li, lTy, mit A bis MMx li, MMx, 3M re.
R 141 (Zun, HinR): Mit A 3M re, MMx, 1M re zun, bis MMy re, lTy, mit B bis MMy re, lTy, mit C bis Ende re. *1 M zugn.*
R 142: Wie R 140.
R 143–146: Wie R 139–142 noch 1 Mal. *1 M zugn.*
R 147 (Verschieben von B und C, HinR): Mit A bis 2 M vor MMy str, 2M re zus, lTy, mit B 1M re, 1M re zun, bis 2M vor MMy re, 2M re zus, lTy, mit C 1M re, 1M re zun, bis Ende re.
Rs 148–150: Wie R 140–142. *1 M zugn.*
Rs 151–154: Wie R 139–142. *1 M zugn.*
Rs 155–156: Wie R 139–140.

R 157 (Zun, Verschieben von B, RS): Mit A 3M re, MMx, 1M re zun, bis 2M vor MMy re, 2M re zus, lTy, mit B 1M re, 1M re zun, bis MMy re, lTy, mit C bis Ende re. *1 M zugn.*
R 158: Wie R 140.

R 159–238: Wie R 139–158 noch 4 Mal wdh. *25 M zugn; 67 M (19 M in A, 29 M in B und 19 M in C).*

R 239–250: Wie R 139–142 noch 3 Ma str. *3 M zugn.*
R 251–252: Wie R 139–140.
R 253: Zun, Verschieben von B HinR wdh (R 157). *1 M zugn.*
R 254: Wie R 140.
R 255–270: Wie R 239–254 noch 1 Mal. *8M zugn; 75 M.*

R 271–274: Wie R 139–142. *1 M zugn; 76 M (26 M in A, 31 M in B und 19 M in C).*

6 ZUNAHMEN BEENDEN, FARBE D HINZUNEHMEN, FARBE B, C UND D VERSCHIEBEN

R 275 (HinR): Mit A bis MMy str, lTy, mit B bis MMy re, lTy, mit C bis 3M vor MMx re, 2M re zus, MMy setzen, mit D 1M re, 1M re zun, MMx, 3M re.

Jetzt da Farbe D dazugekommen ist, wird sie in jeder zweiten R verschoben, so dass die Maschen in D schnell mehr werden und die in C weniger. Farbe B verschiebt sich nur noch zweimal, und die Zunahmen für das Tuch sind beendet.

R 276 (RückR): Mit D 3M re, MMx, bis MMy li, lTy, mit C bis MMy li, lTy, mit B bis MMy li, lTy, mit A bis MMx li, MMx, 3M re.
R 277 (Zun, Verschieben von D, HinR): Mit A 3M re, MMx, 1M re zun, bis MMy re, lTy, mit B bis MMy re, lTy, mit C bis 2 M vor MMy re, 2M re zus, lTy, mit D 1M re, 1M re zun, bis Ende re. *1 M zugn.*
R 278: Wie R 276.
R 279 (Verschieben von D, HinR): Mit A 3M re, MMx, bis MMy re, lTy, mit B bis MMy re, lTy, mit C bis 2M vor MMy re, 2M re zus, lTy, mit D 1M re, 1M re zun, bis Ende re.

R 280–283: Wie R 276–279 noch 1 Mal. *2 M zugn; 78 M.*
R 284–286: Wie R 276–278. *1 M zugn; 79 M.*

R 287 (Verschieben von B und D, HinR): Mit A 3M re, MMx, bis 2 M vor MMy re, 2M re zus, lTy, mit B 1M re, 1M re zun, bis MMy re, lTy, mit C bis 2 M vor MMy re, 2M re zus, lTy, mit D 1M re, 1M re zun, bis Ende re.
R 288–299: Wie R 276–279 noch 3 Mal str. *3 M zugn; 82 M.*
R 300: Wie R 276.

R 301 (Zun, Verschieben von B und D, HinR): Mit A 3M re, MMx, 1M re zun, bis 2 M vor MMy re, 2M re zus, lTy, mit B 1M re, 1M re zun, bis MMy re, lTy, mit C 2M re zus, lTy, mit D 1M re, 1M re zun, bis Ende re. *1 M zugn; 83 M (31 M in A, 33 M in B, 1 M in C und 18 M in D).*
R 302 (RückR): Wie R 276.
Farbe C abschneiden, einen Faden zum Vernähen stehen lassen. Hier ist das Tuch am breitesten.

7 MIT D EN ABNAHMEN BEGINNEN, FARBE E DAZUNEHMEN
R 1 (Abn, E dazunehmen, HinR): Mit A 3M re, MMx, aaz, bis MMy re, lTy, mit B bis 2 M vor MMy re, 2M re zus, MMy, mit E1M re, 1M re zun, lTy, mit D bis Ende re. *1M abgn; 82 M übrig.*

Jetzt da Farbe E dazugekommen ist, wird sie in jeder zweiten R verschoben, so dass es mehr Maschen in E werden und weniger in B. Die Abnahmen für das Tuch werden zu Anfang jeder 4. R in den Abschnitten 8–14 gestrickt (die 1. Abnahme in R 1).

R 2 (RückR): Mit D 3M re, MMx, bis MMy li, lTy, mit E bis MMy li, lTy, mit B bis MMy li, lTy, mit A bis MMx li, MMx, 3M re.
R 3 (Verschieben von E): Mit A 3M re, MMx, bis MMy re, lTy, mit B bis 2 M vor MMy re, 2M re zus, lTy, mit E 1M re, 1M re zun, bis MMy re, lTy, mit D bis Ende re.
R 4: Wie R 2.
R 5 (Abn, Verschieben von E): Mit A 3M re, MMx, aaz, bis MMy re, lTy, mit B bis 2 M vor MMy re, 2M re zus, lTy, mit E 1M re, 1M re zun, bis MMy re, lTy, mit D bis Ende re. *1M abgn.*
R 6–13: Wie R 2–5 noch 2 Mal str. *3 M abgn; 79 M übrig (27 M in A, 26 M in B, 8 M in E und 18 M in D).*
R 14–16: Wie R 2–4 noch 1 Mal. *79 M (27 M in A, 25 M in B, 9 M in E und 18 M in D).*

8 ABNAHMEN, FARBE E VERSCHIEBEN
Im folgenden Abschnitt verschiebt sich Farbe E in jeder 4. R (in den HinR, in denen NICHT abgenommen wird), so dass es mehr Maschen in E und weniger in B gibt. Es wird weiterhin am Anfang jeder 4. R abgenommen.

R 17 (Abn, HinR): Mit A 3M re, MMx, aaz, bis MMy re, lTy, mit B bis MMy re, lTy, mit E bis MMy re, lTy, mit D bis Ende re. *1 M abgn.*
R 18 (RückR): Mit D 3M re, MMx, bis MMy li, lTy, mit E bis MMy li, lTy, mit B bis MMy li, lTy, mit A bis MMx li, MMx, 3M re.
R 19 (Verschieben von E): Mit A bis MMy re, lTy, mit B bis 2M vor MMy re, 2M re zus, lTy, mit E 1M re, 1M re zun, bis MMy re, lTy, mit D bis Ende re.
R 20: Wie R 18.

R 21–56: Wie R 17–20 noch 9 Mal str. *10 M abgn; 69 M (17 M in A, 15 M in B, 19 M in E und 18 M in D).*

9 ABNAHMEN, FARBE D UND E VERSCHIEBEN
Im folgenden Abschnitt verschiebt sich Farbe E in jeder 6. R, so dass es mehr Maschen in E und weniger in B gibt. Farbe D verschiebt sich in jeder 20. R, so dass die Maschen in D mehr und die in E weniger werden – dieses Verschieben wird mit einer Zunahme, gefolgt von einer Abnahme F, gearbeitet (umgekehrt wie die anderen Verschiebungen). Es wird weiterhin in jeder 4. R abgenommen.

Weiter wie bisher (mit A 3M re, MMx, aaz) in jeder 4. R abn (die letzte Abn-R in Abschnitt 8 war R 53, die nächste ist also R 57).
Wichtig: Diese Abnahmen stehen wegen der Wiederholung der Verschiebungen nicht in der Anleitung. Es ist hilfreich, sich die Reihen zu notieren, in denen eine Abnahme gestrickt wird.

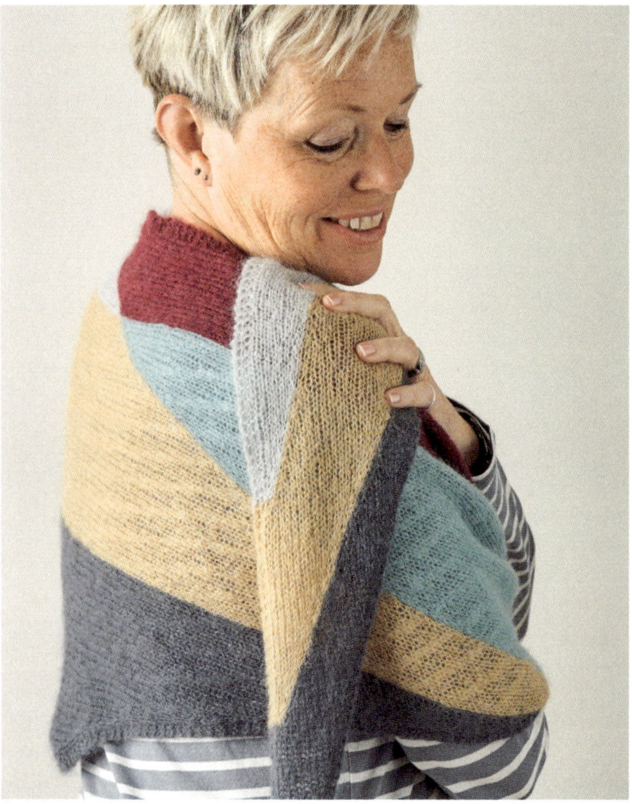

R 57 (HinR): Mit A bis MMy str, ITy, mit B bis MMy re, ITy, mit E bis MMy re, ITy, mit D bis Ende re.
R 58 (RückR): Mit D 3M re, MMx, bis MMy li, ITy, mit E bis MMy li, ITy, mit B bis MMy li, ITy, mit A bis MMx li, MMx, 3M re.
R 59–60: Wie R 57–58.
R 61 (Verschieben von E, HinR): Mit A bis MMy str, ITy, mit B bis 2 M vor MMy re, 2M re zus, ITy, mit E 1M re, 1M re zun, bis MMy re, ITy, mit D bis Ende re.
R 62: Wie R 58.

R 63–74: Wie R 57–62 noch 2 Mal str.

R 75 (Verschieben von D, HinR): Mit A bis MMy str, ITy, mit B bis MMy re, ITy, mit E bis 1 M vor MMy re, 1M li zun, 1M re, ITy, mit D aaz, bis Ende re.
R 76–80: Wie R 58–62.
R 81–92: Wie R 57–62 noch 2 Mal.
R 93–94: Wie R 57–58.

R 95: Verschieben von D (R 75) wdh.
R 96: Wie R 58.
R 97: Verschieben von E (R 61) wdh.
R 98: Wie R 58.

R 99–108: Wie R 57–62 noch 1 Mal, dann R 57–60 noch 1 Mal wdh. *13 M abgn; 56 M übrig (4 M in A, 7 M in B, 29 M in E und 16 M in D).*

10 ABNAHMEN, FARBE D UND E VERSCHIEBEN

In den nächsten R wird abgenommen und Farbe D und E verschoben, aber da nur noch wenige Maschen in A übrig sind, muss es etwas anders gearbeitet werden. Die Abnahmen sind in diesem Abschnitt ausgeschrieben, da sie nicht wie bisher gestrickt werden.

R 109 (geänderte Abn und Verschieben von E, HinR): Mit A 3M re, MMx entfernen, IT, mit B 2M re zus (MMy entfernen), bis 2 M vor MMy re, 2M re zus, ITy, mit E 1M re, 1M re zun, bis MMy re, ITy, mit D bis Ende re. *1M abgn; 55 M übrig. 1 MMx und 2 MMy bleiben.*
R 110 (RückR): Mit D 3M re, MMx, bis MMy li, ITy, mit E bis MMy li, ITy, mit B bis zu den letzten 3 M li, IT, mit A 3M re.
R 111: Mit A 3M re, IT, mit B bis MMy re, ITy, mit E bis MMy re, ITy, mit D bis Ende re.
R 112: Wie R 110.
R 113 (Abn): Mit A 2M re, IT, mit B 2M re zus, bis MMy re, ITy, mit E bis MMy re, ITy, mit D bis Ende re. *1 M abgn; 54 M übrig.*
R 114: Mit D 3M re, MMx, bis MMy li, ITy, mit E bis MMy li, ITy, mit B bis zu den letzten 3 M li, 1M re, IT, mit A 2M re.
R 115 (geändertes Verschieben von D und E): Mit A 2M re, IT, mit B bis 2 M vor MMy re, 2M re zus, ITy, mit E 1M re, 1M re zun, bis 1 M vor MMy re, 1M li zun, 1M re, ITy, mit D aaz, bis Ende re.
R 116: Wie R 114.
R 117 (geänderte Abn, HinR): Mit A 1M re, IT, mit B 2M re zus, bis MMy re, ITy, mit E bis MMy re, ITy, mit D bis Ende re. *1 M abgn; 53 M übrig (1 M in A, 5 M in B, 32 M in E und 15 M in D).*
R 118 (RückR): Mit D 3M re, MMx, bis MMy li, ITy, mit E bis MMy li, ITy, mit B bis zu den letzten 3 M li, 2M re, IT, mit A 1M re.
R 119: Mit A 1M re, IT, mit B bis MMy re, ITy, mit E bis MMy re, ITy, mit D bis Ende re.
R 120: Wie R 118. Farbe A abschneiden, dabei ein Fadenende zum Vernähen stehen lassen.
R 121 (geänderte Abn): Mit B 2M re zus, bis MMy re, ITy, mit E bis MMy re, ITy, mit D bis Ende re. *1 M abgn; 52 M übrig.*
R 122: Mit D 3M re, MMx, bis MMy li, ITy, mit E bis MMy li, ITy, mit B bis zu den letzten 3 M li, 3M re.
R 123 (Verschieben von E): Mit B bis 2 M vor MMy re, 2M re zus, ITy, mit E 1M re, 1M re zun, bis MMy re, ITy, mit D bis Ende re.
R 124: Wie R 122.
R 125 (Abn-Variante): Mit B 2M re, 2M re zus, ITy, mit E bis MMy re, ITy, mit D bis Ende re. *1 M abgn; 51 M übrig.*
R 126: Wie R 122.
R 127: Mit B bis MMy re, ITy, mit E bis MMy re, ITy, mit D bis Ende re.
R 128: Wie R 122.

R 129 (geänderte Abn): Mit B 2M re, IT, mit E 2M re zus (MMy entfernen), bis MMy re, ITy, mit D bis Ende re. *1M abgn; 50 M übrig. 1 MMx und 1 MMy bleiben.*
R 130: Mit D 3M re, MMx, bis MMy li, ITy, mit E bis zu den letzten 3 M li, 1M re, IT, mit B 2M re.

R 131 (geändertes Verschieben von E): Mit B 1M re, 1T, mit E 2M re zus, 1M re zun, bis MMy re, 1Ty, mit D bis Ende re.
R 132: Mit D 3M re, MMx, bis MMy li, 1Ty, mit E bis zu den letzten 3 M li, 2M re, 1T, mit B 1M re. Farbe B abschneiden, dabei ein Fadenende zum Vernähen stehen lassen.
R 133 (geänderte Abn): Mit E 2M re zus, 2M re, MMx setzen, bis MMy re, 1Ty, mit D bis Ende re. *1 M abgn; 49 M übrig. 2 MMx und 1 MMy.*
R 134: Mit D 3M re, MMx, bis MMy li, 1Ty, mit E bis MMx li, MMx, 3M re.
R 135 (Verschieben von D): Mit E bis 1M vor MMy re, 1M li zun, 1M re, 1Ty, mit D aaz, bis Ende re.
R 136: Wie R 134. *49 M (35 M in E und 14 M in D).*

11 ABNAHMEN, FARBE D VERSCHIEBEN

Im folgenden Abschnitt wird wieder wie vorher abgenommen. Zu Beginn wird keine Farbe verschoben, später verschiebt sich Farbe D nur in jeder 12. R, wodurch es weniger M in D werden.

R 137 (Abn, HinR): Mit E 3M re, MMx, aaz, bis MMy re, 1Ty, mit D bis Ende re. *1 M abgn.*
R 138 (RückR): Wie R 134.
R 139: Mit E bis MMy re, 1Ty, mit D bis Ende re.
R 140: Wie R 134.
R 141–156: Wie R 137–140 noch 4 Mal. *5 M abgn; 44 M übrig (30 M in E und 14 M in D).*
R 157–164: Wie R 137–140 noch 2 Mal str. *2 M abgn.*
R 165–166: Wie R 137–138. *1 M abgn.*
R 167 (Verschieben von D, HinR): Mit E bis 1M vor MMy re, 1M li zun, 1M re, 1Ty, mit D aaz, bis Ende re.
R 168: Wie R 134.

R 169–204: Wie R 157–168 noch 3 Mal str. *12 M abgn; 32 M übrig (22 M in E und 10 M in D).*

12 ABNAHMEN, FARBE D VERSCHIEBEN UND BEENDEN

In diesem Abschnitt gehen die Abnahmen in jeder 4. R weiter, genau wie das Verschieben von Farbe D in jeder 4. R (in den HinR, in denen NICHT abgenommen wird), so dass es immer weniger M in D gibt, bis die Farbe schließlich beendet wird.

R 205 (Abn, HinR): Mit E 3M re, MMx, aaz, bis MMy re, 1Ty, mit D bis Ende re. *1 M abgn.*
R 206 (RückR): Mit D 3M re, MMx, bis MMy li, 1Ty, mit E bis MMx li, MMx, 3M re.
R 207 (Verschieben von D): Mit E bis 1 M vor MMy re, 1M li zun, 1M re, 1Ty, mit D aaz, bis Ende re.
R 208: Wie R 206.
R 209–232: Wie R 205–208 noch 6 Mal str. *7 M abgn; 25 M übrig (22 M in E und 3 M in D).*
Farbe D abschneiden, dabei ein Fadenende zum Vernähen stehen lassen.

13 ABNAHMEN BEENDEN, NUR FARBE E

Der letzte Abschnitt wird nur mit Farbe E gearbeitet, es wird weiterhin in jeder 4. R abgenommen.

R 233 (Abn, HinR): 3M re, MMx, aaz, bis Ende re. *1M abgn.*
R 234 (RückR): 3M re, MMx, bis MMx li, MMx, 3M re.
R 235: Rechts.
R 236: Wie R 234.
R 237–300: Wie R 233–236 noch 16 Mal str. *17 M abgn; 8 M übrig.*
R 301–302: Wie R 233–234 noch 1 Mal. *1M abgn; 7 M übrig.*

Alle M rechts abketten.

14 AUSARBEITEN

Fäden vernähen, aber nicht abschneiden. Das Tuch 20 Minuten in lauwarmes Wasser mit Wollwaschmittel legen. Überschüssiges Wasser ausdrücken (nicht wringen), zwischen Handtüchern pressen. Flach trocknen lassen, dabei auf gerade Kanten achten. Von der Mitte aus zu den Spitzen messen, dass die beiden Schalhälften gleich lang sind. Wenn das Tuch ganz trocken ist, Fadenenden abschneiden.

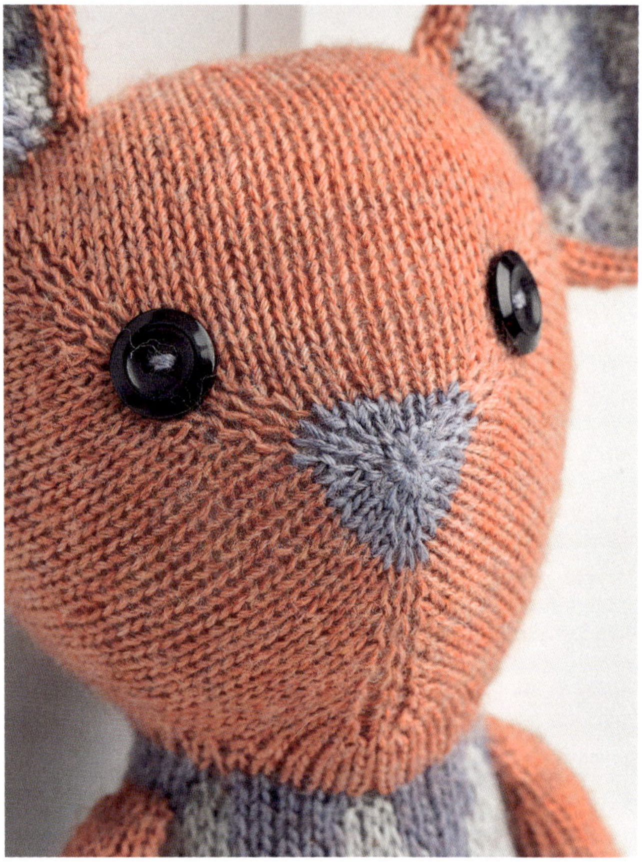

TECHNIK

ANSCHLAG IM FADENRING

Unterschiedliche Anschlagsmethoden zu erlernen ist eine der besten Möglichkeiten, die Strickkenntnisse zu erweitern. Wenn man einmal einen Anschlag gelernt hat, vergisst man leicht, dass es auch noch andere, bessere Arten gibt, ein Projekt zu beginnen. Die Methode, die wir diesen Monat vorstellen, ist für Dinge gedacht, die in der Mitte begonnen werden. Im August (S. 54) werden wir zwei provisorische Anschläge lernen (dabei hat man die Möglichkeit, später vom Anschlag aus in die andere Richtung zu stricken).

Der Maschenanschlag im Fadenring ist super praktisch, wenn man nur wenige Maschen in einer Runde anschlagen muss. Durch diese Methode kann man in der Mitte eines Kreises mit dem Stricken beginnen, was nützlich ist, wenn man Mützen von oben und Socken von unten strickt oder, wie in diesem Projekt, Nasen von der Spitze! Die Maus Alex hat einen Anschlag mit Fadenring an ihrer Nasenspitze und an beiden Füßen.

Schritt für Schritt Anleitung Anschlag im Fadenring

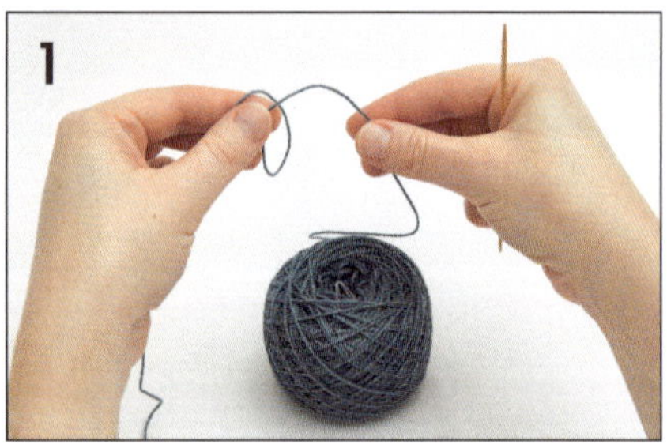

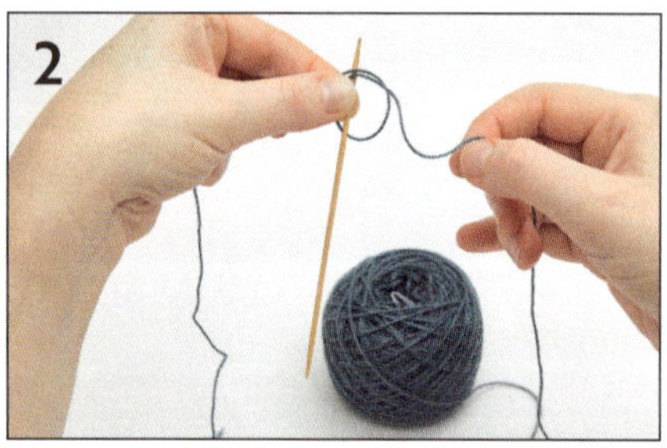

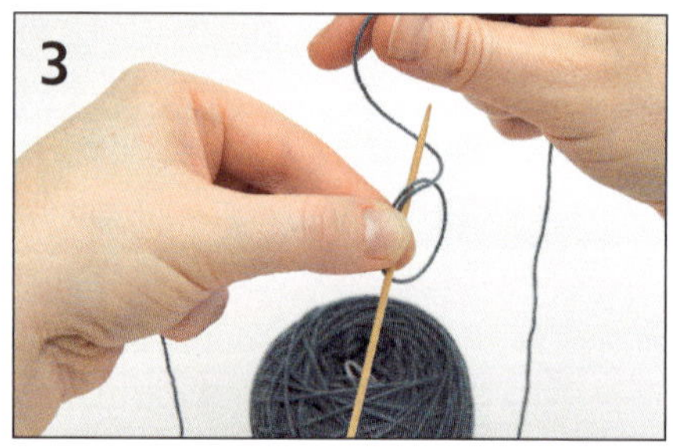

i Mit dem Faden eine Schlaufe legen und genug zum Vernähen stehen lassen.

ii Die Schlaufe in der linken Hand halten und eine Nadelspielnadel durchstechen.

iii Den Faden wie zum rechts Stricken um die Nadel führen (unter der Nadel) (3-5).

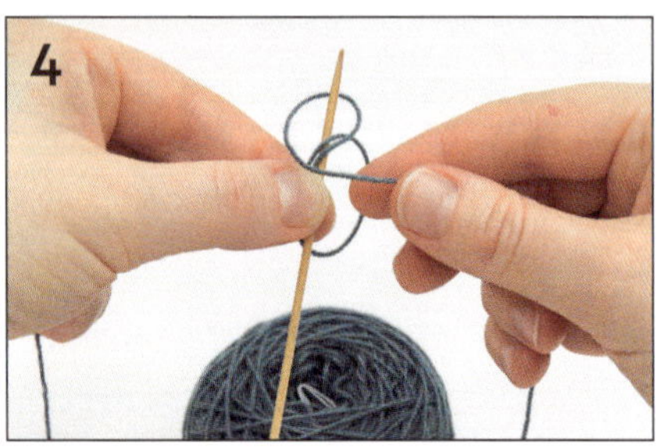

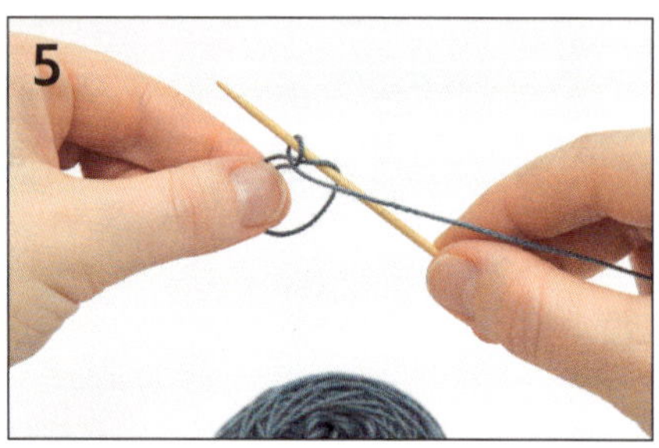

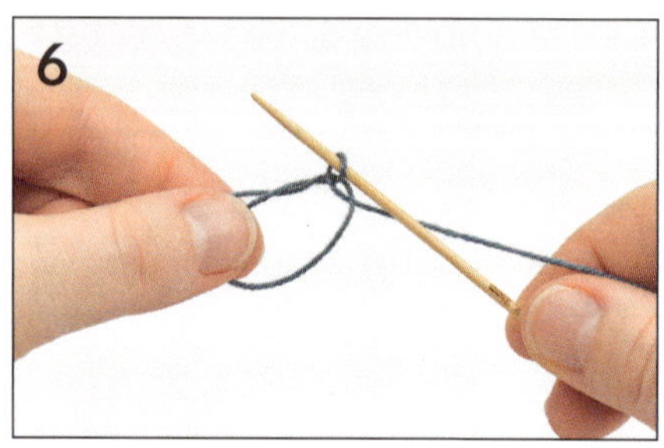

iv Die Masche durch die Schlaufe auf die Nadelspitze ziehen.

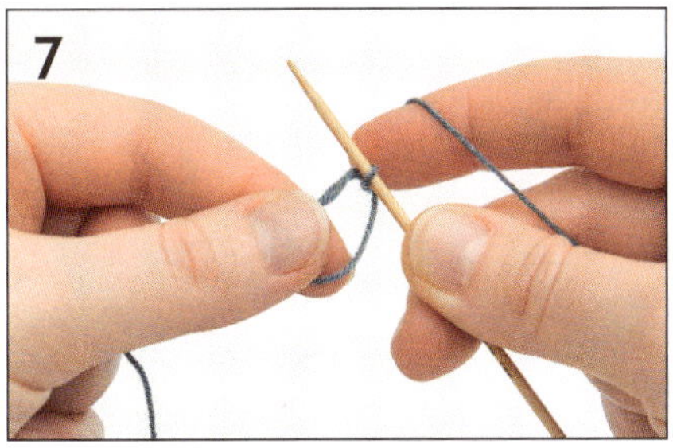

v Die Masche leicht anziehen.

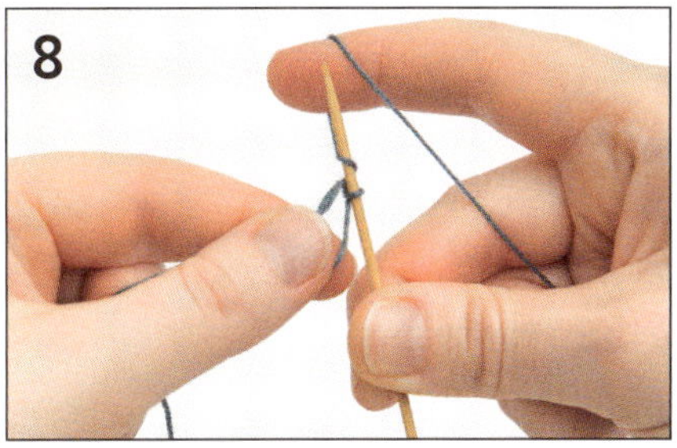

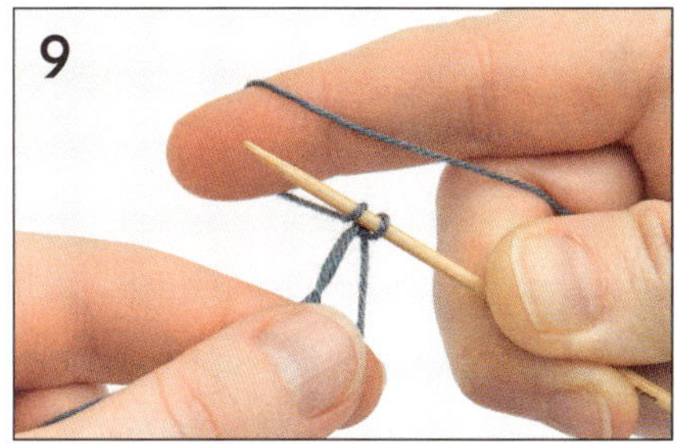

vi Den Arbeitsfaden um die Nadelspitze und zuerst über die Nadel legen (8 & 9).

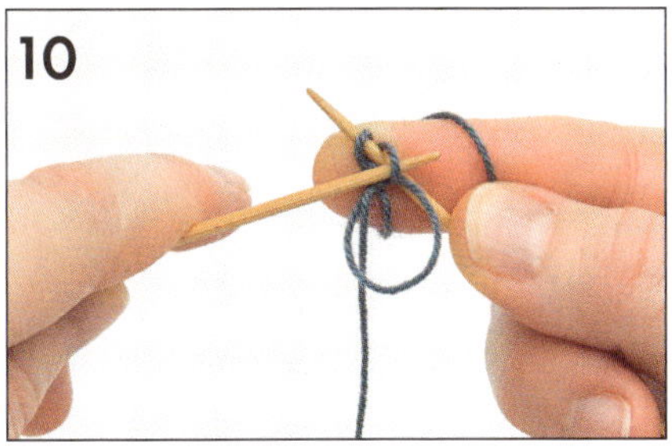

vii Mit einer zweiten Nadel die erste Masche über die zweite ziehen, wie beim Abketten.

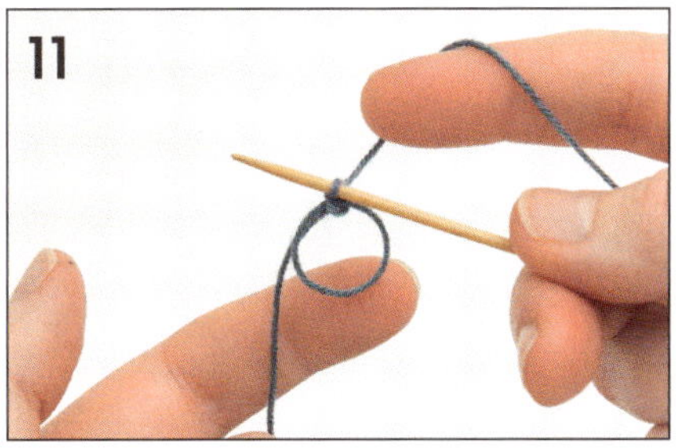

viii Nun ist eine Masche auf der Nadel.

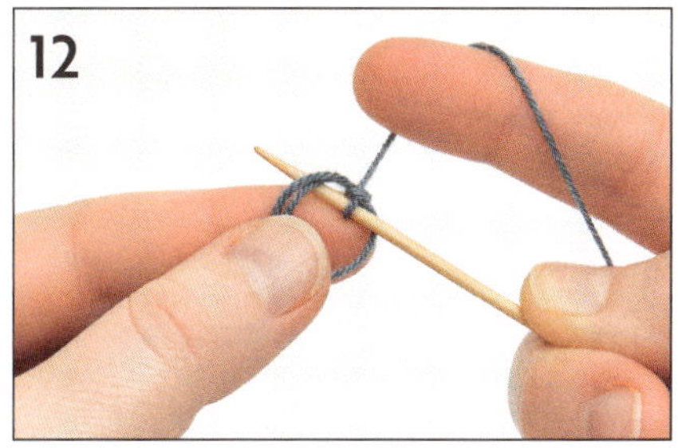

ix Die Nadelspitze wieder durch die Schlaufe stechen.

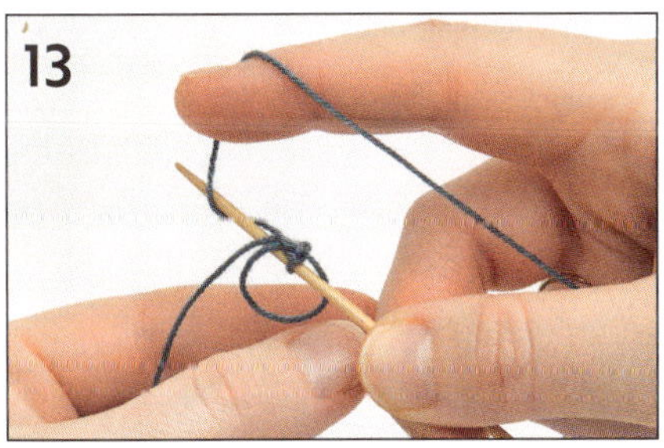

x Den Faden um die Nadelspitze legen, zuerst unter der Nadel hindurch.

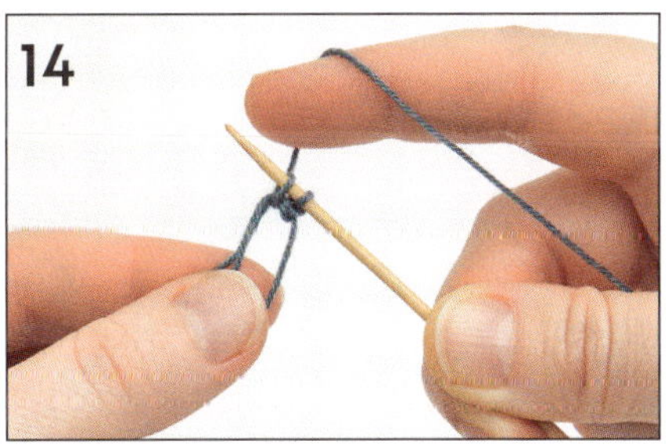

xi Den Faden durch die Schlaufe ziehen und leicht anziehen.

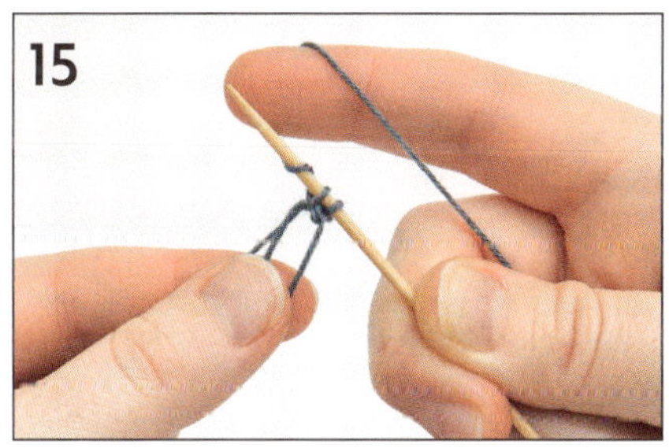

xii Den Faden um die Nadel legen und zuerst über die Nadel führen.

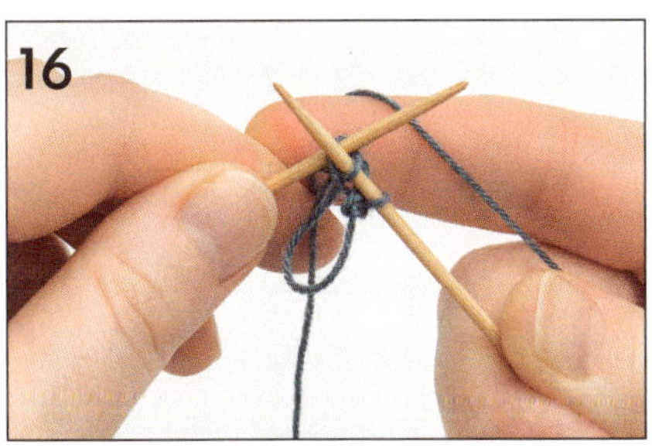

xiii Mit der zweiten Nadel die vorletzte Masche über die letzte ziehen, wie beim Abketten.

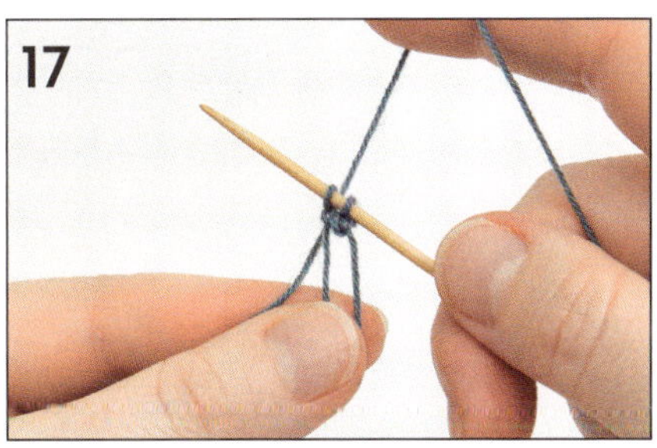

xiv Die Masche leicht anziehen.

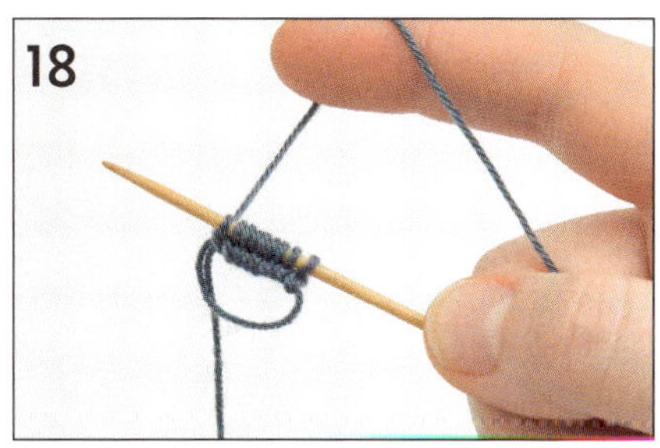

xv Schritte ix-xiv wiederholen, bis genug Maschen angeschlagen sind.

SCHRITT FÜR SCHRITT ANLEITUNG, UM VOM FADENKREIS IN RUNDEN ZU STRICKEN

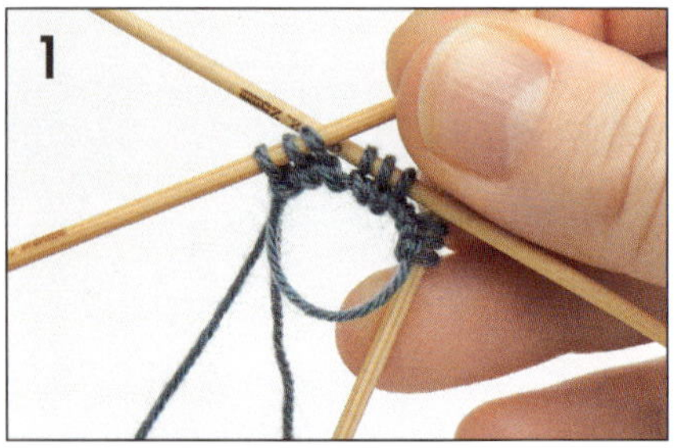

i Die Maschen auf mehrere Nadelspielnadeln schieben. Hier sind es 9 Maschen, je 3 pro Nadel.

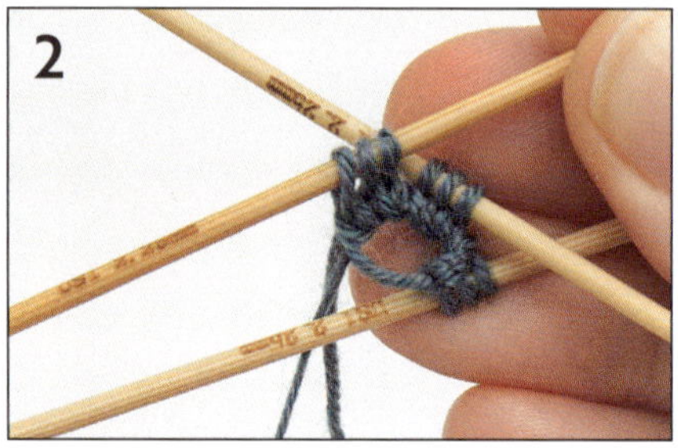

ii Wenn die Maschen auf den Nadeln verteilt sind, sanft am Fadenende ziehen, um das Loch fast zu schließen.

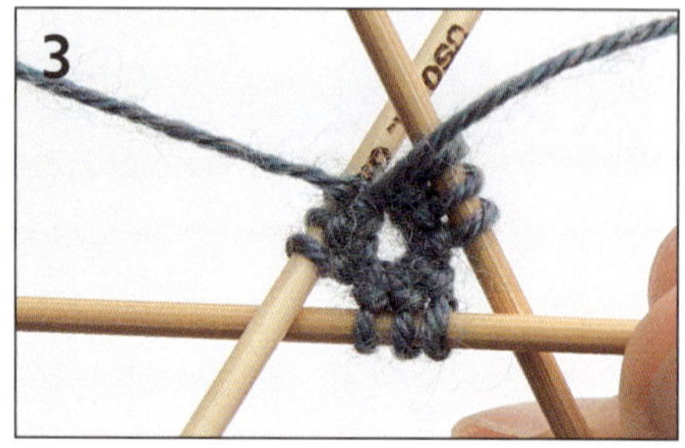

iii Die linke Seite des Anschlags mit der...

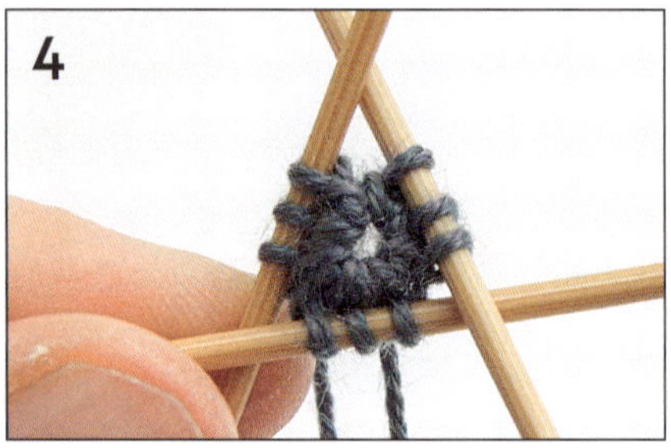

... rechten vergleichen.

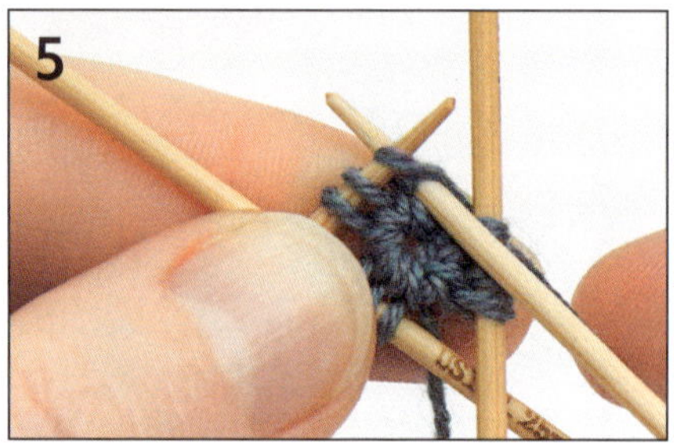

iv Die rechte Seite vorn beginnt man in der Runde zu stricken, der Faden kommt von der letzten Masche der vorigen Nadel.

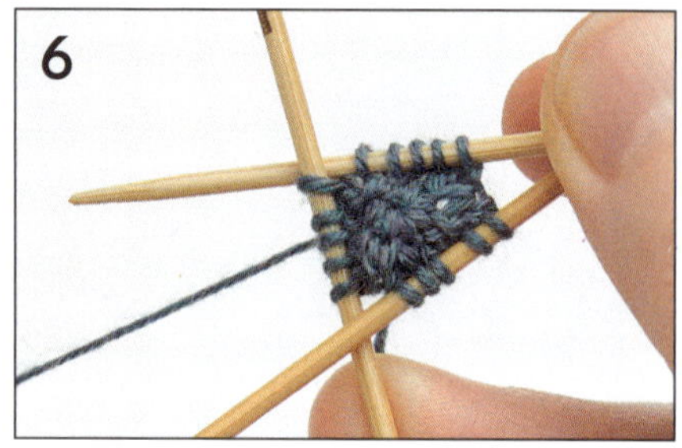

v Nach ein paar Runden kann man das Loch noch stärker zusammenziehen.

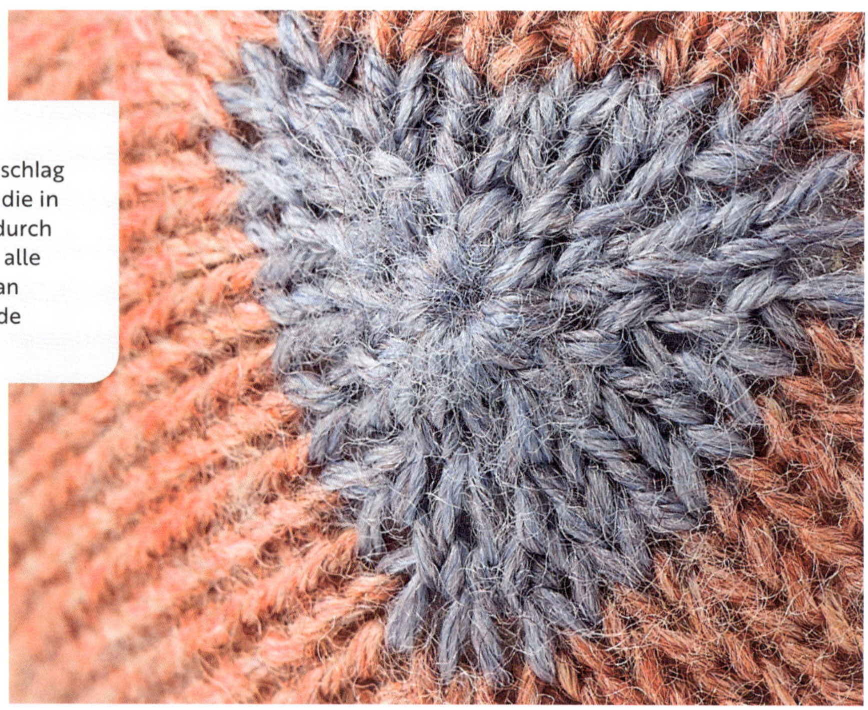

ANMERKUNG

Wenn Sie ein Nadelspiel bei diesem Anschlag zu knifflig finden, kann man die Nadel, die in der rechten Hand gehalten wird, auch durch eine kleine Häkelnadel ersetzen. Wenn alle Maschen angeschlagen sind, schiebt man sie von der Häkel- auf die entsprechende Stricknadel.

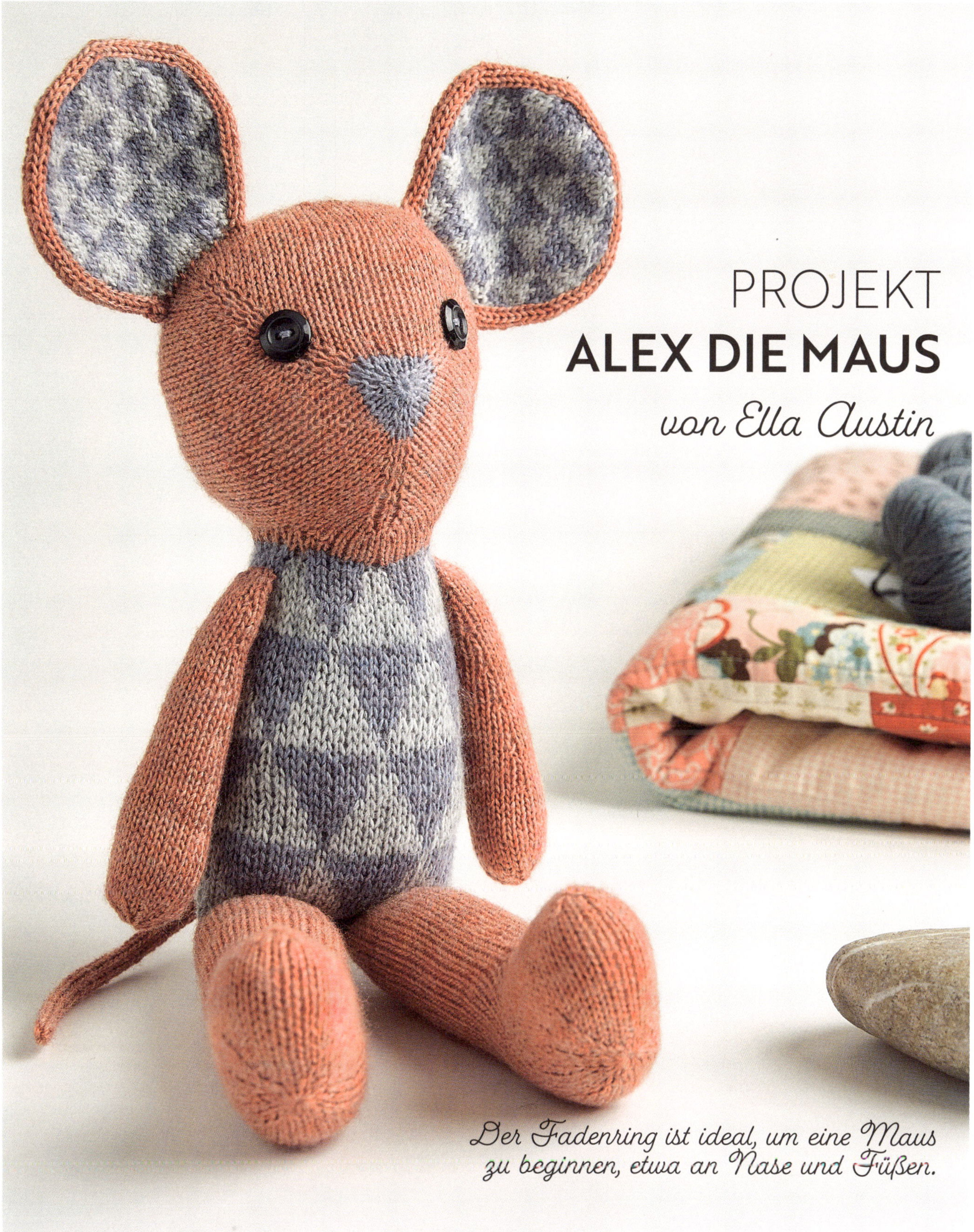

PROJEKT **ALEX DIE MAUS**

von Ella Austin

Der Fadenring ist ideal, um eine Maus zu beginnen, etwa an Nase und Füßen.

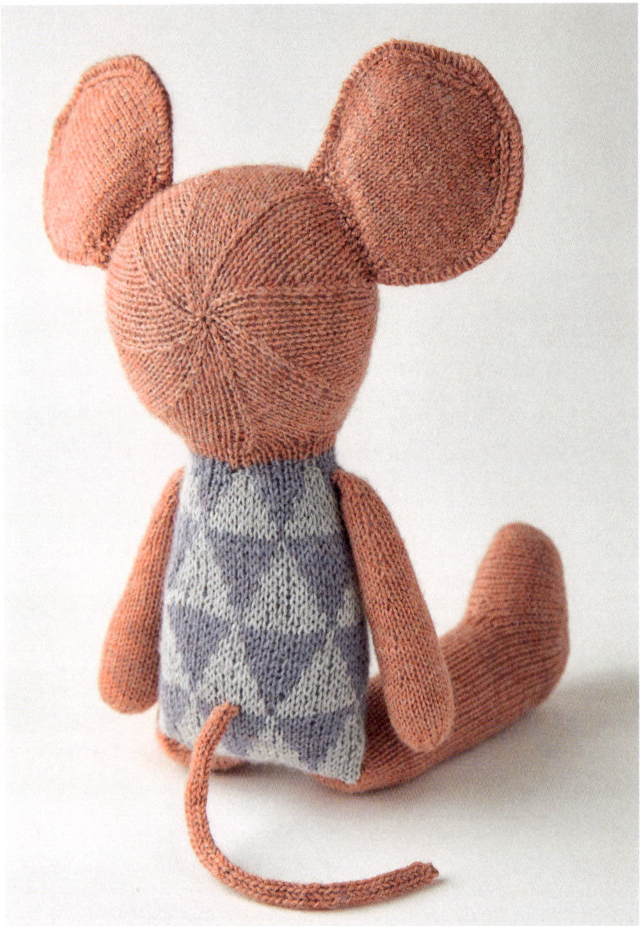

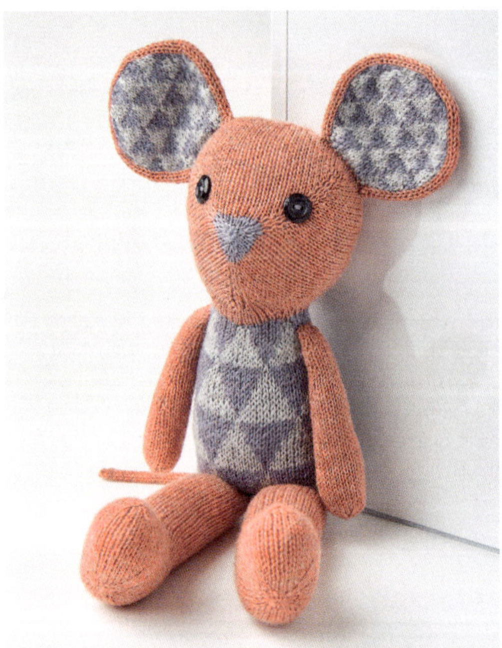

GRÖSSE
Gesamtgröße: 36cm vom Ohr bis zum Zeh

WOLLE
Coop Knits Socks Yeah! (75% Superwashmerino, 25% Nylon; 212m pro 50g Knäuel)
Farbe A: Ammolite (102); 1 x 50g Knäuel
Farbe B: Kunzite (106); 1 x 50g Knäuel
Farbe C: Danburite (105); 1 x 50g Knäuel

NADELN UND ZUBEHÖR
1 Nadelspiel 2,25mm oder die Nadel, mit der Sie am liebsten in kleinen Rd arbeiten; oder die Stärke, mit der die Maschenprobe erreicht wird
2 Knöpfe als Augen (oder etwas Anderes); Maschenmarkierer; Häkelnadel (wenn gewünscht); Füllwatte

MASCHENPROBE
28,5 M und 33 Rd auf 10cm im Einstrickmuster mit 2,25mm Nadel, gewaschen und gespannt
32 M und 50 Rd auf 10cm glatt rechts mit 2,25mm Nadel, gewaschen und gespannt
Es wird fest gestrickt, damit keine Füllung durch die Maschen dringt.

TECHNIK
Auf unserem YouTube-Kanal gibt es ein Videotutorial zur angestrickten Strickkordel: **youtube.com/watch?v=HhI5xlfeZvk**

ABKÜRZUNGEN
Eine komplette Abkürzungsliste findet sich am Ende des Buches.

ANMERKUNGEN ZUR ANLEITUNG
Alex wird mit so wenig Nähten wie möglich aus Einzelteilen gestrickt. Der Kopf beginnt mit einem Fadenring an der Nase und wird durch Zunahmen geformt. Es werden Maschen für den Hals stillgelegt und später neu angeschlagen, danach für den Hinterkopf abgenommen. Der Hals wird nach unten gestrickt, bevor man mit dem bunten Körper von Alex beginnt. Die Ohren werden als 2 Einzelteile flach gestrickt und mit einer Strickkordel verbunden. Arme und Beine werden getrennt gestrickt, ausgestopft und dann angenäht.

ÜBERWENDLICH ZUSAMMENNÄHEN
Die Anschlag- und Abkettkante links auf links aufeinanderhalten, an einem Ende beginnen und die Nadel von hinten nach vorn einstechen und den Faden durchziehen. Genauso die nächste Masche zusammennähen, der Faden legt sich über die Kante. Bis zum Ende weiternähen.

ANMERKUNGEN ZUR STRICKSCHRIFT
Alle R der Strickschrift A werden von rechts nach links gelesen. Bei Strickschrift B werden ungerade HinR von rechts nach links und gerade RückR von links nach rechts gelesen.

MAUS

1 NASE
Mit B 9 M im Fadenring anschlagen. Die M auf den Nadeln verteilen und den Rd-Beginn markieren.
Rd 1 und alle ungeraden Rd: Rechts.
Rd 2: (1M re, 1M li zun, 1M re, 1M re zun, 1M re) 3 Mal. *+6M; 15M.*
Rd 4: (2M re, 1M li zun, 1M re, 1M re zun, 2M re) 3 Mal. *+6M; 21M.*

2 GESICHT
Nach Rd 5 zu Farbe A wechseln.
Rd 6: (3M re, 1M li zun, 1M re, 1M re zun, 3M re) 3 Mal. *+6M; 27M.*
Rd 8: (4M re, 1M li zun, 1M re, 1M re zun, 4M re) 3 Mal. *+6M; 33M.*
Rd 10: (5M re, 1M li zun, 1M re, 1M re zun, 5M re) 3 Mal. *+6M; 39M.*
Rd 12: 6M re, 1M li zun, (1M re, 1M re zun) 2 Mal, 11M re, 1M li zun, 1M re, 1M re zun, 11M re, (1M li zun, 1M re) 2 Mal, 1M re zun, 6M re. *+8M; 47 M.*
Rd 14: 7M re, 1M li zun, (1M re, 1M re zun) 2 Mal, 14M re, 1M li zun, 1M re, 1M re zun, 14M re, (1M li zun, 1M re) 2 Mal, 1M re zun, 7M re. *+8M; 55 M.*
Rd 16: 8M re, 1M li zun, (1M re, 1M re zun) 2 Mal, 17M re, 1M li zun, 1M re, 1M re zun, 17M re, (1M li zun, 1M re) 2 Mal, 1M re zun, 8M re. *+8M; 63 M.*
Rd 18: 9M re, 1M li zun, (1M re, 1M re zun) 2 Mal, 20M re, 1M li zun, 1M re, 1M re zun, 20M re, (1M li zun, 1M re) 2 Mal, 1M re zun, 9M re. *+8M; 71 M.*
Rd 20: 10M re, 1M li zun, (1M re, 1M re zun) 2 Mal, 23M re, 1M li zun, 1M re, 1M re zun, 23M re, (1M li zun, 1M re) 2 Mal, 1M re zun, 10M re. *+8M; 79 M.*
Rd 22: 11M re, 1M li zun, (1M re, 1M re zun) 2 Mal, 21M re, 11M re und stilllegen, 21M re, (1M li zun, 1M re) 2 Mal, 1M re zun, 11M re. *+6M; 74 offene M und 11 stillgelegte M.*
37M re bis zur Lücke am Rd-Ende. MM für Rd-Beg lassen, aber jetzt 6 Reihen darüber str.
R 1 (RückR): 74M li.
R 2 (HinR): 23M re, (1M li zun, 1M re) 2 Mal, 1M re zun, 24M re, 1M li zun, (1M re, 1M re zun) 2 Mal, 23M re. *+6M; 80 M.*
R 3: 80M li.
R 4: 25M re, (1M li zun, 1M re) 2 Mal, 1M re zun, 26M re, 1M li zun, (1M re, 1M re zun) 2 Mal, 25M re. *+6M; 86 M.*
R 5: 86M li.
R 6: 86M re, 11 M aufschlingen und in der Rd str. *97 M.*
43M re bis MM, ab hier in Rd str.

3 HINTERKOPF
Rd 1 und alle ungeraden Rd: Rechts.
Rd 2: (10M re, 2M re zus) 8 Mal, 1M re. *8M abgn; 89 M übrig.*
Rd 4: (9M re, 2M re zus) 8 Mal, 1M re. *8M abgn; 81 M übrig.*
Rd 6: (8M re, 2M re zus) 8 Mal, 1M re. *8M abgn; 73 M übrig.*
Rd 8: (7M re, 2M re zus) 8 Mal, 1M re. *8M abgn; 65 M übrig.*
Rd 10: (6M re, 2M re zus) 8 Mal, 1M re. *8M abgn; 57 M übrig.*
Rd 12: (5M re, 2M re zus) 8 Mal, 1M re. *8M abgn; 49 M übrig.*
Rd 14: (4M re, 2M re zus) 8 Mal, 1M re. *8M abgn; 41 M übrig.*
Rd 16: (3M re, 2M re zus) 8 Mal, 1M re. *8M abgn; 33 M übrig.*
Rd 18: (2M re, 2M re zus) 8 Mal, 1M re. *8M abgn; 25 M übrig.*
Rd 20: (1M re, 2M re zus) 8 Mal, 1M re. *8M abgn; 17 M übrig.*
Rd 22: (2M re zus) 8 Mal, 1M re. *8M abgn; 9 M übrig.*
Faden abschneiden und durch die M ziehen.

4 HALS
Die Halsmaschen werden unten aus dem Kopf aufgenommen. Mit A 11 M im Nacken aufnehmen, 7 M an der Halsseite, die 11 stillgelegten M vorn re und 7 M an der anderen Seite aufnehmen. Einen MM für den Rd-Beginn setzen. *36 M.*
Rd 1–2: Rechts.
Weiter mit B.
Rd 3: Rechts.

5 KÖRPER
Nach einigen R des Einstrickmusters alles auf links wenden, damit die Spannfäden gleichmäßig werden und nichts zusammenziehen. Farbe C dazunehmen.
Rd 1: Das 6M-Muster von R 1 der Strickschrift A 6 Mal str.
Weiter laut Strickschrift A str und wie angegeben zu- und abnehmen, bis alle 30 R gestrickt wurden. R 11-20 noch 1 Mal str. *24 M zugn; 60 M.*
Rd 41–42: Nur mit C rechts.
Alle M locker abketten.

6 VORDERE OHREN (2 MAL STRICKEN)
Die vorderen Ohren werden in Reihen gestrickt.
Mit C 13 M anschlagen, Farbe B dazunehmen.
R 1 (HinR): 1 R der Strickschrift B von rechts nach links lesen.
R 2 (RückR): R 2 der Strickschrift B von links nach rechts lesen.
Weiter laut Strickschrift B str und wie angegeben zu- und abnehmen, bis alle 31 R gestrickt wurden. *4 M abgn, 9 M.*
Alle M li abketten.

7 HINTERE OHREN (2 MAL STRICKEN)
Die hinteren Ohren werden glatt rechts in Reihen gestrickt. Es sind ein paar R mehr als vorne, wegen der unterschiedlichen Maschenspannung mit und ohne Einstrickmuster.
Mit A 13 M anschlagen.
R 1 (HinR): Rechts.
R 2 und alle RückR: Links.
R 3: (1M re, 1M li zun) 2 Mal, re bis letzte 2 M, (1M re zun, 1M re) 2 Mal. *+4M; 17 M.*
R 5: Wie R 3. *4 M zugn; 21 M.*
R 7: 1M re, 1M li zun, bis letzte M re, 1M re zun, 1M re. *+2M; 23M.*
R 9 & 11: Wie R 7. *+4M; 27 M.*
R 13: Rechts.
R 15: Wie R 7. *+2M; 29 M.*
R 16–24: Glatt rechts.
R 25: 1M re, aaz, re bis letzte 3 M, 2M re zus, 1M re. *2M abgn; 27 M.*
Rs 27: Wie R 25. *2 M abgn; 25 M übrig.*

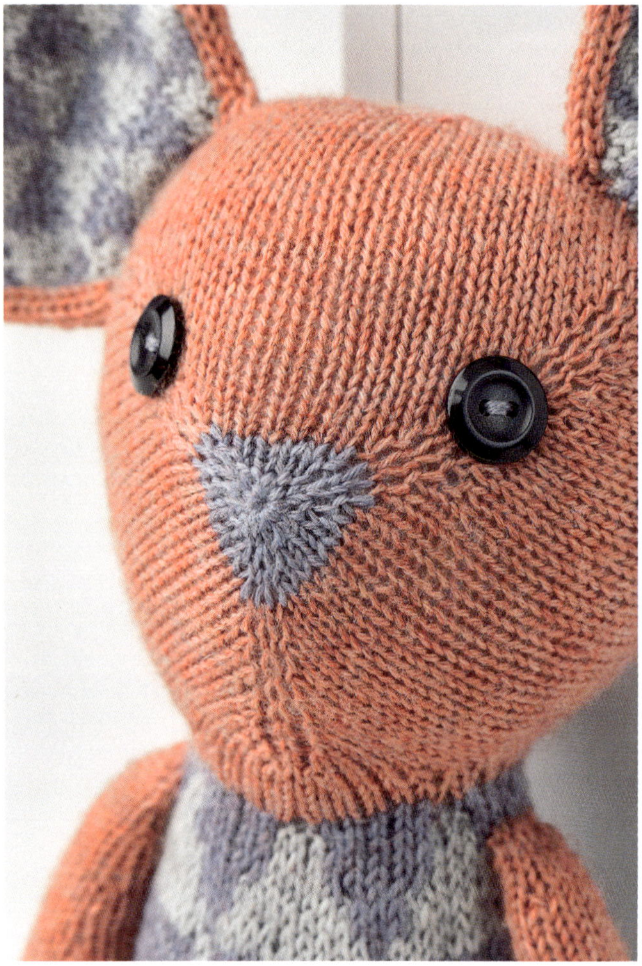

Rd 10: *5M re, (1M li zun, 3M re) 5 Mal, 2M re; ab * noch 1 Mal wdh. *+10M; 54 M.*
Rd 11-20: Rechts.
Rd 21: 24M re, aaz, 2M re, 2M re zus, bis Rd-Ende re. *2M abgn; 52 M.*
Rd 22: Rechts.
Rd 23: 24M re, aaz, 2M re zus, 10M re, die gerade gestrickten 22 M stilllegen, bis R-Ende re. *28 M übrig.*
Rd 24: Rechts und über der Lücke sehr fest str.
Rd 25–68: Rechts.
Alle M locker abketten.

9 ARME (2 MAL STRICKEN)
Kein Fadenring, da die Arme von oben gestrickt werden.
Mit A 12 M anschlagen. Die M auf den Nadeln verteilen und den Rd-Beginn markieren.
Rd 1–5: Rechts.
Rd 6: (1M re, 1M li zun, 5M re) 2 Mal. *2 M zugn; 14 M.*
Rd 7–11: Rechts.
Rd 12: (1M re, 1M li zun, 6M re) 2 Mal. *2 M zugn; 16 M.*
Rd 13–17: Rechts.
Rd 18: (1M re, 1M li zun, 7M re) 2 Mal. *2 M zugn; 18 M.*
Rd 19–23: Rechts.
Rd 24: (1M re, 1M li zun, 8M re) 2 Mal. *2 M zugn; 20 M.*
Rd 25–29: Rechts.
Rd 30: (1M re, 1M li zun, 9M re) 2 Mal. *2 M zugn; 22 M.*
Rd 31–35: Rechts.
Rd 36: (1M re, 1M li zun, 10 M re) 2 Mal. *2 M zugn; 24 M.*
Rd 37–46: Rechts.
Rd 47: (1M re, 2M re zus) 8 Mal. *8 M abgn; 16 M übrig.*
Rd 48: Rechts.
Rd 49: (2M re zus) 8 Mal. *8 M abgn; 8 M.*
Faden abschneiden und durch die M ziehen.

R 29: 1M re, (aaz) 2 Mal, bis letzte 5M re, (2M re zus) 2 Mal, 1M re. *4 M abgn; 21 M übrig.*
R 31, 33 & 35: Wie R 29. *12 M abgn; 9 M übrig.*
Alle M li abketten.

8 BEINE (2 MAL STRICKEN)
Mit A 12 M im Fadenring anschlagen. Die M auf den Nadeln verteilen, den Rd-Beginn markieren.
Rd 1: Rechts.
Rd 2: *(1M re, 1M li zun) 2 Mal, 1M re; ab * noch 3 Mal wdh. *+8M; 20 M.*
Rd 3: Rechts.
Rd 4: *(2M re, 1M li zun) 4 Mal, 2M re; ab * noch 1 Mal wdh. *+8M; 28 M.*
Rd 5: Rechts.
Rd 6: *(3M re, 1M li zun) 2 Mal, 2M re, (1M li zun, 3M re) 2 Mal; ab * noch 1 Mal wdh. *+8M; 36 M.*
Rd 7: Rechts.
Rd 8: *(4M re, 1M li zun) 2 Mal, 2M re, (1M li zun, 4M re) 2 Mal; ab * noch 1 Mal wdh. *+8M; 44 M.*
Rd 9: Rechts.

10 SCHWANZ
Mit A 5M auf einer Nadelspielnadel anschlagen. Die 5 M mit einer zweiten Nadelspielnadel re. *die M ans andere Ende der rechten Nadel schieben, ohne zu wenden. 5M re, den Faden bei der 1. M festanziehen.
Ab * wdh bis die Strickkordel 14cm misst.
Faden abschneiden und durch die Maschen ziehen.

11 AUSARBEITEN
Alle Fäden vernähen.
Alle Teile 20 Minuten in kühles Wasser legen, überschüssiges Wasser sanft auspressen und flach trocknen lassen.
Das Füllmaterial in Kopf und Körper, Armen und Beinen gleichmäßig verteilen, ohne dass die Maschen gedehnt werden.
Dabei alle Fäden vernähen.
Orientieren Sie sich für das Ausarbeiten am Foto.

KOPF UND KÖRPER

Den Kopf gleichmäßig ausstopfen und die Nase durch extra Füllung formen. Den Hals und Körper gleichmäßig ausstopfen.
Die untere Naht überwendlich schließen (S. 32).
Zwei Knöpfe als Augen annähen.

OHREN

Wie folgt vorderes und hinteres Ohr mit einer Strickkordel verbinden:
Die Ohren links auf links halten, die hintere Seite vorne. Die Abkettkanten sollten oben und die Anschlagkanten unten aufeinanderliegen. Die Strickkordel verläuft an den Seiten und oben entlang, aber nicht unten am Anschlag.

Mit A 3 M auf einer Nadelspielnadel anschlagen. An der rechten Ohrenseite beginnen, die Nadel mit den 3 M von hinten nach vorn durchs Ohr stechen und eine 4. M aufnehmen. *Diese Nadel in der linken Hand halten, die M ans andere Nadelende schieben und den Faden hinten festziehen, mit einer anderen Nadelspielnadel 2M re, 2M re zus. *3 M übrig.*
Wie oben 1 M von hinten nach vorn aus dem Ohr aufnehmen. *4 M.*
Ab * wdh und gleichmäßig M rund ums Ohr aufnehmen (1 M pro R und M des Ohrs), bis die Strickkordel um beide Seiten und oben ums Ohr verläuft.
Faden abschneiden und durch die letzten 3 M ziehen. Das Ohr unten überwendlich zusammennähen. Die Ohren oben fest annähen, so dass sie abstehen.

FÜSSE UND BEINE

Die 22 stillgelegten M auf 2 Nadelspielnadeln schieben, je 11 M pro Fußseite. Mit A die Füße im Maschenstich schließen.
Die kleine Lücke am Ende zunähen.
Füße und Beine gleichmäßig ausstopfen.
Die Beine oben überwendlich zusammennähen.
Die Beine unten am Körper annähen.

ARME

Die Arme gleichmäßig ausstopfen.
Die Arme oben überwendlich zusammennähen.
Die Arme drei R unterhalb des Halses seitlich annähen.

SCHWANZ

Den Schwanz hinten in der Mitte zwischen den beiden unteren Musterwiederholungen annähen.

STRICKSCHRIFT B Ohr, vorne

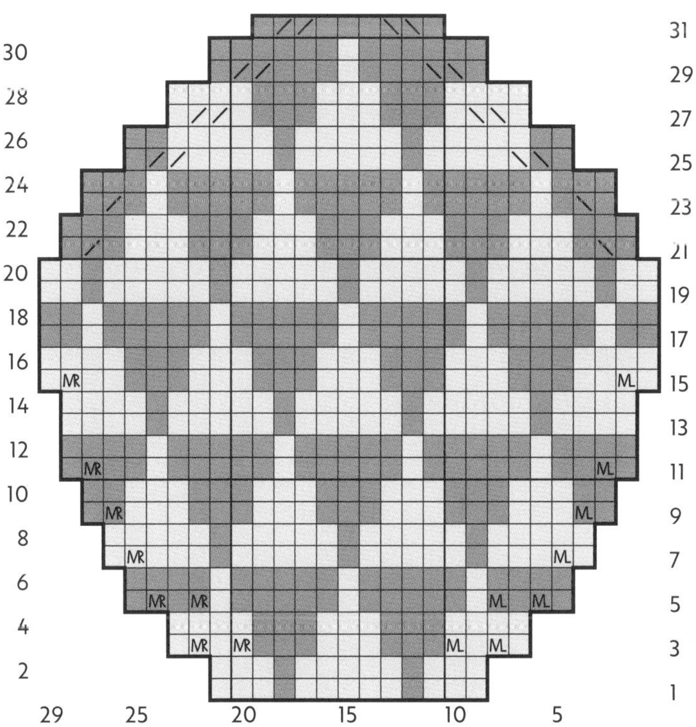

STRICKSCHRIFT A Körper

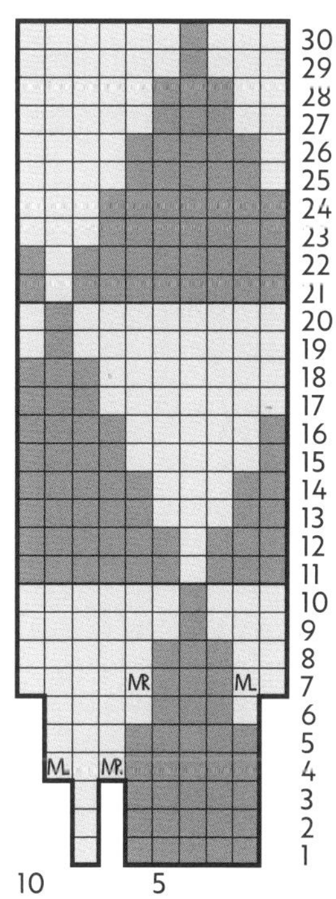

SCHLÜSSEL

- ■ Mit B (Kunzite); HinR re, RückR li
- □ Mit C (Danburite); HinR re, RückR li
- M 1 M li zun
- MR 1 M re zun
- ⧅ aaz
- ⧄ 2 M re zus

Sommer

Juni

TECHNIK **Angestrickter Rand**
PROJEKT **Talmadge Mütze**
DESIGN **Rosemary (Romi) Hill**

Juli

TECHNIK **Ferse**
PROJEKT **Antirrhinum Socken**
DESIGN **Rachel Coopey**

August

TECHNIK **Zwei provisorische Anschläge**
PROJEKT **Little Tern Decke**
DESIGN **Tin Can Knits**

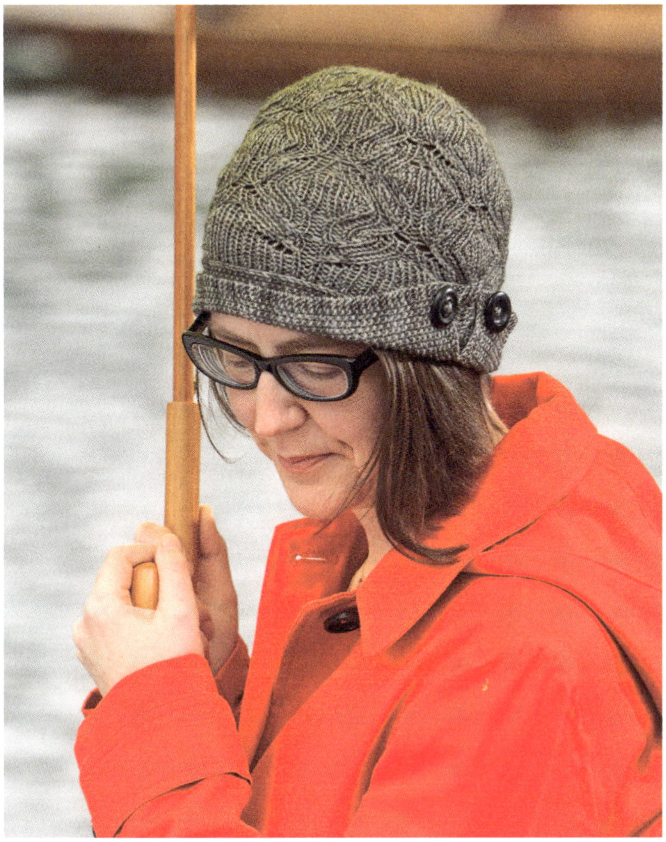

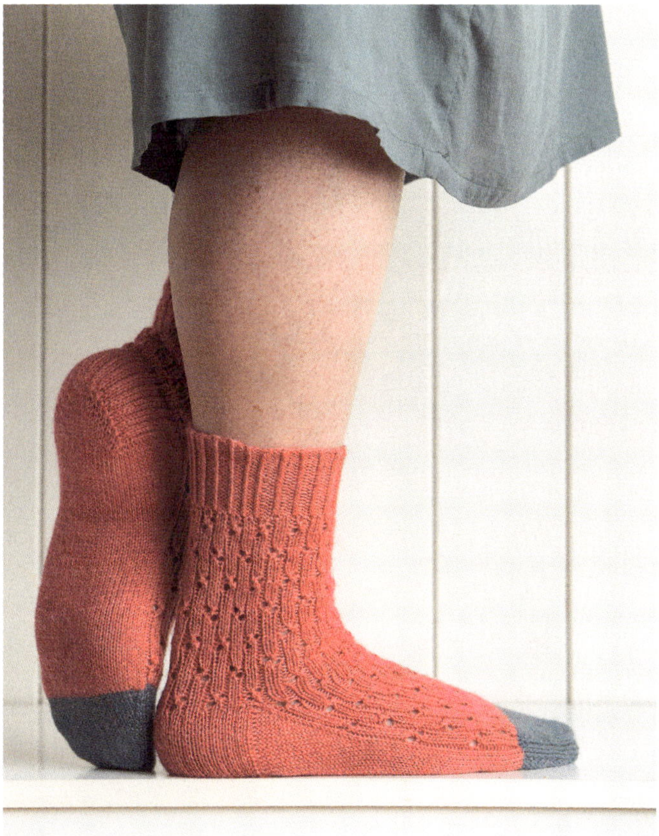

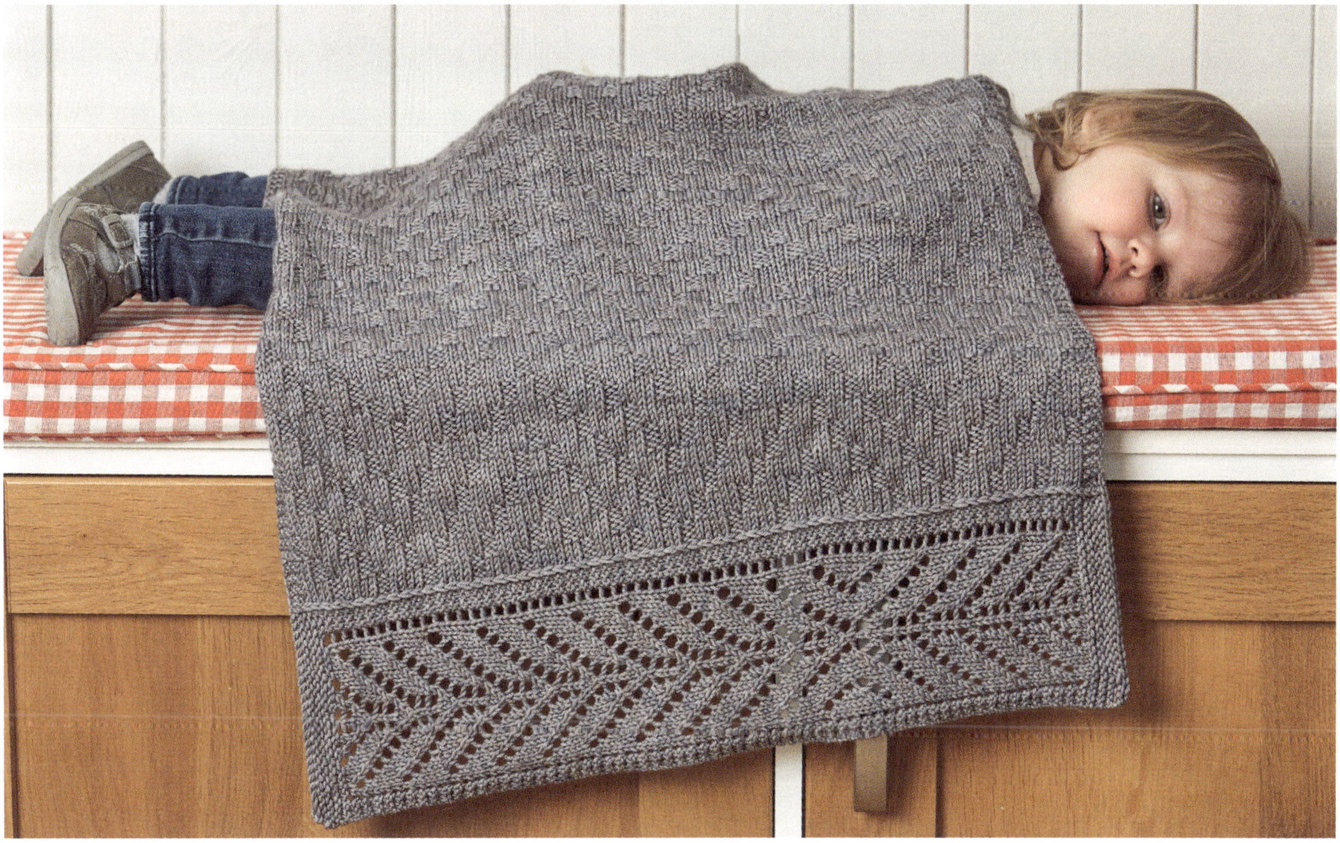

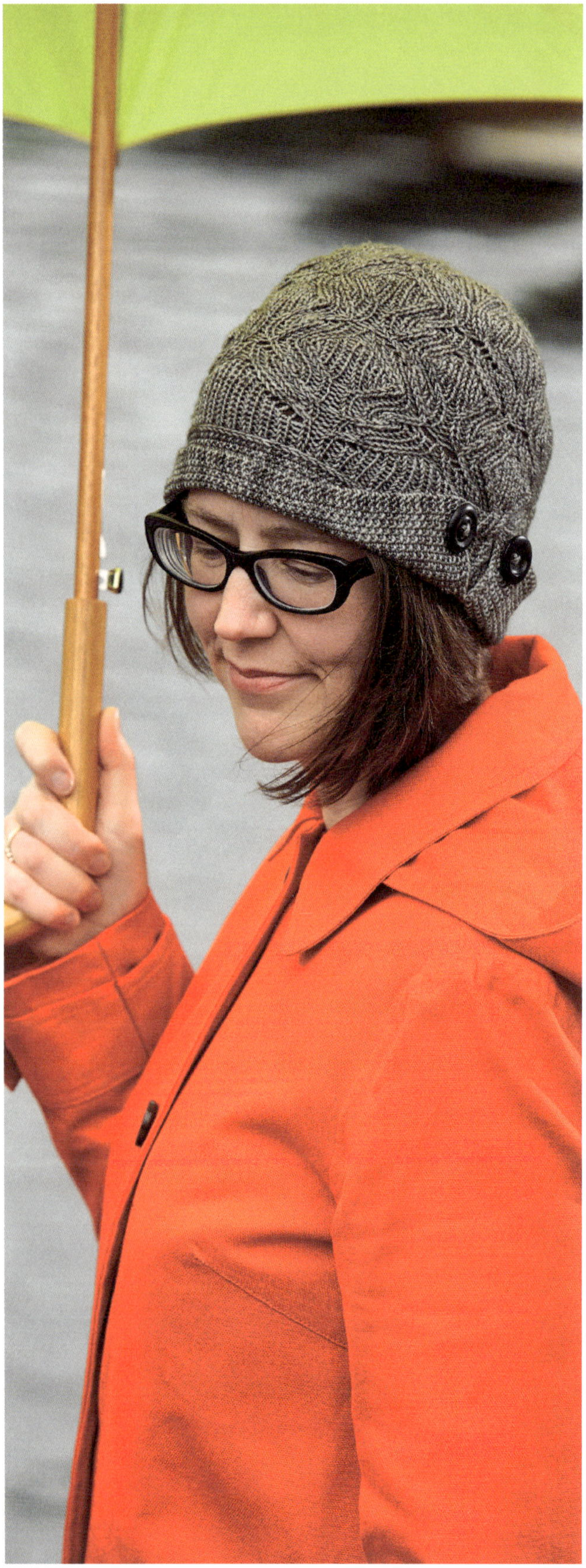

TECHNIK
ANGESTRICKTER RAND

Einen Rand anzustricken ist eine übliche Konstruktion bei Spitzentüchern. Man kann dadurch den Rand quer zum Hauptmuster arbeiten und gleichzeitig die Maschen des Hauptmusters abketten. Damit Spitzenmuster richtig zur Geltung kommen, müssen sie ziemlich straff gespannt werden, und Anschlagskanten sind oft zu eng, um das Stück vollständig zu spannen. Daher ist es besser, den Rand anzustricken, weil er dadurch viel elastischer ist.

Außerdem ist es eine sehr effiziente Methode, weil man gleichzeitig den Rand arbeitet und anstrickt, so dass man die Maschen des Hauptteils nicht erst abketten, dann einen extra Rand stricken und dann beides zusammennähen muss. Und es gibt viele schöne Randmuster, die längs gestrickt werden und eine hübsche, geformte Kante bilden. Es ist eine einfache Technik, oft kann man sie sich allerdings nicht auf Anhieb vorstellen.

Der Hauptteil ist entweder in Reihen oder Runden fertiggestrickt. Der Rand wird jetzt im 90° Winkel angestrickt. In jeder rechten Reihe des Randes wird er mit dem Hauptteil verbunden, diese Maschen werden dadurch also abgekettet. Damit der Rand flach am Hauptteil des Stücks anliegt, kann man eine Mischung aus zwei oder drei zusammengestrickten Maschen arbeiten.

SCHRITT FÜR SCHRITT ANLEITUNG FÜR EINFACHES VERBINDEN BEI RECHTEN REIHEN

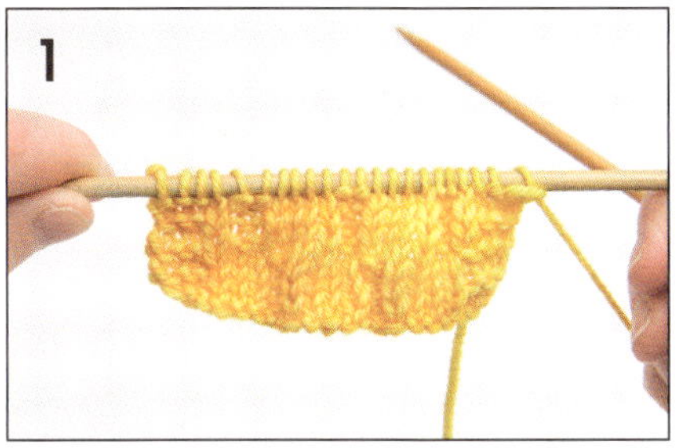

i Bei einem Projekten in Reihen die Rückreihe beenden und auf die rechte Seite wenden.

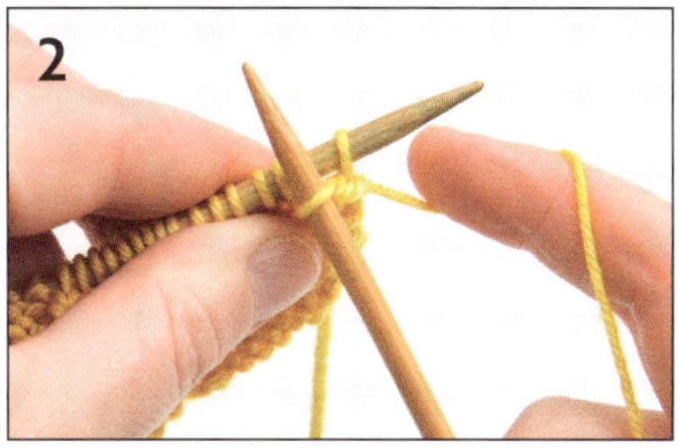

ii Mit der rechten Seite vorn, am Ende der linken Nadel (also dort, wo die Maschen des Hauptteils sind),

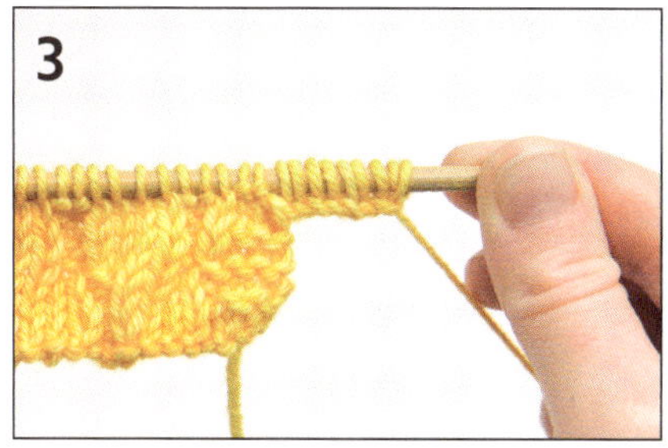

so viele Maschen wie angegeben aufstricken (S. 41).

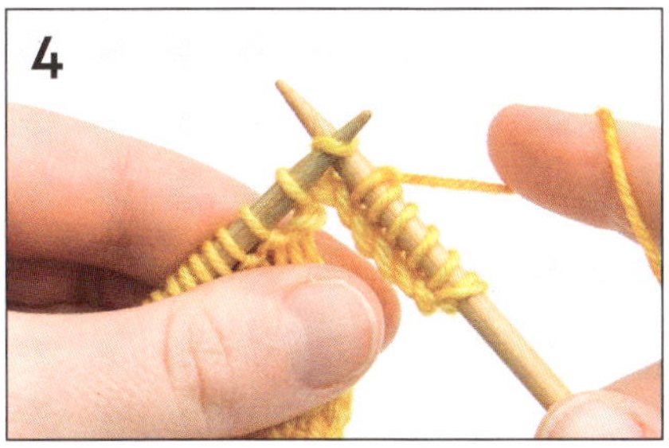

iii Den Rand im Muster stricken bis eine Masche vor dem Hauptteil.

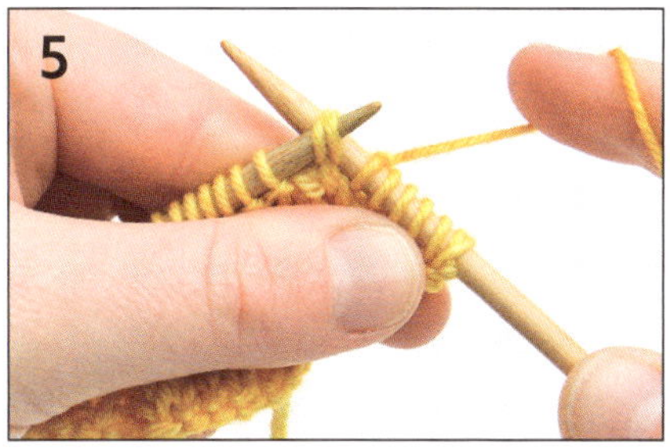

iv Links neigend abnehmen (z.B. aaz oder 2M rev zus) und so eine Randmasche mit einer vom Hauptteil verbinden.

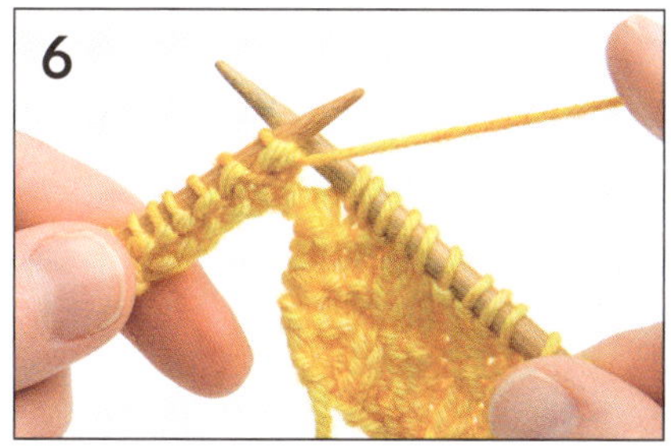

v Ohne den Hauptteil zu stricken, wenden und eine Rückreihe am Rand stricken.

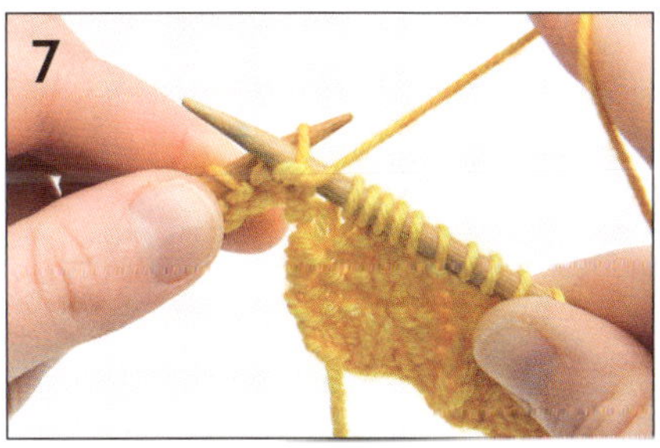

vi Die erste Randmasche mit Faden vorn wie zum Linksstricken abheben (die Abnahme der letzten Reihe).

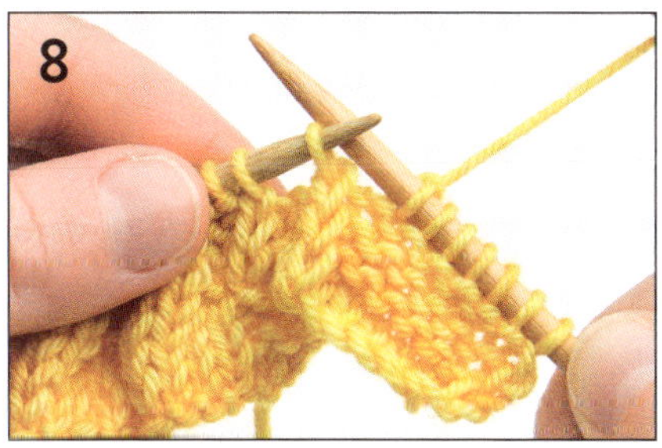

vii Bis Reihenende über den Rand im Muster stricken.

viii Schritte iii–vii wie angegeben

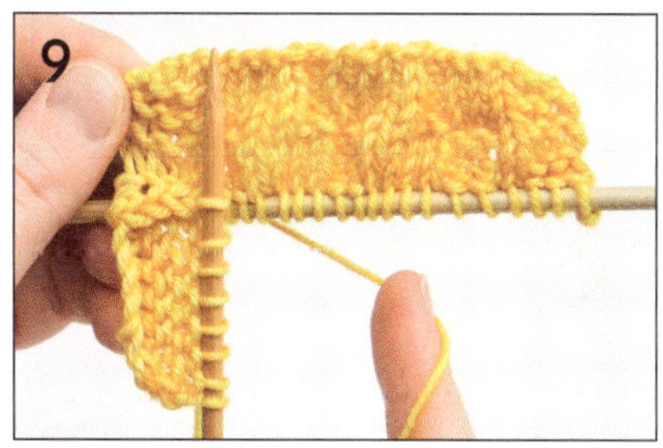

wiederholen. Bei jeder Abnahme wird eine Masche vom Hauptteil abgekettet.

SCHRITT FÜR SCHRITT ANLEITUNG FÜR DOPPELTES VERBINDEN BEI RECHTEN REIHEN

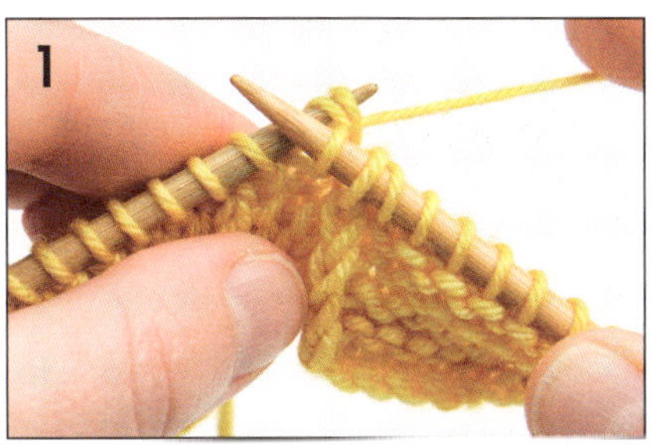

i-iii Schritte i–iii wie beim einfachen Verbinden arbeiten.

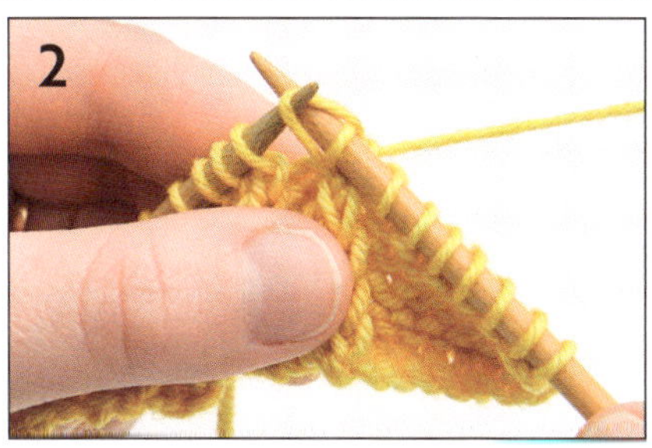

iv Eine doppelte Abnahme (3M überzog zus) str, um eine Randmasche mit zwei Maschen des Hauptteils zu verbinden.

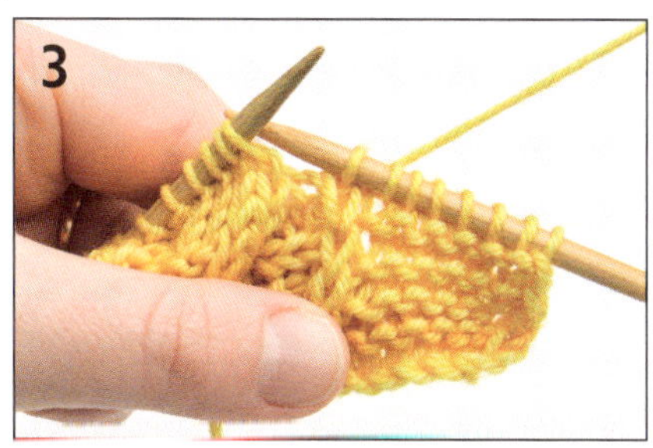

v Weiter wie beim einfachen Verbinden, bei jeder Abnahme werden zwei Maschen des Hauptteils abgekettet.

SCHRITT FÜR SCHRITT ANLEITUNG FÜR DAS VERBINDEN IN RUNDEN

Am Ende der Arbeit am Hauptteil liegt die rechte Seite beim Rundstricken bereits außen, aber der Faden auf der rechten Nadel.

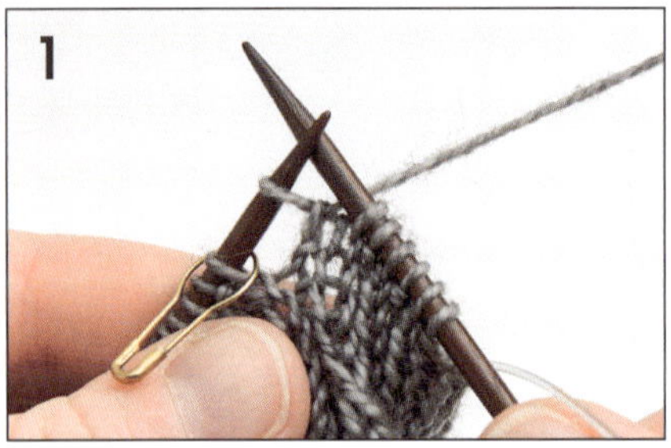

i Die letzte gestrickte M unverschränkt auf die linke Nadel zurückschieben.

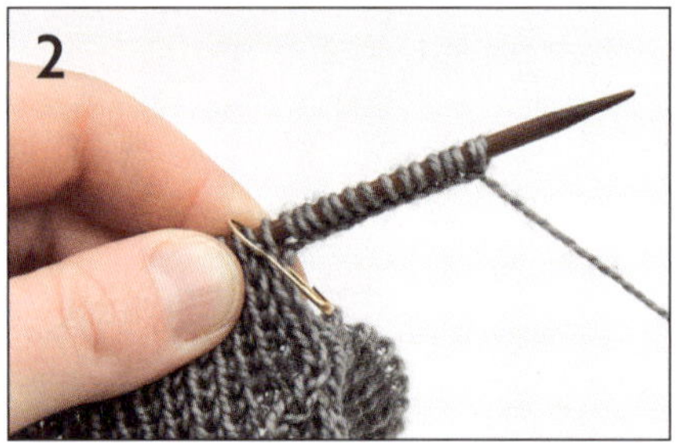

ii So viele Maschen wie in der Anleitung angegeben aufstricken.

TIPP

Am einfachsten ist es, wenn man den Rand auf einer Nadelspielnadel arbeitet und den Hauptteil der Maschen auf einer Rundnadel (oder auf einem Nadelspiel, wenn Sie das bisher genutzt haben).

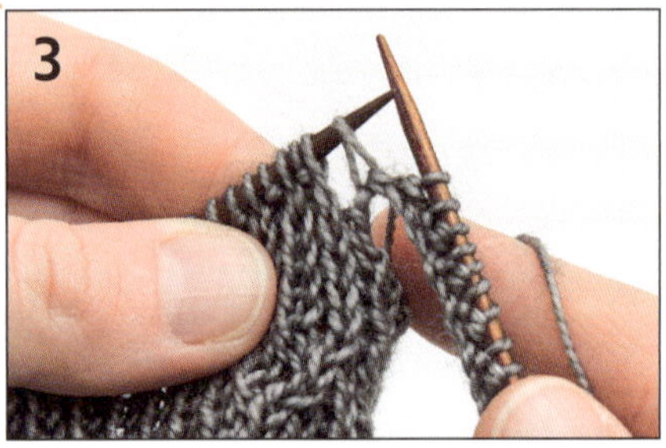

iii Jetzt im Muster die erste Randreihe stricken, bis noch eine Masche vor dem Hauptteil übrig ist.

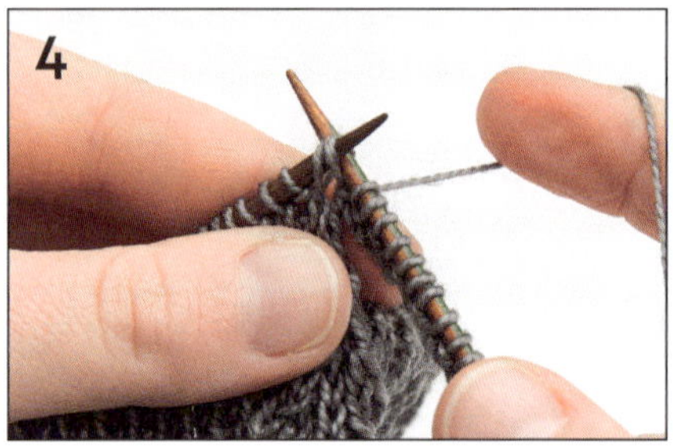

iv Links neigend abnehmen (z.B. aaz oder 2M rev zus), um eine Masche vom Rand mit einer vom Hauptteil zu verbinden.

v Ohne den Hauptteil zu stricken, wenden, um eine Rückreihe am Rand zu stricken.

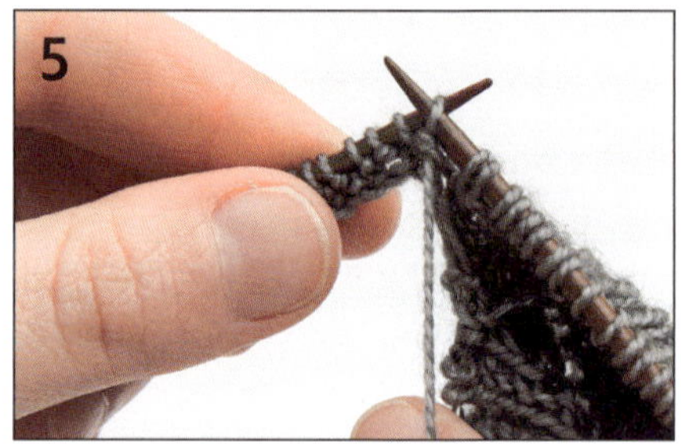

vi Die erste Randmasche mit Faden vorn wie zum Linksstricken abheben (die Abnahme der letzten Reihe).

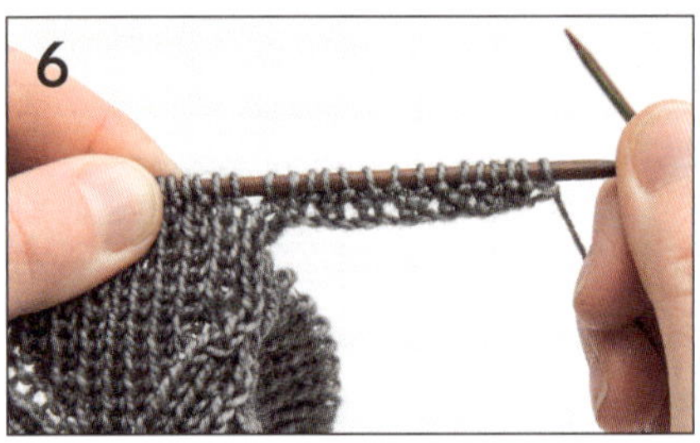

vii Bis Reihenende über den Rand im Muster stricken.

viii Schritte iii–vii wie in der Anleitung angegeben wiederholen.

Bei jeder Abnahme am Ende einer rechten Reihe wird eine Masche vom Hauptteil abgekettet.
Man kann doppelte Abnahmen in der Runde genauso arbeiten wie bei Projekten in Reihen.

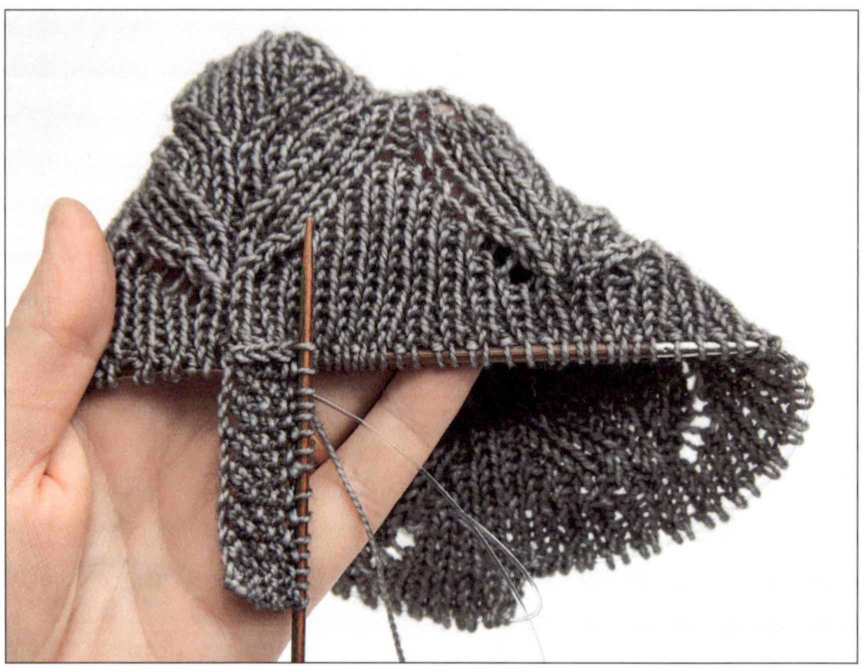

SCHRITT FÜR SCHRITT ANLEITUNG ZUM MASCHEN AUFSTRICKEN METHODE 1

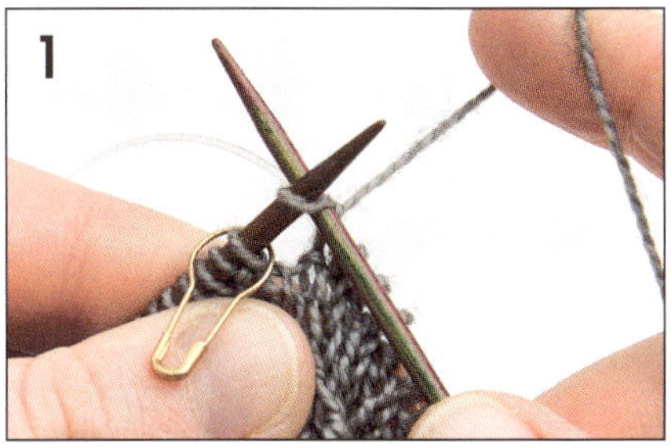

i In die letzte Masche der linken Nadel wie zum rechts Stricken stechen.

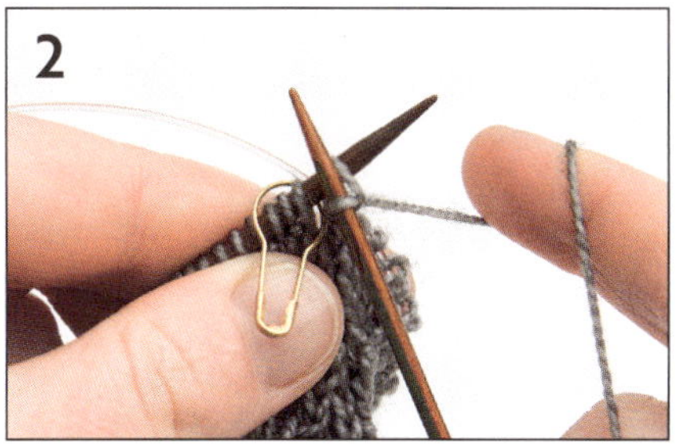

ii Faden um die Nadel legen und durchziehen (vgl. rechte Masche).

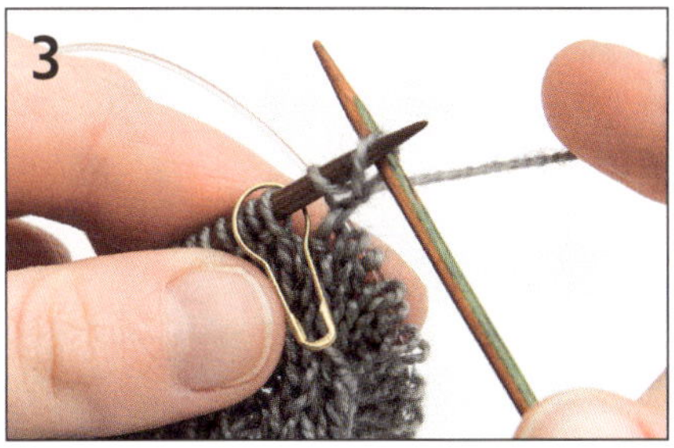

iii DIe Masche nicht von der linken Nadel gleiten lassen, die neue Masche auf die linke Nadel schieben.

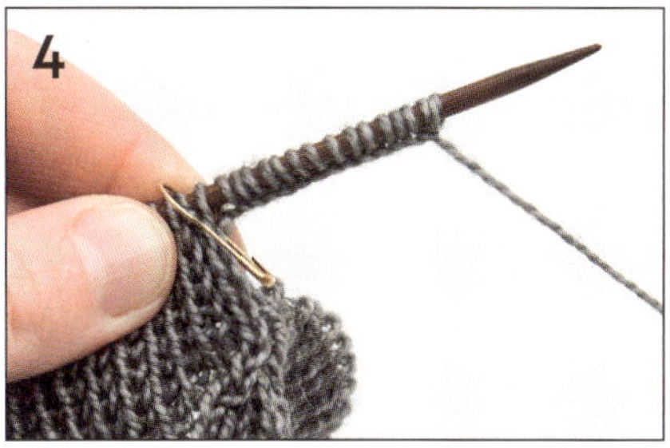

iv Die neue Masche sanft anziehen. Schritte i–iv bis zur gewünschten Maschenzahl wiederholen.

SCHRITT FÜR SCHRITT ANLEITUNG FÜRS MASCHEN AUFSTRICKEN METHODE 2

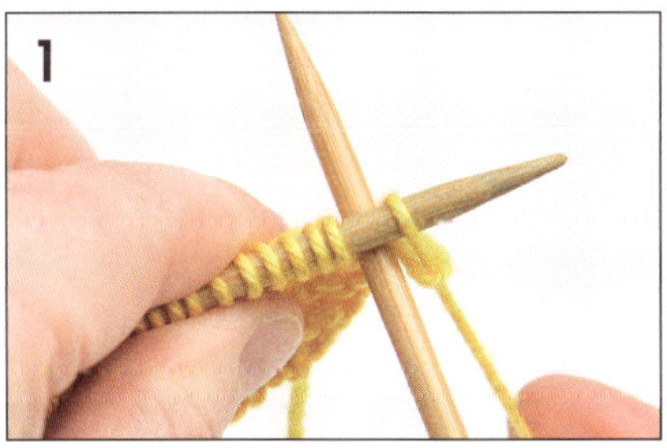

i Die re Nadel zwischen den letzten 2 Maschen auf der li Nadel durchstechen.

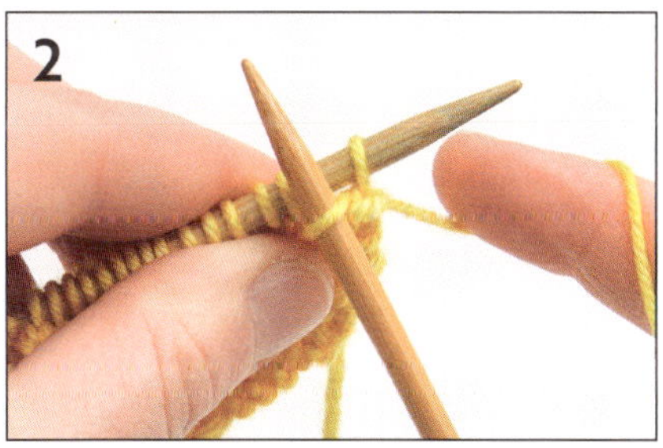

ii Den Faden um die Nadel legen und durchziehen.

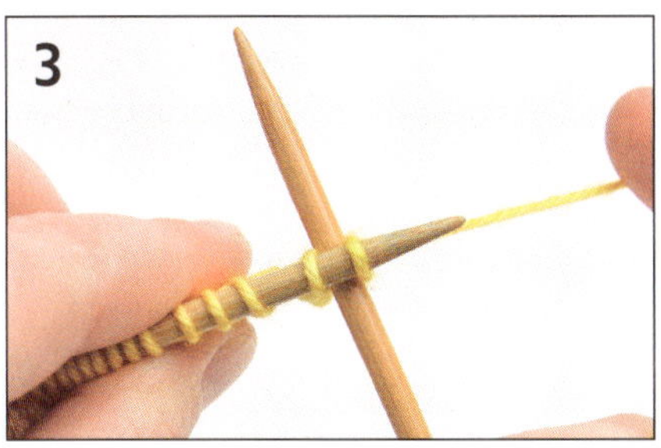

iii Masche auf die linke Nadel heben.
iv Zwischen den letzten 2 Maschen der linken Nadel einstechen.

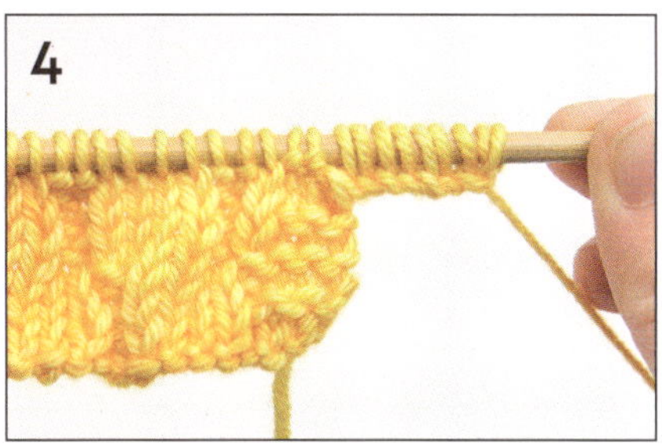

v Die neue Masche sanft anziehen. Die Schritte ii–v bis zur gewünschten Maschenzahl wiederholen (bei der letzten Masche Schritt iv weglassen).

EINSATZMÖGLICHKEITEN FÜR ANGESTRICKTE RÄNDER

Die Anleitung diesen Monat ist eine Mütze, die von oben nach unten gestrickt wird und dann einen angestrickten Rand bekommt. Angestrickte Ränder sind aus dem Spitzenstricken bekannt, aber man kann natürlich auch einen Rand mit Zopf- oder Strukturmuster so stricken. Es gibt eigentlich ziemlich viele Projekte, zu denen ein angestrickter Rand passt.

Hier ein paar Ideen zur Inspiration:

- Einen schlichten Strumpf von der Spitze nach oben stricken und dann einen angestrickten Rand im Spitzenmuster als Bund arbeiten.
- Einen Schal mit provisorischem Anschlag (S. 54) beginnen und den Mittelteil stricken, dann passende Ränder an jedes Ende arbeiten.
- Ein angestrickter Rand mit Spitzen- oder Zopfmuster eignet sich als Kragen oder Bund an einem Pulli.

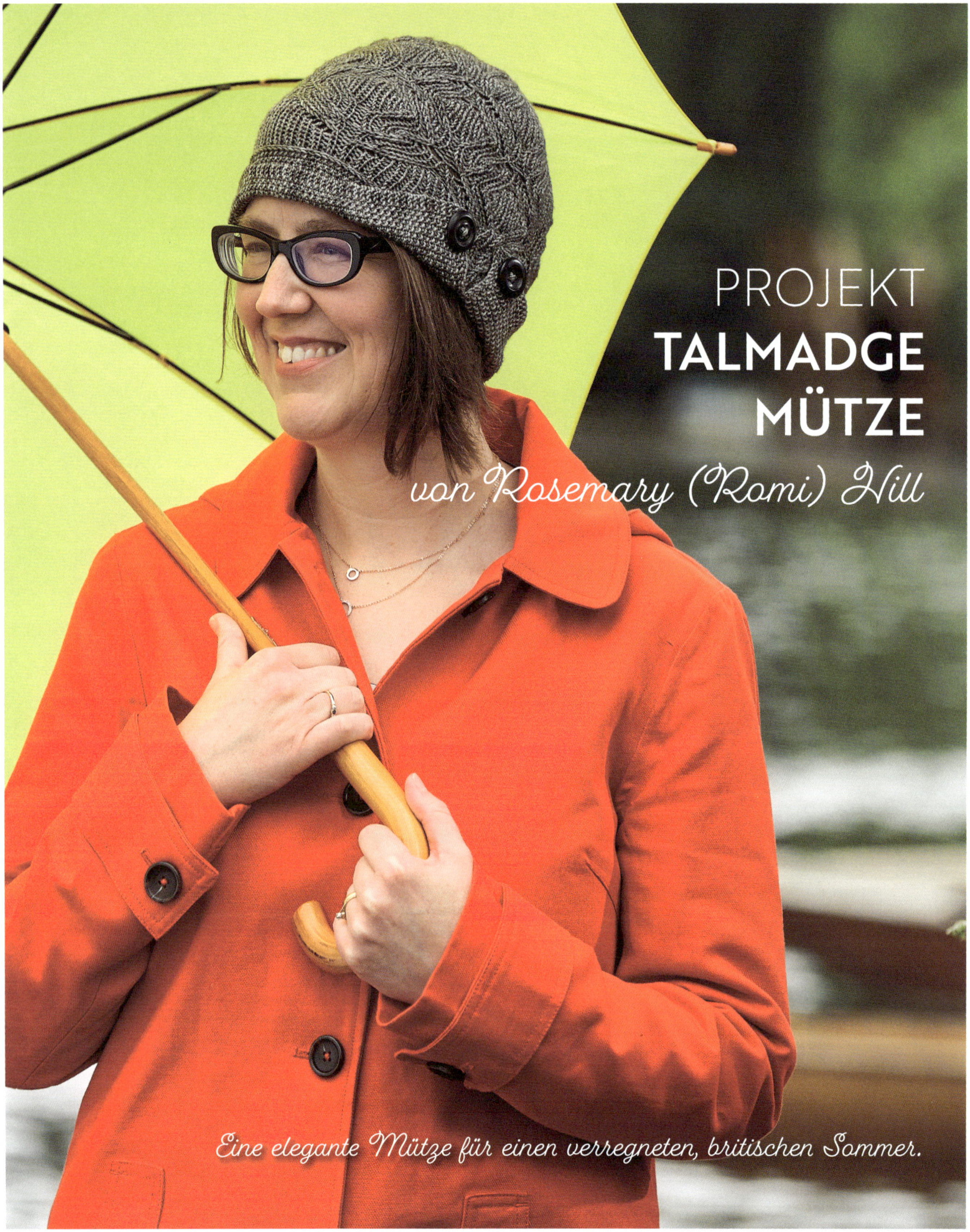

PROJEKT TALMADGE MÜTZE

von Rosemary (Romi) Hill

Eine elegante Mütze für einen verregneten, britischen Sommer.

GRÖSSE
Umfang oben am Rand: 48cm ungedehnt
Fertige Länge: 21-24cm

WOLLE
Fyberspates Vivacious 4-ply (100% Superwashmerino; 365m pro 100g Knäuel)
Dovestone (612); 1 x 100g Knäuel

MASCHENPROBE
25 M und 34 R auf 10cm im Spitzenmuster auf 3mm Nadeln, gewaschen und gespannt

NADELN UND ZUBEHÖR
1 Nadelspiel 3mm oder Ihre Lieblingsnadel, um in kleinen Rd zu stricken oder die Stärke, mit der die Maschenprobe erreicht wird
1 Rundnadel 3mm, 40cm lang, oder Ihre Lieblingsnadel um in mittleren Rd zu stricken oder die Stärke, mit der die Maschenprobe erreicht wird
1 Nadelspiel 2,75mm (nur 1 Nadel wird benutzt)
Maschenmarkierer
Stopfnadel
2 x 2cm Knöpfe
2 kleine, transparente Knöpfe als Gegenknöpfe

TECHNIK
S. Mai (S. 28) für den Anschlag im Fadenring.

ABKÜRZUNGEN
Eine komplette Abkürzungsliste findet sich am Ende des Buches.

ANMERKUNGEN ZUR ANLEITUNG
Die Mütze wird von einem Anschlag mit Fadenring aus von oben bis zum Bund im Spitzenmuster gestrickt. Der Bund im Perlmuster wird rechtwinklig zur Mütze angestrickt.

MÜTZE

1 ANSCHLAG
Auf den größeren Nadeln im Fadenring 5 M anschlagen. Den Rd-Beg markieren. Für die Strickschrift weiter mit Schritt 2, für die ausgeschriebene Anleitung weiter mit Schritt 3.

2 ANLEITUNG MIT STRICKSCHRIFT
Rd 1: R 1 von Strickschrift 5 von rechts nach links 5 Mal str. *5 M zugn; 10 M.*
Laut Strickschrift str bis R 39 beendet ist. *110 M zugn; 120 M.*
Noch ein Mal R 16–39 wdh, dann R 64–67 stricken.
Rd 68: *1M re, 1M li; von * bis Rd-Ende wdh.
Rd 69–72: Wie Rd 68.

Weiter mit Schritt 4 auf S. 45, um den Bund zu stricken.

3 AUSGESCHRIEBENE ANLEITUNG
Rd 1: (1M re verschr, U) 5 x. *5 M zugn; 10 M.*
Rd 2: *(1M re, U, 1M re) alle in die nächste M, 1M li; ab * wdh. *10 M zugn; 20 M.*
Rd 3: *1M re, 1M li; ab * wdh.
Rd 4: *1M re, U, 1M li, U, 1M re, 1M li; ab * bis Ende wdh. *10 M zugn; 30 M.*
Rd 5: *1M re, U, 1M re, 1M li; ab * wdh. *10 M zugn; 40 M.*
Rd 6: *1M re, U, (1M li, 1M re) 2 x, 1M li, U, 1M re, 1M li; ab * wdh. *10 M zugn; 50 M.*
Rd 7: *1M re, U, (1M re, 1M li) 3 x, 1M re, U, 1M re, 1M li; ab * wdh. *10 M zugn; 60 M.*
Rd 8: *1M re, U, (1M li, 1M re) 4 x, 1M li, U, 1M re, 1M li; ab * wdh. *10 M zugn; 70 M.*
Rd 9: *1M re, U, (1M re, 1M li) 5 x, 1M re, U, 1M re, 1M li; ab * wdh. *10 M zugn; 80 M.*
Rd 10: *1M re, U, 2M re zus, (1M li, 1M re) 2 x, U, 1M li, U, (1M re, 1M li) 2 x, aaz, U, 1M re, 1M li; ab * wdh. *10 M zugn; 90 M.*
Rd 11: *1M re, U, 2M re zus, (1M li, 1M re) 2 x, (U, 1M re, 1M li, 1M re) 2 x, 1M li, aaz, U, 1M re, 1M li; ab * wdh. *10 M zugn; 100 M.*
Rd 12: *1M re, U, 2M re zus, (1M li, 1M re) 2 x, U, (1M li, 1M re) 2 x, 1M li, U, (1M re, 1M li) 2 x, aaz, U, 1M re, 1M li; ab * wdh. *10 M zugn; 110 M.*
Rd 13: *1M re, U, 2M re zus, (1M li, 1M re) 2 x, U, (1M re, 1M li) 3 x, 1M re, U, (1M re, 1M li) 2 x, aaz, U, 1M re, 1M li; ab * wdh. *10 M zugn; 120 M.*
Rd 14: *1M re, 2M re zus, (1M li, 1M re) 2 x, U, (1M li, 1M re) 4 x, 1M li, U, (1M re, 1M li) 2 x, aaz, 1M re, 1M li; ab * wdh.
Rd 15: *2M re zus, (1M li, 1M re) 2 x, U, (1M re, 1M li) 5 x, 1M re, U, (1M re, 1M li) 2 x, aaz, 1M li; ab * wdh.
Rd 16: *U, (1M re, 1M li) 2 x, aaz, (1M re, 1M li) 5 x, 1M re, 2M re zus, (1M li, 1M re) 2 x, U, 1M li; ab * wdh.
Rd 17: *1M re, U, (1M re, 1M li) 2 x, aaz, (1M li, 1M re) 4 x, 1M li, 2M re zus, (1M li, 1M re) 2 x, U, 1M re, 1M li; ab * wdh.
Rd 18: *1M re, 1M li, U, (1M re, 1M li) 2 x, aaz, (1M re, 1M li) 3 x, 1M re, 2M re zus, (1M li, 1M re) 2 x, U, 1M li, 1M re, 1M li; ab * wdh.
Rd 19: *1M re, 1M li, 1M re, U, (1M re, 1M li) 2 x, aaz, (1M li, 1M re) 2 x, 1M li, 2M re zus, (1M li, 1M re) 2 x, U, (1M re, 1M li) 2 x; ab * wdh.

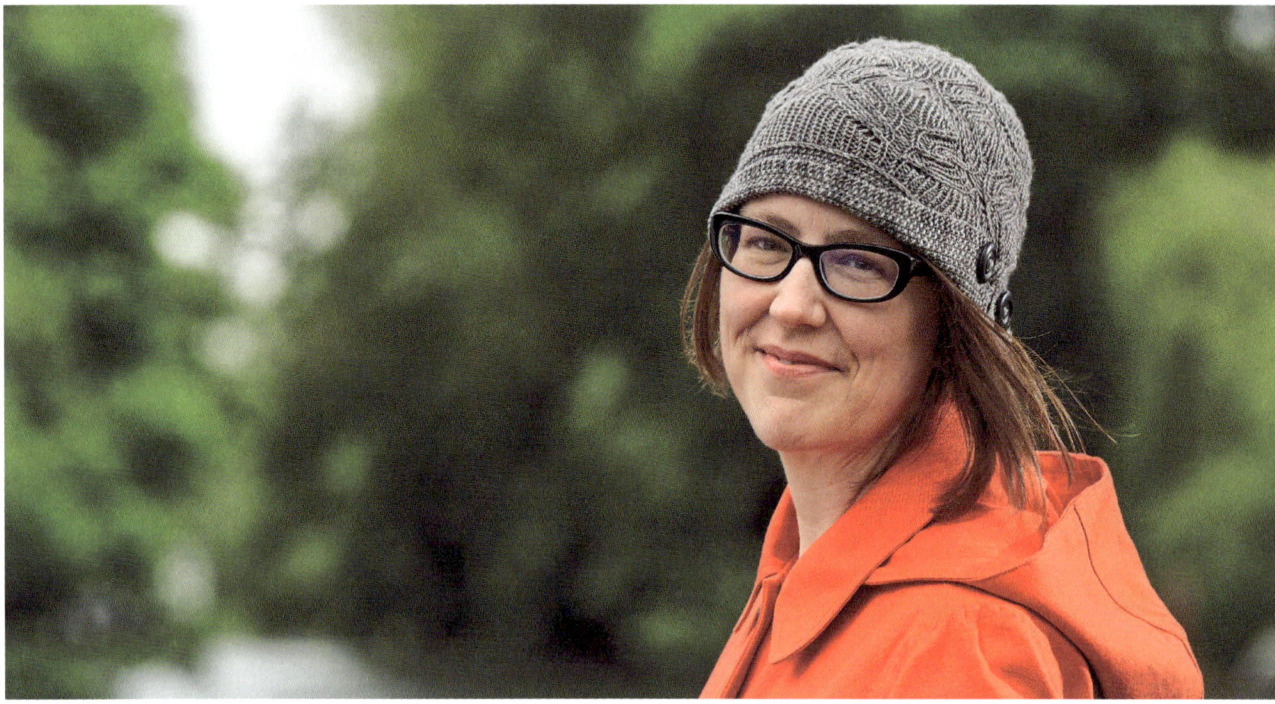

Rd 20: *(1M re, 1M li) 2 x, U, (1M re, 1M li) 2 x, aaz, 1M re, 1M li, 1M re, 2M re zus, (1M li, 1M re) 2 x, U, (1M li, 1M re) 2 x, 1M li; ab * wdh.
Rd 21: *1M re, (1M li, 1M re) 2 x, U, (1M re, 1M li) 2 x, aaz, 1M li, 2M re zus, (1M li, 1M re) 2 x, U, (1M re, 1M li) 3 x; ab * wdh.
Rd 22: *U, (1M re, 1M li) 2 x, aaz, (1M re, 1M li) 5 x, 1M re, 2M re zus, (1M li, 1M re) 2 x, U, 1M li; ab * wdh.
Rd 23: *1M re, U, (1M re, 1M li) 2 x, aaz, (1M li, 1M re) 4 x, 1M li, 2M re zus, (1M li, 1M re) 2 x, U, 1M re, 1M li; ab * wdh.
Rd 24: *1M re, 1M li, U, (1M re, 1M li) 2 x, aaz, (1M re, 1M li) 3 x, 1M re, 2M re zus, (1M li, 1M re) 2 x, U, 1M li, 1M re, 1M li; ab * wdh.
Rd 25: *1M re, 1M li, 1M re, U, (1M re, 1M li) 2 x, aaz, (1M li, 1M re) 2 x, 1M li, 2M re zus, (1M li, 1M re) 2 x, U, (1M re, 1M li) 2 x; ab * wdh.
Rd 26: *(1M re, 1M li) 2 x, U, (1M re, 1M li) 2 x, aaz, 1M re, 1M li, 1M re, 2M re zus, (1M li, 1M re) 2 x, U, (1M li, 1M re) 2 x, 1M li; ab * wdh.
Rd 27: *1M re, (1M li, 1M re) 2 x, U, (1M re, 1M li) 2 x, aaz, 1M li, 2M re zus, (1M li, 1M re) 2 x, U, (1M re, 1M li) 3 x; ab * wdh.
Rd 28: *1M re, (1M li, 1M re) 2 x, 2M re zus, (1M li, 1M re) 2 x, U, 1M li, U, (1M re, 1M li) 2 x, aaz, (1M re, 1M li) 3 x; ab * wdh.
Rd 29: *(1M re, 1M li) 2 x, 2M re zus, 1M li, (1M re, 1M li, 1M re, U) 2 x, (1M re, 1M li) 2 x, aaz, (1M li, 1M re) 2 x, 1M li; ab * wdh.
Rd 30: *1M re, 1M li, 1M re, 2M re zus, (1M li, 1M re) 2 x, U, (1M li, 1M re) 2 x, 1M li, U, (1M re, 1M li) 2 x, aaz, (1M re, 1M li) 2 x; ab * wdh.
Rd 31: *1M re, 1M li, 2M re zus, (1M li, 1M re) 2 x, U, (1M re, 1M li) 3 x, 1M re, U, (1M re, 1M li) 2 x, aaz, 1M li, 1M re, 1M li; ab * wdh.
Rd 32: *1M re, 2M re zus, (1M li, 1M re) 2 x, U, (1M li, 1M re) 4 x, 1M li, U, (1M re, 1M li) 2 x, aaz, 1M re, 1M li; ab * wdh.
Rd 33: *2M re zus, (1M li, 1M re) 2 x, U, (1M re, 1M li) 5 x, 1M re, U, (1M re, 1M li) 2 x, aaz, 1M li; ab * wdh.
Rd 34: *1M re, (1M li, 1M re) 2 x, 2M re zus, (1M li, 1M re) 2 x, U, 1M li, U, (1M re, 1M li) 2 x, aaz, (1M re, 1M li) 3 x; ab * wdh.
Rd 35: *(1M re, 1M li) 2 x, 2M re zus, (1M li, 1M re) 2 x, (U, 1M re, 1M li, 1M re) 2 x, 1M li, aaz, (1M li, 1M re) 2 x, 1M li; ab * wdh.
Rd 36: *1M re, 1M li, 1M re, 2M re zus, (1M li, 1M re) 2 x, U, (1M li, 1M re) 2 x, 1M li, U, (1M re, 1M li) 2 x, aaz, (1M re, 1M li) 2 x; ab * wdh.
Rd 37: *1M re, 1M li, 2M re zus, (1M li, 1M re) 2 x, U, (1M re, 1M li) 3 x, 1M re, U, (1M re, 1M li) 2 x, aaz, 1M li, 1M re, 1M li; ab * wdh.
Rd 38: *1M re, 2M re zus, (1M li, 1M re) 2 x, U, (1M li, 1M re) 4 x, 1M li, U, (1M re, 1M li) 2 x, aaz, 1M re, 1M li; ab * wdh.
Rd 39: *2M re zus, (1M li, 1M re) 2 x, U, (1M re, 1M li) 5 x, 1M re, U, (1M re, 1M li) 2 x, aaz, 1M li; ab * wdh.
Rd 40–63: Wie Rd 16–39.
Rd 64: *1M re, 1M li, 1M re, 2M re zus, U, (1M li, 1M re) 6 x, 1M li, U, aaz, (1M re, 1M li) 2 x; ab * wdh.
Rd 65: *1M re, 1M li, 2M re zus, U, (1M re, 1M li) 7 x, 1M re, U, aaz, 1M li, 1M re, 1M li; ab * wdh.
Rd 66: *1M re, 2M re zus, U, (1M li, 1M re) 8 x, 1M li, U, aaz, 1M re, 1M li; ab * wdh.
Rd 67: *2M re zus, U, (1M re, 1M li) 9 x, 1M re, U, aaz, 1M li; ab * wdh.
Rd 68: *1M re, 1M li; ab * bis Rd-Ende wdh.
Rd 69–72: Wie Rd 68.
Weiter mit Schritt 4, um den Bund zu stricken.

4 BUND

ANGESTRICKTER RAND

Die zuletzt gestrickte M auf die linke Nadel schieben und 15 M auf einer 2,75mm Nadelspielnadel anstricken (S. 40). HinR mit der 2,75mm Nadel stricken und RückR mit der 3mm Nadel vom Hauptteil der Mütze.

Wie folgt 15 M (die gerade angeschlagenen) rechtwinklig zur Mütze stricken:
R 1 (HinR): 1M re verschr 2 x, (1M re, 1M li) 6 x, 2M re verschr zus (1 Rand-M und 1 Mützen-M).
R 2 (RückR): 1M abh Fdn vor der Arbeit, (1M li, 1M re) 6 x, 1M re verschr 2 Mal.
Wie R 1 und 2 noch 119 Mal str, bis alle offenen Mützen-M abgekettet sind.

Nächste R (HinR): 1M re verschr 2 x, (1M re, 1M li) 6 Mal, letzte M abh und 1 Rand-M re (über den abgeketteten Mützen-M, so dass das Kantenende über dem Anfang liegt), beide M wieder auf die linke Nadel schieben, 2M re verschr zus.
Nächste R (RückR): 1M abh Fdn vor der Arbeit, (1M li, 1M re) 6 x, 1M re verschr 2 Mal.
HinR noch 1 Mal wdh.
In der RückR wie folgt elastisch abketten:
2M im Muster str, *beide M auf die linke Nadel schieben, 2M re verschr zus, 1 M im Muster str; ab * wdh. Fdn abschneiden.

5 AUSARBEITEN

In Wollwaschmittel legen und flach ganz trocknen lassen.

Wie auf dem Foto den Bund der Mütze hochklappen und annähen. 2cm große Knöpfe außen annähen und von innen kleine, durchsichtige Knöpfe zur Stabilisierung dagegen nähen. Die andere Seite des Bunds anheften. Fäden vernähen.

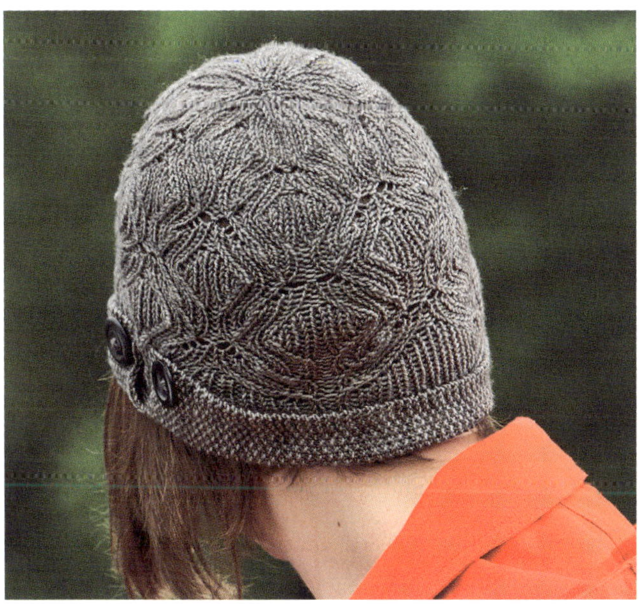

SCHLÜSSEL

- rechts
- links
- re verschr
- aaz
- 2 M re zus
- Umschlag
- (1 M re, U, 1 M re) in dieselbe M
- Musterwdh

STRICKSCHRIFT

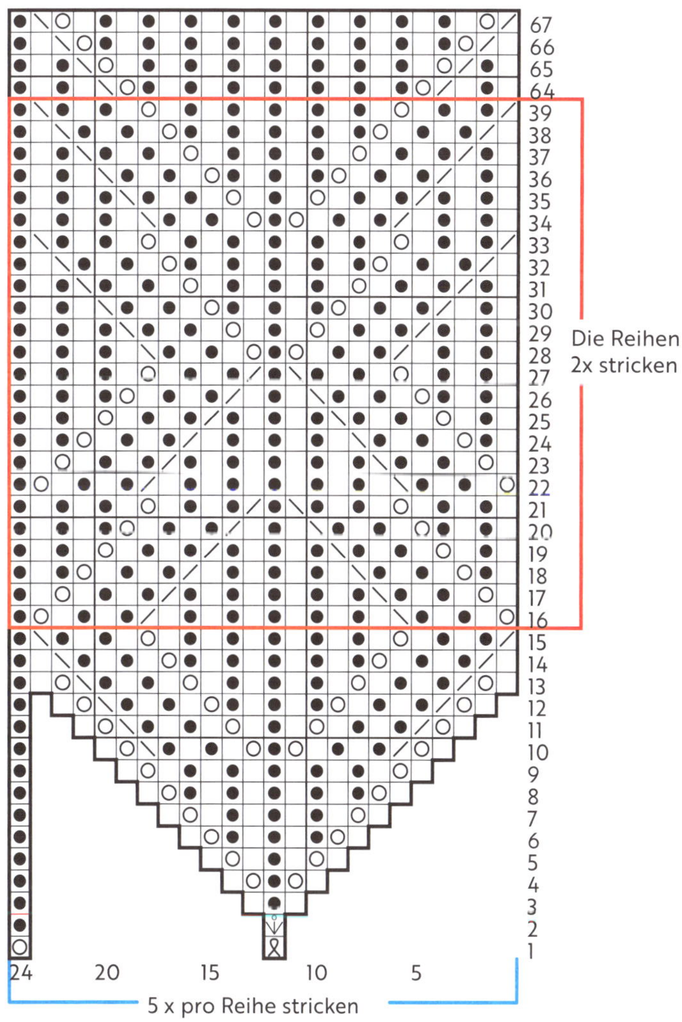

TECHNIK
FERSE

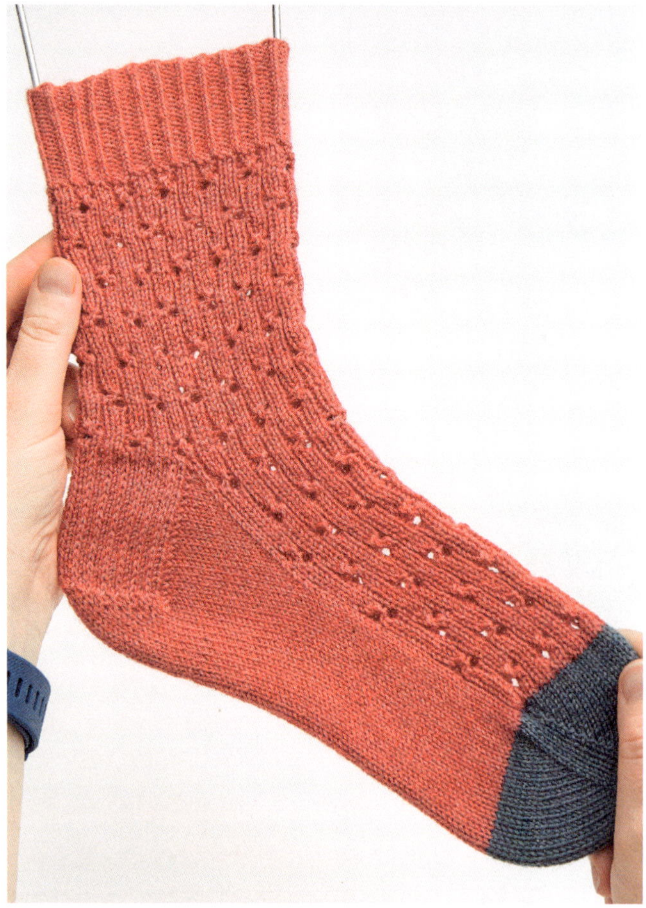

Eine Ferse zu stricken gehört zu den Stricktechniken, die einen richtig stolz machen. Man strickt einen Schlauch in eine Richtung und durch ein paar einfache Arbeitsschritte kommt man um die Kurve, so dass man vom Bein zum Fuß gelangt. Vielleicht liegt es an der Dreidimensionalität, dass sogar erfahrene Stricker manchmal verwirrt sind, wie die Ferse denn nun genau gearbeitet wird. Diese Anleitung führt Schritt für Schritt durch eine Ferse mit Fersenwand und beschreibt, wie es dann in Runden mit dem Zwickel weitergeht. Strümpfe gehören zu den Projekten, die sich am besten transportieren lassen. Wenn man mal ein paar gestrickt und begriffen hat, wie man die Ferse arbeitet, kann man ein simples Paar ohne Anleitung stricken. Das bedeutet, dass man einfach ein Knäuel Sockenwolle und die üblichen Nadeln schnappt und ohne großes Nachdenken loslegt – ein perfektes Projekt für unterwegs.

KONSTRUKTION

Strümpfe, die von oben gestrickt werden, gliedern sich in folgende Teile:

BUND
Maschen werden mit einem dehnbaren Anschlag aufgeschlagen und zur Runde geschlossen. Der Bund wird meist in einem elastischen Muster wie Rippen gestrickt.

BEIN
Nach dem Bund kann das Bein einfach glatt rechts oder mit einem Muster gearbeitet werden.

FERSENWAND
Normalerweise wird die Fersenwand über die Hälfte der Maschen gestrickt. Sie wird in Reihen gearbeitet und oft in einem Hebemaschenmuster, um die Ferse robuster zu machen. Die Fersenwand wird ungefähr so lange gestrickt, bis sie quadratisch ist, und meist wird die erste Masche jeder Reihe abgehoben, um einen ordentlichen Rand zu erhalten, wodurch man die Maschen zum Arbeiten in der Runde viel leichter aufnehmen kann.

FERSENKÄPPCHEN
Durch ein paar verkürzte Reihen wird die Ferse rund und ein Keil unter der Ferse entsteht. Die verkürzten Reihen werden mit Abnahmen an den Wendepunkten gestrickt, so dass auch die Maschenzahl abnimmt. Dieser Abschnitt wird auf den folgenden Seiten detailliert beschrieben.

ZWICKEL
Nun geht es wieder in Runden weiter, zunächst über die restlichen Fersenmaschen, dann werden aus den Rändern der Fersenwand Maschen aufgenommen, bevor die Spannmaschen gestrickt und weitere Maschen aus der anderen Fersenwand aufgenommen werden. Jetzt strickt man wieder Runden, dabei wird der Zwickel gearbeitet, indem man am Ende der Spannmaschen abnimmt.

FUSS
Wenn der Zwickel beendet ist, wird der Fuß in Runden bis zur gewünschten Länge gestrickt. Meist wird die Sohle glatt rechts gestrickt, damit sie bequemer ist (man kann aber auch Prinzessinnensohlen stricken, bei denen die glatteren, rechten Maschen innen liegen), eventuelle Muster werden nur auf dem Fußrücken eingearbeitet.

SPITZE
Für die Spitze werden Abnahmen gestrickt, die letzten Maschen werden entweder zusammengezogen oder im Maschenstich vernäht.

SCHRITT FÜR SCHRITT ANLEITUNG FÜR EINE FERSE

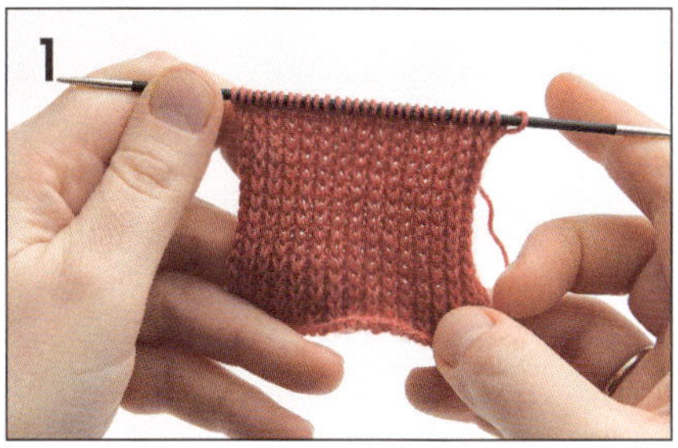

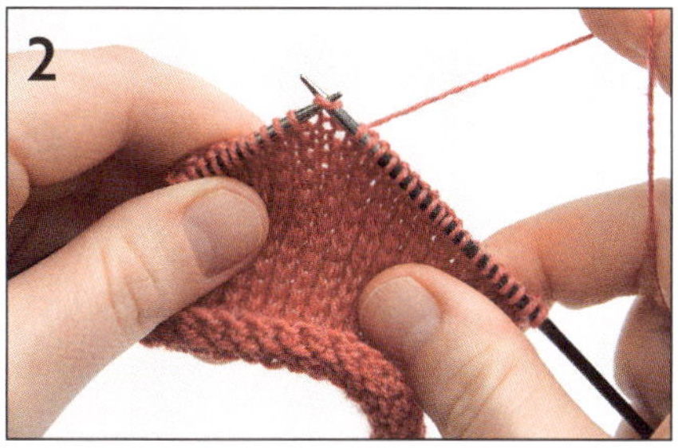

i Die Fersenwand ist laut Anleitung gestrickt.

ii Laut Anleitung eine Reihe stricken.

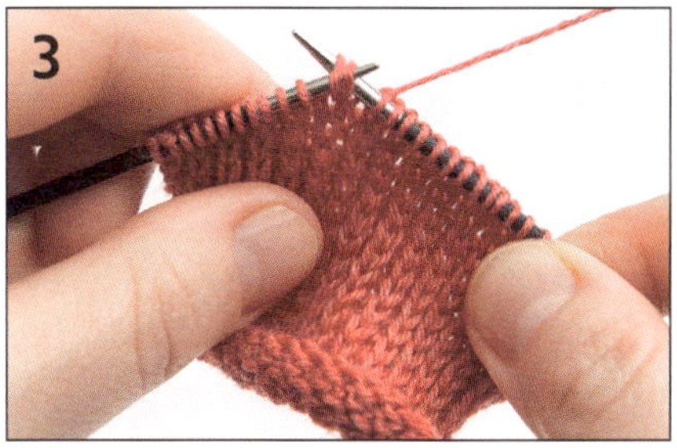

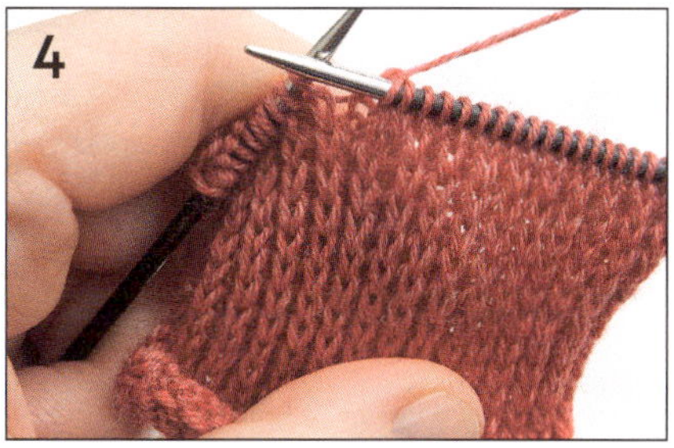

iii Eine Abnahme aaz arbeiten.

iv 1 Masche rechts. Am Reihenende befinden sich ungestrickte Maschen.

ANMERKUNG

Man kann sich das Fersenkäppchen dreigeteilt vorstellen – die Maschen, die in den ersten Reihen am Rand nicht gestrickt werden und einige Maschen in der Mitte. Die Anzahl Maschen in der Mitte entscheidet, wie spitz und wie breit die Ferse wird. Bei vielen Mittelmaschen strickt man wenige verkürzte Reihen, die Ferse wird unten breit und das Käppchen flach. Bei weniger Mittelmaschen werden mehr verkürzte Reihen gestrickt, so dass die Ferse unten schmaler wird (da mehr Abnahmen gearbeitet wurden) und das Käppchen runder. Auf den Fotos befinden sich je 10 nicht gestrickte Maschen zu beiden Seiten der Fersenwand, die insgesamt über 32 Maschen geht.

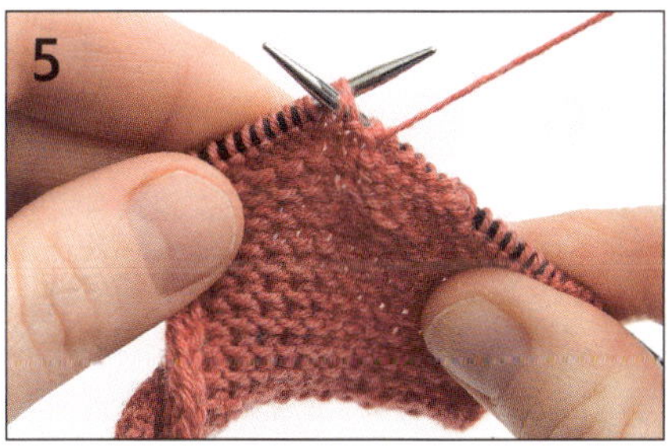

v Auf die linke Seite wenden. Die erste Masche wie zum Linksstricken abheben, wie angegeben links stricken, dann 2 M li zusammenstricken.

vi 1 Masche links.

vii Auf die rechte Seite wenden: An beiden Enden sind gleich viele Maschen ungestrickt, außerdem gibt es eine deutliche Lücke an der Wendestelle (6). Auf dem Foto sind je 10 ungestrickte Maschen an den Enden, und man sieht die Lücke zwischen der 10. und 11. Masche, von links nach rechts gezählt.

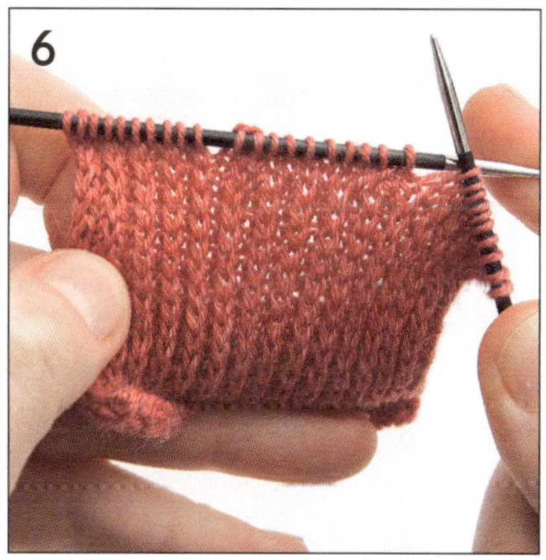

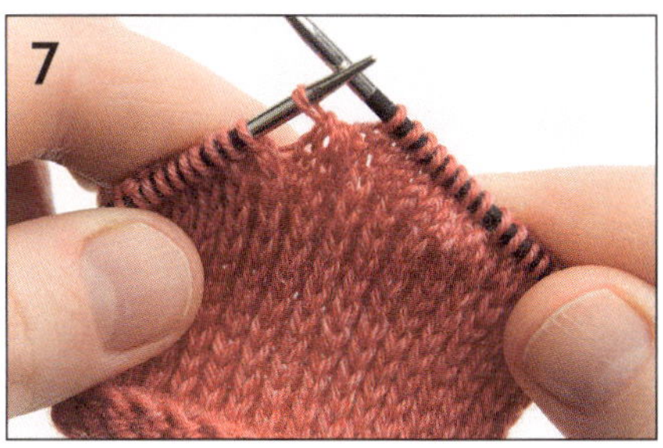

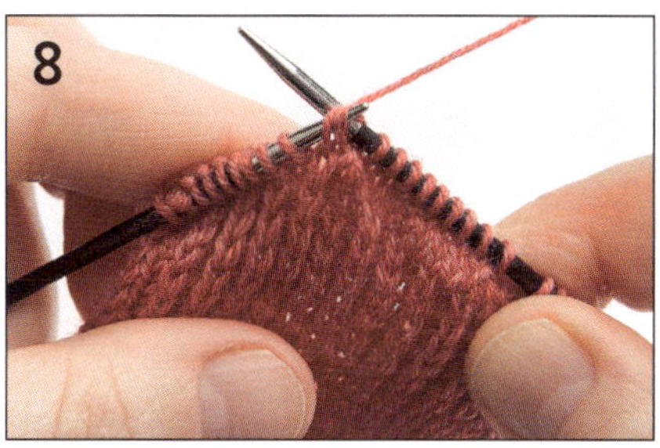

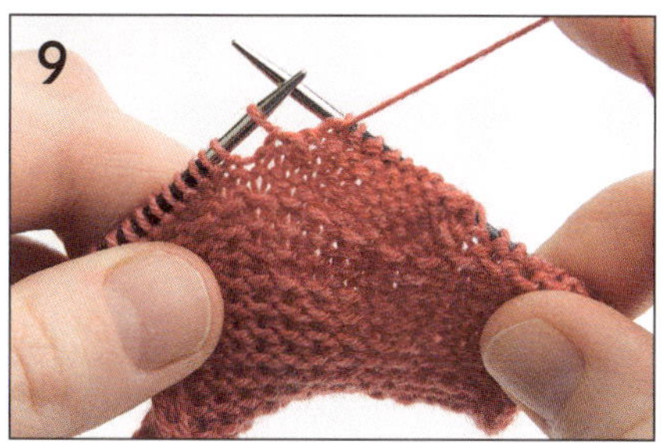

viii Die 1. Masche links abheben, bis 1 Masche vor der Lücke rechts.

ix Über die Lücke aaz stricken (je 1 Masche vor und hinter der Lücke).

x 1 Masche rechts.

xi Wenden, restliche Maschen nicht stricken. Die 1. Masche links abheben, bis 1 Masche vor der Lücke links.

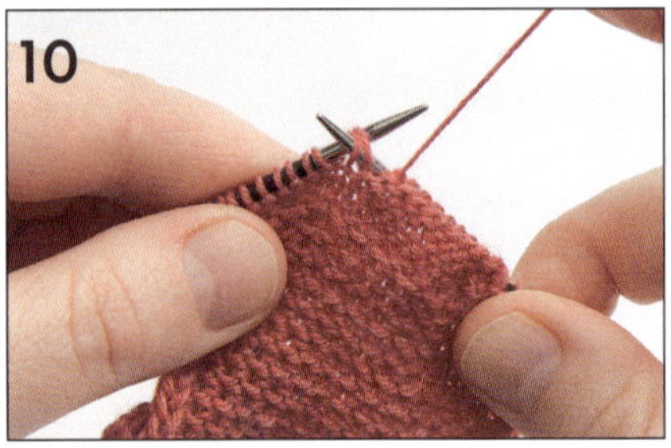

xii Die nächsten 2 M links zusammen, um die Lücke zu schließen.

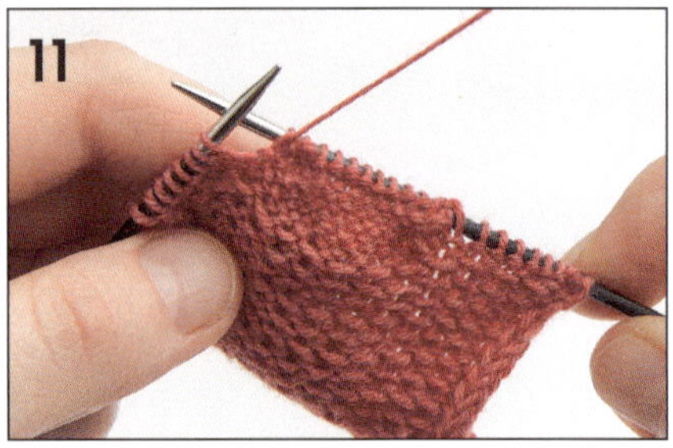

xiii 1 Masche links, dann wenden, die restlichen Maschen nicht stricken.

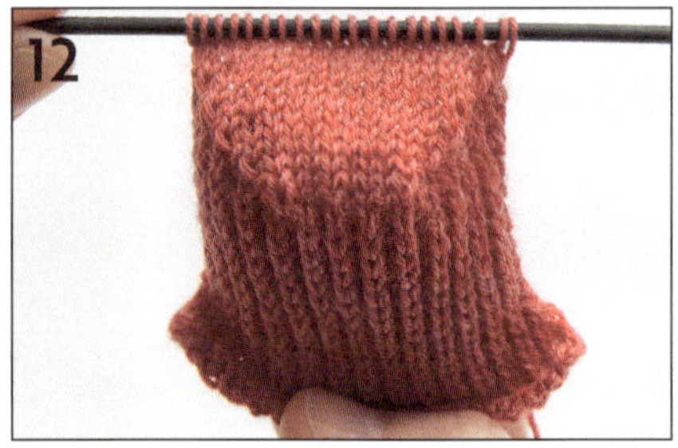

Schritte viii–xiii wiederholen, bis alle Fersenmaschen gestrickt wurden.

SCHRITT FÜR SCHRITT ANLEITUNG FÜR DIE ERSTE ZWICKELRUNDE

Wenn nötig, die Spannmaschen wieder auf die Nadeln schieben.

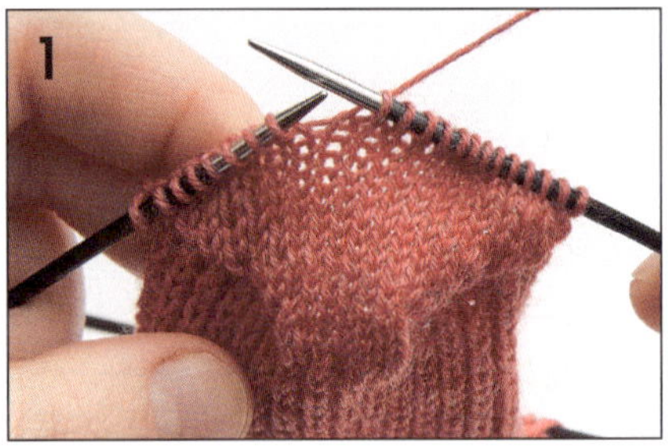

i Die Fersenmaschen rechts stricken.

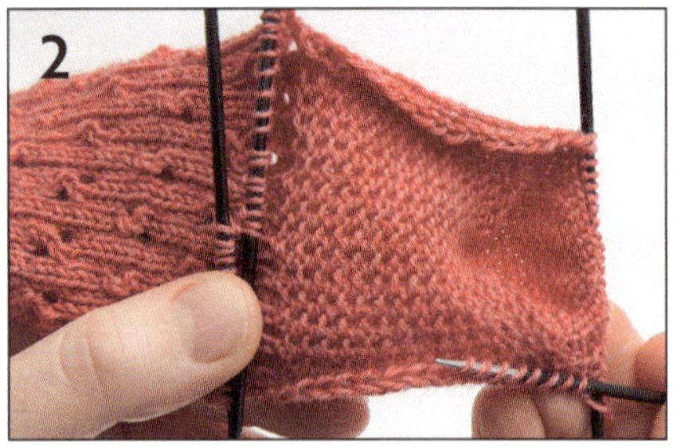

ii Mit einer extra Nadel die Randmaschen an der Fersenwand aufnehmen.

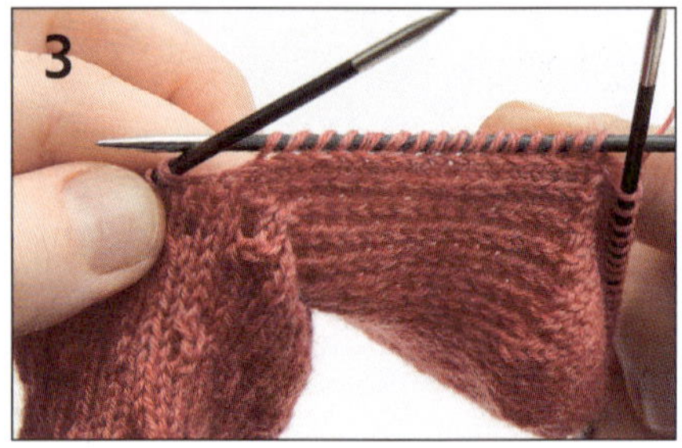

iii Die Maschen sind jetzt verschränkt auf der Nadel, das Hauptmaschenglied liegt hinten.

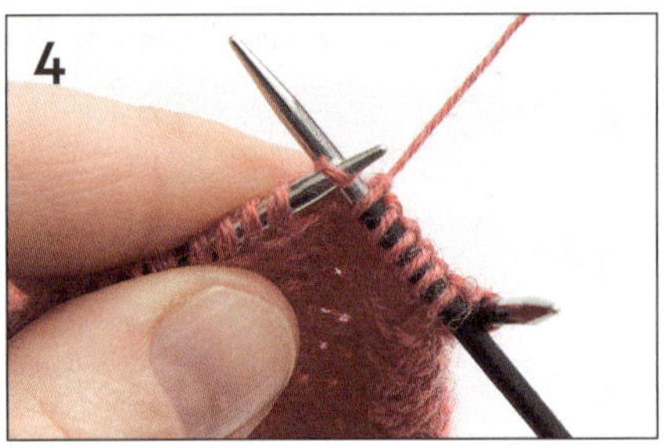

iv Damit keine Lücken entstehen, empfehle ich, die Maschen rechts verschränkt zu stricken. Da die Maschen bereits verschränkt sind, muss man sie nur noch rechts stricken.

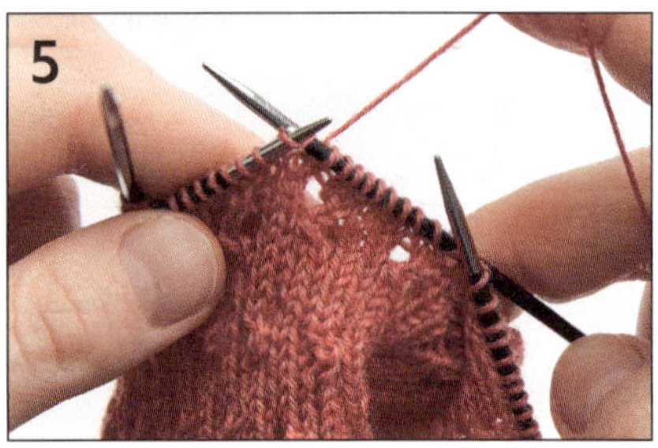

v Die Spannmaschen im Muster stricken (laut der Anleitung).

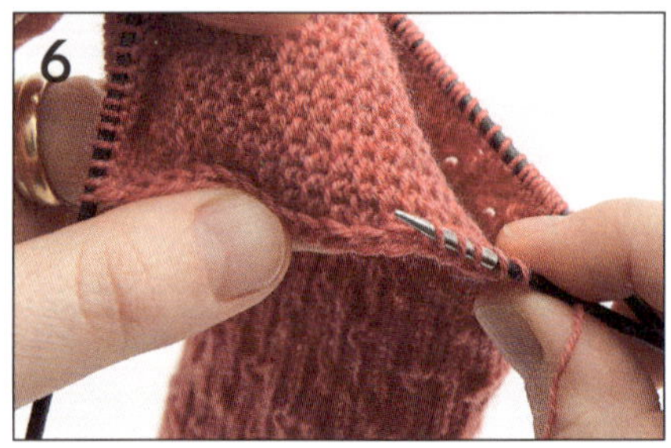

vi Mit einer extra Nadel die Randmaschen an der Fersenwand aufnehmen.

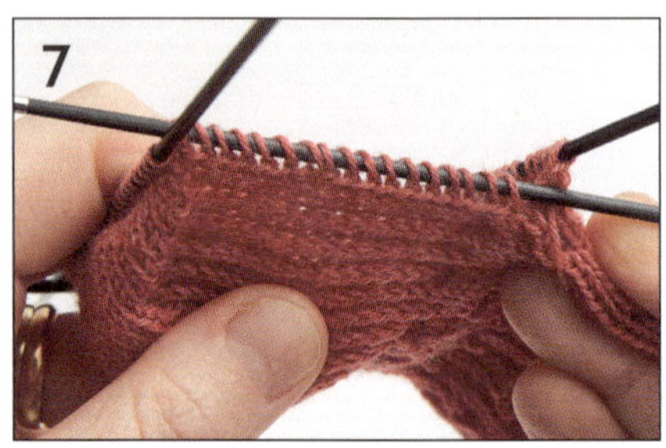

vii Da hier in der anderen Richtung gearbeitet wurde, liegen die Maschen richtig auf der Nadel.

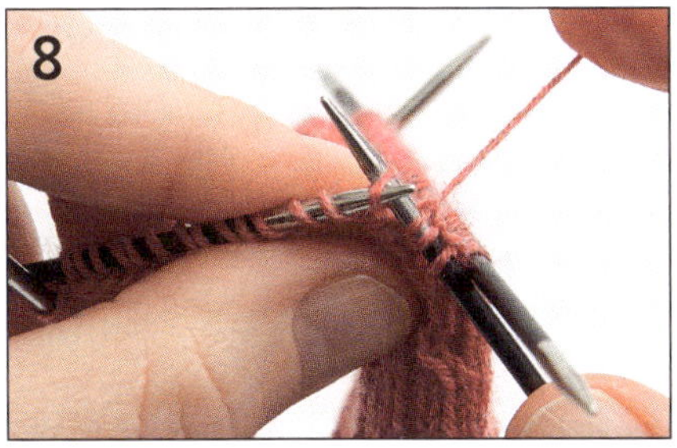

viii Damit keine Lücken entstehen, muss man diese Maschen rechts verschränkt stricken, das sieht ordentlicher aus.

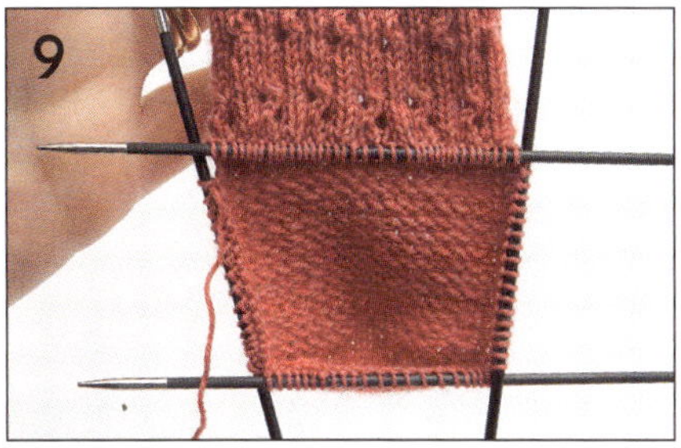

ix Jetzt die Fersenmaschen und die erste Seite der Fersenwand rechts stricken. Der Beginn des Spanns ist der neue Rundenbeginn.

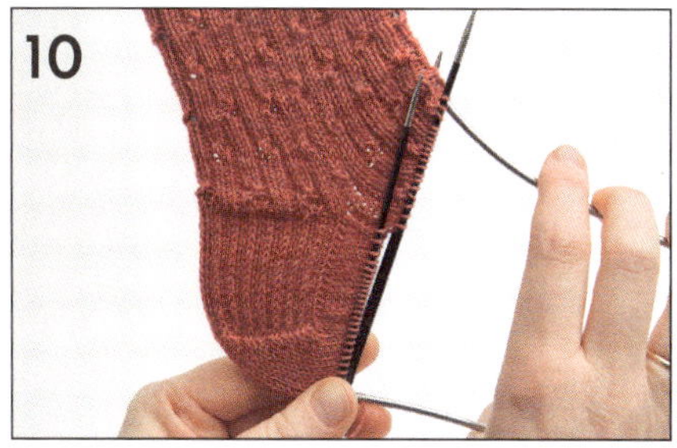

x Für den Zwickel werden jetzt laut Anleitung an jedem Ende der Spannmaschen Abnahmen gearbeitet. Nach ein paar Runden erkennt man, dass man jetzt in eine andere Richtung strickt als vorher beim Bein.

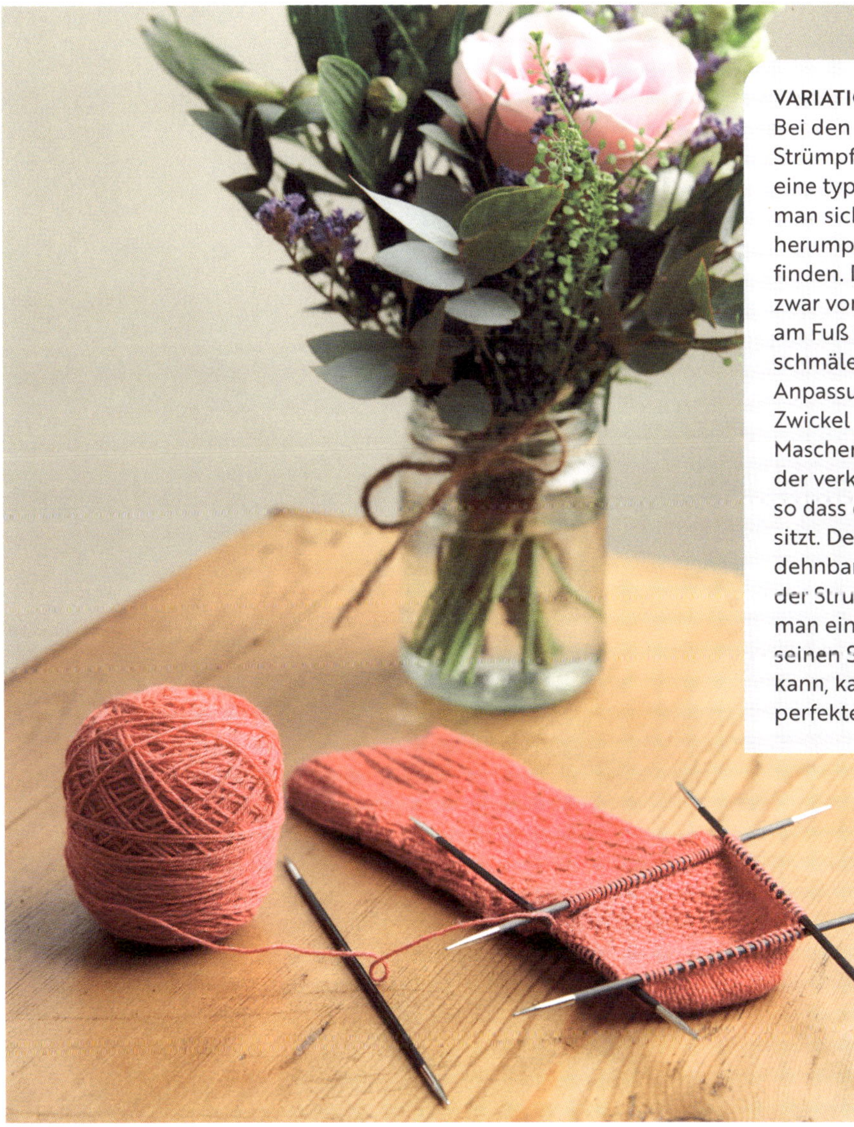

VARIATIONEN ZUM THEMA

Bei den folgenden hübschen Antirrhinum Strümpfen von Rachel Coopey kann man eine typische Ferse ausprobieren. Wenn man sich sicher fühlt, kann man ein bisschen herumprobieren, um den perfekten Sitz zu finden. Die meisten Strumpfanleitungen gehen zwar von derselben Maschenzahl am Bein und am Fuß aus, aber es kann sein, dass Ihre Füße schmäler sind als Ihre Fessel. Eine einfache Anpassung ist es, keine Abnahmen mehr am Zwickel zu stricken, wenn man die gewünschte Maschenzahl erreicht hat. Man kann die Anzahl der verkürzten Reihen am Käppchen anpassen, so dass das Käppchen perfekt an Ihrer Ferse sitzt. Denken Sie daran, dass Gestricktes dehnbar ist und sich daher auch anpasst, wenn der Strumpf nicht absolut perfekt ist. Wenn man einmal die grundlegende Maschenzahl für seinen Strumpf weiß und jeden Teil stricken kann, kann man experimentieren, um die perfekten Strümpfe zu erhalten.

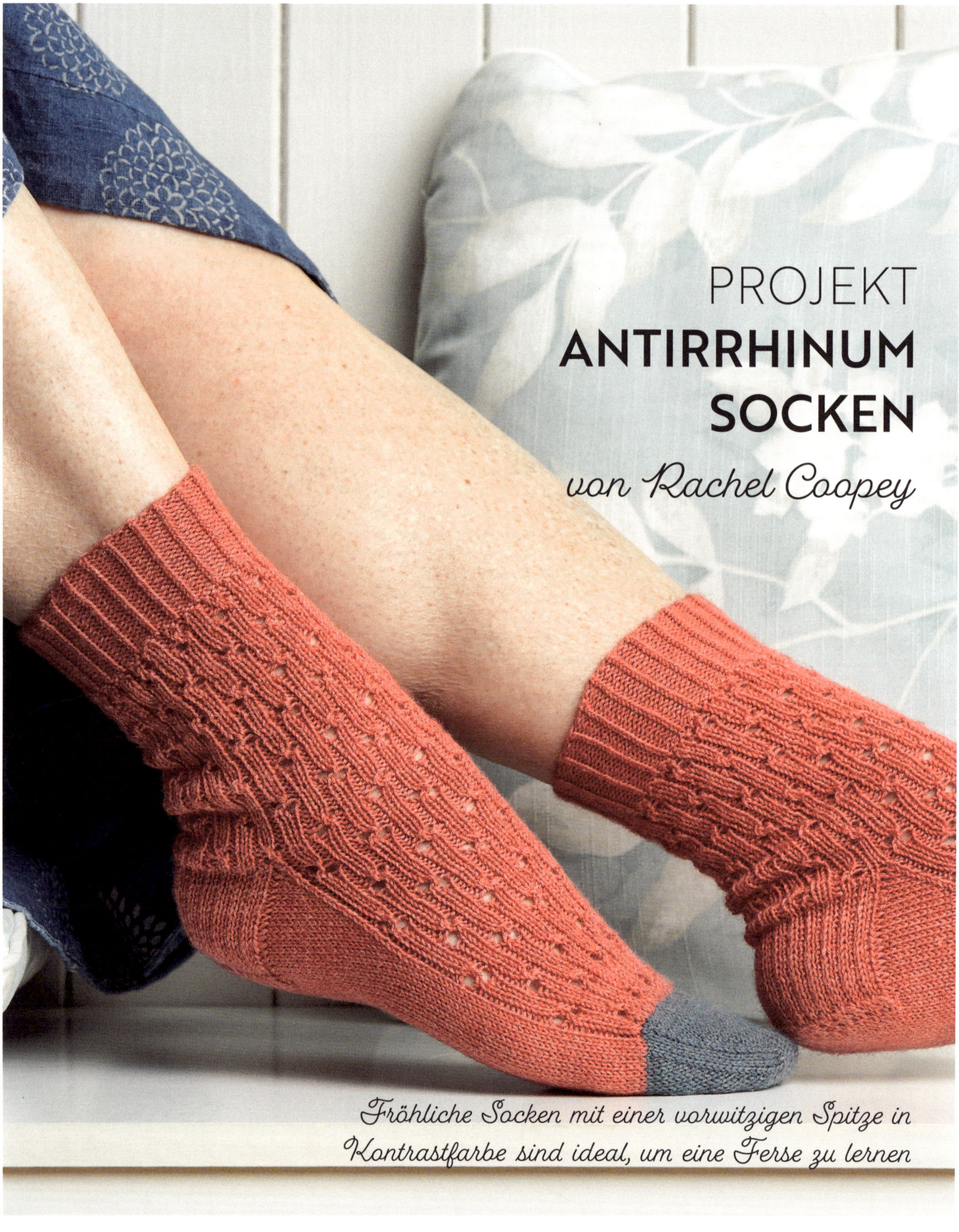

PROJEKT

ANTIRRHINUM SOCKEN

von Rachel Coopey

Fröhliche Socken mit einer vorwitzigen Spitze in Kontrastfarbe sind ideal, um eine Ferse zu lernen

GRÖSSEN
Small (Medium, Large)
Fußumfang: 20,5 (23, 25,5) cm
Fußumfang der Socke (ungedehnt): 16,5 (18, 19,5) cm
Beinlänge bis Fersenbeginn: 15cm
Die Fußlänge lässt sich anpassen. Die fertige Sock ist 0,5cm kürzer als der Fuß, damit sie gut sitzt.

WOLLE
Coop Knits Socks Yeah! (75% Superwashmerino, 25% Nylon; 212m pro 50g Knäuel)
Farbe A: Ruby (116); 2 x 50g Knäuel
Farbe B: Iolite (109); 1 x 50g Knäuel

NADELN UND ZUBEHÖR
1 Rundnadel 2,5m, 80cm lang oder 1 Nadelspiel oder die Stärke, mit der die Maschenprobe erreicht wird
Maschenmarkierer
Stopfnadel

MASCHENPROBE
36 M und 50 Rd auf 10cm glatt rechts mit 2,5mm Nadeln, gewaschen und gespannt
44 M und 50 Rd auf 10cm ungedehntes Spitzenmuster am Bein mit 2,5mm Nadeln, gewaschen und gespannt

ABKÜRZUNGEN
Eine komplette Abkürzungsliste findet sich am Ende des Buches.

ANMERKUNGEN ZUR ANLEITUNG
Die Strickschrift gibt es auch als ausgeschriebene Anleitung. Das Sockenpaar soll spiegelgleich sein.

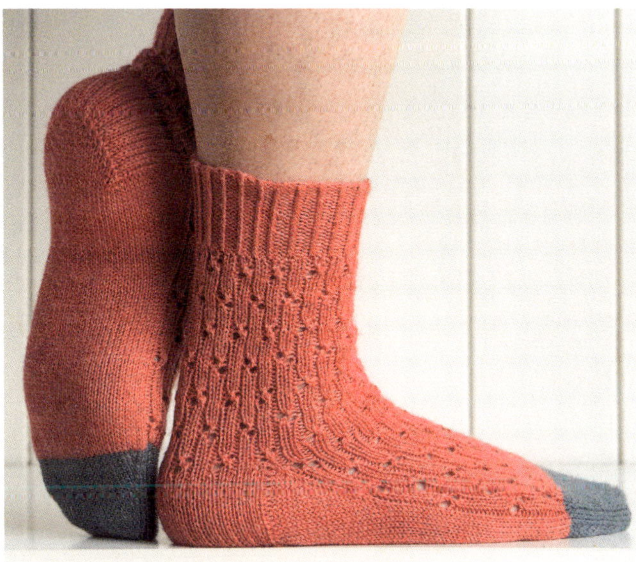

ERSTE SOCKE

1 BUND
Mit A 66 (72, 78) M anschlagen. Zur Rd schließen, darauf achten, die M nicht zu verdrehen. MM für Rd-Beg setzen.

Rippen: *1M re verschr, 2M li; von * bis Ende wdh.

Noch weitere 21 Rippenrunden stricken (22 Rd).
Für die Strickschrift weiter mit Schritt 2. Für die ausgeschriebene Anleitung weiter mit Schritt 3.

2 ANLEITUNG MIT STRICKSCHRIFT
Rd 1: *Von rechts nach links lesen, 6M der 1. R von Strickschrift A str; von * bis Ende wdh.
Weiter laut Strickschrift A str, bis sie 3 Mal ganz und Rd 1–6 noch einmal gestrickt wurde (54 Muster-Rd).
Weiter mit Schritt 4.

3 AUSGESCHRIEBENE ANLEITUNG
Rd 1: *1M li, 2M re; von * bis Ende wdh.
Rd 2: *1M li, U, aaz, 1M li, 2M re; von * bis Ende wdh.
Rd 3: Wie Rd 1.
Rd 4: *1M li, 2M re zus, U, 1M li, 2M re; von * bis Ende wdh.
Rd 5–9: Wie Rd 1.
Rd 10: *1M li, 2M re, 1M li, 2M re zus, U; von * bis Ende wdh.
Rd 11: Wie Rd 1.
Rd 12: 1M li, 2M re, 1M li, U, aaz; von * bis Ende wdh.
Rd 13–16: Wie Rd 1.
Rd 1–16 noch 2 Mal str, dann Rd 1–6 noch 1 Mal (54 Muster-Rd).
Weiter mit Schritt 4.

4 FERSENWAND
Die Arbeit so wenden, dass die linke Seite vorn liegt. Die Fersenwand wird über die nächsten 32 (35, 38) M in Reihen gestrickt, beginnend mit einer RückR. Die restlichen 34 (37, 40) M für den Spann auf den Nadeln stilllegen.

R 1 (RückR): 1M abh Fdn vorn, 31 (34, 37) M li.
R 2 (HinR): *1M abh Fdn hinten, 1M re; ab * bis letzte 0 (1, 0) M wdh, 0 (1, 0) M re.
Diese 2 R noch 14 Mal wdh, dann noch 1 Mal R 1.

5 KÄPPCHEN
R 1 (HinR): 1M abh Fdn hinten, 18 (19, 20)M re, aaz, 1M re, wenden, restl 10 (12, 14) M nicht str.
R 2 (RückR): 1M abh Fdn vorn, 7 (6, 5)M li, 2M li zus, 1M li, wenden, restl 10 (12, 14) M nicht str.
R 3: 1M abh Fdn hinten, bis 1 M vor der Lücke re, aaz, 1M re, wenden.
R 4: 1M abh Fdn vorn, bis 1 M vor der Lücke li, 2M li zus, 1M li, wenden.
Die letzten 2 R noch 4 (5, 6) Mal wdh. Alle Fersen-M wurden gestrickt. *20 (21, 22) Fersen-M übrig.*

Für die Anleitung mit Strickschrift, weiter mit Schritt 6. Für die ausgeschriebene Anleitung, weiter mit Schritt 7.

6 ZWICKEL – ANLEITUNG MIT STRICKSCHRIFT
Wie folgt in Rd stricken:
Mascheneinteilung: 1M abh Fdn hinten, 19 (20, 21) M re, 16 M aus dem Rand der Fersenwand aufn (1 M pro Rand-M); wie folgt die Spann-M str: von rechts nach links lesen und die 6 markierten M der 1. R der Strickschrift B (C, B) 5 (6, 6) Mal str, dann die letzten 4 (1, 4) M der Strickschrift str und 16 M über den Rand der Fersenwand re, 36 (37, 38) M re. MM für neuen Rd-Beg setzen (am Beg der Spann-M). *86 (90, 94) M.*

Rd 1: Von rechts nach links lesen und die 6 markierten M der 2. R der Strickschrift B (C, B) 5 (6, 6) Mal str, dann die letzten 4 (1, 4) M der Strickschrift str, aaz, bis 2 M vor Rd-Ende, 2M re zus. *2 M abgn.*
Rd 2: Von rechts nach links lesen und die 6 markierten M der 3. R der Strickschrift B (C, B) 5 (6, 6) Mal str, dann die letzten 4 (1, 4) M der Strickschrift str, bis R-Ende re.
Weiter laut Strickschrift str, diese 2 Rd noch 9 (8, 7) Mal wdh. *20 (18, 16) M abgn; 66 (72, 78) M übrig.*
Es sind jetzt 34 (37, 40) Spann-M und (32, 35, 38) Sohlen-M. Weiter mit Schritt 8.

7 ZWICKEL – AUSGESCHRIEBENE ANLEITUNG
Wie folgt in Rd arbeiten:
Mascheneinteilung: 1M abh Fdn hinten, 19 (20, 21) M re, 16 M aus dem Rand der Fersenwand aufn (1 M pro Rand-M); wie folgt die Spann-M str: (1M li, 2M re) 11 (12, 13) Mal, 1M li, 16 M aus dem Rand der Fersenwand aufn, 36 (37, 38) M re. MM für neuen Rd-Beg setzen (am Beg der Spann-M). *86 (90, 94) M.*

Nächste Rd (Abn): Rd 1 des Spannmusters (s. unten) über 34 (37, 40) Spann-M str, aaz, bis letzte 2 M re, 2M re zus. *2 M abgn.*
Nächste Rd: Rd 2 des Spannmusters (s. unten) über 34 (37, 40) Spann-M str, bis R-Ende re.
Weiter im Spannmuster str, diese 2 Rd noch 9 (8, 7) Mal wdh. *20 (18, 16) M abgn; 66 (72, 78) M übrig.*

SPANNMUSTER
Anmerkung: Rd-Nr passt hier nicht zur Nr in der Strickschrift.
Rd 1 & 2: (1M li, 2M re) 11 (12, 13) Mal, 1M li.
Rd 3: (1M li, 2M re, 1M li, 2M re zus, U) 5 (6, 6) Mal, 1M li, 2 (0, 2) M re, 1 (0, 1) M li.
Rd 4: Wie Rd 1.
Rd 5: (1M li, 2M re, 1M li, U, aaz) 5 (6, 6) Mal, 1M li, 2 (0, 2) M re, 1 (0, 1) M li, bis R-Ende re.
Rd 6–10: Wie Rd 1.
Rd 11: (1M li, U, aaz, 1M li, 2M re) 5 (6, 6) Mal, 1M li, (U, aaz, 1M li) 1 (0, 1) Mal.
Rd 12: Wie Rd 1.
Rd 13: (1M li, 2M re zus, U, 1M li, 2M re) 5 (6, 6) Mal, 1M li, (2M re zus, U, 1M li) 1 (0, 1) Mal.
Rd 14–16: Wie Rd 1.

Es sind jetzt 34 (37, 40) Spann-M und (32, 35, 38) Sohlen-M. Weiter mit Schritt 8.

8 FUSS
Weiter wie bisher str (auf dem Spann im Muster und die Sohle glatt rechts) bis der Fuß 5 (5,5, 6) cm weniger als die gewünschte Fußlänge misst.

9 SPITZE
Mit B:
Mascheneinteilung: 1M re, aaz, 28 (31, 34) M re, 2M re zus, bis Rd-Ende re. *2 M abgn; 64 (70, 76) M übrig; je 32 (35, 38) M für Spann und Sohle.*

Rd 1: Rechts.
Rd 2: 1M re, aaz, 26 (29, 32) M re, 2M re zus, 1M re, MM setzen, 1M re, aaz, bis zu den letzten 3 M re, 2M re zus, 1M re. *4 M abgn; 60 (66, 72) M übrig.*
Rd 3: Rechts.
Rd 4: *1M re, aaz, bis 3 M vor MM re, 2M re zus, 1M re, MM; ab * noch 1 Mal wdh. *4 M abgn.*
Die letzten 2 Rd noch 9 (10, 11) Mal wdh. *40 (44, 48) M abgn; 20 (22, 24) M übrig.*
Faden abschneiden, dabei 30cm stehen lassen. Die Spitze im Maschenstich schließen. Fäden vernähen.

ZWEITE SOCKE

10 BUND
Wie die erste Socke (Schritt 1). Für die Anleitung mit Strickschrift, weiter mit Schritt 11. Für die ausgeschriebene Anleitung, weiter mit Schritt 12.

11 BEIN – ANLEITUNG MIT STRICKSCHRIFT
Rd 1: *Von rechts nach links lesen und 6 M von R 9 der Strickschrift A; von * bis Ende wdh.
Ab jetzt laut Strickschrift A str, bis Rd 9–16 der Strickschrift A beendet sind und Rd 1–16 2 Mal und Rd 1–14 noch 1 Mal gestrickt wurden (54 Rd).
Weiter mit Schritt 13.

12 BEIN – AUSGESCHRIEBENE ANLEITUNG
Rd 1: *1M li, 2M re; von * bis Ende wdh.
Rd 2: *1M li, 2M re, 1M li, 2M re zus, U; von * bis Ende wdh.
Rd 3: Wie Rd 1.
Rd 4: 1M li, 2M re, 1M li, U, aaz; von * bis Ende wdh.
Rd 5–9: Wie Rd 1.
Rd 10: *1M li, U, aaz, 1M li, 2M re; von * bis Ende wdh.

Rd 11: Wie Rd 1.
Rd 12: *1M li, 2M re zus, U, 1M li, 2M re; von * bis Ende wdh.
Rd 13–16: Wie Rd 1.
Rd 1–16 noch 2 Mal str, dann Rd 1–6 noch 1 Mal (54 Muster-Rd).
Weiter mit Schritt 13.

13 FERSE
Wie die erste Socke arbeiten (Schritt 4 und 5). Für die Anleitung mit Strickschrift weiter mit Schritt 14. Für die ausgeschriebene Anleitung weiter mit Schritt 15.

14 ZWICKEL – ANLEITUNG MIT STRICKSCHRIFT
Wie folgt in Rd arbeiten:
Mascheneinteilung: 1M abh Fdn hinten, 19 (20, 21) M re, 16 M aus dem Rand der Fersenwand aufn (1 M pro Rand-M);
wie folgt die Spann-M str: von rechts nach links lesen und die 6 markierten M der R 9 der Strickschrift B (C, B) 5 (6, 6) Mal, dann die letzten 4 (1, 4) M der Strickschrift re; 16 M aus dem Rand der Fersenwand aufn, 36 (37, 38) M re. MM für neuen Rd-Beg setzen (am Beg der Spann-M). *86 (90, 94) M.*

Rd 1: Von rechts nach links lesen und die 6 markierten M der 1. R der Strickschrift B (C, B) 5 (6, 6) Mal str, dann die letzten 4 (1, 4) M der Strickschrift str, aaz, bis 2 M vor Rd-Ende re, 2M re zus. *2 M abgn.*
Rd 2: Von rechts nach links lesen und die 6 markierten M der R 11 der Strickschrift B (C, B) 5 (6, 6) Mal, dann die letzten 4 (1, 4) M der Strickschrift str, bis R-Ende re.
Weiter laut Strickschrift str, diese 2 Rd noch 9 (8, 7) Mal str. *20 (18, 16) M abgn; 66 (72, 78) M übrig.*

34 (37, 40) Spann-M und (32, 35, 38) Sohlen-M.
Weiter mit Schritt 16.

15 ZWICKEL – AUSGESCHRIEBENE ANLEITUNG
Wie folgt in Rd arbeiten:
Mascheneinteilung: 1M abh Fdn hinten, 19 (20, 21) M re, 16 M aus dem Rand der Fersenwand aufn (1 M pro Rand-M); wie folgt Spann-M str: (1M li, 2M re) 11 (12, 13) Mal, 1M li, 16 M aus dem Rand der Fersenwand aufn, 36 (37, 38) M re. MM für neuen Rd-Beg setzen (zu Beg der Spann-M). *86 (90, 94) M.*

Nächste Rd (Abn): Rd 9 des Spannmusters (s. gegenüber) über 34 (37, 40) Spann-M str, aaz, re bis letzte 2 M, 2M re zus. *2 M abgn.*
Nächste Rd: Rd 10 des Spannmusters (s. gegenüber) über 34 (37, 40) Spann-M str, bis R-Ende re. Weiter im Spannmuster str, diese 2 Rd noch 9 (8, 7) Mal str. *20 (18, 16) M abgn; 66 (72, 78) M übrig.*

Es sind jetzt 34 (37, 40) Spann-M und (32, 35, 38) Sohlen-M.
Weiter mit Schritt 16.

16 FUSS UND SPITZE
Wie die erste Socke (Schritte 8 und 9).

SCHLÜSSEL

- rechts
- links
- aaz
- 2 M re zus
- Umschlag
- Muster wdh

STRICKSCHRIFT C

GRÖSSE MEDIUM

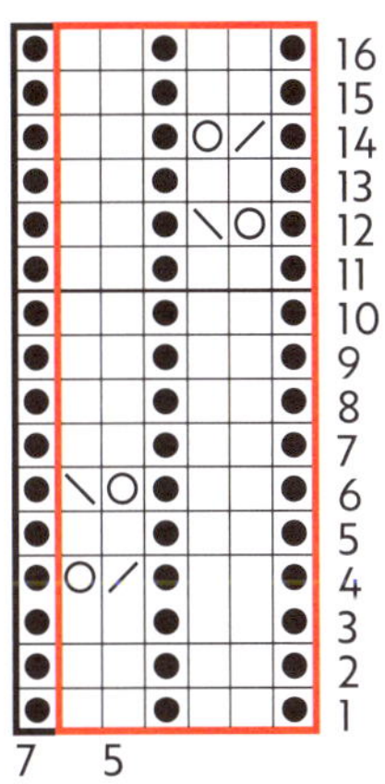

STRICKSCHRIFT B

GRÖSSE SMALL UND LARGE

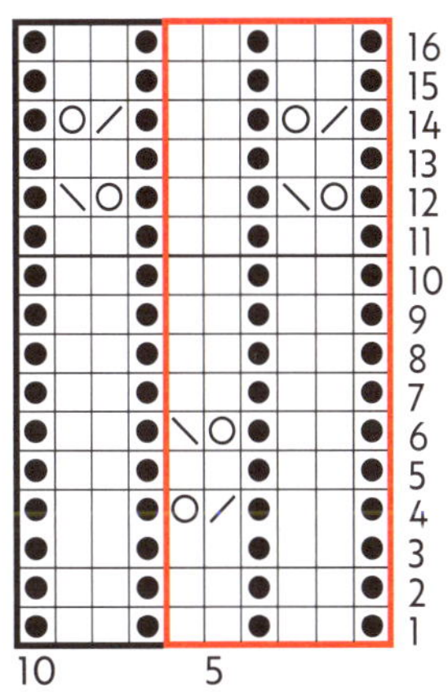

STRICKSCHRIFT A

BEIN

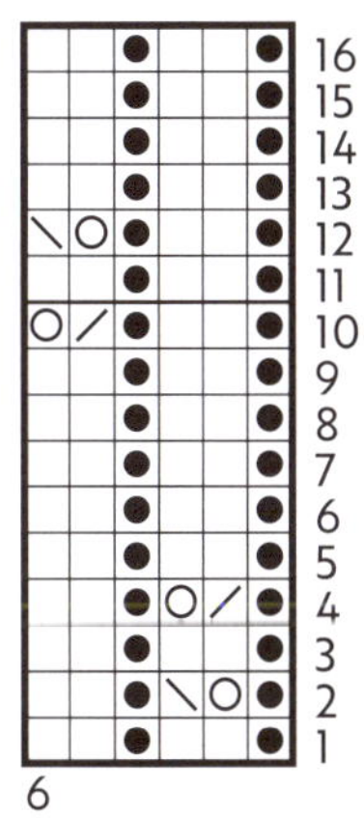

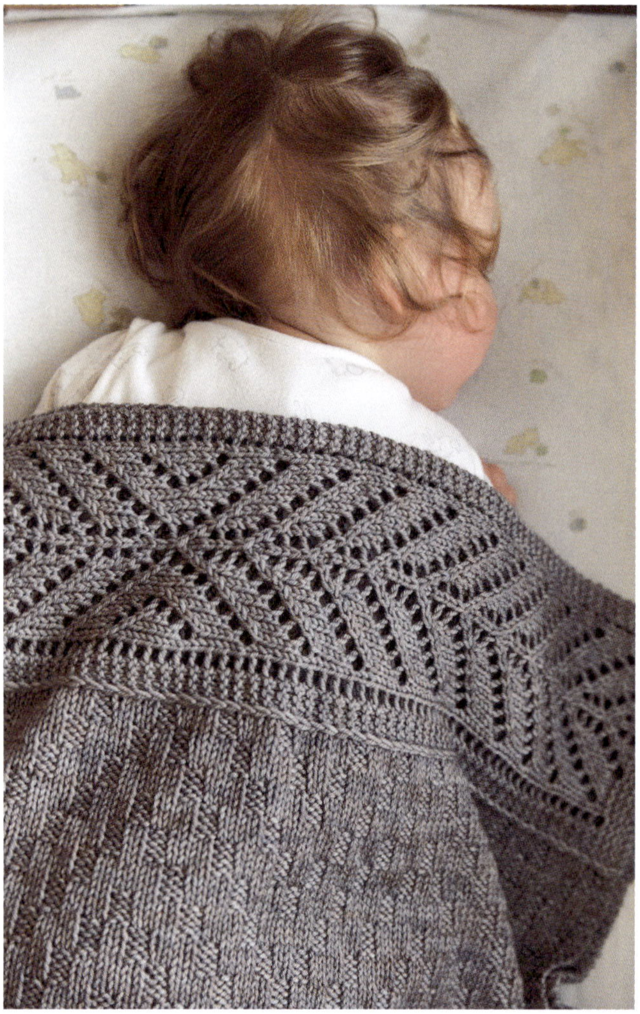

TECHNIK
ZWEI PROVISIOR-ISCHE ANSCHLÄGE

Kaum eine Stricktechnik ist so vielseitig wie ein provisorischer Anschlag. Dadurch kann man mit einem Projekt beginnen, ohne sich schon festlegen zu müssen, wie es enden soll. Wenn man z.B. mit einem Pullover anfängt, ohne sich sicher zu sein, wie lang er werden oder welchen Bund er bekommen soll, einfach provisorisch anschlagen und los geht's! Wenn man nicht genau weiß, ob man genug Wolle in einer Farbe hat, kann man provisorisch anschlagen und erst später entscheiden, ob man für den Rand eine Kontrastfarbe wählt. Aber provisorische Anschläge helfen nicht nur in unentschlossenen Momenten, sie erlauben es auch, in zwei Richtungen zu stricken.

Viele Muster haben eine Auswirkung auf die Form, so wellt sich das Gestrick bei Spitzenmustern oft in eine bestimmte Richtung. Wenn man mit so einem Muster ein symmetrisches Tuch stricken will, braucht man einen provisorischen Anschlag in der Mitte, um dann von dort aus in beide Richtungen zu arbeiten. Auf diese Weise werden beide Schalhälften identisch. Ebenfalls praktisch ist ein provisorischer Anschlag, wenn man ganz am Ende den Anschlag mit den offenen Maschen verbinden möchte. Es gibt unendliche Möglichkeiten, durch diesen Anschlag mit dem Stricken in unterschiedliche Richtungen zu spielen.

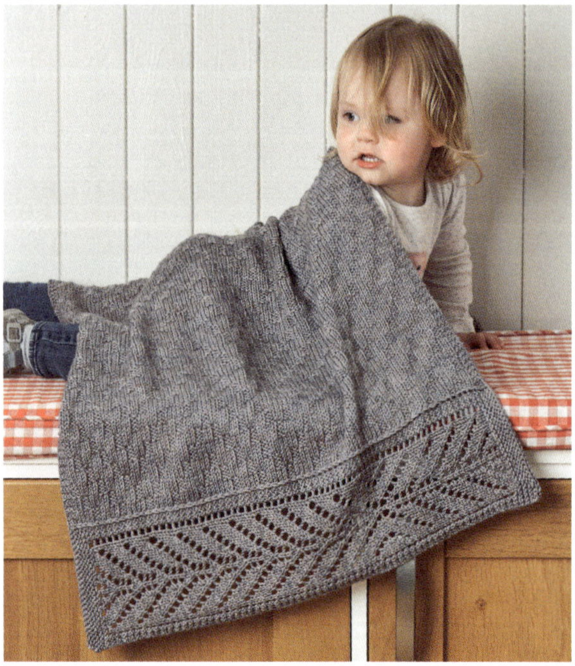

Es folgen zwei Fotoanleitungen für zwei unterschiedliche provisorische Anschläge: Mit einer Häkelnadel und Judys magischer Maschenanschlag.

Die Methode mit der Häkelnadel ist einfach, dabei befindet sich eine Luftmaschenkette am Anfang des Strickstücks, die später aufgezogen wird, so dass die offenen Maschen aus der Arbeitswolle aufgenommen werden können. Beide Methoden, der aufgehäkelte Anschlag wie auch Judys magischer Maschenanschlag für glatt rechts oder Strukturmuster eignen sich für die wunderschöne Decke, die Tin Can Knits für diesen Monat entworfen hat.

SCHRITT FÜR SCHRITT ANLEITUNG FÜR EINEN PROVISORISCHEN ANSCHLAG MIT HÄKELNADEL

Man braucht einen Hilfsfaden (ich habe mercerisierte Baumwolle benutzt, weil die nicht am Arbeitsfaden hängen bleibt), eine Häkelnadel (der Haken sollte nicht zu klein für den Hilfsfaden sein) und die Stricknadel. ➤

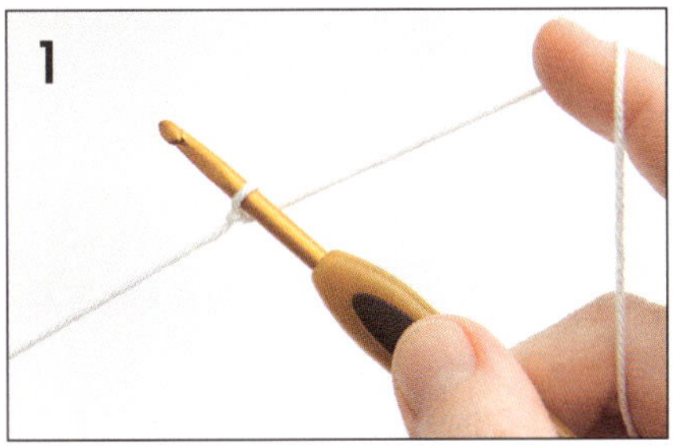

i Mit dem Hilfsfaden 1 Grundschlinge auf die Häkelnadel knüpfen.

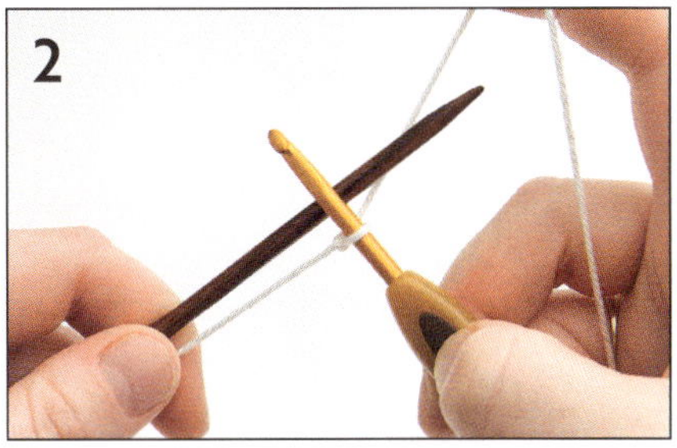

ii Die Häkelnadel über die Stricknadel halten und den Hilfsfaden darunter.

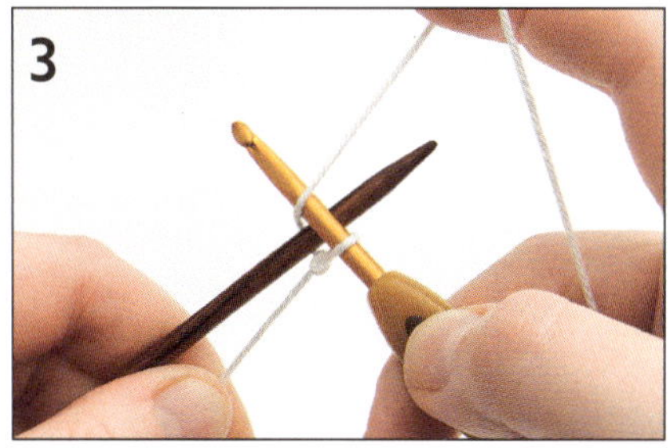

iii Hilfsfaden über die Häkelnadel legen.

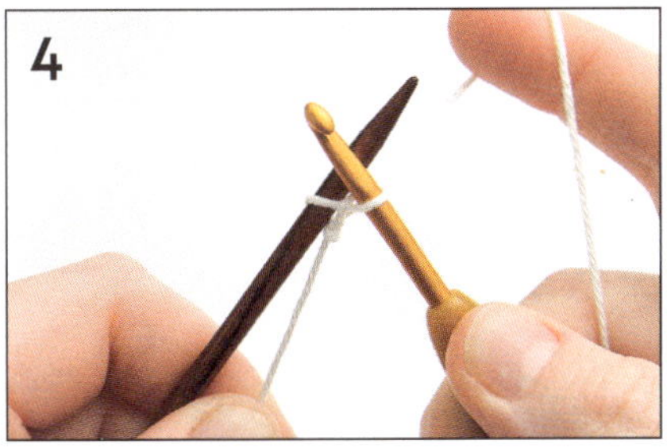

iv Faden durch die Grundschlinge auf der Häkelnadel ziehen. 1 Masche auf der Stricknadel.

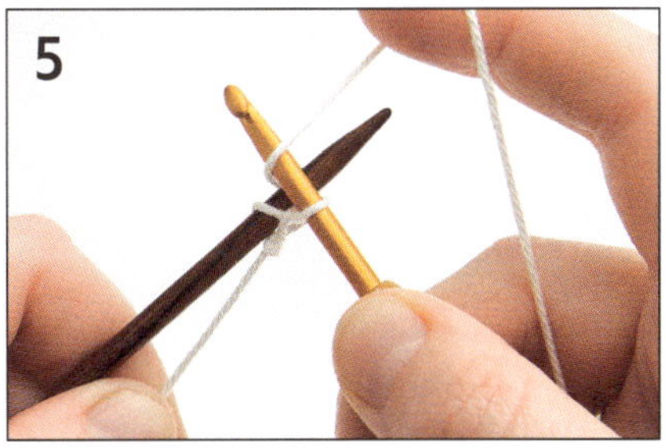

v Den Hilfsfaden unter die Stricknadel und über die Häkelnadel führen.

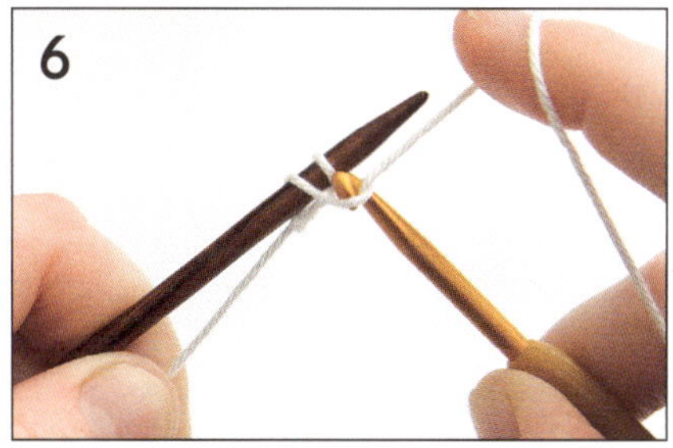

vi Den Faden durch die Masche auf der Häkelnadel ziehen.

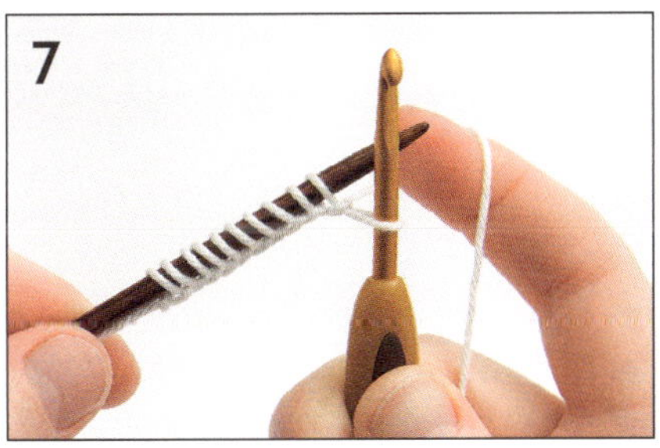

Schritte v und vi wiederholen, bis sich genug Maschen auf der Sticknadel befinden.

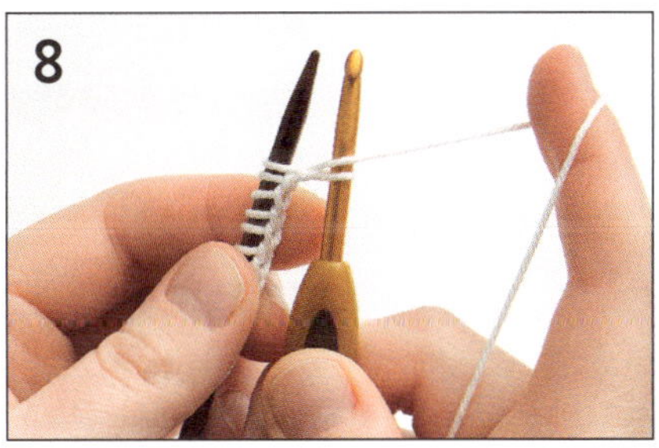

Luftmaschen häkeln, um anzuzeigen, wo diese später geöffnet werden:

vii Faden nur um die Häkelnadel legen.

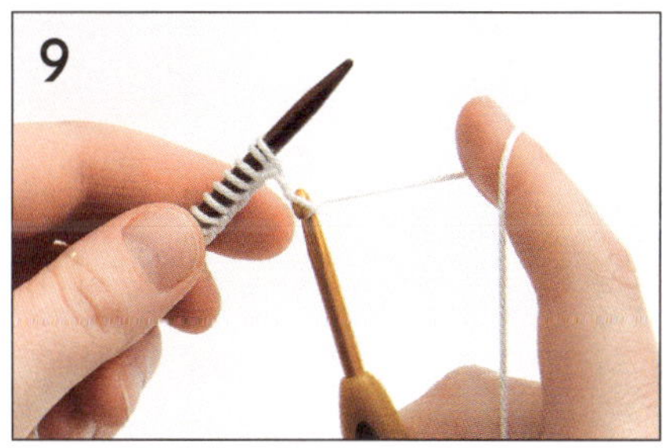

viii Den Faden durch die Masche auf der Häkelnadel ziehen. Schritte vii und viii für eine kurze Kette (5 oder 6 Luftmaschen reichen) wiederholen.

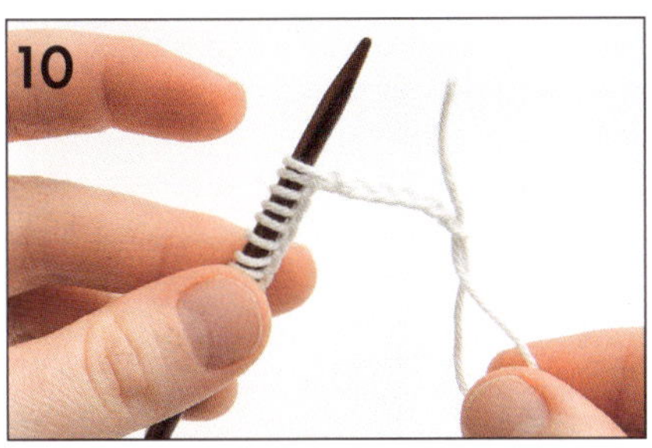

ix Faden abschneiden und durch die letzte Masche ziehen.

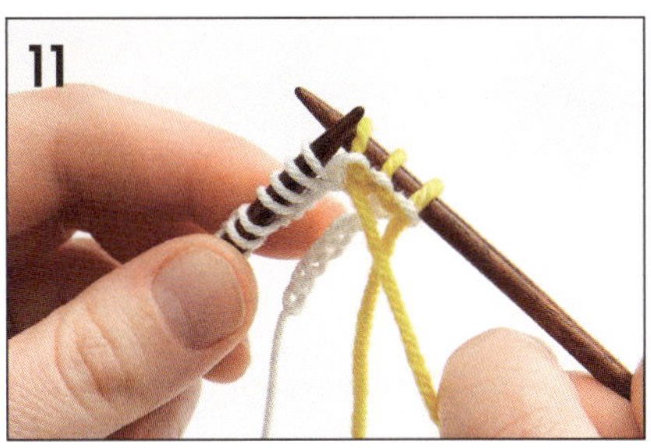

x Zum Arbeitsfaden wechseln und laut Anleitung die erste Reihe stricken.

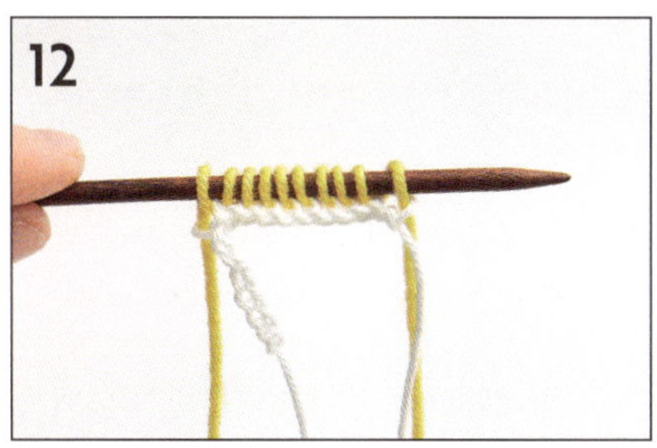

xi Ab jetzt weiter laut Anleitung arbeiten.

SCHRITT FÜR SCHRITT ANLEITUNG FÜR DAS ÖFFNEN EINES PROVISORISCHEN HÄKELANSCHLAGS

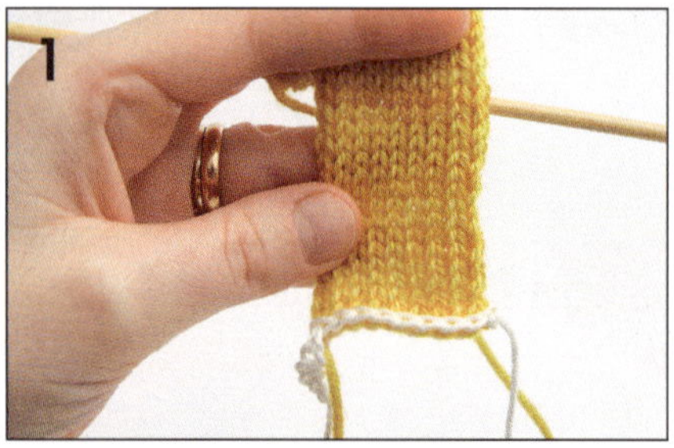

i Wenn man genug gestrickt hat, muss man laut Anleitung den provisorischen Anschlag öffnen, den Wollrest entfernen und die Maschen auf eine Stricknadel schieben.

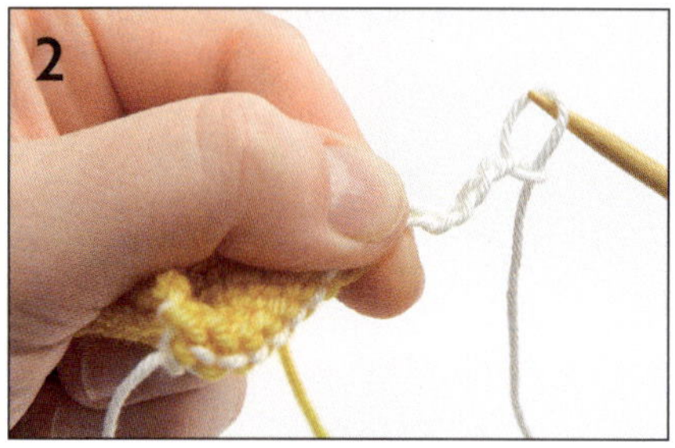

ii Am Ende der lockeren Luftmaschenkette den Faden durch die letzte Luftmasche ziehen.

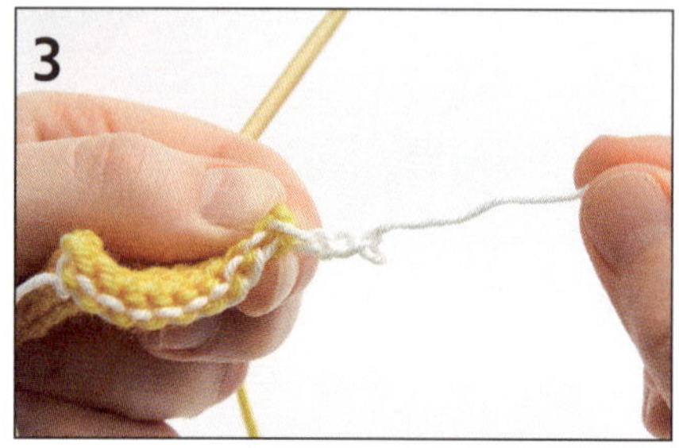

iii Jetzt kann man sanft am Hilfsfaden ziehen und die Maschen lösen sich.

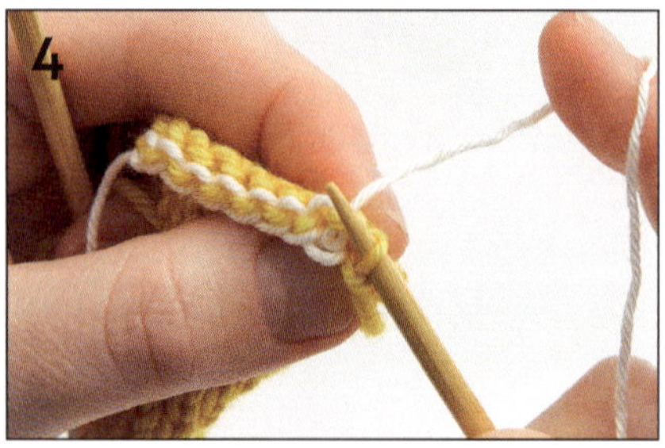

iv Mit der Stricknadel die erste Masche im Arbeitsfaden aufnehmen.

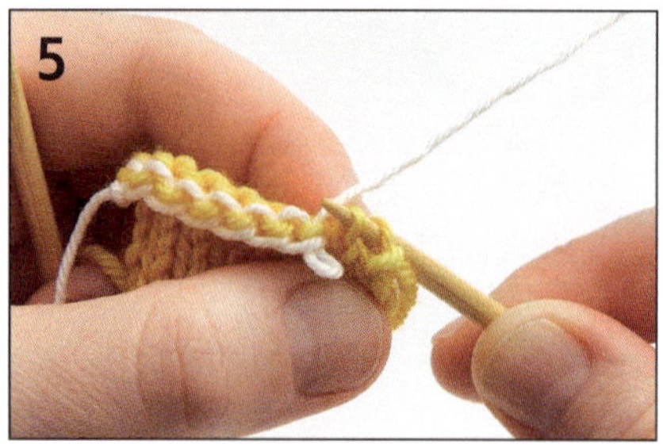

v Den Hilfsfaden entfernen und die offenen Maschen auf die Nadel heben. Um keine Masche fallen zu lassen, kann man die Maschen schon auf die Nadel nehmen, bevor man am Hilfsfaden zieht (wie man auch sonst Maschen aufnehmen würde).

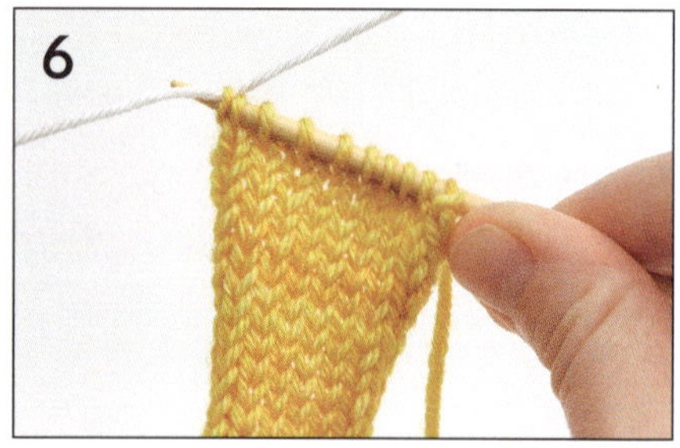

vi An der letzten Masche der Reihe führt der Faden nach oben zur zweiten Reihe, wahrscheinlich muss man das Ende des Hilfsfadens aus dieser Masche ziehen.

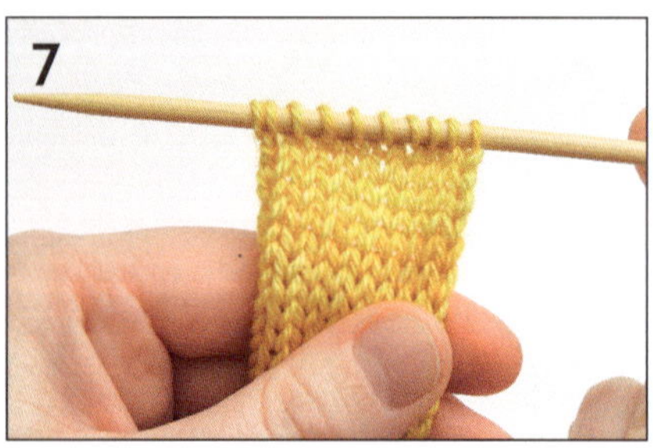

vii Jetzt, da alle Maschen im Arbeitsfaden sicher auf den Nadeln liegen, kann man weiter im Muster arbeiten.

JUDYS MAGISCHER MASCHENANSCHLAG

Was tun, wenn man keine Häkelnadel besitzt oder keinen Wollrest zur Hand hat? Judys magischer Maschenanschlag ist dann eine tolle Ersatzmethode. Es ist immer praktisch, mehr als einen provisorischen Anschlag zu kennen! Judys magischer Maschenanschlag gilt eigentlich nicht als provisorischer Anschlag, sondern wird vor allem genutzt, um geschlossene Schläuche zu beginnen, wie Socken von der Spitze. Er ist allerdings sehr vielseitig, vor allem, wenn man Nadeln mit austauschbaren Spitzen benutzt, bei denen die Maschen vom Anschlag auf einem Kabel bleiben können, bereit, später gestrickt zu werden. Die erste Methode, die hier vorgestellt wird, wird bei der wunderschönen Decke Little Tern von Tin Can Knits benutzt. Danach folgt Judys magischer Maschenanschlag bei krausrechts und für eine geschlossene, rund zu strickende Spitze.

SCHRITT FÜR SCHRITT ANLEITUNG FÜR JUDYS MAGISCHEN MASCHENANSCHLAG FÜR GLATTRECHTS ODER STRUKTURMUSTER

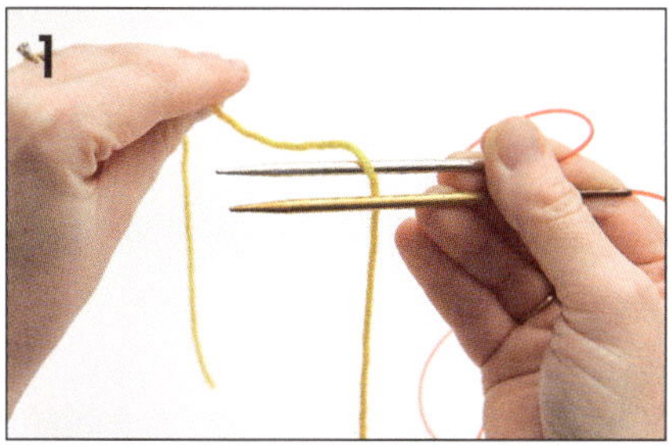

i Die Spitzen zweier Rundnadeln in der rechten Hand halten, die Spitzen zeigen nach links. Den Faden über die hintere Nadel legen, das Ende hängt hinten, der Arbeitsfaden zwischen den Nadeln. Auf dem Foto ist die silberne Nadel die hintere, außerdem eine Wechselspitze (diese Maschen werden zunächst stillgelegt), und die goldene Nadel ist die vordere (die eigentliche Arbeitsnadel).

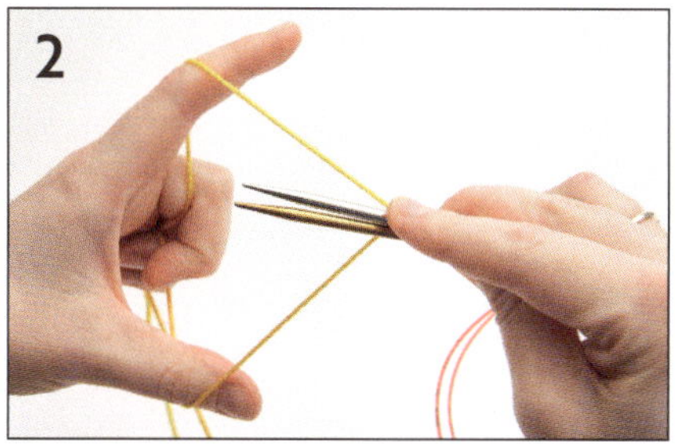

ii Mit dem rechten Zeigefinger den Faden über der hinteren Nadel halten, mit Ring- und Mittelfinger der linken Hand das Fadenende und den Arbeitsfaden halten, ähnlich wie beim Kreuzanschlag, aber mit vertauschten Fäden.

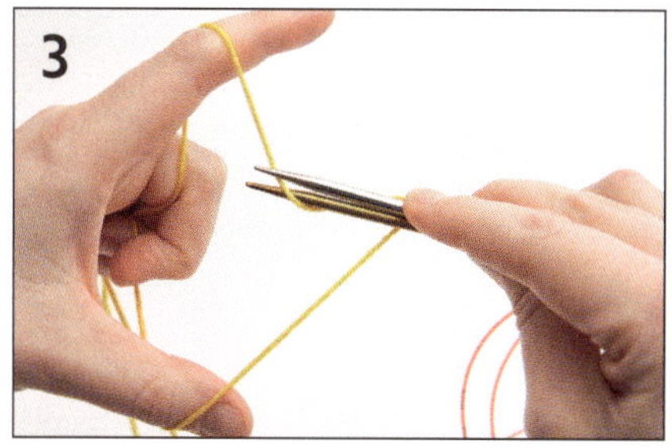

iii Mit der rechten Hand die Nadelspitzen unter das Fadenende führen, so dass dieser über der vorderen und dann zwischen den Nadeln liegt (als würde man im Uhrzeigersinn mit den Nadelspitzen einen Kreis beschreiben).

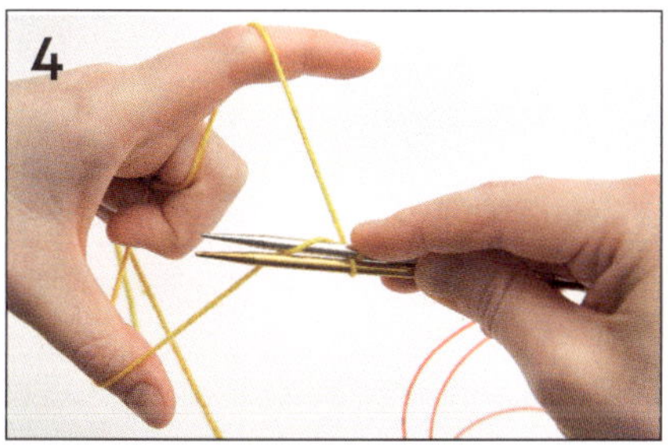

iv Die erste Masche auf der vorderen Nadel sanft anziehen, dann die Nadelspitzen unter den Arbeitsfaden, über die hintere Nadel und wieder zwischen die Nadeln führen (als würde man gegen den Uhrzeigersinn mit den Nadelspitzen einen Kreis beschreiben).

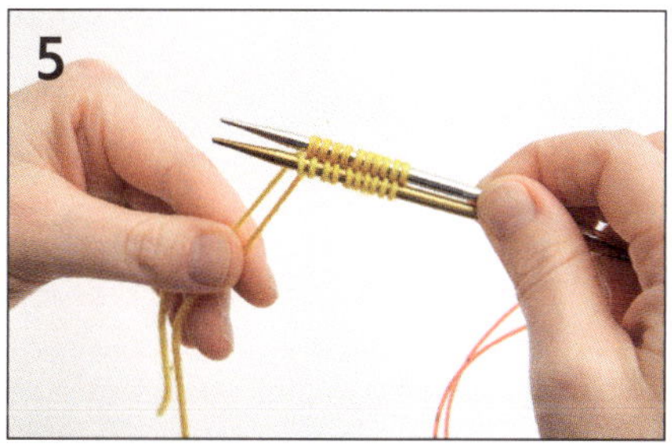

Die Masche sanft anziehen.
Schritte iii und iv so oft wie nötig wiederholen, mit Schritt iii enden. Man schlägt normalerweise auf beiden Nadeln gleich viele Maschen an. Das Foto zeigt jeweils 10 Maschen pro Nadel.

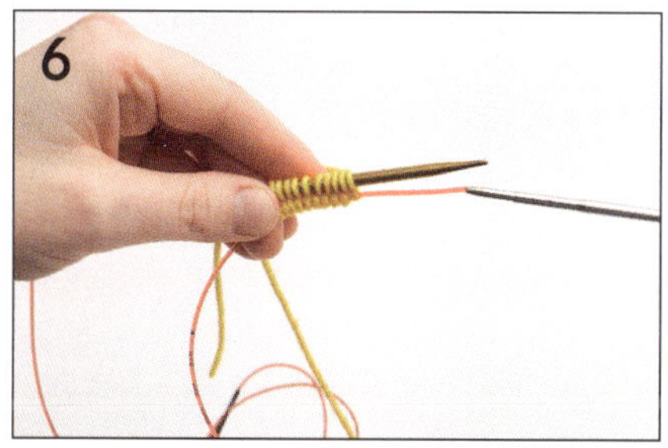

v Die Nadeln um 180° drehen, so dass die Spitzen jetzt nach rechts zeigen (nicht wenden, die linken Maschen bleiben hinten). Die Maschen der vorher hinteren Nadel vorsichtig von der Spitze aufs Kabel schieben.

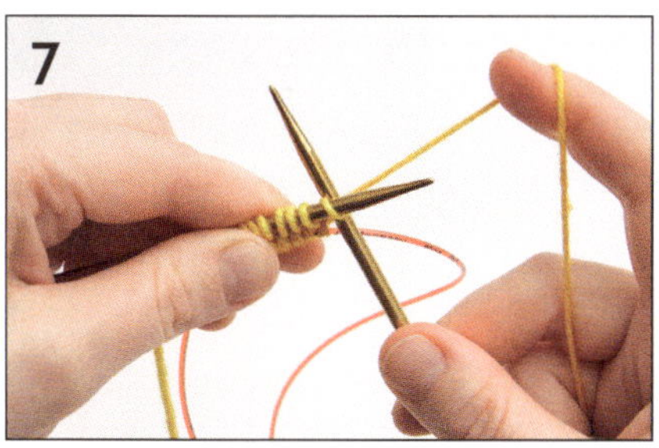

vi Die freie Spitze der eigentlichen Arbeitsnadel (vorher die vordere Nadel) dazunehmen und die erste Reihe laut Anleitung stricken, hier 2M re, 2M li.

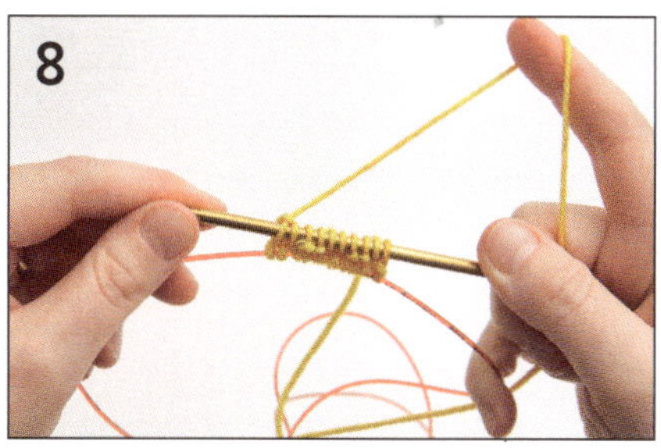

Weiter den Hauptteil laut Anleitung arbeiten, bevor man später auf die Maschen vom Anschlag zurückkommt. Bei Nadeln mit auswechselbaren Spitzen kann man die Nadel zur Runde schließen oder Stopper anschrauben, um die Maschen

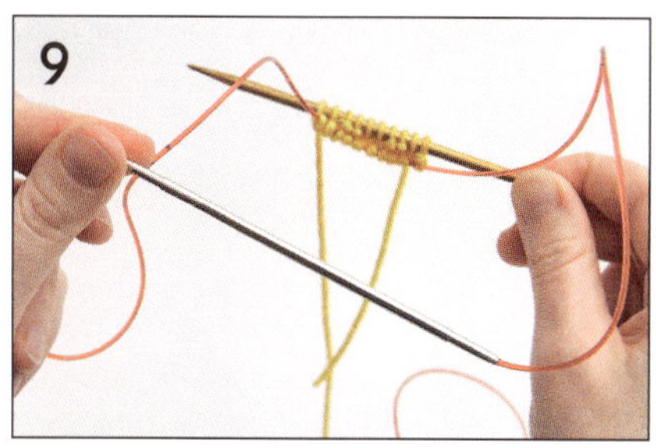

stillzulegen. Wenn die Anschlagsmaschen gestrickt werden sollen, werden die Verbindung oder die Stopper entfernt und passende Nadelspitzen angeschraubt.

SCHRITT FÜR SCHRITT ANLEITUNG FÜR JUDYS MAGISCHEN MASCHENANSCHLAG BEI KRAUSRECHTS

Es gibt übrigens noch ein paar andere Gelegenheiten, wann man Judys magischen Maschenanschlag einsetzen kann. Später wird er noch nützlich sein.

i Die Spitzen zweier Rundnadeln in der rechten Hand halten, die Spitzen zeigen nach links. Den Faden über die hintere Nadel legen, das Ende hängt hinten, der Arbeitsfaden zwischen den Nadeln. Auf dem Foto ist die gelbe Nadel die hintere, und die silberne Nadel ist die vordere.

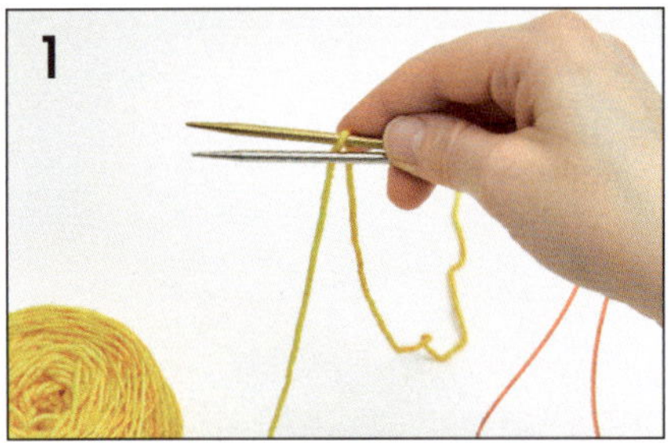

Wenn Sie Nadeln mit Wechselspitzen haben, dann nehmen Sie diese als vordere Nadel, da diese Maschen stillgelegt werden.

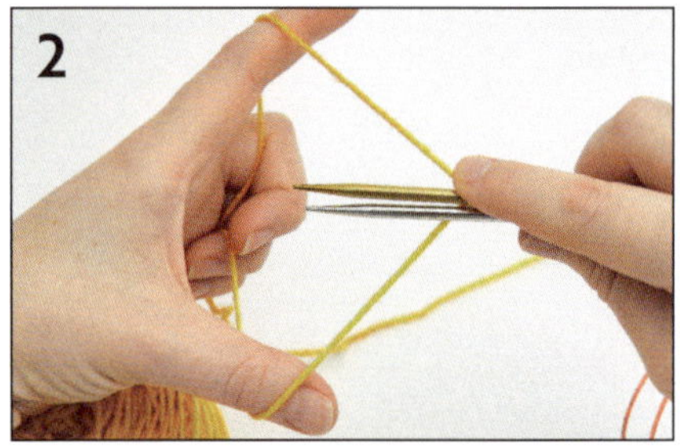

ii Mit dem rechten Zeigefinger den Faden über der hinteren Nadel halten, mit kleinem, Ring- und Mittelfinger der linken Hand das Fadenende und den Arbeitsfaden halten. Das Fadenende über den Zeigefinger und den Arbeitsfaden über den Daumen führen, ähnlich wie beim Kreuzanschlag, aber mit vertauschten Fäden.

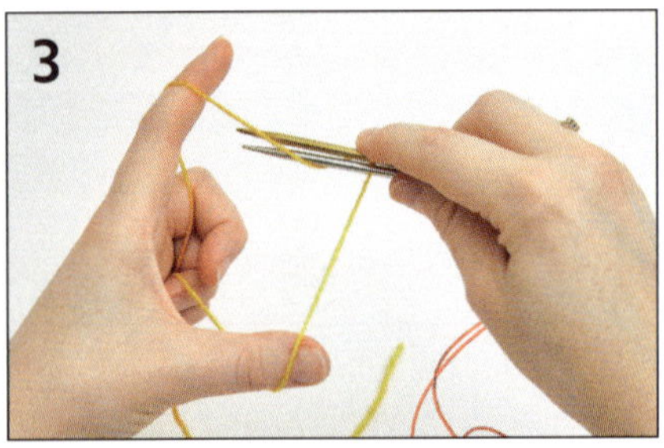

iii Mit der rechten Hand die Nadelspitzen unter das Fadenende führen, so dass es über der vorderen und dann zwischen den Nadeln liegt (als würde man im Uhrzeigersinn mit den Nadelspitzen einen Kreis beschreiben).

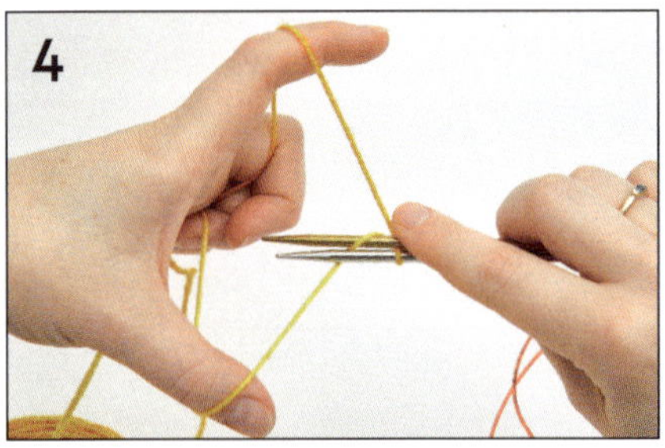

iv Die erste Masche auf der vorderen Nadel sanft anziehen, dann die Nadelspitzen unter den Arbeitsfaden, über die hintere Nadel und wieder zwischen die Nadeln führen (als würde man gegen den Uhrzeigersinn mit den Nadelspitzen einen Kreis beschreiben).

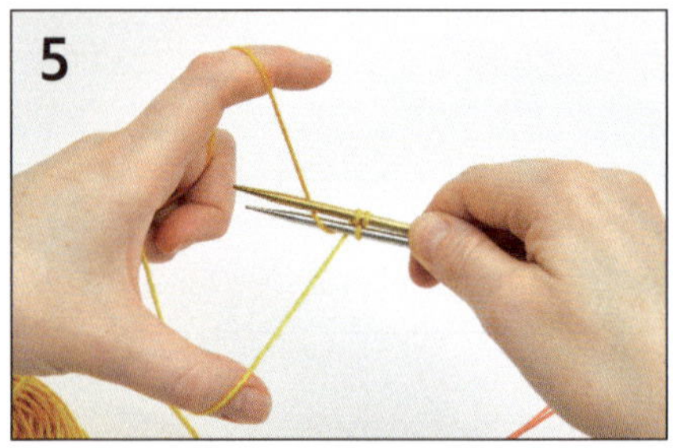

v Masche sanft anziehen, die Nadelspitzen unter das Fadenende führen und es über die vordere Nadel und zwischen den beiden Nadeln herabführen.

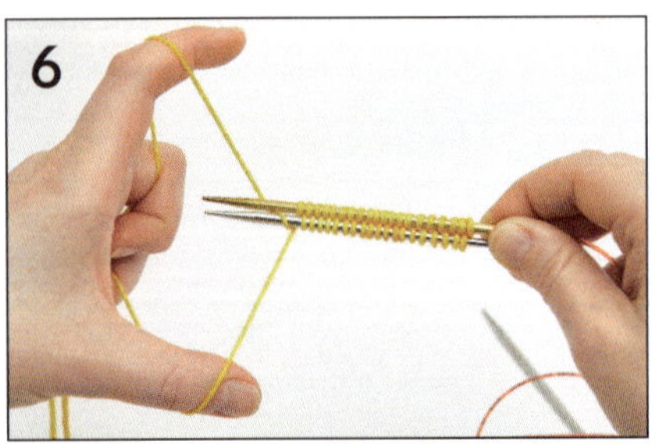

Schritte iv und v so oft wie nötig wiederholen. Man schlägt normalerweise auf beiden Nadeln gleich viele Maschen an. Das Foto zeigt jeweils 20 Maschen pro Nadel.

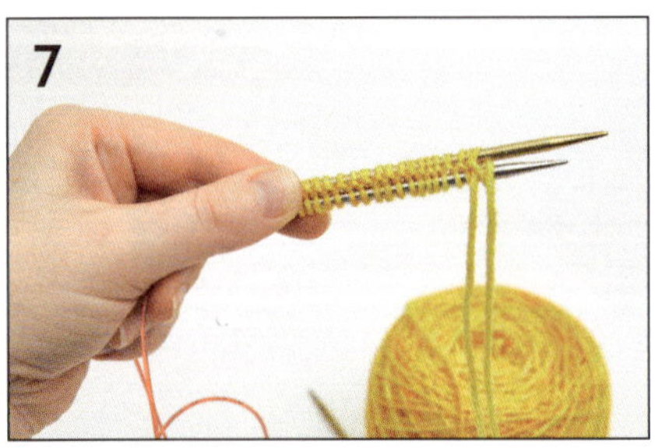

vi Das Strickstück umdrehen, so dass die ersten krausrechten Rippen vorn liegen und die Nadelspitzen nach rechts zeigen.

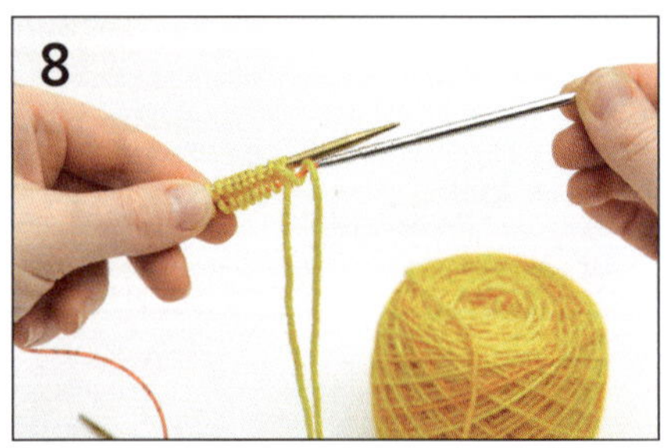

vii Vorsichtig die vordere Nadelspitze herausziehen, so dass die Maschen auf dem Kabel liegen.

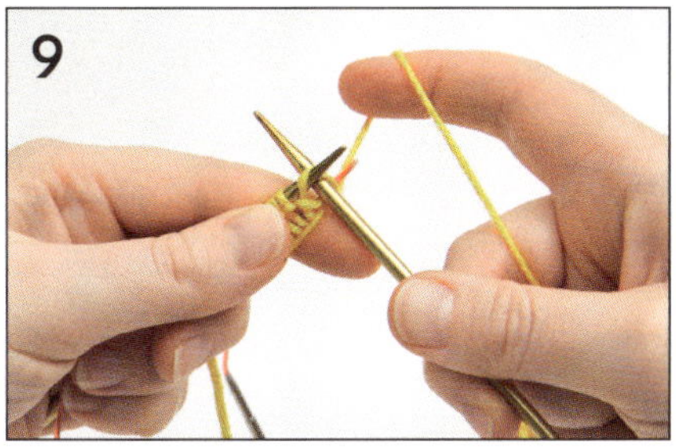

viii Die Maschen liegen verschränkt (das vordere Maschenglied hinten). Mit der freien Spitze der hinteren Nadel und dem Arbeitsfaden alle Maschen rechts verschränkt abstricken, dabei das Fadenende festhalten.

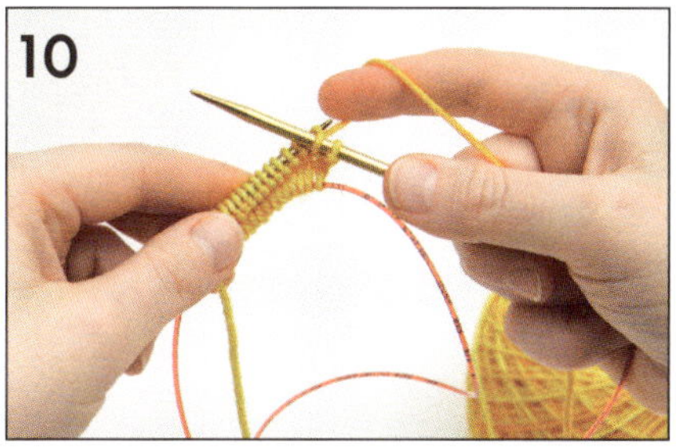

ix Am Reihenende wenden und die nächste (sowie alle folgenden) Reihen normal stricken.

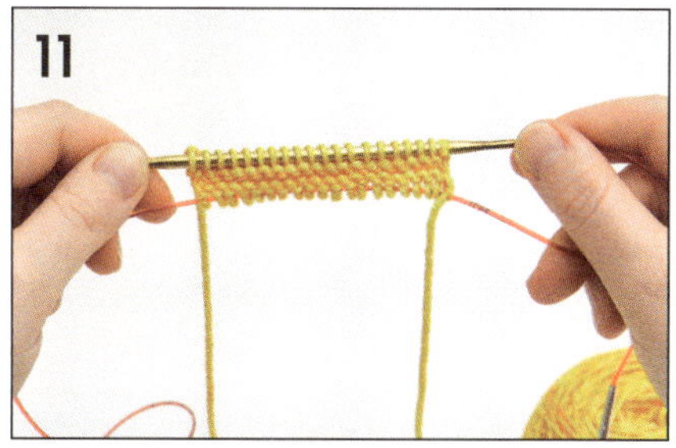

x Nach ein paar gestrickten Reihen sieht man die stillgelegten Maschen am Anschlag. Man kann sie auf einen Wollrest schieben oder die Nadelspitzen durch Stopper ersetzen (wenn es welche mit auswechselbaren Spitzen sind), während man weiterarbeitet.

SCHRITT FÜR SCHRITT ANLEITUNG FÜR JUDYS MAGISCHEN MASCHENANSCHLAG, UM EINEN GESCHLOSSENEN SCHLAUCH ZU BEGINNEN

Diese Methode eignet sich für eine Strumpfspitze oder einen Taschenboden.

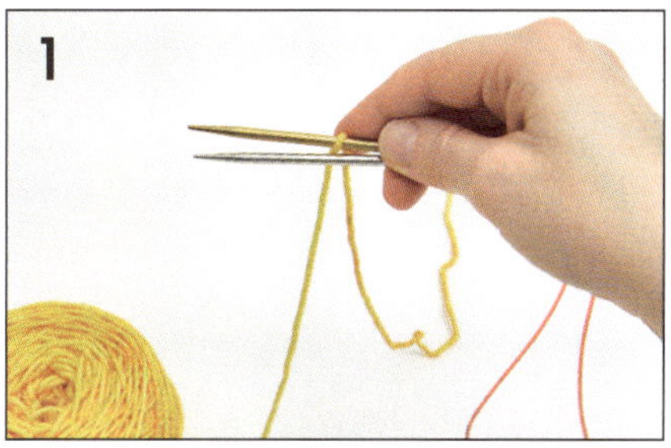

i Die Spitzen zweier Rundnadeln in der rechten Hand halten, die Spitzen zeigen nach links. Den Faden über die hintere Nadel legen, das Ende hängt hinten, der Arbeitsfaden zwischen den Nadeln. Auf dem Foto ist die goldene Nadel die hintere, und die silberne Nadel ist die vordere.

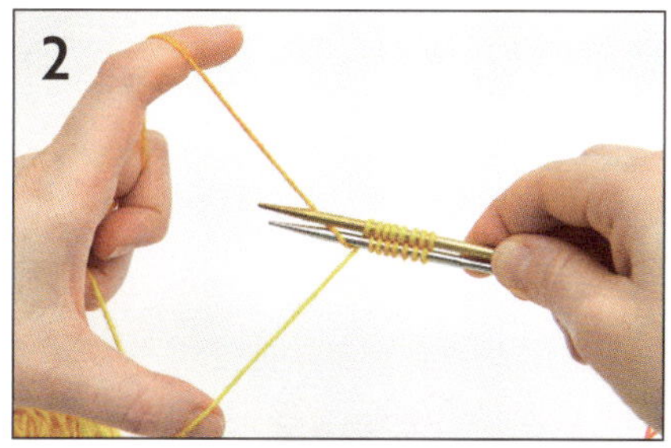

ii–v Schritte ii–v wie beim krausrechten Anschlag oben arbeiten. Schritte iv und v so oft wie nötig wiederholen. Man schlägt normalerweise auf beiden Nadeln gleich viele Maschen an. Das Fotos zeigt jeweils 8 Maschen pro Nadel.

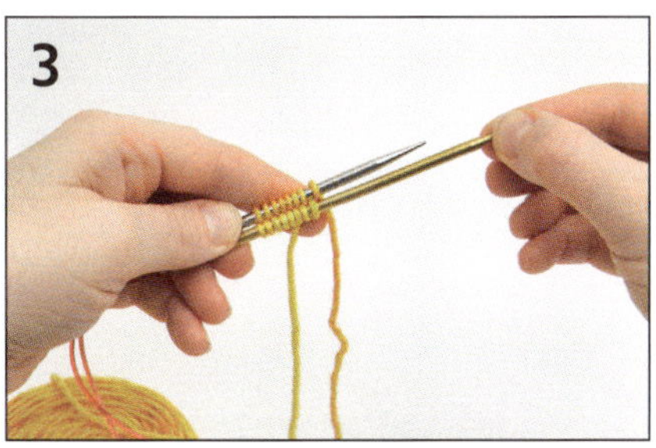

Um in der Runde zu arbeiten, das Fadenende und den Arbeitsfaden so halten, dass die Maschen nicht von den Nadeln rutschen, dann die Spitzen um 180° drehen. Sie zeigen nach rechts.

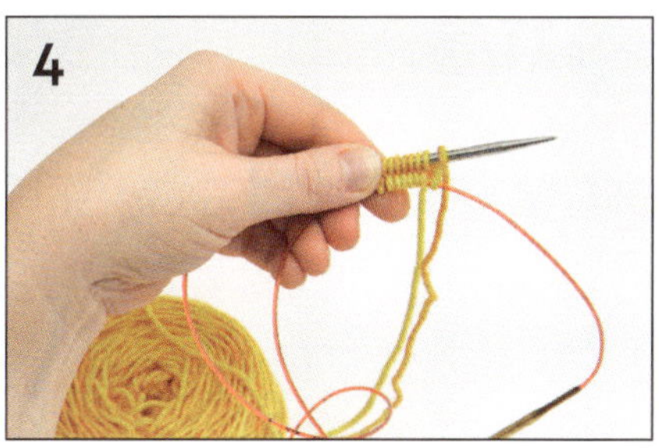

vi Die Spitze der Nadel, die vorher hinten war (und jetzt vorne ist), herausziehen, so dass die Maschen auf dem Kabel liegen. Dadurch lässt sich die erste Reihe einfacher stricken.

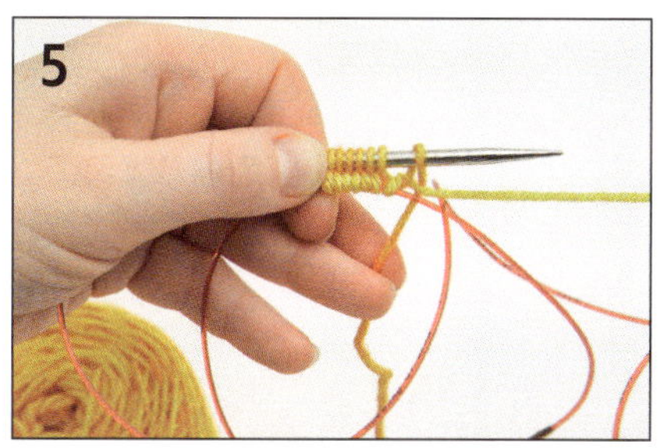

vii Das Fadenende unten halten und darauf achten, dass der Arbeitsfaden darüber führt, bevor man damit die erste Masche auf der Nadel strickt.

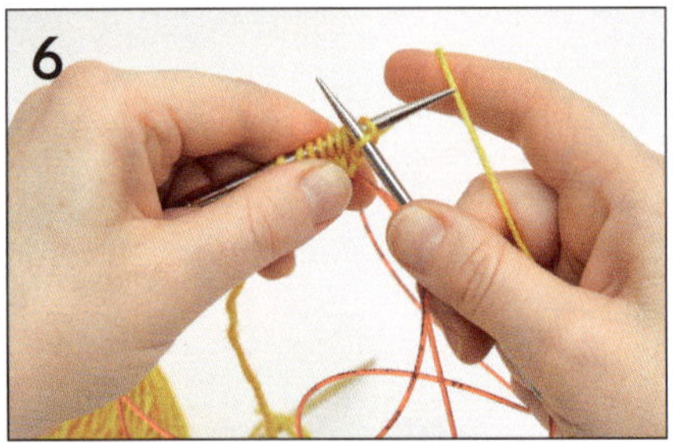

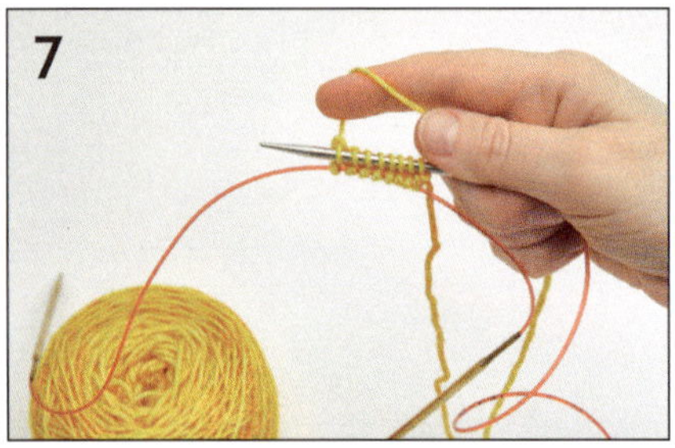

viii Mit der freien Spitze derselben Rundnadel die jetzt hintere Nadel abstricken (6 und 7).

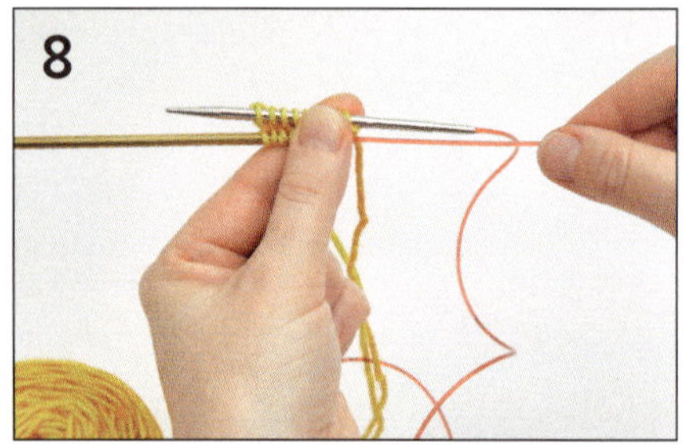

ix Die vordere Nadel so ziehen, dass die Maschen wieder auf der Spitze landen, die Spitze neben dem Arbeitsfaden.

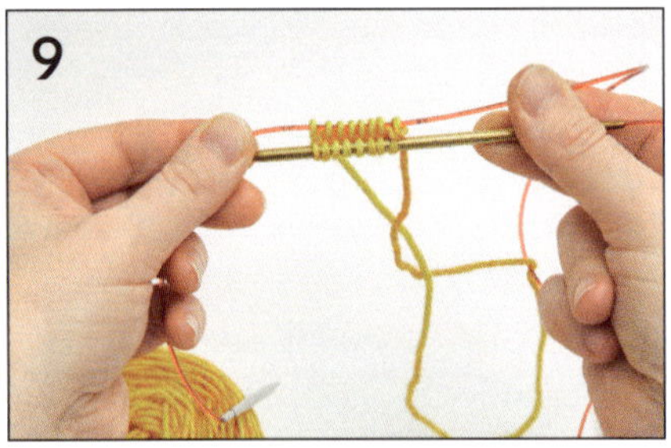

x Die hintere Nadel so ziehen, dass die gerade gestrickten Maschen auf das Kabel rutschen.

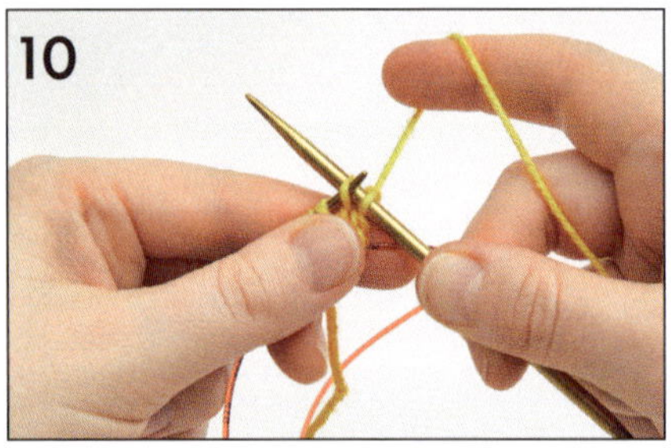

xi Die Arbeit wieder um 180° wenden, und mit der freien Spitze derselben Nadel die Maschen abstricken, dieses Mal rechts verschränkt, da die Maschen verschränkt auf der Nadel liegen. Man muss die Maschen nur beim allerersten Stricken rechts verschränkt arbeiten.

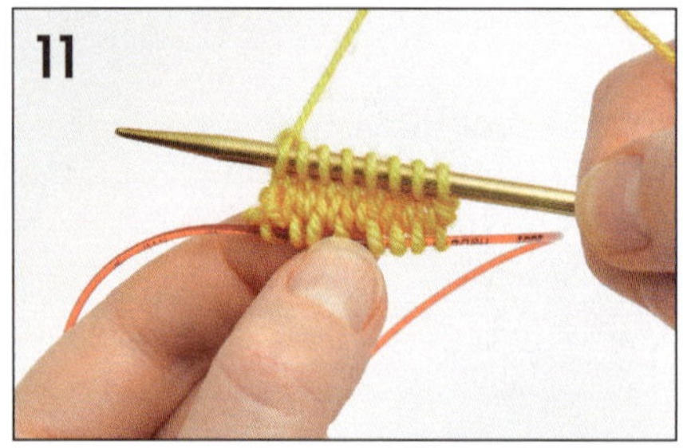

xii Am Ende dieser Nadelspitze wird deutlich, dass man von einem geschlossenen Schlauch aus in Runden strickt.

EINSATZMÖGLICHKEITEN EINES PROVISORISCHEN MASCHENANSCHLAGS
Jetzt, da Sie verschiedene provisorische Anschläge kennen gelernt haben: Wie wäre es, diese mit der Technik von letztem Monat, dem angestrickten Rand, zu kombinieren? Das ist eine tolle Möglichkeit, eine Standardanleitung zu personalisieren. Sie können einen Rand an einen Pullover, Strümpfe oder sogar an Handschuhe anstricken. Es gibt so viele Möglichkeiten!

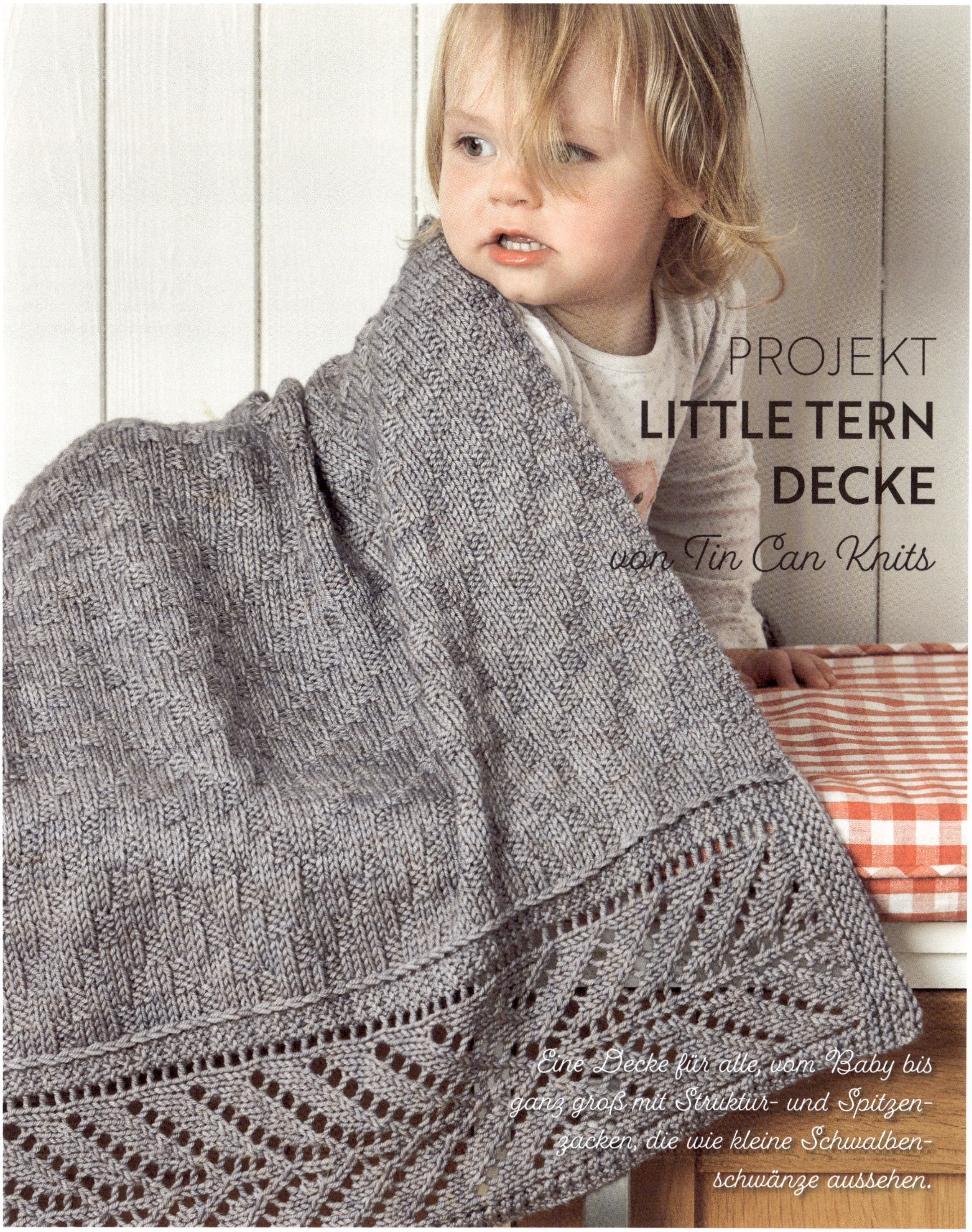

PROJEKT

LITTLE TERN DECKE

von Tin Can Knits

Eine Decke für alle, vom Baby bis ganz groß mit Struktur- und Spitzenzacken, die wie kleine Schwalbenschwänze aussehen.

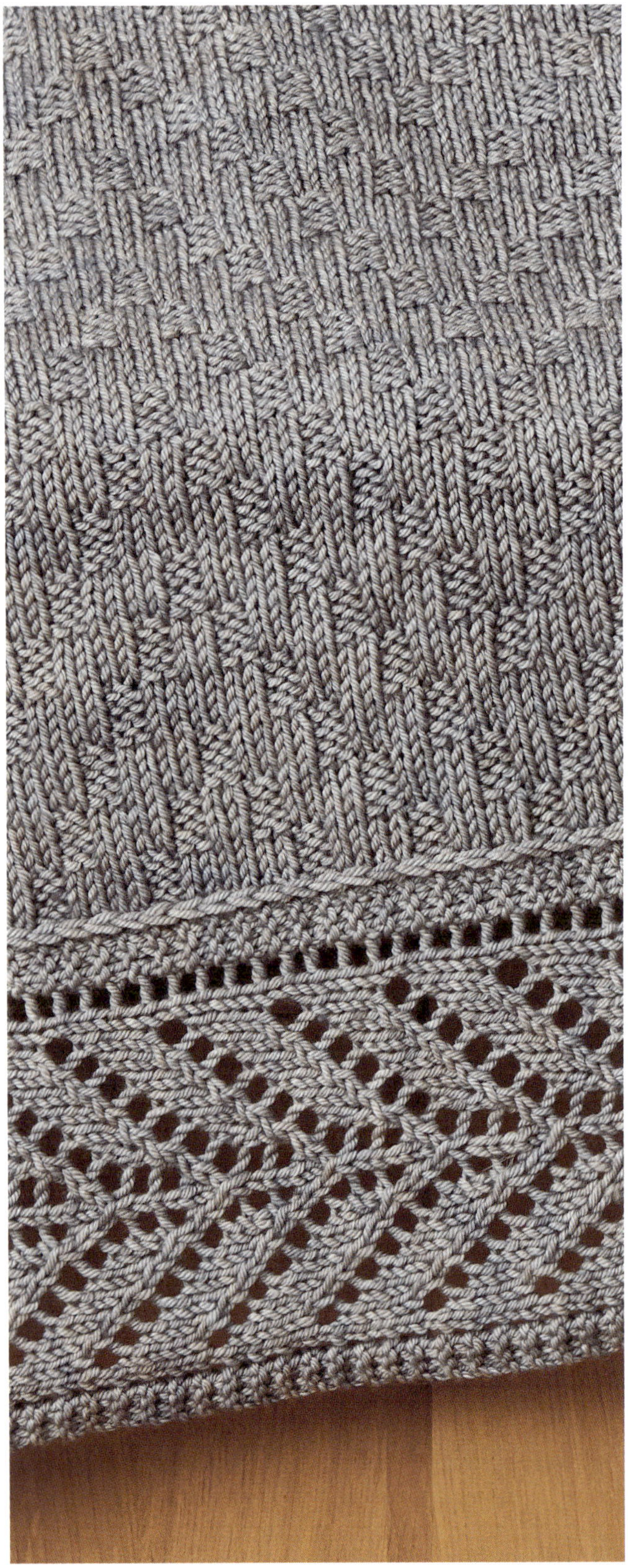

GRÖSSEN
Small (Medium, Large, XL)
Breite: 58 (66,5, 75,5, 84,5) cm
Länge: 94,5 (99, 103,5, 117) cm
Gezeigt in der kleinsten Größe.

WOLLE
Fyberspates Vivacious DK (100% Superwashmerino; 230m pro 115g Knäuel)
Pebble Beach (814); 3 (4, 4, 5) x 115g Knäuel

NADELN UND ZUBEHÖR
1 Rundnadel 4,5mm, 80cm lang, oder die Stärke, bei der die Maschenprobe erreicht wird
Maschenmarkierer
Häkelnadel und Wollrest für provisorischen Anschlag mit Häkelnadel oder 1 zusätzliche 4,5mm Rundnadel, 80cm lang für Judys magischen Maschenanschlag

MASCHENPROBE
18 M und 27 R auf 10cm im Deckenmuster (Strickschrift A oder B), gewaschen und gespannt
Der Spitzenrand mit 26 M (Strickschrift C und D) ist 14cm breit, gewaschen und gespannt

TECHNIK
Siehe Juni (S. 38) für einen angestrickten Rand.

ABKÜRZUNGEN
Eine komplette Abkürzungsliste findet sich am Ende des Buches.

ANMERKUNGEN ZUR ANLEITUNG
Zuerst wird der Hauptteil der Decke von einem provisorischen Anschlag aus gestrickt. Wenn er beendet ist, wird die erste Spitzenkante angestrickt, danach die zweite Spitzenkante über den provisorisch angeschlagenen Maschen.

Da die empfohlene Wolle handgefärbt ist, ist es sinnvoll, im Hauptteil 2 Knäuel abwechselnd über je 2 Reihen zu verstricken, damit kleine Unterschiede in der Färbung verschwinden. Die zwei angestrickten Kanten können jeweils mit einem Knäuel gearbeitet werden.

Für eine längere oder kürzere Decke strickt man mehr oder weniger Reihen im Muster und endet mit einer Rückreihe 4, 8 oder 12. Denken Sie daran, dass die Spitzenkante zu beiden Seiten der Decke jeweils 14cm breit ist, so dass zum Hauptteil insgesamt 28cm dazukommen.

ANMERKUNG ZUR STRICKSCHRIFT
Ungerade Reihen werden von rechts nach links gelesen. Gerade von links nach rechts.
Jede 8-Reihen-Musterwiederholung der Strickschriften C und D (Spitzenkante) kettet 6 Maschen des Hauptteils ab.

DECKE

1 MIT JUDYS MAGISCHEM MASCHENANSCHLAG
Für einen Anschlag mit Häkelnadel weiter mit Schritt 2.
Mit 2 Rundnadeln und Judys magischem Maschenanschlag 104 (120, 136, 152) M (je 104 (120, 136, 152) M pro Rundnadel) anschlagen. Die Nadel um 180° drehen, so dass die Spitzen jetzt nach rechts zeigen (nicht wenden – die linken M bleiben hinten).
Mit der freien Nadelspitze der Hauptnadeln (vorher die vorderen Nadeln) die Decke beginnen. Nach ein paar Reihen kann man die Nadelspitzen des Anschlags durch Stopper ersetzen oder die Maschen auf einen Wollrest schieben.
Weiter mit Schritt 3 für die Anleitung mit Strickschrift oder Schritt 4 für die ausgeschriebene Anleitung.

2 PROVISORISCHER ANSCHLAG MIT HÄKELNADEL
Mit einem Hilfsfaden, einer Häkelnadel und einer 4,5mm Rundnadel 104 (120, 136, 152) M anschlagen.
Zum Arbeitsfaden wechseln und 1 R li (RückR) stricken.
Weiter mit Schritt 3 für die Strickschrift oder Schritt 4 für die ausgeschriebene Anleitung.

3 HAUPTTEIL DECKE - ANLEITUNG MIT STRICKSCHRIFT
R 1 (HinR): R 1 der Strickschrift A (B, A, B) stricken und den markierten Abschnitt insgesamt 3 (3, 4, 4) Mal wdh.
R 2 (RückR): R 2 der Strickschrift A (B, A, B) stricken und den markierten Abschnitt insgesamt 3 (3, 4, 4) Mal wdh.
Die letzten 2 R teilen die Maschen für das Muster der Strickschrift A (B, A, B) ein. Weiter im Muster arbeiten, bis Strickschrift A (B, A, B) 15 (16, 17, 20) Mal gestrickt wurde (180 (192, 204, 240) Musterreihen).
Es ist hilfreich, die 32-M-Rapporte mit Markierern abzuteilen, wie in den roten Kästchen in der Strickschrift.
Weiter mit Schritt 5.

4 HAUPTTEIL DECKE AUSGESCHRIEBENE ANLEITUNG
NUR GRÖSSEN SMALL UND LARGE
R 1 (HinR): 3M re, 1M li, *1M li, (4M re, 2M li) 2 Mal, 6M re, (2M li, 4M re) 2 Mal, 1M li; ab * bis zu den letzten 4 M wdh, 1M li, 3M re.
R 2 (RückR): 4M re, *1M re, (4M li, 2M re) 2 Mal, 6 M li, (2M re, 4M li) 2 Mal, 1M re; ab * bis zu den letzten 4 M wdh, 4M re.
R 3 & 4: Wie R 1 & 2.
R 5: 4M re, *1M re, (2M li, 4M re) 2 Mal, 2M li, 2M re, 2M li, (4M re, 2M li) 2 Mal, 1M re; ab * bis zu den letzten 4 M wdh, 4M re.
R 6: 3M re, 1M li, *1M li, (2M re, 4M li) 2 Mal, 2M re, 2M li, 2M re, (4M li, 2M re) 2 Mal, 1M li; ab * bis zu den letzten 4 M wdh, 1M li, 3M re.
R 7 & 8: Wie R 5 & 6.
R 9: 4M re, *3M re, (2M li, 4M re) 4 Mal, 2M li, 3M re; ab * bis zu den letzten 4 M wdh, 4M re.
R 10: 3M re, 1M li, *3M li, (2M re, 4M li) 4 Mal, 2M re, 3M li; ab * bis zu den letzten 4 M wdh, 1M li, 3M re.
R 11 & 12: Wie R 9 & 10.

NUR GRÖSSE MEDIUM UND XL
R 1 (HinR): 3M re, 1M li, *1M li, (4M re, 2M li) 2 Mal, 6M re, (2M li, 4M re) 2 Mal, 1M li; ab * bis zu den letzten 20 M wdh, 1M li, (4M re, 2M li) 2 Mal, 7M re.
R 2 (RückR): 3M re, 4M li, (2M re, 4M li) 2 Mal, 1M re, *1M re, (4M li, 2M re) 2 Mal, 6M li, (2M re, 4M li) 2 Mal, 1M re; ab * bis zu den letzten 4 M wdh, 4M re.
R 3 & 4: Wie R 1 & 2.
R 5: 4M re, *1M re, (2M li, 4M re) 2 Mal, 2M li, 2M re, 2M li, (4M re, 2M li) 2 Mal, 1M re, ab * bis zu den letzten 20 M wdh, 1M re, (2M li, 4M re) 3 Mal, 1M re.
R 6: 3M re, 2M li, (2M re, 4M li) 2 Mal, 2M re, 1M li, *1M li, (2M re, 4M li) 2 Mal, 2M re, 2M li, 2M re, (4M li, 2M re) 2 Mal, 1M li; ab * bis zu den letzten 4 M wdh, 1M li, 3M re.
R 7 & 8: Wie R 5 & 6.
R 9: 4M re, *3M re, (2M li, 4M re) 4 Mal, 2M li, 3M li; ab * bis zu den letzten 20 M wdh, 3M re, (2M li, 4M re) 2 Mal, 2M li, 3M re.
R 10: 5M re, (4M li, 2M re) 2 Mal, 3M li, *3M li, (2M re, 4M li) 4 Mal, 2M re, 3M li; ab * bis zu den letzten 4 M wdh, 1M li, 3M re.
R 11 & 12: Wie R 9 & 10.

ALLE GRÖSSEN
Die letzten 12 R noch 14 (15, 16, 19) Mal wdh. 1(80 (192, 204, 240) Musterreihen).
Es ist hilfreich, die 32-M-Rapporte mit Markierern abzuteilen.
Weiter mit Schritt 5.

5 DECKENKANTE
Die Spitzenkante wird rechtwinklig an den Hauptteil angestrickt. Beim Stricken der Kante nimmt man in jeder Hinreihe ein oder zwei Maschen des Hauptteils ab.
Da der Hauptteil mit einer Rückreihe endet, liegt die Hinreihe vorn und alle Maschen auf der linken Nadel.
Mit der rechten Seite vorn nach der 2. Methode (S. 41) locker weitere 26 Maschen auf der linken Nadel aufstricken.
R 1 (HinR): 25M re, aaz (dadurch wird die letzte neue M mit der ersten M der Decke verbunden), wenden.
R 2 (RückR): 1M abh (aaz der vorigen R), bis Ende re.
Die letzten 2 R noch 3 (2, 4, 3) Mal wdh. *126 (143, 157, 174) M insgesamt; 26 Rand-M plus 100 (117, 131, 148) restl Decken-M.*
Weiter mit Schritt 6 für die Anleitung mit Strickschrift oder Schritt 7 für die ausgeschriebene Anleitung.

6 ANLEITUNG MIT STRICKSCHRIFT
Im folgenden Abschnitt werden bei jd 8-R-Musterwdh von Strickschrift C und D 6 Decken-M abgn.
Nächste R (HinR): R 1 der Strickschrift C. *2 Decken-M abgn.*
Nächste R (RückR): R 2 der Strickschrift C.
Weiter laut Strickschrift C str bis Strickschrift C 11 (11, 13, 16) Mal gestrickt wurde (88 (88, 104, 128) Muster-R). *60 (77, 79, 78) M insgesamt; 26 Rand-M plus 34 (51, 53, 52) restliche Decken-M.*
Nächste R (HinR): R 1 der Strickschrift D. *2 Decken-M abgn.*
Nächste R (RückR): R 2 von Strickschrift D.

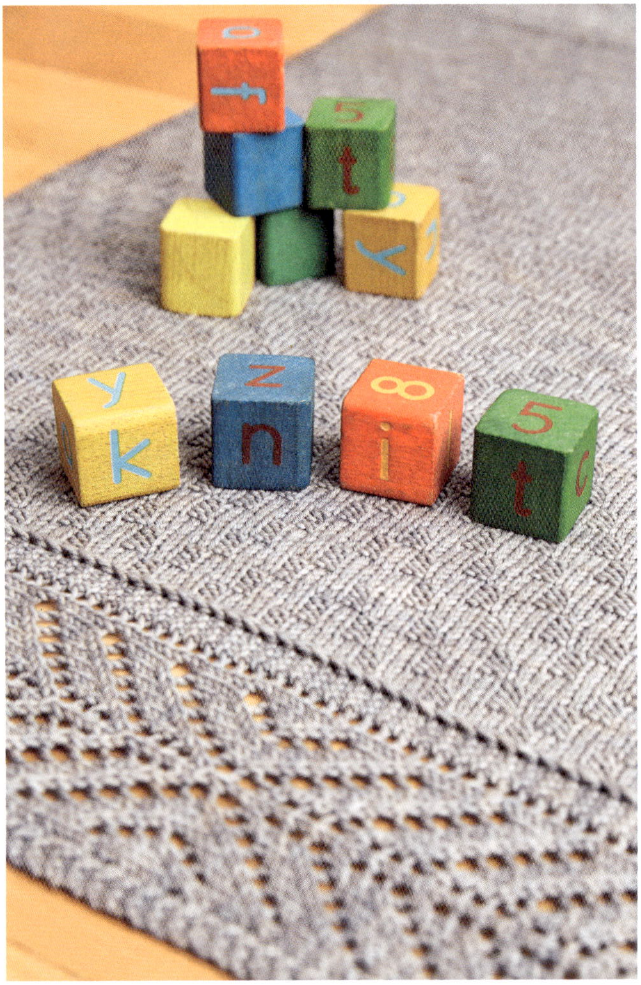

Weiter laut Strickschrift D arbeiten, bis Strickschrift D 5 (8, 8, 8) Mal gestrickt wurde (40 (64, 64, 64) Musterreihen). *30 (29, 31, 30) M insgesamt; 26 Rand-M plus 4 (3, 5, 4) restl Decken-M.*
R 1 & 2 von Schritt 5 noch 4 (3, 5, 4) Mal wdh, bis alle Decken-M abgenommen wurden. *26 Rand-M übrig.*
Alle M abketten und den Faden abschneiden.

Für die andere Spitzenkante die 104 (120, 136, 152) offenen Maschen vom provisorischen Anschlag auf Nadeln schieben (wenn nötig, den Hilfsfaden vom Häkelanschlag entfernen). Dann mit dem Arbeitsfaden und der rechten Seite vorn 26 M wie in Schritt 5 beschrieben aufstricken und die Spitzenkante nach derselben Anleitung stricken.
Weiter mit Schritt 8.

7 AUSGESCHRIEBENE ANLEITUNG
Im folgenden Abschnitt werden in jeder 8-R-Musterwiederholung, 6 Decken-M abgenommen.
R 1 (HinR): 2M re, aaz, U, 4M re, (U, aaz, 2M re zus, U, 1M re) 2 Mal, 3M re, U, 2M re zus, 2M re, 3M überzog zus (das sind Decken-M). *2 Decken-M abgenommen.*
R 2 und alle folg RückR: 1M abh, 4M re, 17M li, 4M re.
R 3: 2M re, aaz, U, 1M re, U, aaz, 2M re, U, 3M überzog zus, U, 1M re, U, 3M re zus, U, 2M re, 2M re zus, U, 1M re, U, 2M re zus, 2M re, aaz (den Rand mit 1 Decken-M verbinden. *1 Decken-M abgn.*
R 5: 2M re, aaz, U, (2M re, U, aaz) 2 Mal, 1M re, (2M re zus, U, 2M re) 2 Mal, U, 2M re zus, 2M re, 3M überzog zus (das sind Decken-M). *2 Decken-M abgn.*
R 7: 2M re, aaz, U, 3M re, U, aaz, 2M re, U, 3M überzog zus, U, 2M re, 2M re zus, U, 3M re, U, 2M re zus, 2M re, aaz (1 Rand-M und 1 Decken-M). *1 Decken-M abgn.*
R 8: Wie R 2.
Die letzten 8 R noch 10 (10, 12, 15) Mal wdh (88 (88, 104, 128) Muster-R). *60 (77, 79, 78) M insgesamt; 26 Rand-M plus 34 (51, 53, 52) Decken-M.*
R 1 (HinR): 2M re, aaz, U, (2M re, 2M re zus, U) 2 Mal, 1M re, (U, aaz, 2M re) 2 Mal, U, 2M re zus, 2M re, 3M überzog zus (das sind Decken-M). *2 Decken-M abgn.*
R 2 und alle folg RückR: 1M abh, 4M re, 17M li, 4M re.
R 3: 2M re, aaz, U, (1M re, 2M re zus, U, 1M re) 2 Mal, 1M re, (1M re, U, aaz, 1M re) 2 Mal, U, 2M re zus, 2M re, aaz (1 Rand-M und 1 Decken-M). *1 Decken-M abgn.*
R 5: 2M re, aaz, U, 2M re zus, U, 2M re, (2M re zus, U) 2 Mal, 1M re, (U, aaz) 2 Mal, 2M re, U, aaz, U, 2M re zus, 2M re, 3M überzog zus (das sind Decken-M). *2 Decken-M abgn.*
R 7: 2M re, aaz, U, 3M re, (2M re zus, U, 1M re) 2 Mal, (U, aaz, 1M re) 2 Mal, 2M re, U, 2M re zus, 2M re, aaz (1 Rand-M und 1 Decken-M). *1 Decken-M abgn.*
R 8: Wie R 2.
Die letzten 8 R noch 4 (7, 7, 7) Mal wdh, (40 (64, 64, 64) Musterreihen). *30 (29, 31, 30) M insg 26 Rand-M plus 4 (3, 5, 4) Decken-M.*
R 1 & 2 von Schritt 5 noch 4 (3, 5, 4) Mal wdh, bis alle Decken-M abgenommen wurden. Alle Spitzen-Rand-M abketten und Faden abschneiden.
Für die andere Spitzenkante die 104 (120, 136, 152) offenen Maschen vom provisorischen Anschlag auf Nadeln schieben (wenn nötig, den Hilfsfaden vom Häkelanschlag entfernen). Dann mit dem Arbeitsfaden und der rechten Seite vorn 26 M wie in Schritt 5 beschrieben aufstricken und die Spitzenkante nach derselben Anleitung stricken.
Weiter mit Schritt 8.

8 AUSARBEITEN
Fäden vernähen, aber nicht abschneiden, wenn nötig dabei die Verbindungsstelle von Rand und Decke versäubern. Die Decke 20 Minuten in lauwarmes Wasser mit Wollwaschmittel legen. Überschüssiges Wasser ausdrücken (nicht wringen), zwischen Handtüchern pressen. Flach trocknen lassen, dabei die Spitzenränder dehnen, damit sie richtig zur Geltung kommen. Wenn die Decke ganz trocken ist, die Fadenenden abschneiden.

SCHLÜSSEL

- HinR rechts, RückR links
- HinR links, RückR rechts
- aaz
- 2 M re zus
- 3 M überzog zus
- 3 M re zus
- aaz, dabei je 1 M vom Rand u von der Decke zus str.
- 3 M überzog zus, dabei je 1 M Rand und 2 M von der Decke zu str
- Umschlag
- 1 M wie zum Linksstr. abh
- Muster wdh

STRICKSCHRIFT D

SPITZENRAND

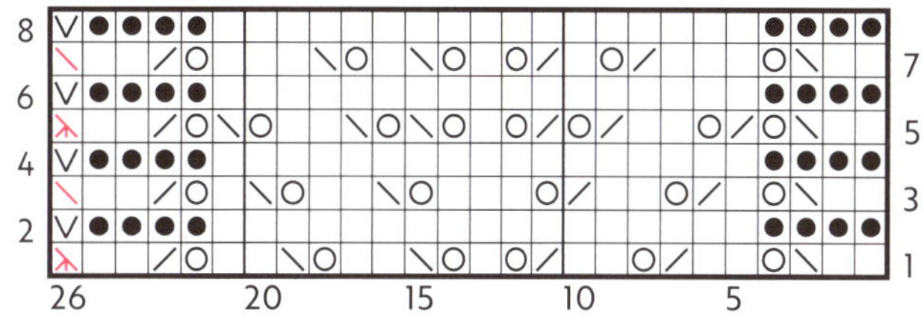

STRICKSCHRIFT C

SPITZENRAND

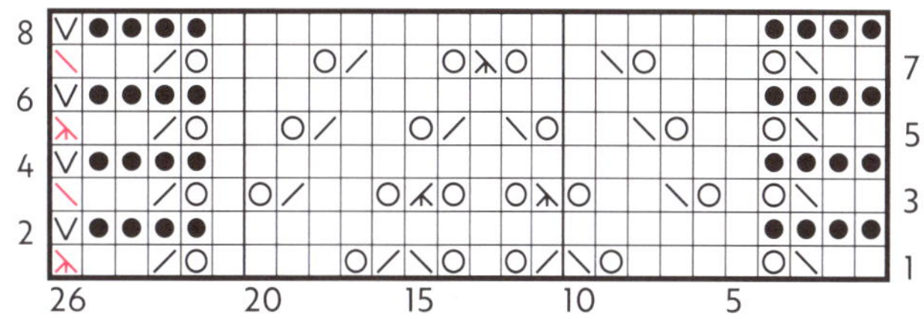

STRICKSCHRIFT B

DECKE - MEDIUM UND XL

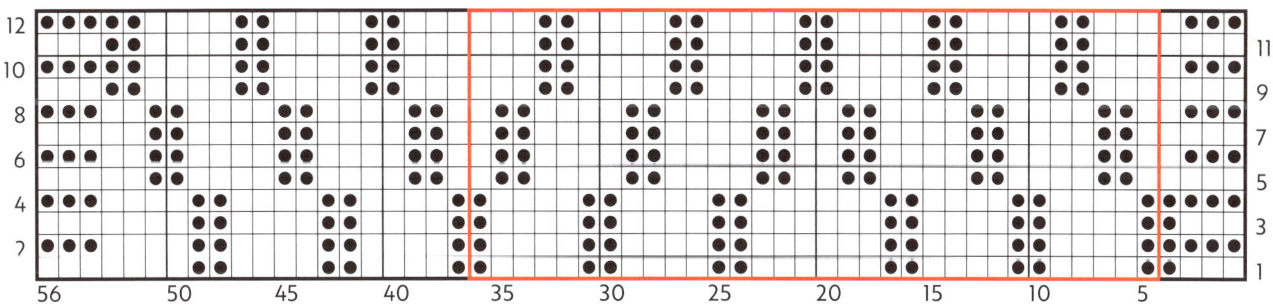

STRICKSCHRIFT A

DECKE - SMALL UND LARGE

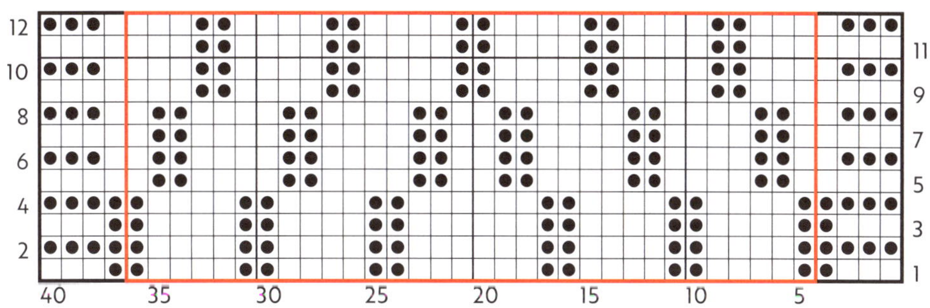

Herbst

September

TECHNIK **Krausrechter Maschenstich**
PROJEKT **Wood Warbler Loop**
DESIGN **Martina Behm**

Oktober

TECHNIK **Verkürzte Reihen in krausrechts**
PROJEKT **Ruschia Mütze**
DESIGN **Woolly Wormhead**

November

TECHNIK **Zopfsymbole in Strickschriften**
PROJEKT **Yellow Wagtail Tuch**
DESIGN **Sarah Hatton**

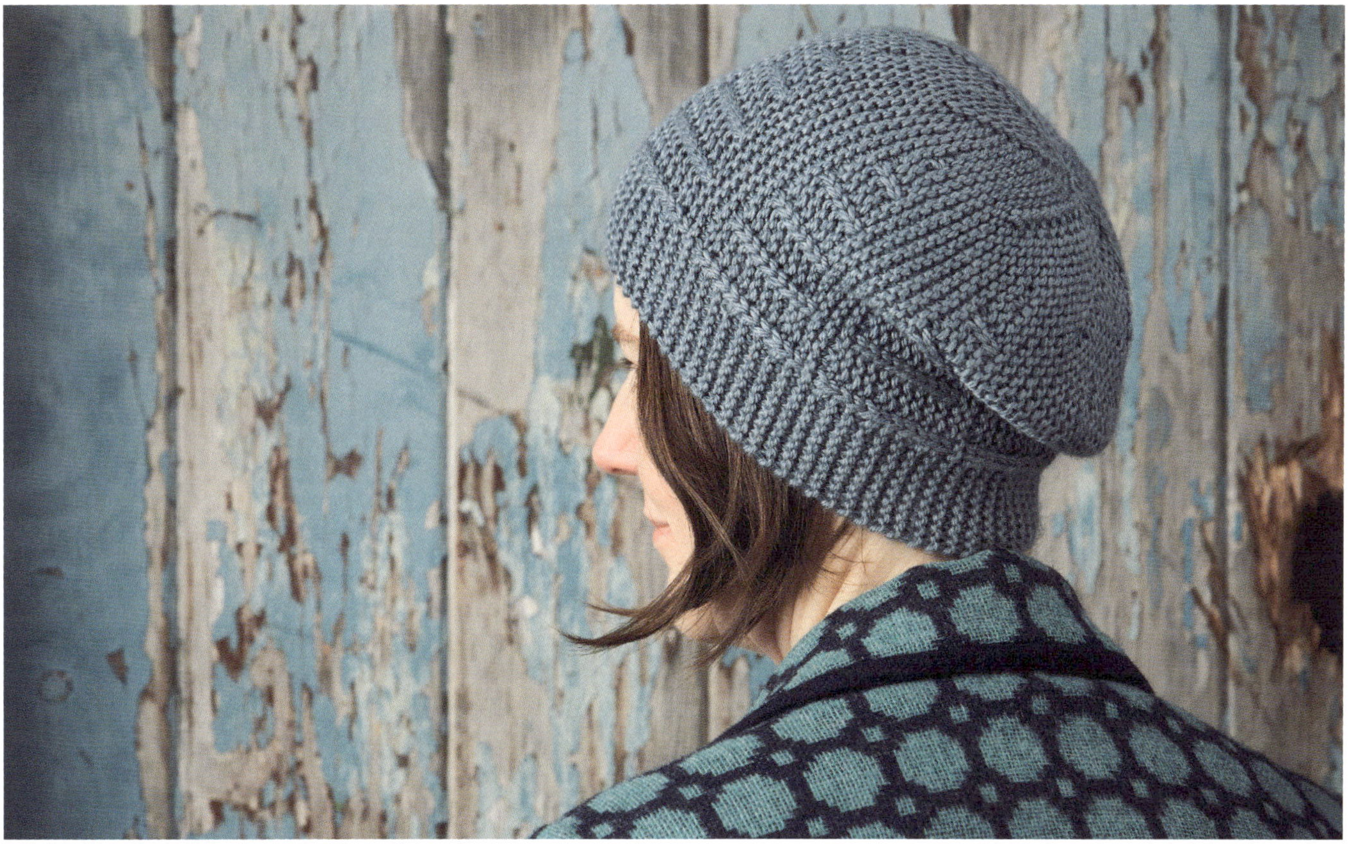

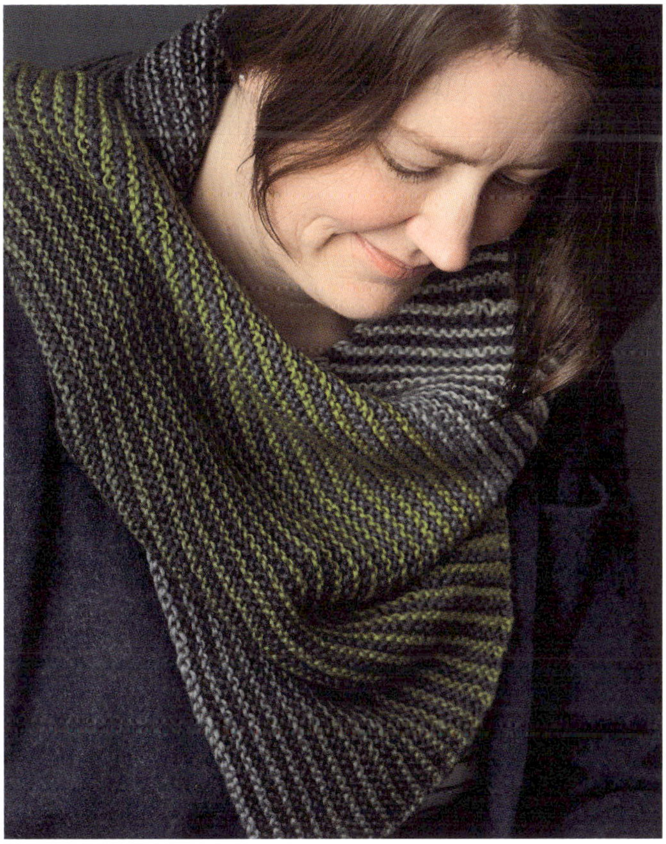

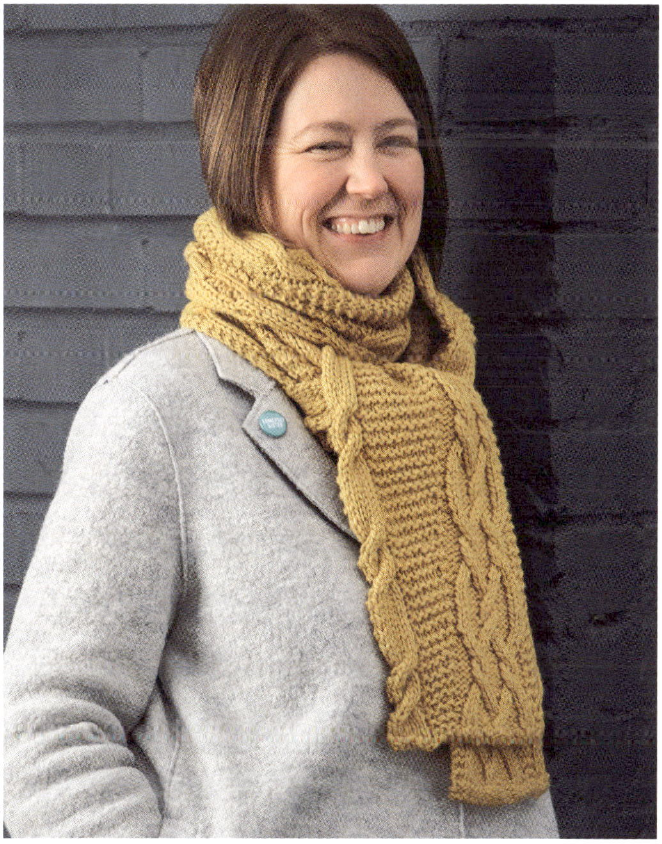

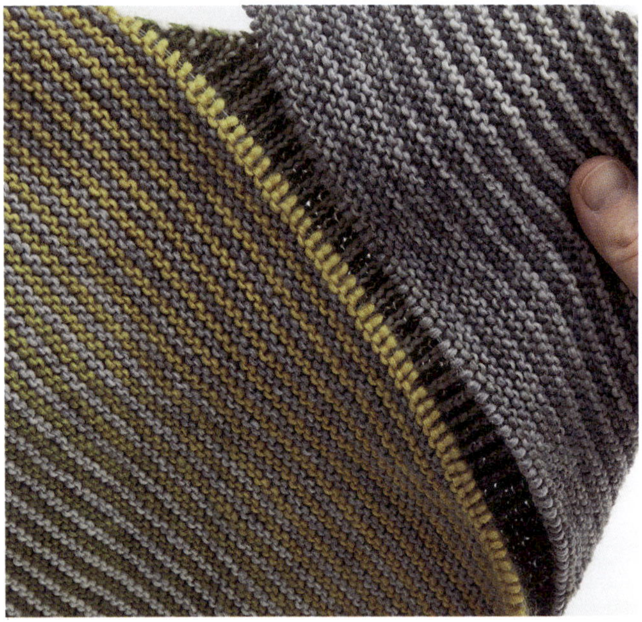

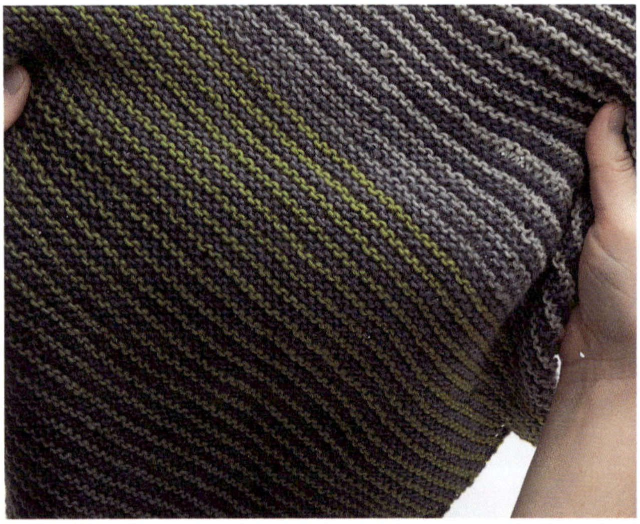

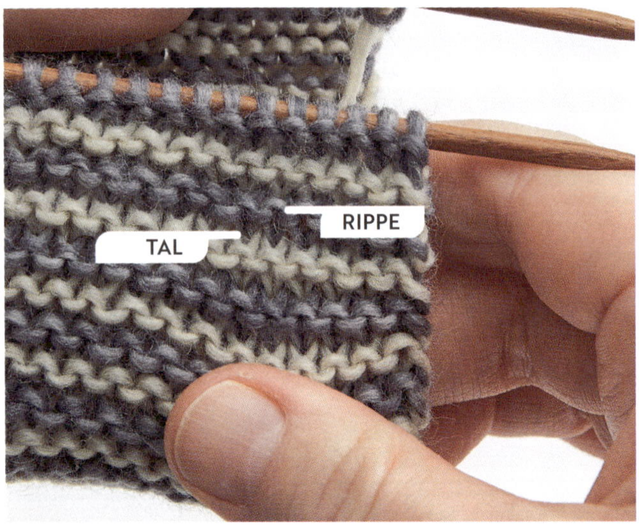

TECHNIK
MASCHENSTICH KRAUSRECHTS

Mit dem Maschenstich kann man offene Maschen unsichtbar miteinander verbinden. Als ich das erste Mal eine Sockenspitze im Maschenstich geschlossen habe, hatte ich das Gefühl, den Abschluss an der Strickuni bestanden zu haben. Es war einfach umwerfend, dass dort, wo eben noch offene Maschen waren, sich jetzt eine glatte rechte Fläche befand, ohne dass man eine Naht sah. Glatt rechte Stücke im Maschenstich zu verbinden, ist inzwischen ziemlich weit verbreitet, was auch daran liegt, dass Strümpfe besonders oft von oben gestrickt werden. Eigentlich ist der Maschenstich in krausrechts einfacher als in glatt rechts, da die Maschen auf der vorderen Nadel dieselben sind wie auf der hinteren. Doch weil man es seltener braucht, muss ich mir vorher fast immer die Anleitung durchlesen.

Martinas Wood Warbler Loop wird mit einem provisorischen Anschlag schräg gestrickt. Wenn alles fertig gestrickt ist, werden die offenen Maschen im Maschenstich mit dem Anschlag verbunden (oben). Dadurch sieht man die Nahtstelle nur, wenn die Farben der Streifen am Anschlag von denen der offenen Maschen am Ende abweichen (Mitte).

Entscheidend für einen schönen Maschenstich ist, die Maschen vor Beginn richtig zu arrangieren. Wenn man sich ein krausrechts gestricktes Stück ansieht, bemerkt man, dass sich Rippen und Täler abwechseln (unten). Je nachdem, ob man gerade eine Hin- oder eine Rückreihe gestrickt hat, sind die Rippen entweder ganz nah an der Nadel oder etwas weiter entfernt (und das Tal direkt an der Nadel). Nach einer Rückreihe liegt die Rippe dicht an der Nadel, nach einer Hinreihe liegt sie etwas entfernt.

SCHRITT FÜR SCHRITT ANLEITUNG FÜR MASCHENSTICH KRAUSRECHTS

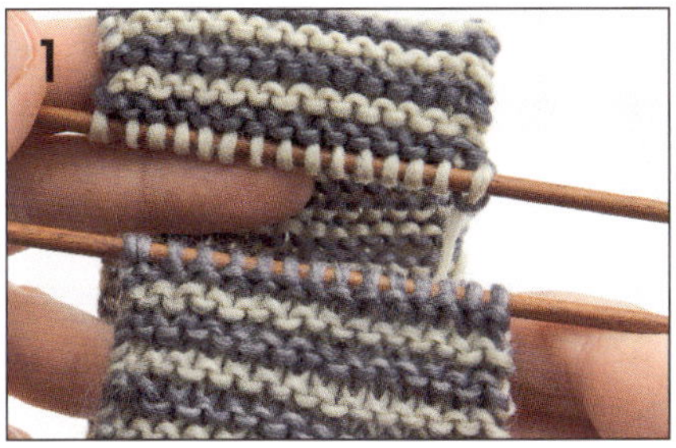

i Die Nadeln so ausrichten, dass rechts außen liegt, die Anschlagskante auf der vorderen und die offenen Maschen auf der hinteren Nadel. Die krausrechte Rippe liegt vorn eng an der Nadel.

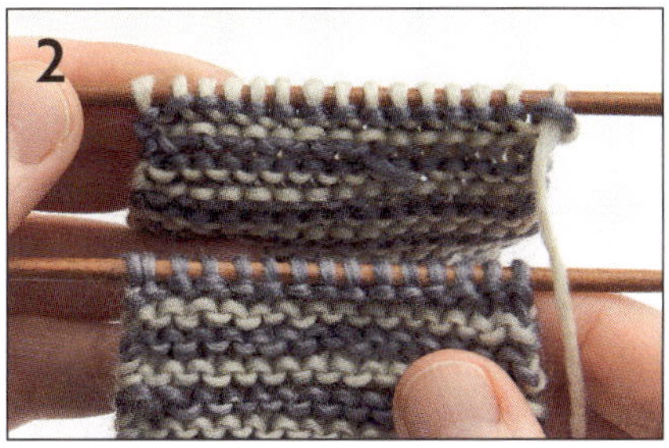

Auf der hinteren Nadel ist die Rippe entfernter. Das erkennt man am einfachsten, wenn man hinten auf die linke Seite schaut, dort sitzt die Rippe eng an der Nadel. Das nennt sich hohe Rippe.

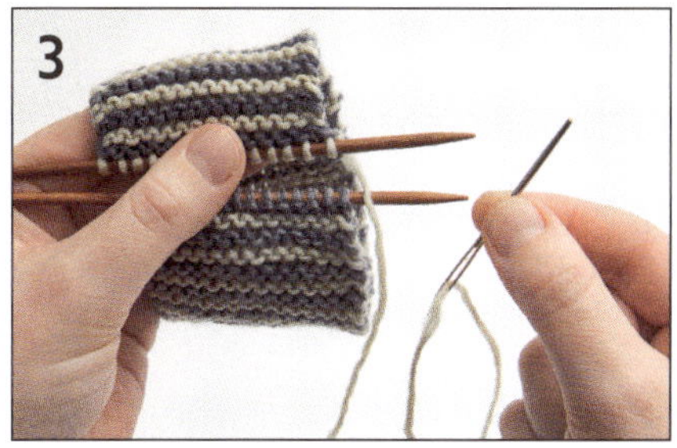

ii Den Arbeitsfaden abschneiden, dabei genug zum Zusammennähen stehen lassen, wie viel genau steht normalerweise in der Anleitung. Den Faden auf eine (stumpfe) Stopfnadel fädeln.

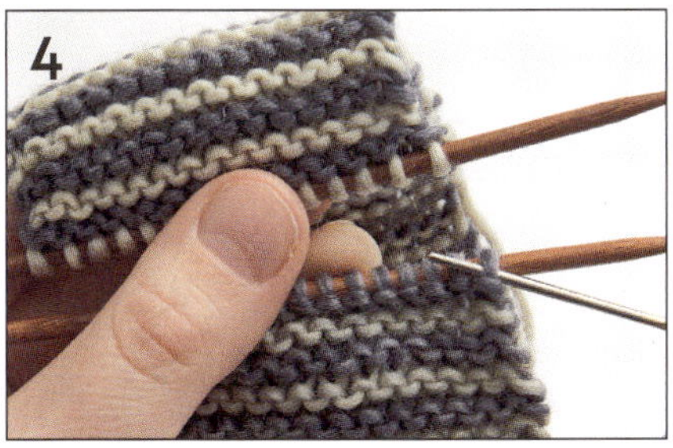

iii Die Stopfnadel wie beim links Stricken durch die erste Masche der vorderen Nadel führen. Die Masche auf der Nadel lassen.

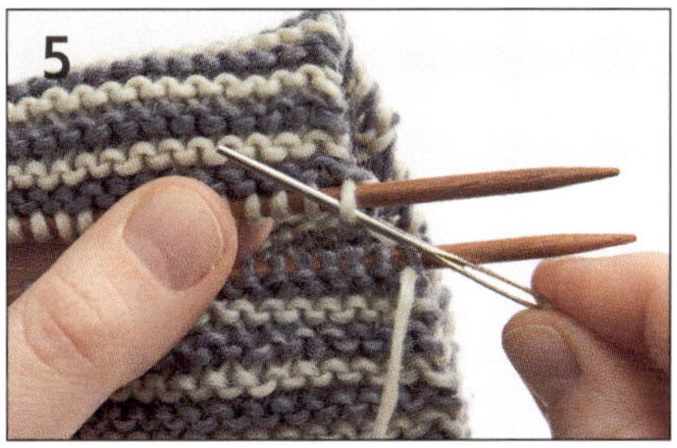

iv Die Stopfnadel wie zum links Stricken durch die erste Masche auf der hinteren Nadel führen, auf der Nadel lassen. Schritte iii und iv werden zur Vorbereitung nur einmal gearbeitet.

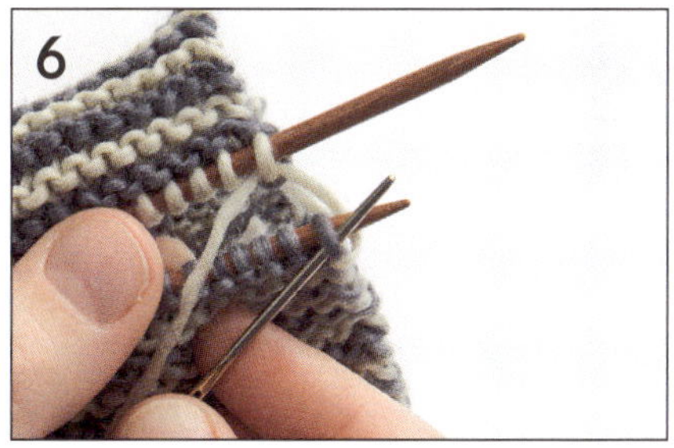

v Die Stopfnadel wie zum rechts Stricken durch die erste Masche auf der vorderen Nadel führen.

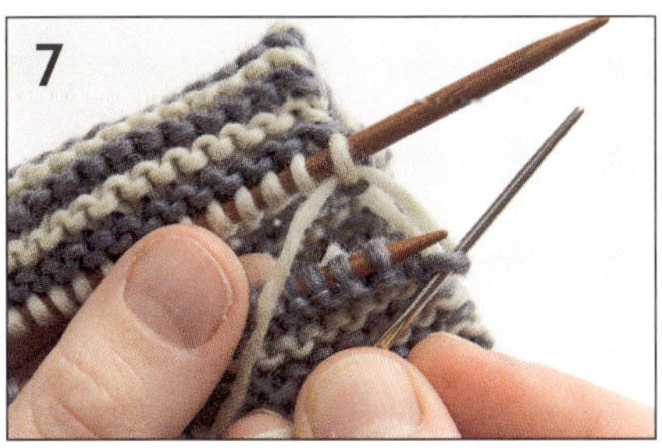

vi Diese Masche von der vorderen Nadel gleiten lassen.

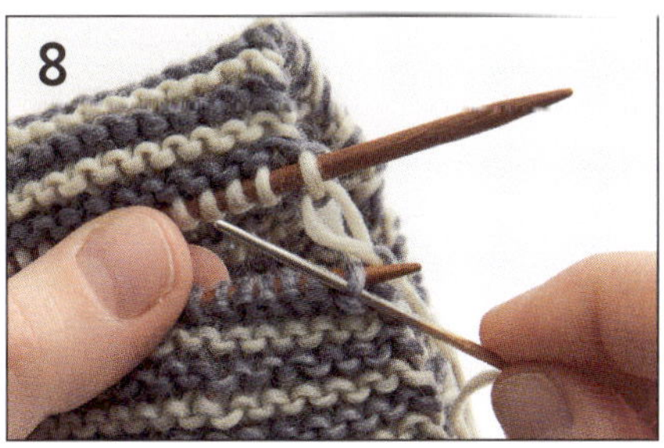

vii Die Stopfnadel wie zum links Stricken durch die nächste Masche auf der vorderen Nadel führen. Die Masche auf der Nadel lassen.

TIPP

Beim Nähen die Maschen nicht zu fest anziehen. Es ist viel einfacher, nach dem Nähen die Spannung durch Anziehen an das restliche Strickstück anzupassen, als sie mühsam wieder zu lockern, sollte sie zu fest sein.

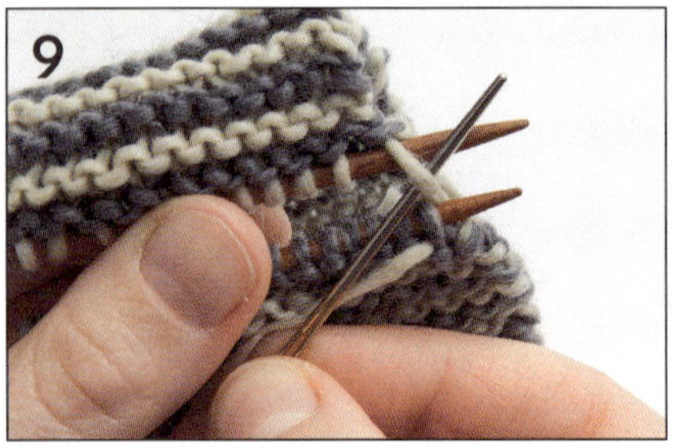

viii Die Stopfnadel wie bei rechts durch die erste Masche auf der hinteren Nadel führen.

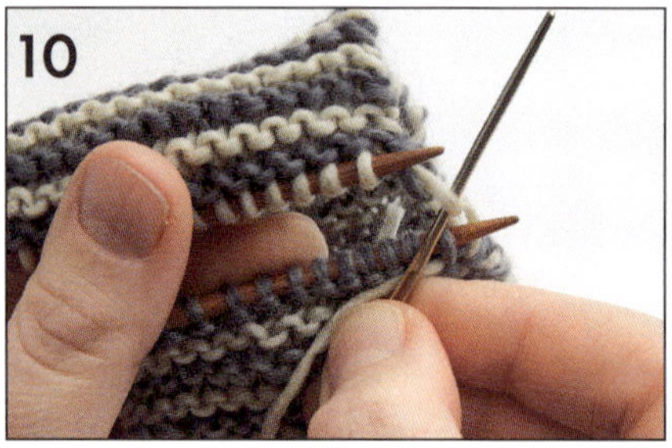

ix Die Masche von der Nadel gleiten lassen.

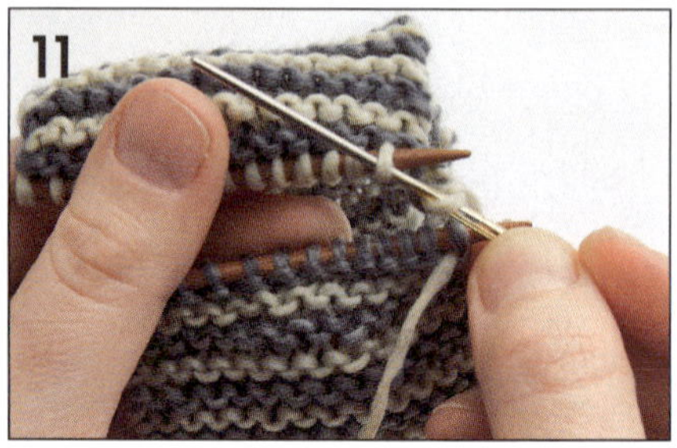

x Die Stopfnadel wie zum links Stricken durch die nächste M auf der hinteren N führen. Die M auf der Nadel lassen.

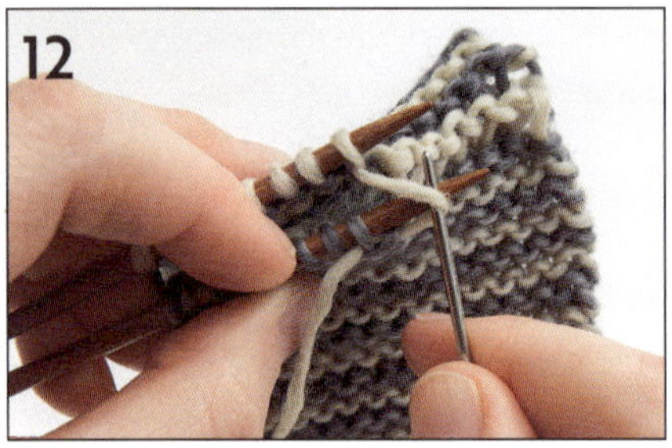

xi Den Nähfaden immer unter der Stricknadel halten. Wenn nötig, ihn mit der Stopfnadel wieder unter die Stricknadel bringen.

Schritte v–x wiederholen, bis sich auf jeder Nadel noch 1 Masche befindet.

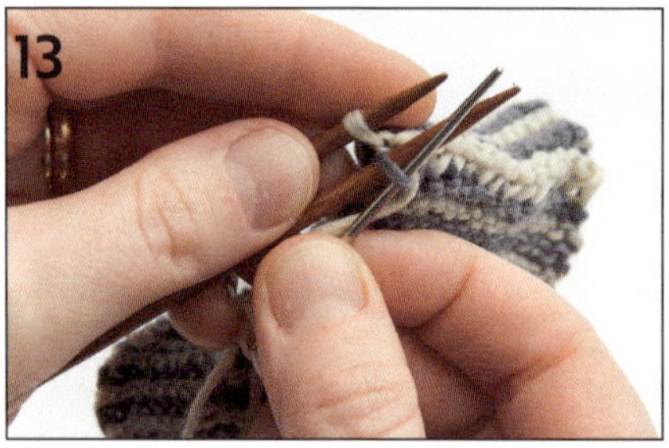

Wie folgt zu Ende nähen:

xii Die Stopfnadel wie zum rechts Stricken durch die M auf der vorderen Nadel führen. Die Masche von der Nadel gleiten lassen.

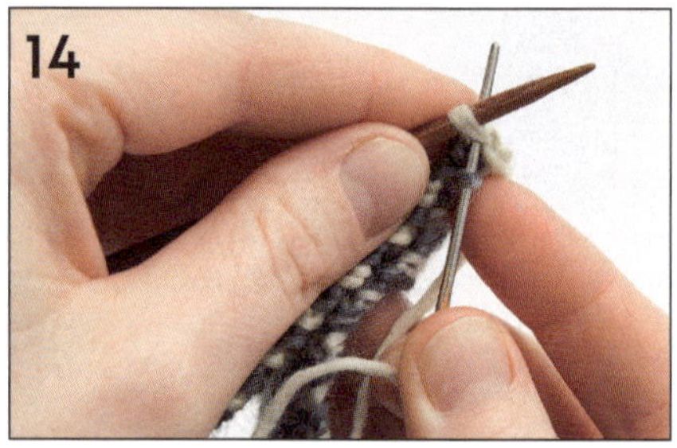

xiii Die Stopfnadel wie zum rechts Stricken durch die M auf der hinteren Nadel führen. Die Masche von der Nadel gleiten lassen.

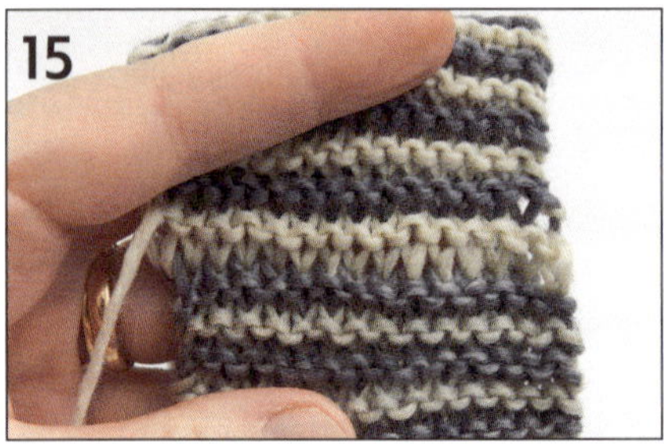

xiv Nach dem Nähen schaut man, ob die Maschen fester angezogen werden müssen. Hier sieht man, dass die Naht lockerer als die Umgebung ist.

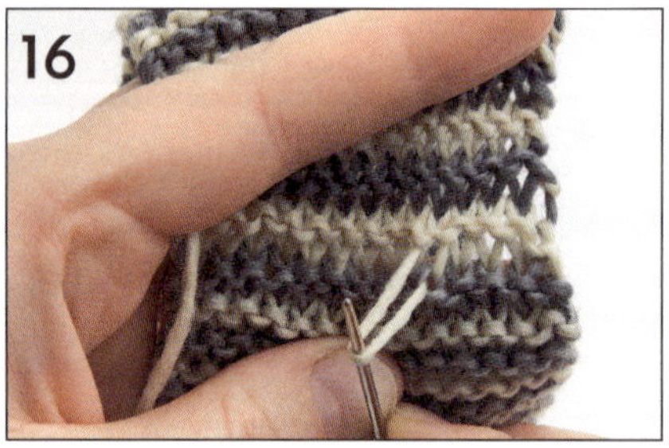

xv Man beginnt am Nahtanfang und zieht mit der Stopfnadel überflüssiges Garn in benachbarten Stichen an, damit die Spannung mit dem restlichen Gestrick übereinstimmt.

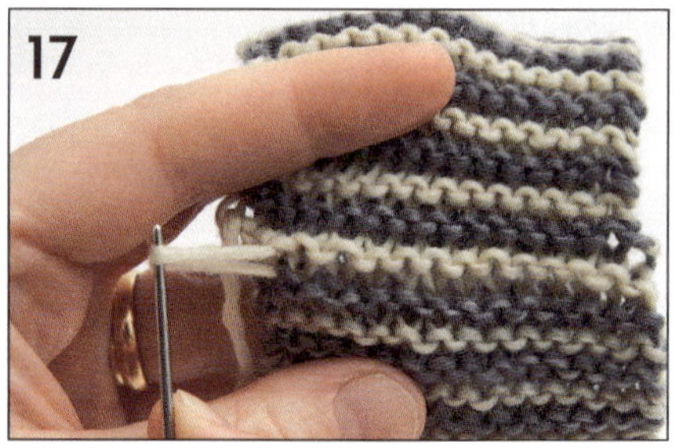

Man arbeitet sich Masche für Masche durch die Reihe und zieht das Garn an.

xvi Am Ende der Reihe entscheidet man, ob man die Reihe noch einmal von Anfang an anziehen muss oder nicht (18).

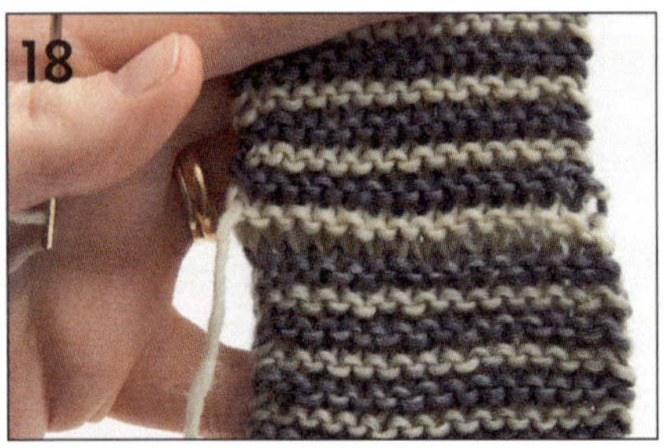

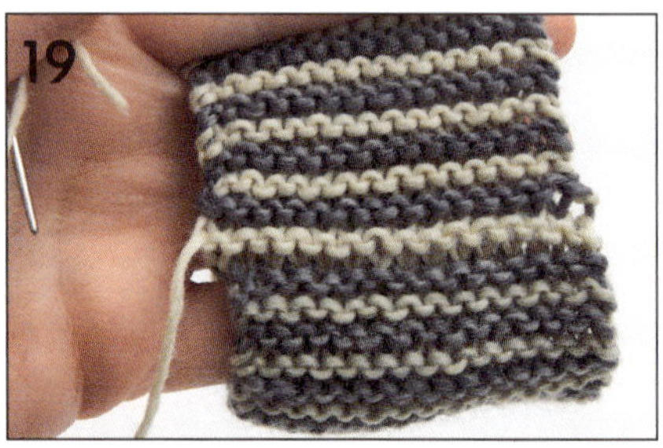

xvii Am Ende sollte die genähte Reihe fast nicht mehr von den gestrickten zu unterscheiden sein (19).

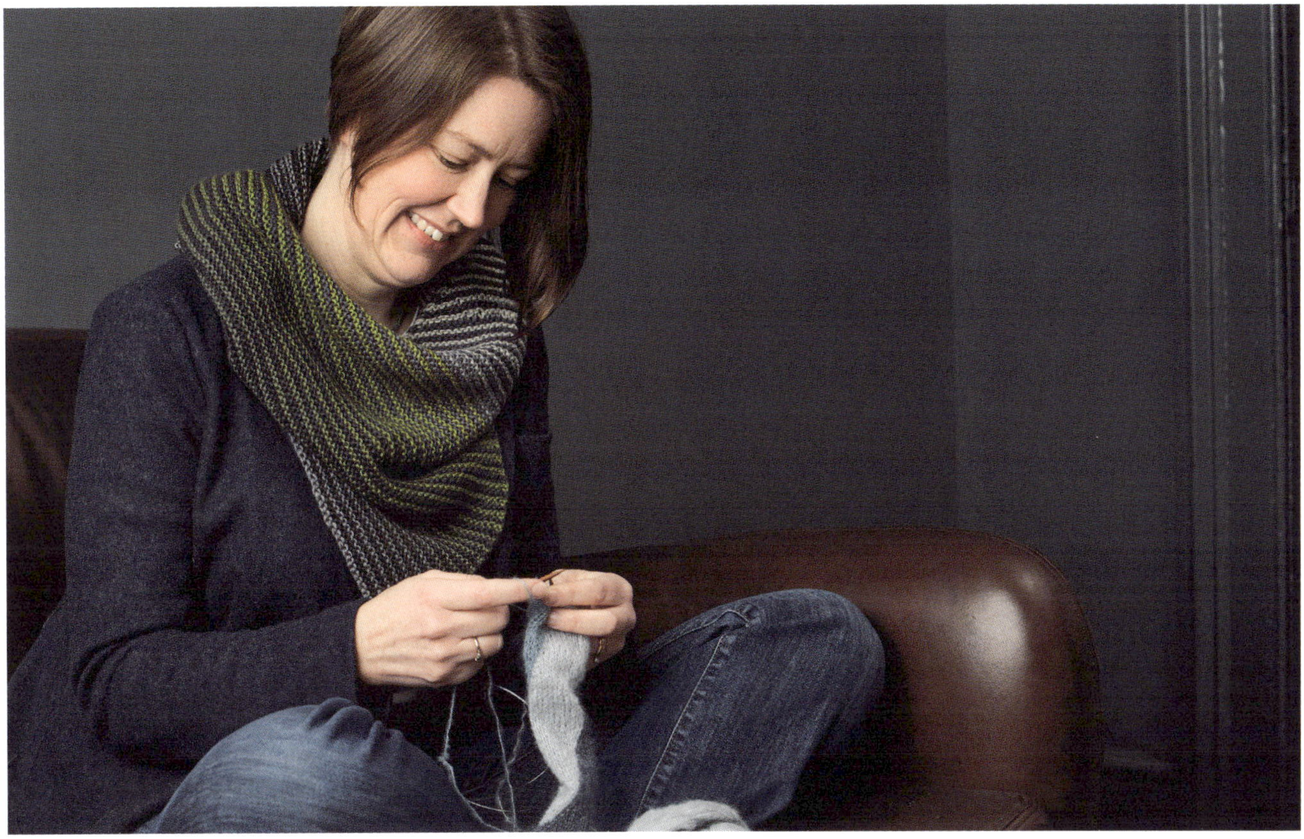

ESELSBRÜCKE

Ich finde es hilfreich, die Anleitung etwas einzudampfen, wenn ich wieder weiß, wie's geht. Ich murmle dann „rechts, gleiten lassen, links". Denn das tut man ja auf der vorderen und der hinteren Nadel: Die Stopfnadel wie beim Rechtsstricken (rechts) durchziehen, die Masche von der Nadel gleiten lassen (gleiten lassen), dann die Stopfnadel wie beim Linksstricken (links) durchziehen und die Masche auf der Nadel lassen. Der Faden muss zweimal durch jede Masche gehen, bevor der Stich vollständig ist, deswegen muss man vor dem eigentlichen Beginn etwas vorbereiten und am Ende etwas nachbereiten. Am Anfang ist das einfach nur der Teil „links", der auf der vorderen und hinteren Nadel gearbeitet wird, und am Ende wird das „gleiten lassen, links" auf beiden Nadeln gearbeitet.

MASCHENSTICH IM KRAUSRECHTEN TAL

Falls beim Strickstück für den krausrechten Maschenstich die rechte Seite ganz außen liegt, die Rippe sich von der vorderen Nadel entfernt befindet, aber auf der hinteren eng an der Nadel, ist das eine tiefe Rippenanordnung. Am einfachsten näht man diese zusammen, wenn man die Arbeit auf links wendet. So kann man in hoher Rippenanordnung mit den linken Seiten außen nähen.

UNTERBRECHUNGEN

Wenn man zum allerersten Mal den Maschenstich ausprobiert, braucht man ein bisschen Zeit und Ruhe. Man vergisst nur allzu leicht, was man gerade gemacht hat und wo man sich in der Anleitung befindet. Wenn man beim Nähen im Maschenstich eine Pause machen muss, ist es gut, vorher eine Abfolge der Schritte 5-10 zu beenden. Dann ist es später einfacher, zu erkennen, wo man gerade ist.

GLATTRECHTER MASCHENSTICH

Glattrechter Maschenstich wird ähnlich gearbeitet, die vordere und hintere Nadel aber anders behandelt. Das Strickstück links auf links, arbeitet man „rechts, gleiten lassen, links, links, gleiten lassen, rechts". Die vordere Nadel also genauso wie bei krausrechts, aber auf der hinteren Nadel führt man die Stopfnadel wie zum Linksstricken durch die ersten Maschen, bevor man sie von der Nadel gleiten lässt, dann führt man die Stopfnadel wie zum Rechtsstricken durch die nächste Masche und lässt sie auf der Nadel.
Wieder muss der Faden zweimal durch jede Masche, zu Beginn führt man also die Stopfnadel wie zum Linksstricken durch die erste Masche auf der hinteren Nadel. Am Ende führt man dann die Stopfnadel wie zum Rechtsstricken durch die Masche auf der vorderen Nadel, lässt sie herunter gleiten und führt die Stopfnadel wie zum Linksstricken durch die Masche auf der hinteren Nadel und lässt sie herabgleiten.

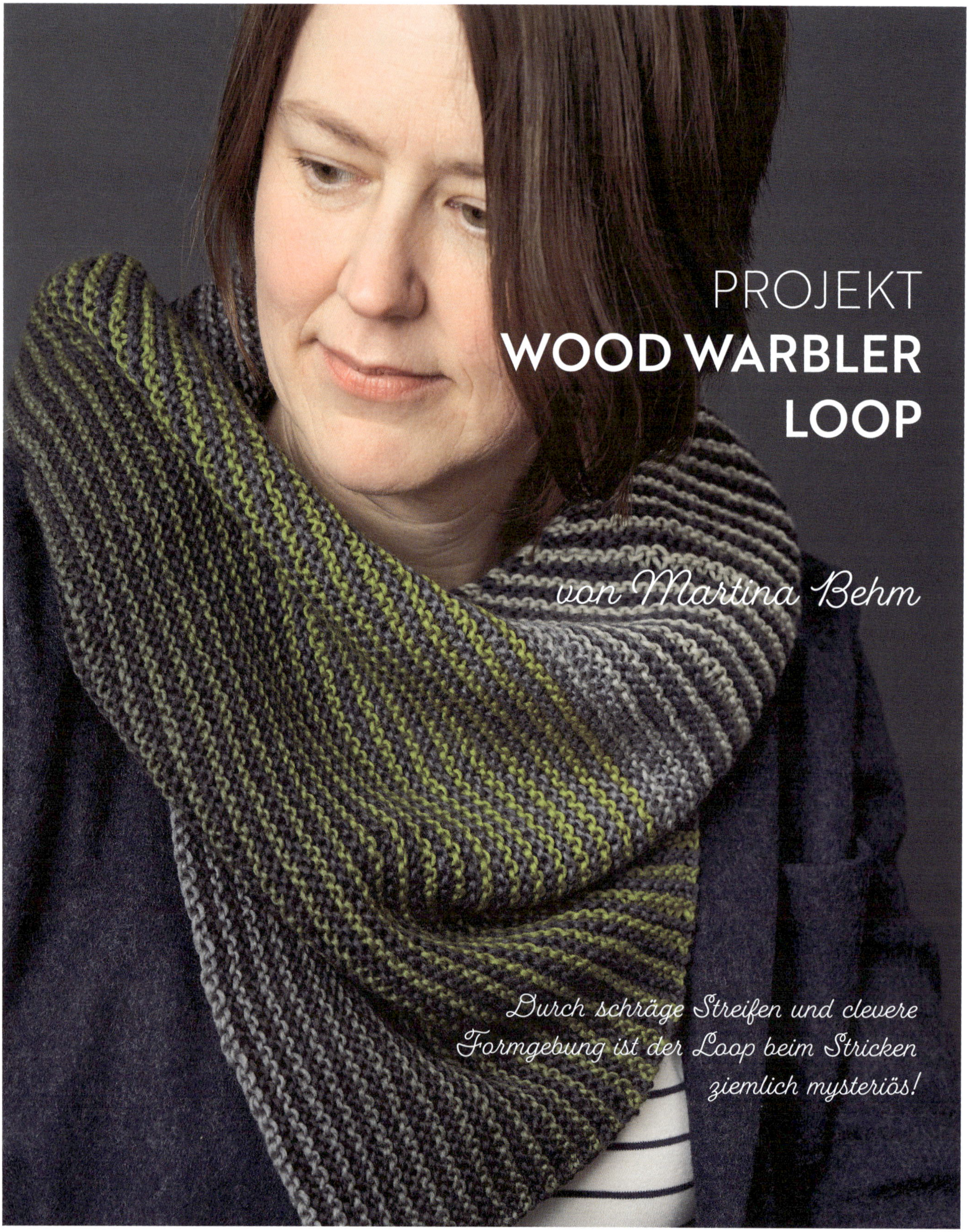

PROJEKT WOOD WARBLER LOOP

von Martina Behm

Durch schräge Streifen und clevere Formgebung ist der Loop beim Stricken ziemlich mysteriös!

GRÖSSE
Umfang: 78cm
Länge am breitesten Punkt: 46cm

WOLLE
Schoppel Wolle Gradient (100% Wolle; 260m pro 100g Knäuel)
Farbe A: Gelbfilter (2306); 1 x 100g Knäuel
Farbe B: Schatten (1508); 1 x 100g Knäuel

NADELN UND ZUBEHÖR
Entweder 2 Rundnadeln 5mm, 80cm lang, oder die Stärke, mit der die Maschenprobe erreicht wird
Oder 1 Paar austauschbare Nadelspitzen 5mm und 2 Kabel samt Stopper
Häkelnadel und Wollrest (nur nötig, wenn man mit der Häkelnadel anschlägt, anstelle von Judys magischen Maschenanschlag)

MASCHENPROBE
18 M und 36 R auf 10cm krausrechts; gewaschen und gespannt

TECHNIK
Siehe August (S. 54) für einen provisorischen Anschlag mit Häkelnadel oder Judys magischem Maschenanschlag.

ABKÜRZUNGEN
Eine komplette Abkürzungsliste findet sich am Ende des Buches.

ANMERKUNGEN ZUR ANLEITUNG
Der Loop beginnt mit einem provisorischen Anschlag. Folgen Sie der Anleitung für Schritt 1, wenn Sie Judys magischen Maschenanschlag nutzen, bei einem Anschlag mit Häkelnadel folgen Sie Schritt 2.

Der Loop wird schräg krausrechts in Streifen gestrickt, die Wolle wird seitlich mitgeführt. Die ungenutzte Farbe hängt auf der vorderen Seite. Damit die Kante ordentlich wird, muss man die Farben beim Wechsel immer gleich aufnehmen – es ist egal, ob die neue Farbe über oder unter der alten verläuft, es muss nur immer gleich sein. Wenn alles fertig gestrickt ist, werden Anschlag und Ende im Maschenstich verbunden und der Loop geschlossen.

VOR DEM NÄHEN

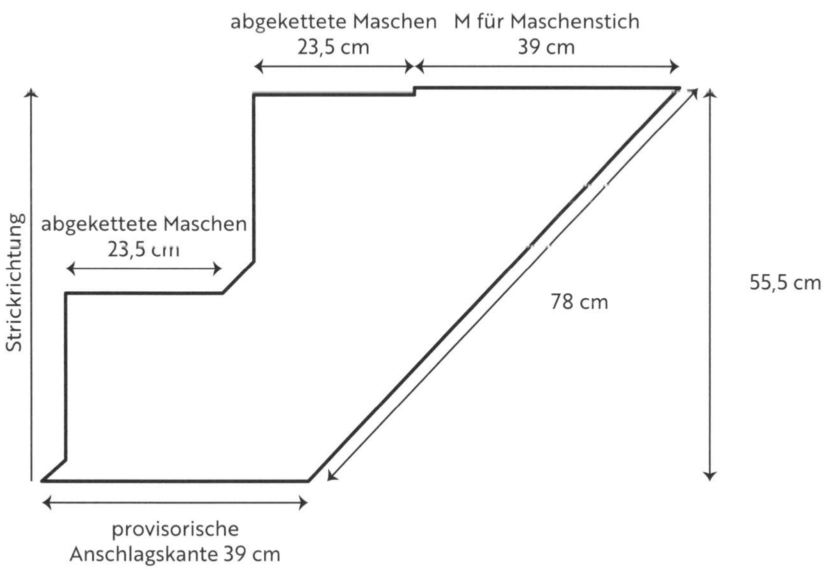

ZUSAMMENGENÄHT

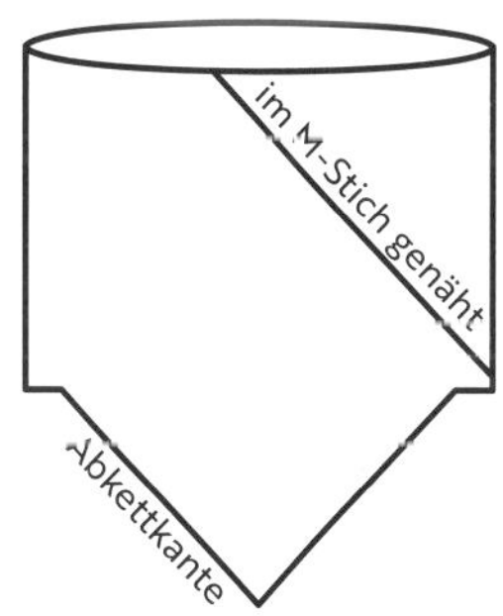

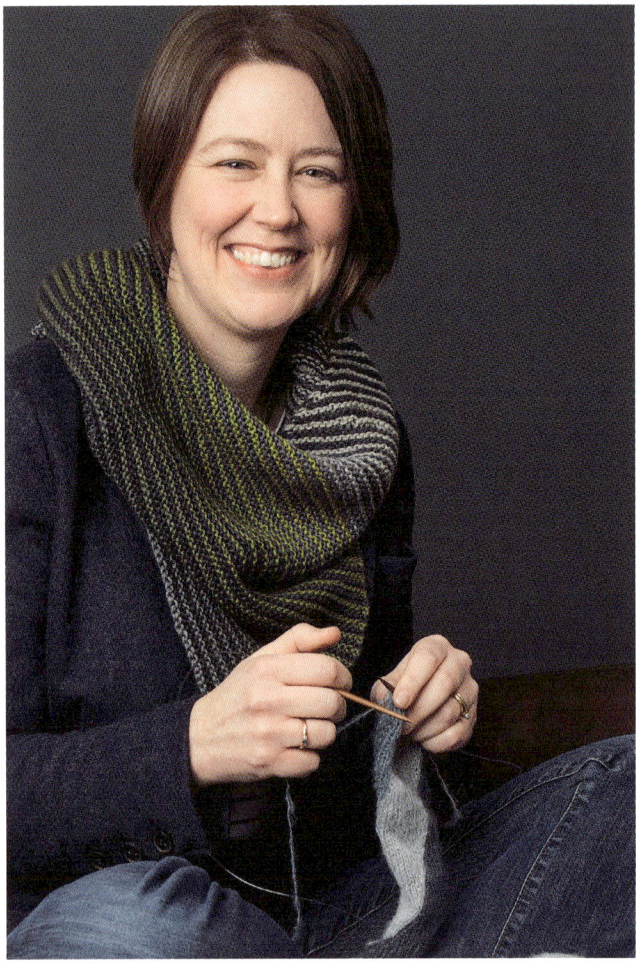

LOOP

1 JUDYS MAGISCHER MASCHENANSCHLAG
Weiter zu Schritt 2, wenn mit Häkelnadel angeschlagen wird. Auf 2 Rundnadeln mit Judys magischem Maschenanschlag 70 M mit Farbe A anschlagen (70 M auf jeder Nadelspitze).

Die Nadeln so halten, dass die krausen Rippen oben liegen, die Nadelspitzen zeigen nach rechts.
Mit der hinteren Nadel im Muster arbeiten. Nach ein paar Reihen kann man die Nadelspitzen des Anschlags durch Stopper ersetzen oder die Maschen auf einen Wollrest schieben.
Weiter mit Schritt 3.

2 ANSCHLAG MIT EINER HÄKELNADEL
Mit einem Hilfsfaden, einer Häkel- und einer Rundnadel 70 M anschlagen.
Zu Farbe A wechseln und 2 Reihen rechts stricken.
Weiter mit Schritt 3.

3 SCHRÄGE STREIFEN BEGINNEN
R 1 (HinR): Mit B, 1M doppelt str, bis zu den letzten 2 M re, 2M re zus.
R 2 (RückR): Mit B, 1M li, bis Ende re.
R 3: Mit A, 1M doppelt str, bis zu den letzten 2 M re, 2M re zus.
R 4: Mit A, 1M li, bis Ende re.
R 1–4 noch 2 Mal str. Die Maschenzahl bleibt in diesem Abschnitt gleich.

4 ZUNEHMEN
R 1 (HinR): Mit B, 1M doppelt str, bis Ende re. *1 M zugn.*
R 2 (RückR): Mit B, 1M li, bis Ende re.
R 3: Mit A, 1M doppelt str, bis Ende re. *1 M zugn.*
R 4: Mit A, 1M li, bis Ende re.
R 1–4 noch 19 Mal str, dann R 1–3 noch 1 Mal. *42 M zugn; 112 M.*
Nächste R (RückR): Mit A 42 M abketten, bis Ende re. *70 M.*

5 SCHRÄG STRICKEN
R 1 (HinR): Mit B, 1M doppelt str, bis zu den letzten 2 M re, 2M re zus.
R 2 (RückR): Mit B, 1M li, bis Ende re.
R 3: Mit A, 1M doppelt str, bis zu den letzten 2 M re, 2M re zus.
R 4: Mit A, 1M li, bis Ende re.
R 1–4 noch 3 Mal stricken. Die Maschenzahl bleibt in diesem Abschnitt gleich.

6 ZUNEHMEN
R 1 (HinR): Mit B, 1M doppelt str, bis Ende re. *1 M zugn.*
R 2 (RückR): Mit B, 1M li, bis Ende re.
R 3: Mit A, 1M doppelt str, bis Ende re. *1 M zugn.*
R 4: Mit A, 1M li, bis Ende re.
R 1–4 noch 19 Mal stricken, dann R 1–3 noch einmal. *42 M zugn; 112 M.*
Nächste R (RückR): Mit A 42 M abketten, bis Ende re. *70 M.*
A abschneiden, dabei genug zum Vernähen stehen lassen.
Nächste R (HinR): 70M re mit B.
B abschneiden, dabei ca. 2m zum Nähen stehen lassen.

7 ZUSAMMENNÄHEN
Eventuell den Hilfsfaden am Anschlag entfernen und die M auf Nadeln schieben. Die rechte Seite außen und die Anschlagkante vor die gestrickten M halten. Wie in der bebilderten Anleitung (S. 69) die restlichen 70 M vom Ende mit den 70 M vom Anschlag im Maschenstich verbinden, dabei die Spannung an die der umgebenden Maschen anpassen.

8 AUSARBEITEN
Fäden vernähen, aber nicht abschneiden. Den Loop 20 Minuten in lauwarmes Wasser mit Wollwaschmittel legen. Überschüssiges Wasser ausdrücken (nicht wringen), zwischen Handtüchern flach und mit geraden Kanten trocknen lassen. Den Loop ordentlich falten, damit die Ecken aufeinander treffen. Wenn der Loop ganz trocken ist, Fadenenden abschneiden.

TECHNIK
VERKÜRZTE REIHEN IN KRAUS-RECHTS

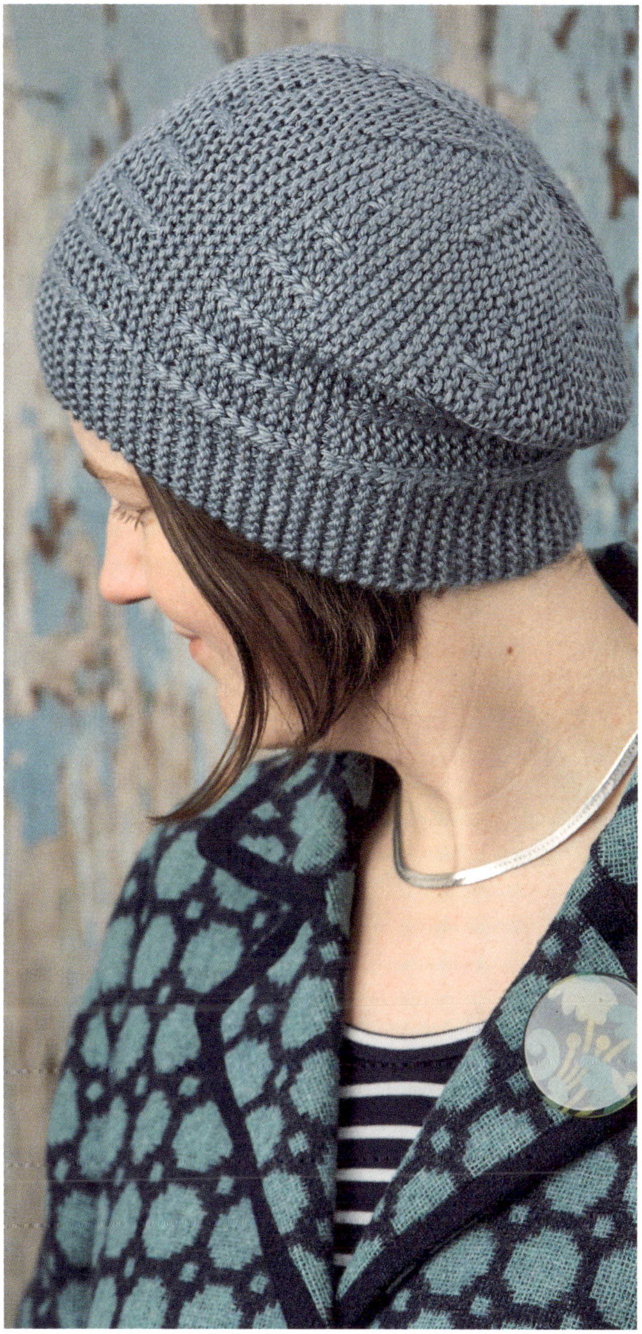

Als Sie noch ein Strickfrischling waren, ist es Ihnen da passiert, dass Sie Ihr Strickzeug mitten in einer Reihe abgelegt haben und dann später in die falsche Richtung weitergearbeitet haben? Das ist ein häufiger Anfängerfehler, der leicht zu erkennen ist, weil dadurch mitten im Strickstück ein Loch entsteht, außerdem befinden sich auf der einen Seite zwei Reihen mehr als auf der anderen. Tatsächlich haben Sie unbeabsichtigt eine verkürzte Reihe gestrickt.
Das ist eine dieser Techniken, die wohl per Zufall entdeckt wurden, und so wurde aus einem Fehler ein völlig neuer Bereich des Strickens entwickelt. Viele Stricktechniken sind ungefähr zur selben Zeit auf unterschiedliche Arten entstanden. Es ist eine wunderbare Kombination von glücklichem Zufall und technischer Innovation. Verkürzte Reihen sind ideal, um dem Strickstück eine dreidimensionale Form zu verleihen.
Zwar können viele Projekte in Einzelteilen und in Reihen gestrickt und durch das Zusammennähen in Form gebracht werden, aber das Strickstück selbst dreidimensional arbeiten zu können, verbessert die Passform von Kleidungsstücken enorm und erweitert die Möglichkeiten bei Projekten wie Spielzeugen oder Mützen.

DAS LOCH SCHLIESSEN
Man kann verkürzte Reihen stricken, in dem man einfach mitten in der Reihe (oder Runde) anhält, wendet und in die entgegengesetzte Richtung weiterarbeitet. Jedoch bleibt so ein Loch. Manchmal ist das als dekorativer Effekt sogar nützlich, aber meistens unerwünscht. Es gibt viele Techniken für verkürzte Reihen mit unterschiedlichen Tricks, um dieses Loch zu schließen. Eine davon haben wir im Juli bei der Ferse bereits kennengelernt. Beim Fersenkäppchen wird das Loch geschlossen, indem man die Maschen beidseitig der Lücke zusammenstrickt (aaz oder 2M li zus, um die Masche vor und die nach der Lücke zu verbinden). Abnahmen am Wendepunkt der verkürzten Reihe führen zu einer extremen Krümmung, so dass das ursprünglich flache Strickstück sich in Kurven legt. Das ist die perfekte Form für eine Ferse, aber die Methode lässt sich nicht so oft einsetzen wie eine, bei der die ursprüngliche Maschenzahl erhalten bleibt. Die bekannteste Methode, um die Lücke bei verkürzten Reihen zu schließen, ist Wickeln und Wenden. Sie ist oft einsetzbar, die Maschenzahl bleibt gleich. Bei krausrechten Stücken ist sie besonders praktisch, weil man dann den Wickel nicht in der nächsten Reihe verbergen muss. Die krausrechten Rippen erledigen das von selbst.

Auf den nächsten Seiten wird erklärt, wie man krausrechts wickelt und wendet, außerdem gibt es eine Anleitung für verkürzte Reihen mit Doppelmaschen, die sich besonders für glatt rechts Gestricktes eignen. Manchmal ist es gut, wenn man aus zwei Möglichkeiten wählen kann!

SCHRITT FÜR SCHRITT ANLEITUNG FÜR WICKELN UND WENDEN KRAUSRECHTS ii ii

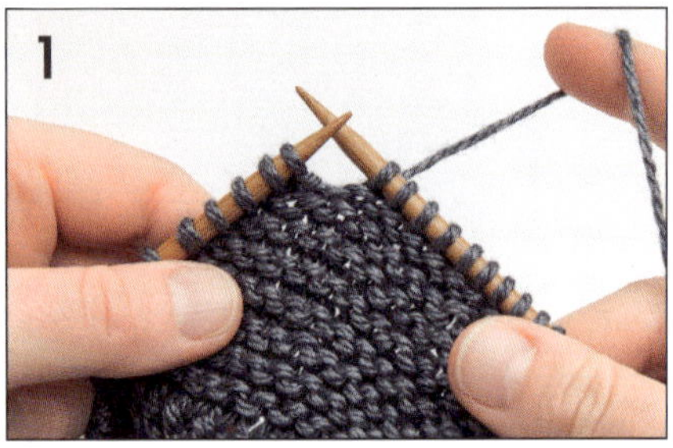

i Im Muster bis zum Wendepunkt (w&w) stricken. Der Faden liegt nach einer rechten Masche hinter der Arbeit

.

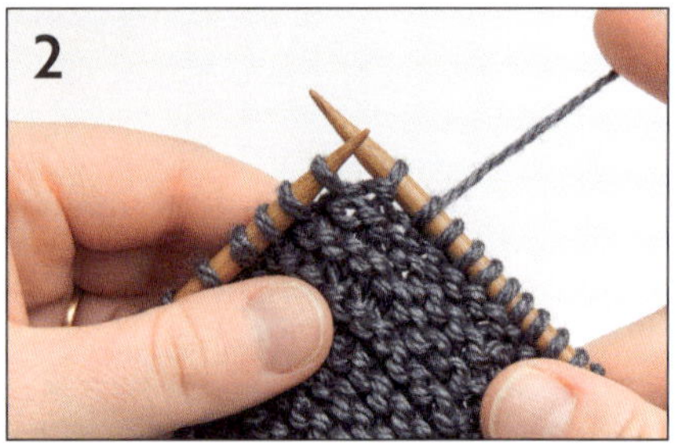

ii Die nächste Masche links von der linken auf die rechte Nadel abheben.

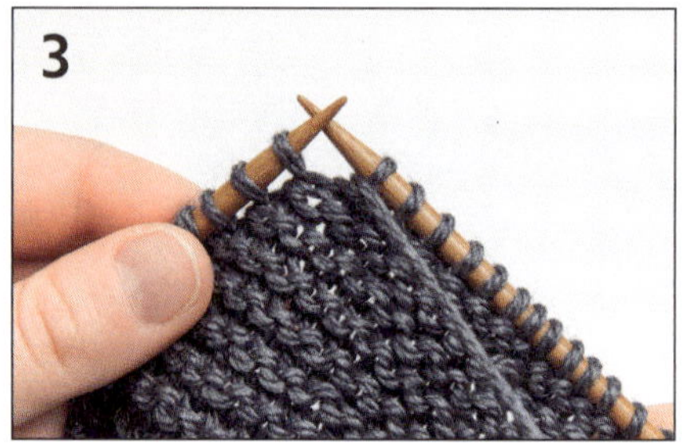

iii Den Faden zwischen den Nadeln nach vorn legen (wie zum links Stricken).

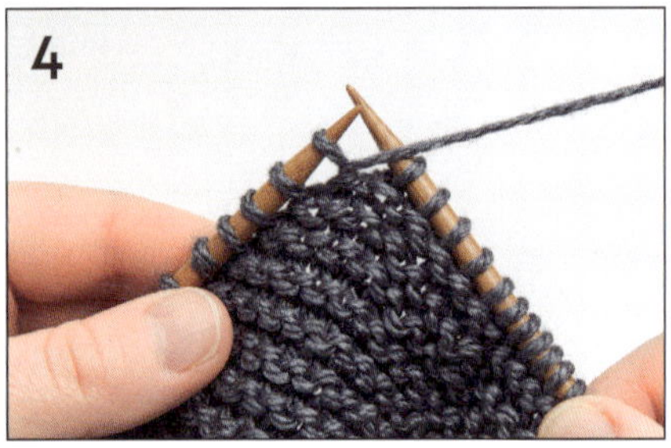

iv Die Masche, ohne sie zu verdrehen, zurück auf die linke Nadel schieben. Man sieht jetzt den Wickel unten an der Masche.

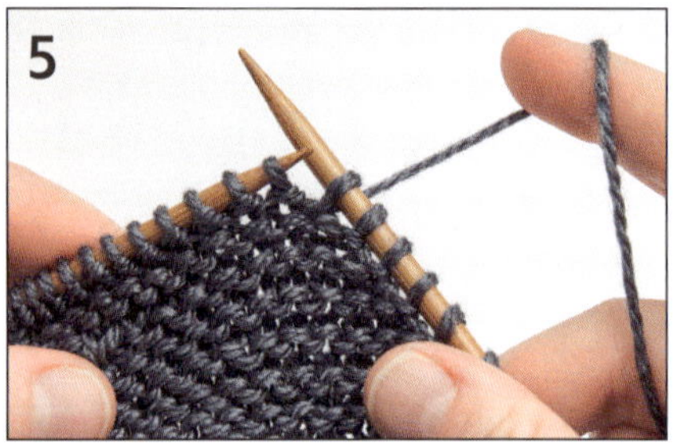

v Wenden, die nächste Reihe stricken.

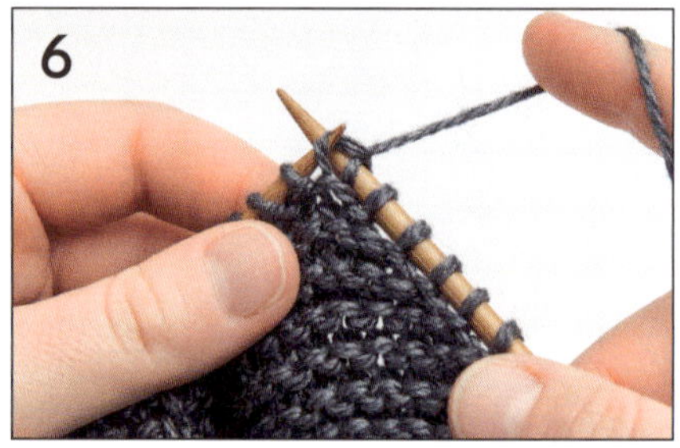

vi Die Reihe laut Anleitung beenden.

ÜBER DIE WICKELMASCHE STRICKEN

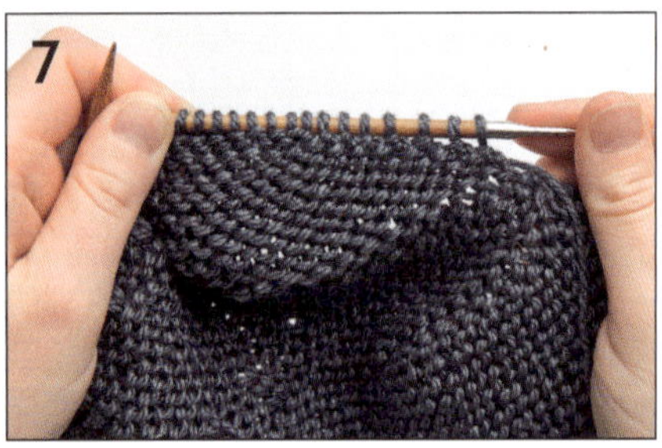

Bei einer Serie von verkürzten Reihen kann es viele Reihen dauern, bis man über die Wickelmaschen strickt, manchmal aber trifft man schon in der nächsten Reihe darauf. Hier sind es viele, und die Maschen rechts auf der Nadel haben alle unten einen Wickel.

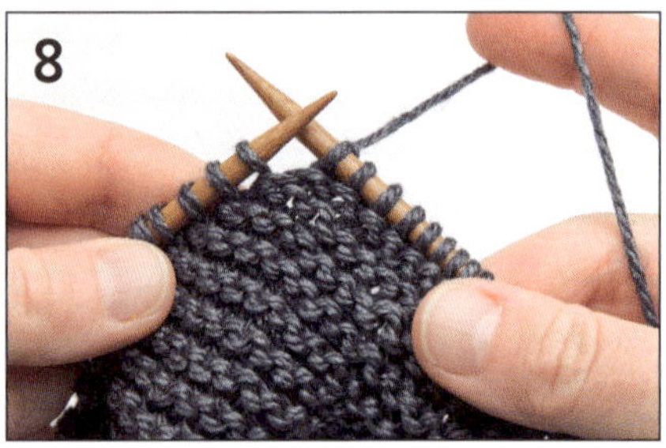

In glattrechts oder Rippenmuster muss man den Wickel stricken, um ihn zu verbergen, aber bei krausrechts strickt man einfach darüber und ignoriert ihn (8 und 9).

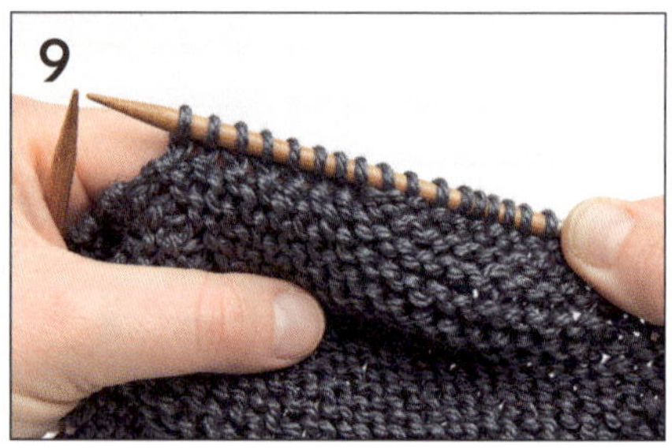

Wenn die Mütze im Maschenstich geschlossen wird, ignoriert man die Wickel auch und näht die Maschen wie immer.

SCHRITT FÜR SCHRITT ANLEITUNG FÜR EINE DOPPELMASCHE BEI KRAUSRECHTEN VERKÜRZTEN REIHEN

Wenn das Strickstück im Maschenstich zusammengenäht werden soll, ist die Doppelmaschenmethode besonders geeignet.
An der Wendestelle zieht man eine Masche hoch und über die Nadel.
So entsteht kein Loch, sondern die Doppelmasche, die später normal abgestrickt wird.

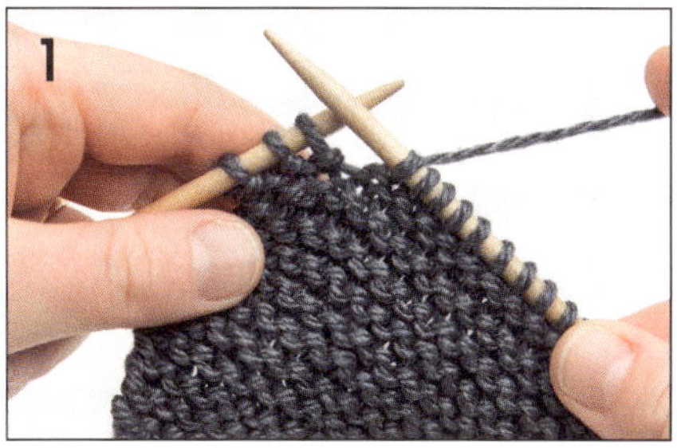

i Bis zur Wendestelle im Muster stricken. Die nächste Masche wird nicht umwickelt, sondern zur Doppelmasche gestrickt. Der Faden ist nach einer rechten Masche hinter der Arbeit.

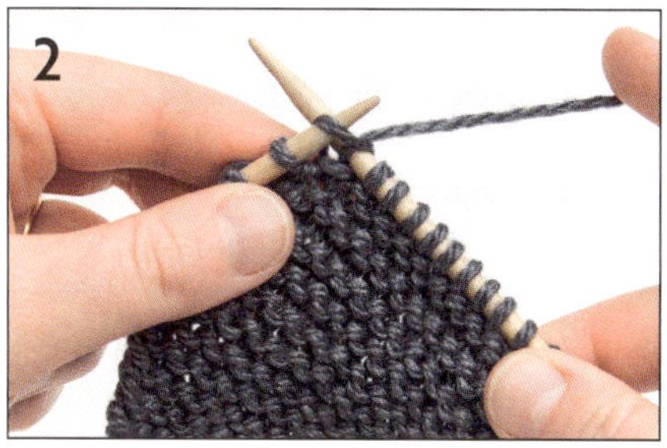

ii Die nächste Masche rechts (die würde bei w&w umwickelt).

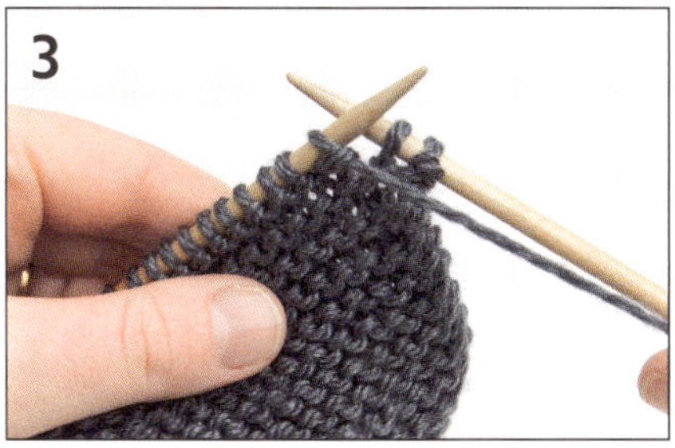

iii Zur nächsten Reihe wenden (die restlichen Maschen der vorigen Reihe nicht stricken).

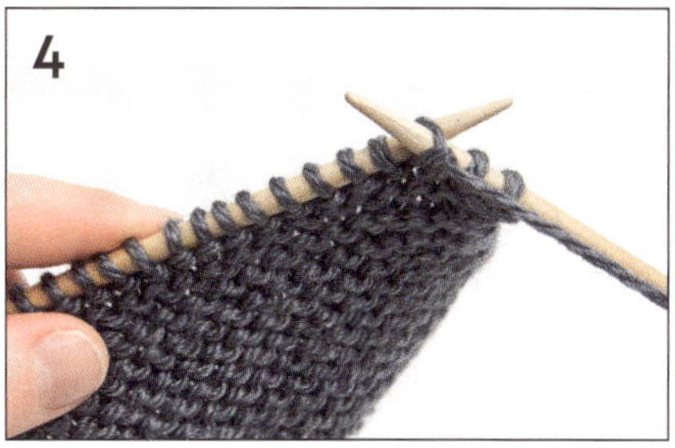

iv Die erste Masche auf der linken Reihe (die Doppelmasche) wie zum links Stricken auf die rechte Nadel abheben (Faden vor der Arbeit).

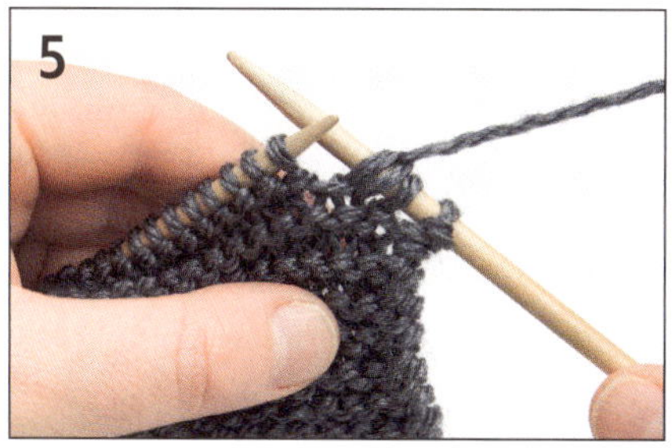

v Den Arbeitsfaden fest hoch und über die rechte Nadel ziehen.

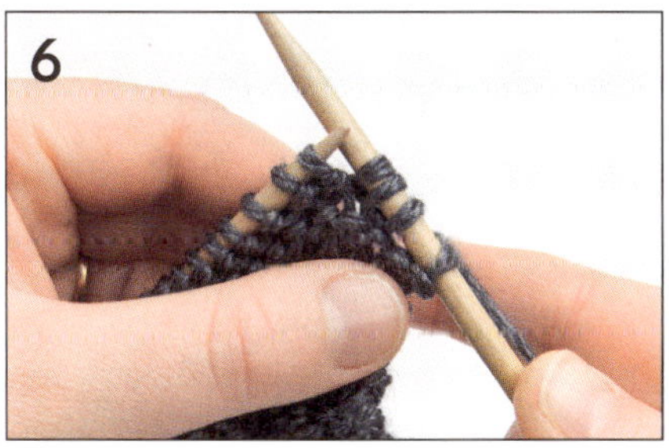

vi Die Masche darunter wird gedehnt und über die Nadel gelegt und erscheint doppelt. Der Arbeitsfaden ist jetzt auf der richtigen Seite, bereit für die nächste rechte Masche.

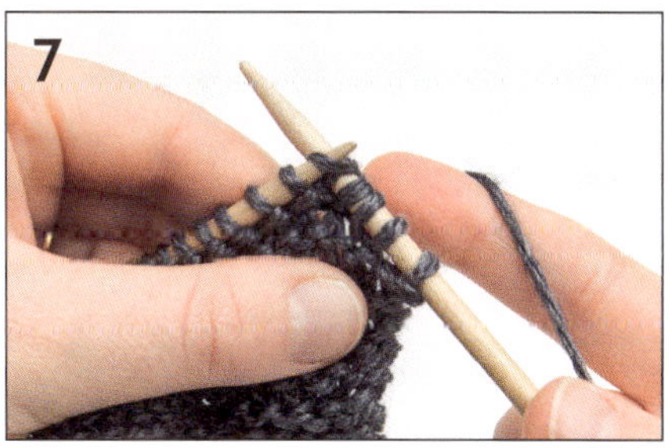

vii Bei der nächsten Masche den Faden fest anziehen.

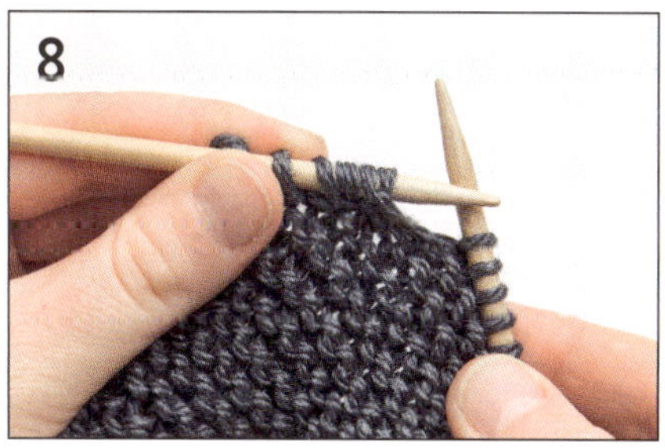

viii Laut Anleitung bis Reihenende (oder zum nächsten Wendepunkt) stricken. Hier sieht man die Doppelmaschen der verkürzten Reihen.

DIE DOPPELMASCHE STRICKEN

Wenn man die Doppelmasche erreicht, strickt man sie wie eine einzelne Masche.

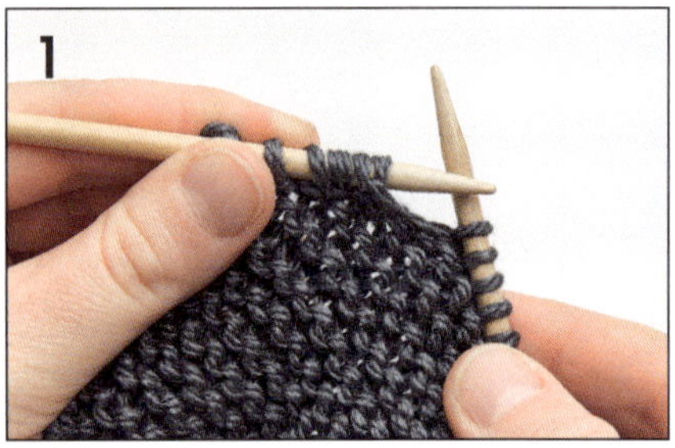

i Bis zur ersten Doppelmasche im Muster stricken.

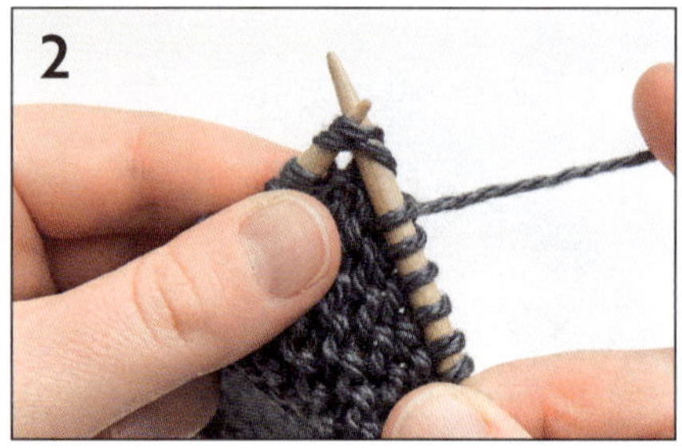

ii Die rechte Nadel in beide Glieder der Doppelmasche stechen.

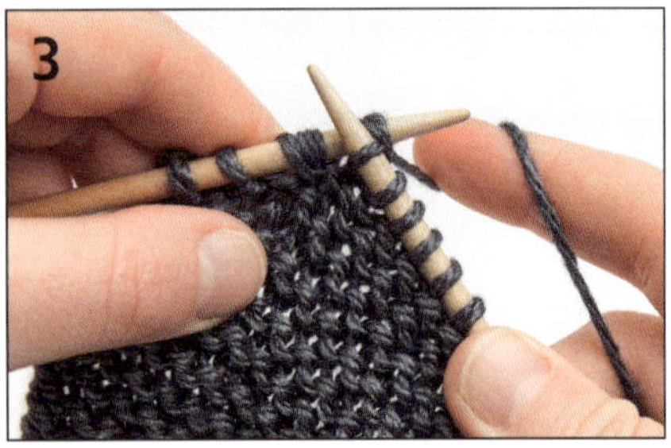

iii Wie eine Masche zusammenstricken.

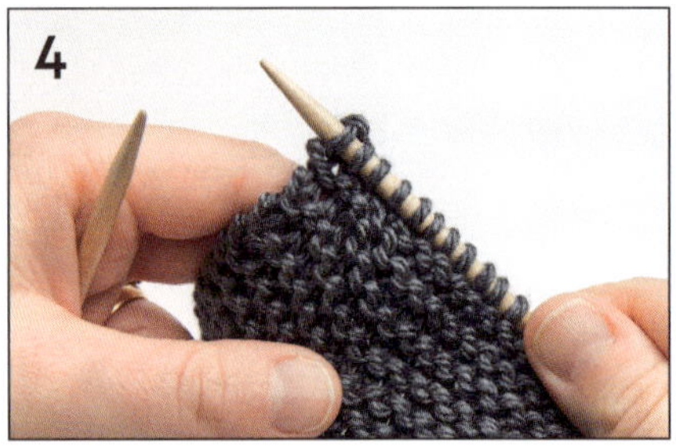

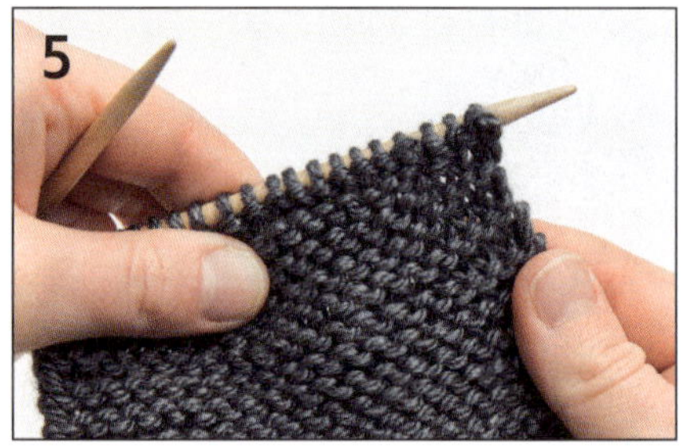

iv So jede Doppelmasche stricken. Auf der rechten Seite sind die Doppelmaschen fast unsichtbar und auf der linken kaum zu entdecken, aber man sieht sie – sie erscheinen als eine Rippe mit doppelter Masche, ähnlich wie zwei linke, zusammengestrickte Maschen.

MASCHENSTICH BEI VERKÜRZTEN REIHEN MIT DOPPELMASCHE

Die Anleitung für krausrechten Maschenstich finden Sie im September (S. 68). Doppelmaschen sind leicht im Maschenstich zu nähen, man behandelt sie einfach wie eine normale Masche.

i Nach der Vorbereitung die Stopfnadel wie zum Rechtsstricken in die erste Masche (oder Doppelmasche) der vorderen Nadel einstechen.

ii Die Masche von der Nadel gleiten lassen.

iii Die Nadel in die nächste Masche (oder Doppelmasche) auf der vorderen Nadel wie zum Linksstricken einstechen und auf der Nadel lassen. Auf der hinteren Nadel wiederholen.

WEITERE EINSATZMÖGLICHKEITEN FÜR KRAUSRECHTE VERKÜRZTE REIHEN

Meistens denken wir, dass ein Strickstück durch verkürzte Reihen dreidimensional wird, wie bei der Mütze Ruschia von Woolly Wormhead oder einer Ferse, aber man kann sie auch beim Stricken von flachen Stücken einsetzen. Gruppen verkürzter Reihen im ganzen Stück gleichmäßig verteilt (so dass überall am Ende gleich viele Reihen gestrickt wurden) können flach gestrickten Stücken Richtungswechsel und ungewöhnliche visuelle Effekte verleihen. In Kombination mit Streifen oder Farbblöcken können sie genutzt werden, um Farbe ähnlich wie bei Intarsienmustern einzusetzen, ohne mit mehreren Knäueln in einer Reihe kämpfen zu müssen.

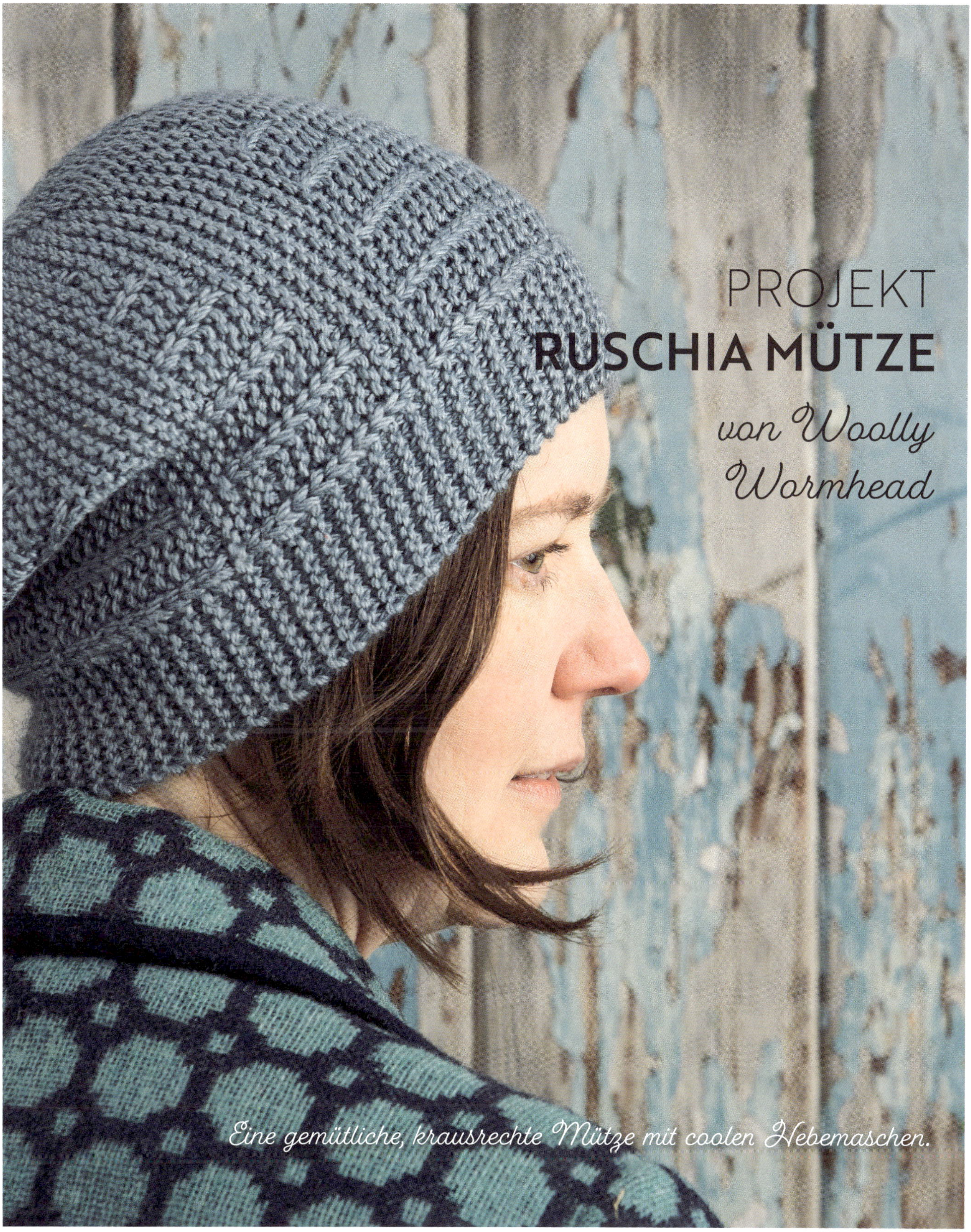

PROJEKT

RUSCHIA MÜTZE

von Woolly Wormhead

Eine gemütliche, krausrechte Mütze mit coolen Hebemaschen.

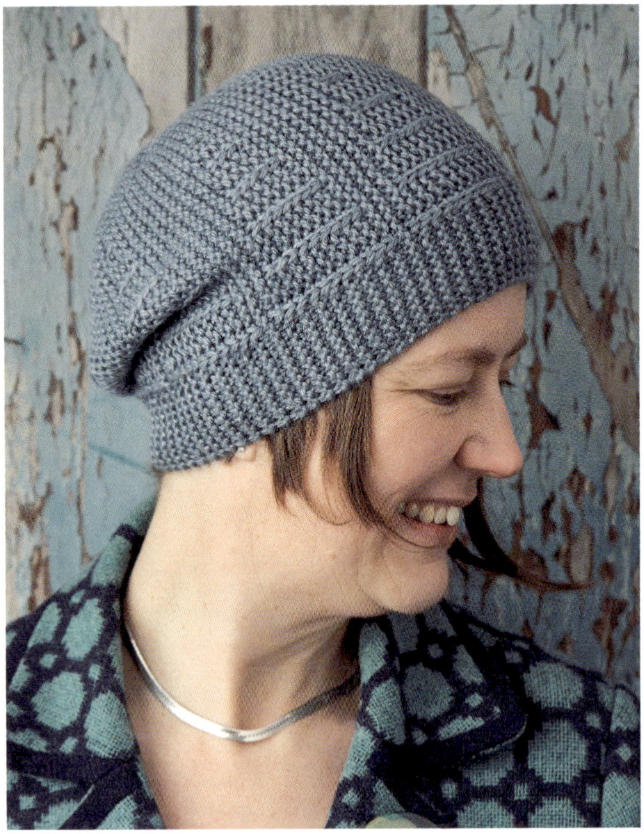

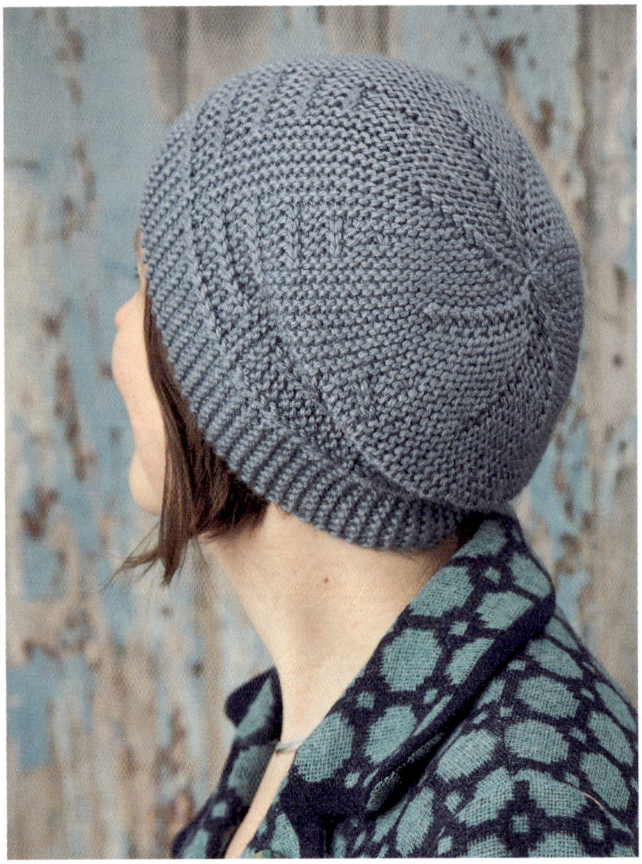

GRÖSSEN
Für Kopfumfang: 48,5 (53,5, 58,5) cm
Umfang am Bund: 39,5 (45, 50,5) cm
Länge vom Kopf zum Bund: 23,5 (25, 26,5) cm

WOLLE
Fyberspates Scrumptious Aran (55% Merino, 45% Seide; 165m pro 100g Knäuel)
Water (403) oder Slate (405); 1 (1, 2) x 100g Knäuel

NADELN UND ZUBEHÖR
1 Paar 4,5mm Nadeln oder die Stärke, mit der die Maschenprobe erreicht wird
Häkelnadel ähnlicher Stärke
Ca. 2m Wollrest
Maschenmarkierer, wenn gewünscht
Stopfnadel

MASCHENPROBE
18 M und 24 R auf 10cm glattrechts mit 4,5mm Nadeln
18 M und 32 R auf 10cm krausrechts mit 4,5mm Nadeln

TECHNIK
Siehe August (S. 54) für den provisorischen Anschlag mit Häkelnadel und September (S. 68) für krausrechten Maschenstich.

ABKÜRZUNGEN
Eine komplette Abkürzungsliste findet sich am Ende des Buches.

ANMERKUNGEN ZUR ANLEITUNG
Die Maschenprobe der Reihen ist entscheidend für den Sitz.
Die Mütze kann mit der Methode Wickeln & Wenden (in dem Fall müssen die Wickel nicht abgestrickt werden, weil sie in den krausrechten Rippen verschwinden) oder der Methode mit Doppelmaschen gestrickt werden. Für beide gibt es eine bebilderte Anleitung (S. 76).
Die Mütze besteht aus einer Reihe von Abschnitten, die nacheinander seitlich gestrickt werden. Am unteren Rand ist jeder Abschnitt 5,5cm breit.
Verkürzte Reihen formen nicht nur den Kopf, sondern auch den Rand, damit er fest sitzt.

ANMERKUNG ZUR STRICKSCHRIFT
Ungerade Reihen werden von rechts nach links gelesen, gerade von links nach rechts.

MÜTZE

1 ANSCHLAG
Mit einem Hilfsfaden 42 (45, 48) M provisorisch mit einer Häkelnadel anschlagen. Weiter mit Schritt 2, Anleitung mit Strickschrift, oder Schritt 3 für die ausgeschriebene Anleitung.

2 ABSCHNITT – ANLEITUNG MIT STRICKSCHRIFT
Wie folgt den Abschnitt mit dem Arbeitsfaden stricken:
R 1 (HinR): 1. R der Strickschrift arbeiten, den markierten Teil insg je 1 (2, 3) Mal wdh.
R 2 (RückR): 2. R der Strickschrift arbeiten, den markierten Teil insg je 1 (2, 3) Mal wdh.
Weiter laut Strickschrift arbeiten, bis die 23. R 7 (8, 9) Mal beendet wurde. *(167 (191, 215) Musterreihen)*. Die 24. und letzte R wird durch den Maschenstich ersetzt.
Weiter mit Schritt 4.

3 ABSCHNITT – AUSGESCHRIEBENE ANLEITUNG
Wie folgt den Abschnitt mit dem Arbeitsfaden stricken (Immer mit Faden vor der Arbeit abheben):
R 1 (HinR): Bis R-Ende re.
R 2 (RückR): 9 (10, 11)M re, 1M abh , 31 (33, 35)M re, w&w.
R 3: Bis R-Ende re.
R 4: 9 (10, 11)M re, 1M abh , 3M re, 1M abh, 26 (28, 30)M re, w&w.
R 5: 31 (33, 35)M re, w&w.
R 6: 1M abh, (3M re, 1M abh) 2 Mal, 21 (23, 25)M re, w&w.
R 7: Bis R-Ende re.
R 8: 9 (10, 11)M re, 1M abh, (3M re, 1M abh) 3 Mal, 16 (18, 20)M re, w&w.
R 9: Bis R-Ende re.
R 10: 9 (10, 11)M re, 1M abh, (3M re, 1M abh) 4 Mal, 11 (13, 15)M re, w&w.
R 11: Bis R-Ende re.
R 12: 9 (10, 11)M re, 1M abh (3M re, 1M abh) 5 Mal, 6 (8, 10)M re, w&w.
R 13: 27 (29, 31)M re, w&w.
R 14: 1M abh , (3M re, 1M abh) 4 Mal, 9 (11, 13)M re, w&w.
R 15: Bis R-Ende re.
R 16: 9 (10, 11)M re, 1M abh, (3M re, 1M abh) 3 Mal, 12 (14, 16)M re, w&w.
R 17: Bis R-Ende re.
R 18: 9 (10, 11)M re, 1M abh, (3M re, 1M abh) 2 Mal, 15 (17, 19)M re, w&w.
R 19: Bis R-Ende re.
R 20: 9 (10, 11)M re, 1M abh, 3M re, 1M abh, 18 (20, 22)M re, w&w.
R 21: 23 (25, 27)M re, w&w.
R 22: 1M abh, 21 (23, 25)M re, w&w.
R 23: Bis R-Ende re.
R 24: Alle M re, falls mit Doppelmaschen gestrickt wurde, diese wie 1 M stricken, bei w&w die Wickel ignorieren.
Diese 24 R noch 6 (7, 8) Mal wdh (insg 7 (8, 9) gestrickte Abschnitte). Bei der letzten Wiederholung die 24. R weglassen, sie wird durch den Maschenstich ersetzt.

4 AUSARBEITEN
Den Hilfsfaden vorsichtig vom Anschlag entfernen und die Maschen auf eine zweite Nadel schieben. Es wird mit dem Arbeitsfaden genäht, der auf ca. 1m abgeschnitten wird.
Die verkürzten Reihen beim Maschenstich genauso behandeln wie beim Stricken. Bei w&w die Wickel ignorieren, die Doppelmaschen wie eine einzelne behandeln.
Man näht von unten nach oben im Maschenstich. Wenn die Mütze geschlossen ist, den Faden durch die Randmaschen führen und fest anziehen, um die Mütze oben zu schließen.
Alle Fäden vernähen. Spannen ist nicht nötig.

SCHLÜSSEL

- ☐ HinR rechts
- ● RückR rechts
- V In der RückR 1 M mit Fdn vor der Arbeit abh
- H W&W oder Doppelmasche
- ☐ (rot) Muster wdh

STRICKSCHRIFT

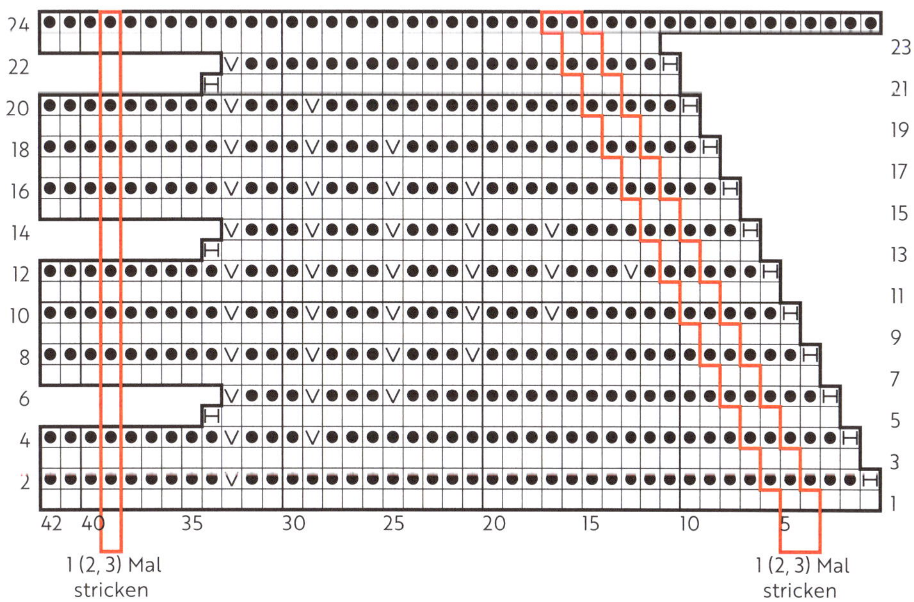

November

TECHNIK

ZOPFSYMBOLE IN STRICKSCHRIFTEN

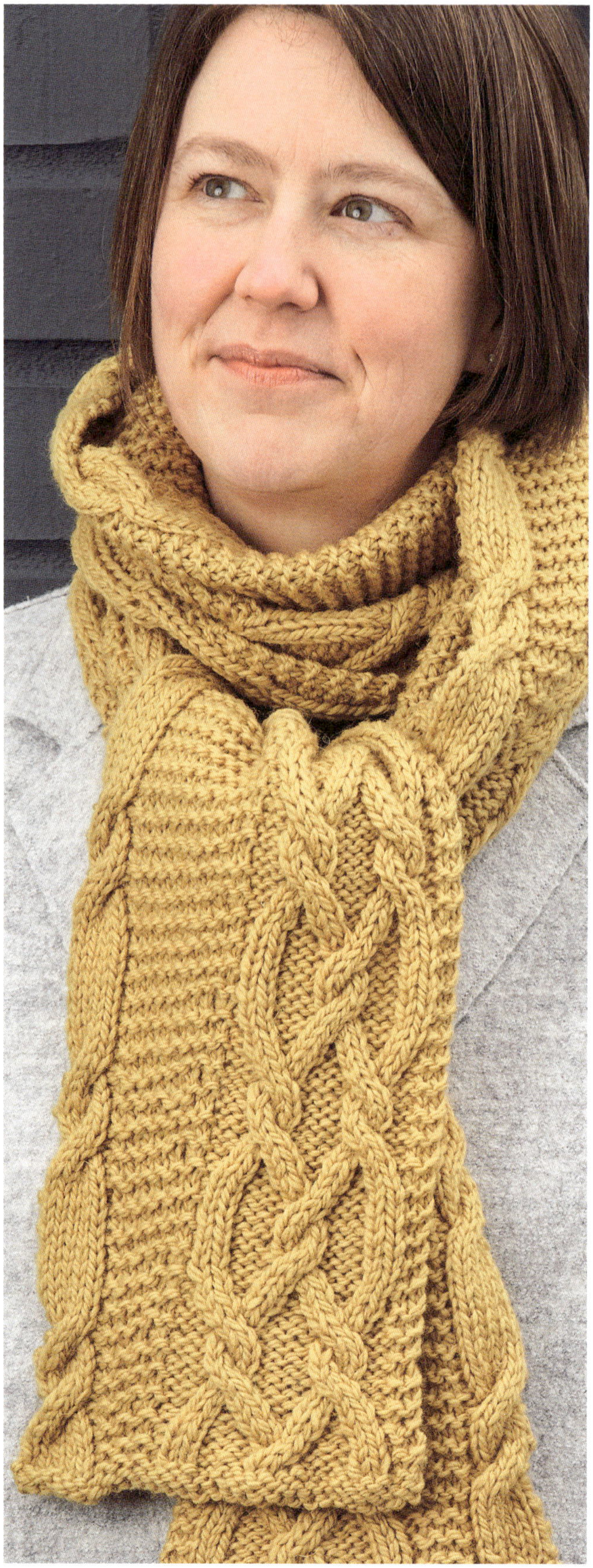

Ein Zopf entsteht, wenn man Maschen in der falschen Reihenfolge abstrickt. Durch die veränderte Reihenfolge, in der die Maschen gestrickt werden, entstehen Drehungen im Strickstück. Ganze Zopfgruppen können über mehrere Reihen gearbeitet werden, wobei komplexe seil- und knotenartige Muster entstehen. Vielen fällt es nicht schwer, nach bunten Strickschriften für Fair Isle Muster zu arbeiten, aber Strickschriften für Zöpfe (und Spitzenmuster) finden sie viel schwieriger. Die folgenden Erläuterungen helfen, die Zopfsymbole in Strickschriften zu verstehen. Wenn man besser begreift, wie diese Symbole beim Stricken umzusetzen sind, muss man nicht ständig die Abkürzungen nachschlagen und kann ohne Pause weiterstricken.
Während meines Lehramtsstudiums wurde Howard Gardners Theorie der multiplen Intelligenzen oft besprochen, und dass das Verständnis dafür, wie unterschiedlich Menschen am liebsten lernen, uns zu einem besseren Lehrplan verhelfen kann. Daher ist mir sehr bewusst, dass manche die visuelle Darstellung in Strickschriften sehr eingängig finden, während andere sich schwer damit tun und lieber nach ausgeschriebenen Anleitungen arbeiten. Wann immer es geht, bieten wir ausgeschriebene Anleitungen zusätzlich zu den Strickschriften, aber manchmal ist es einfach praktisch nicht möglich, beides anzubieten. In diesen Situationen werden Muster oft nur als Strickschrift gezeigt. Wenn eine Strickschrift für Zöpfe nicht gerade Ihre erste Wahl ist, dann hilft diese Anleitung, damit zu arbeiten, wenn es keine Alternative gibt.

MIT ODER OHNE ZOPFNADEL ZOPFEN?
Ich will hier nicht erläutern, wie man ohne Zopfnadel Zöpfe strickt, sondern wie man Zopfsymbole entziffert, damit Sie sie dann (mit oder ohne Zopfnadel) nachstricken können. Falls Sie diese Methode erlernen möchten, gibt es viele tolle Erklärungen, wie man ohne Zopfnadel zopft (z.B Videolinks in den "Zusätzlichen Informationen" auf S. 117).

ABBILDUNG 1

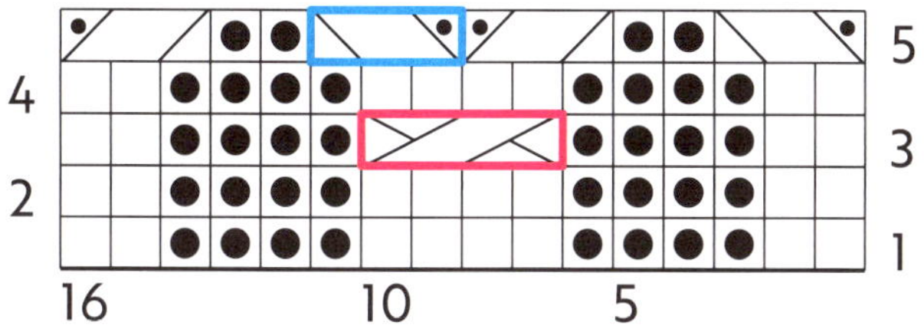

ABBILDUNG 2

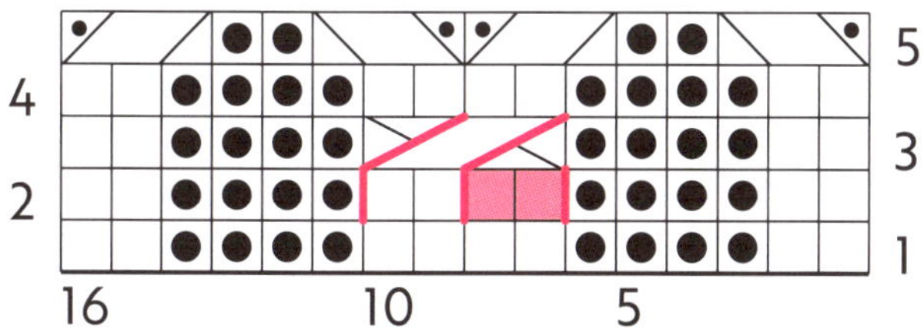

ABBILDUNG 3

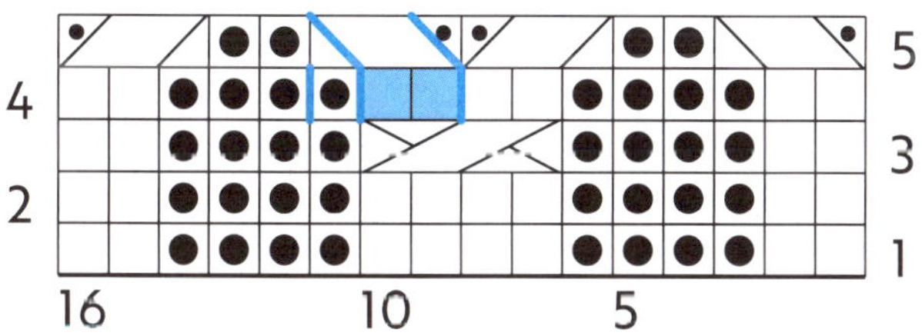

SYMBOLE LESEN UND MIT ZOPFNADEL STRICKEN

WIE VIELE MASCHEN GEHÖREN ZUM ZOPF?

Vor dem Zopfen muss man herausfinden, wie viele Maschen zum Zopfmuster gehören. Wenn man nach einer Strickschrift strickt, muss man abzählen, wie viele Maschen das Zopfsymbol überspannt. Der pink gerahmte Zopf auf Abbildung 1 geht über 4 Maschen, der blau umrahmte Zopf nur 3.

WIE VIELE MASCHEN KOMMEN AUF DIE ZOPFNADEL?

Um das herauszubekommen, muss man sich ansehen, wie die Maschen im Zopfsymbol aufgeteilt werden. Stellen Sie sich vor, dass die diagonale Linie, die in der unteren Mitte des Zopfsymbols endet, weiterläuft, wie auf Abbildung 2. Wenn man sich den rechten Teil unter dem Zopfsymbol (in pink) ansieht, erkennt man, wie viele Maschen auf die Zopfnadel geschoben werden. Auf Abbildung 2 werden die ersten 2 Maschen auf die Zopfnadel geschoben, auf Abbildung 3 (in blau) werden ebenfalls 2 Maschen auf die Zopfnadel geschoben

LEGE ICH DIE ZOPFNADEL VOR ODER HINTER DIE ARBEIT?

Für einen nach links geneigten Zopf, hält man die Zopfnadel vor die Arbeit, wenn er nach rechts geneigt ist, dahinter. Für den Zopf auf Abbildung 2 muss die Zopfnadel also hinter die Arbeit gelegt werden. Können Sie sich vorstellen, wie die beiden (pinken) Maschen hinter den nächsten 2 Maschen landen? Und der Zopf auf Abbildung 3 neigt sich nach links, also muss die Zopfnadel vor die Arbeit gelegt werden.

WIE VIELE MASCHEN VON DER LINKEN NADEL WERDEN GESTRICKT?

Die gesamte Maschenzahl des Zopfes ist jetzt klar und auch, wie viele Maschen auf die Zopfnadel müssen, die restlichen werden also von der linken Nadel gestrickt. Man sieht diese auf dem Strickschriftsymbol in der linken Maschengruppe, unter dem Symbol. Beim Zopf auf Abbildung 2 werden 2 Maschen von der linken Nadel gestrickt und beim Zopf auf Abbildung 3 nur 1 Masche.

RECHTS ODER LINKS?

Jetzt befindet sich die korrekte Maschenzahl auf der Zopfnadel, und es ist klar, wie viele Maschen von der linken Nadel gestrickt werden. Bleibt noch die Frage, ob sie rechts oder links oder sonst wie gearbeitet werden. Dafür sehen wir über das Symbol selbst hinaus. Auf Abbildung 2 hat das Zopfsymbol keine zusätzlichen Zeichen, da sind nur leere, diagonale Linien. Das bedeutet, dass alle Zopfmaschen rechts gestrickt werden. Man strickt also 2 rechte Maschen von der linken Nadel, dann 2 rechte Maschen von der Zopfnadel. Auf Abbildung 3 findet sich ein Punkt für eine linke Masche im Kästchen direkt rechts neben dem Zopfsymbol, also wird die erste Masche von der linken Nadel links gestrickt. Die diagonale Linie vor dem Zopf hat keine weiteren Symbole, also eine rechte Masche. Das bedeutet, dass man dann die 2 Maschen von der Zopfnadel rechts strickt.

STRICKBEISPIELE

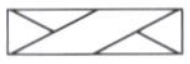 **2/2 RC**

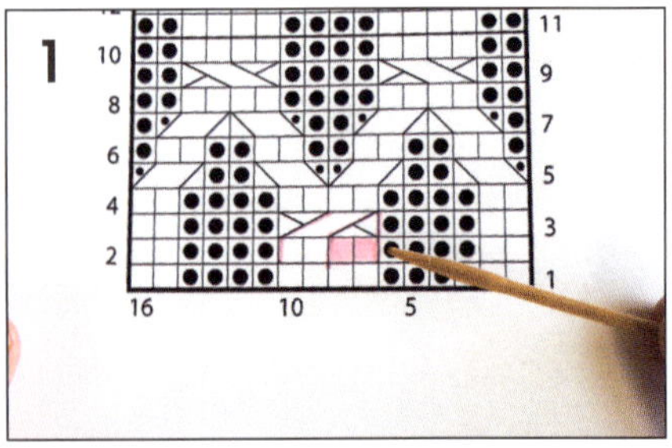

Das Zopfsymbol umfasst 4 Maschen. Wenn wir uns die diagonalen Linien nach unten verlängert vorstellen,

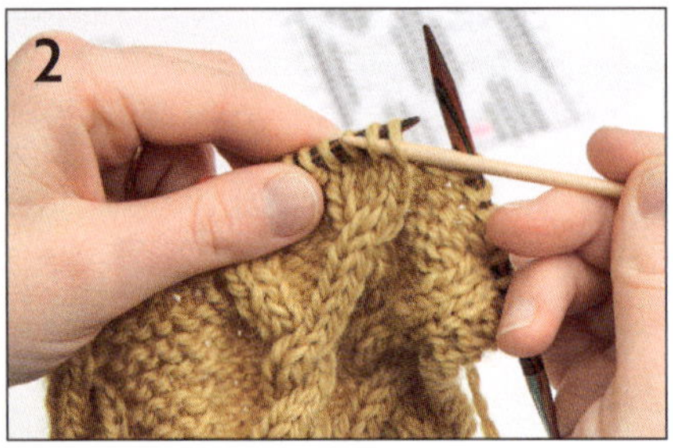

sehen wir, dass sie zu 2 Gruppen von je 2 Maschen werden. Daher werden 2 Maschen auf die Zopfnadel geschoben,

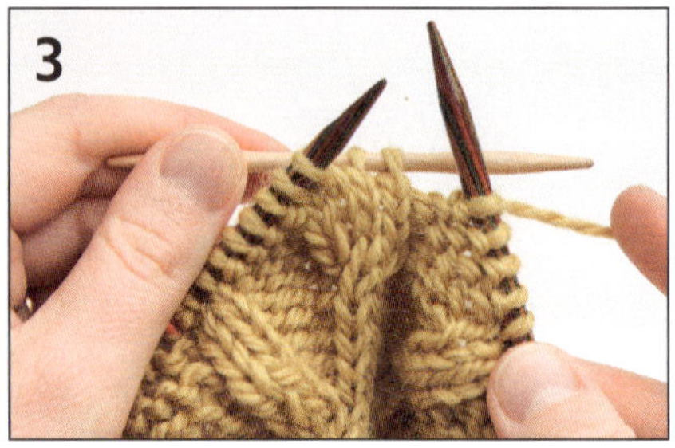

die hinter die Arbeit gehalten wird, weil der Zopf nach rechts geht. Da keine weiteren Symbole auftauchen, werden

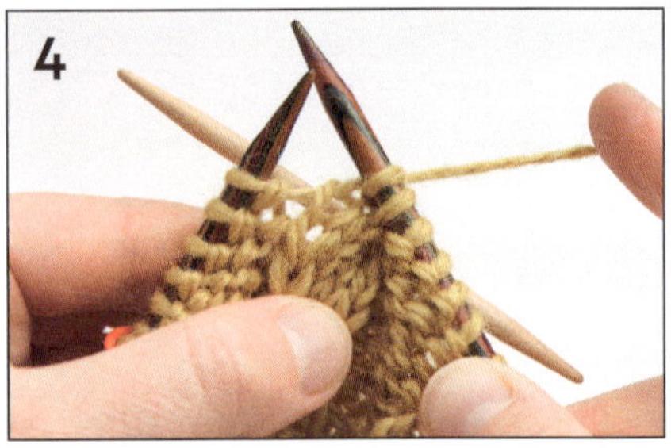

alle Maschen rechts gestrickt. Also 2 Maschen von der linken Nadel rechts (insgesamt 4 Maschen inkl. 2 von der

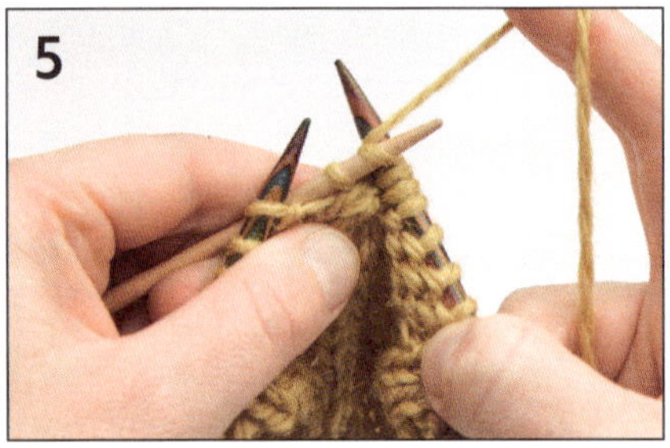

Zopfnadel), dann die 2 Maschen von der Zopfnadel rechts.

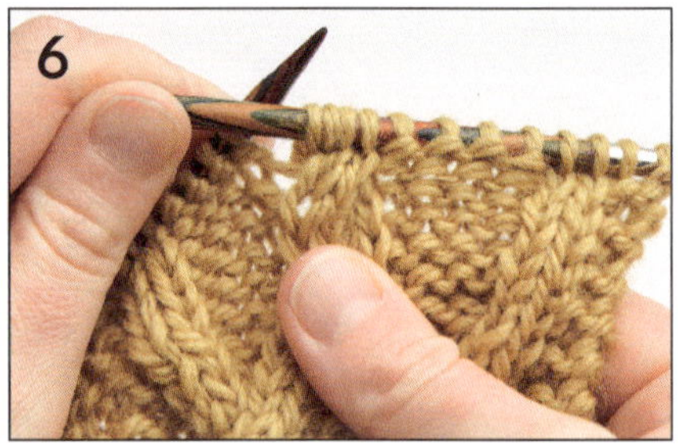

Jetzt sieht man, dass 2 rechte Maschen 2 rechte Maschen nach rechts überkreuzen.

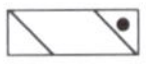 **2/1 LPC**

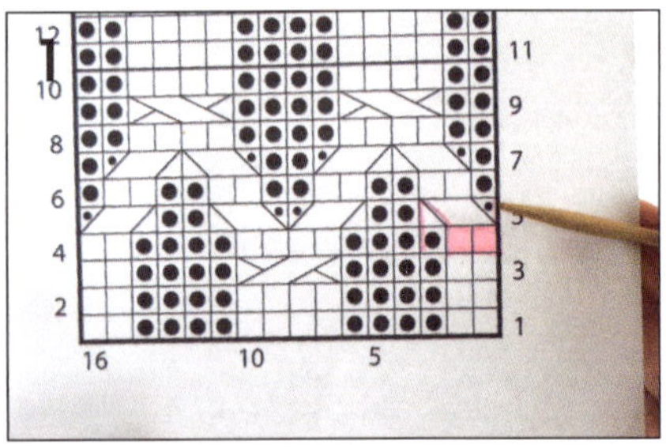

Das Zopfsymbol umfasst 3 Maschen. Wenn wir uns die diagonalen Linien nach unten verlängert vorstellen,

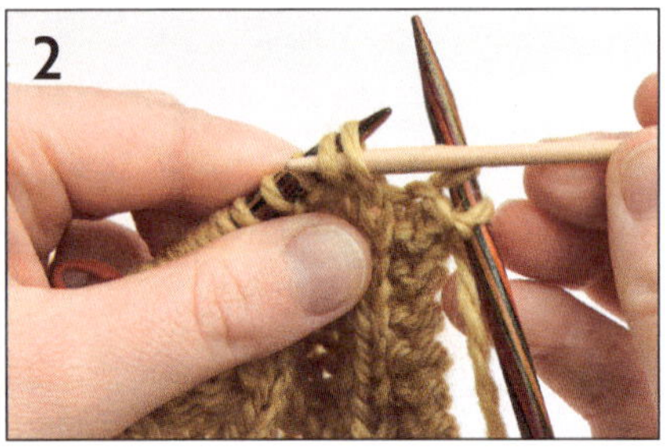

sehen wir, dass sie rechts zu 2 Maschen und links zu 1 werden. Daher werden 2 Maschen auf die Zopfnadel geschoben, die vor die Arbeit gehalten wird, weil

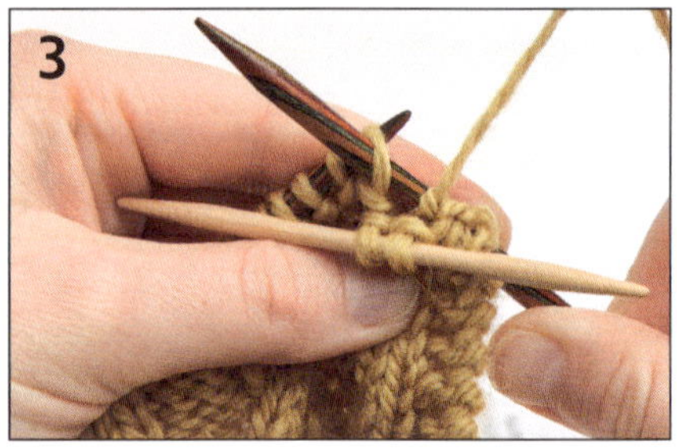

der Zopf nach links geht. Das erste Zeichen im Zopf ist ein Punkt für linke Maschen, also 1 Masche links von der linken Nadel (insgesamt 3 Maschen inkl.

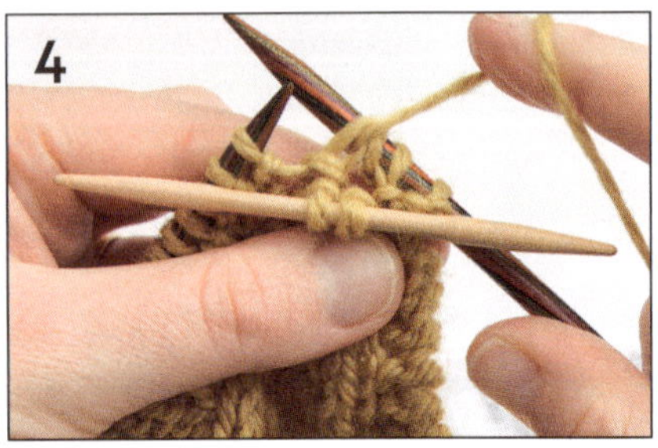

2 von der Zopfnadel) (3 und 4).

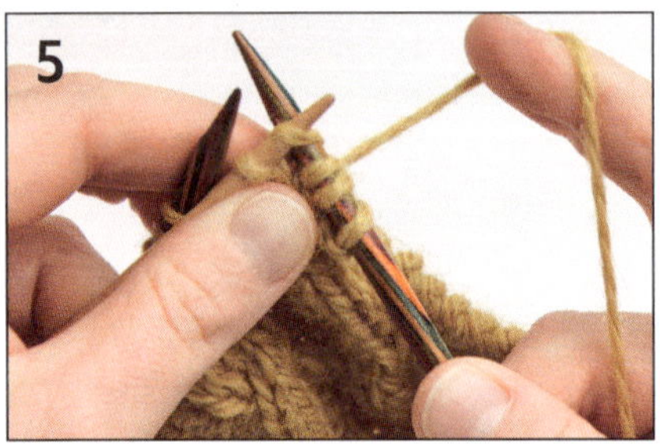

Es gibt keine weiteren Zeichen, also die M von der Zopfnadel rechts stricken.

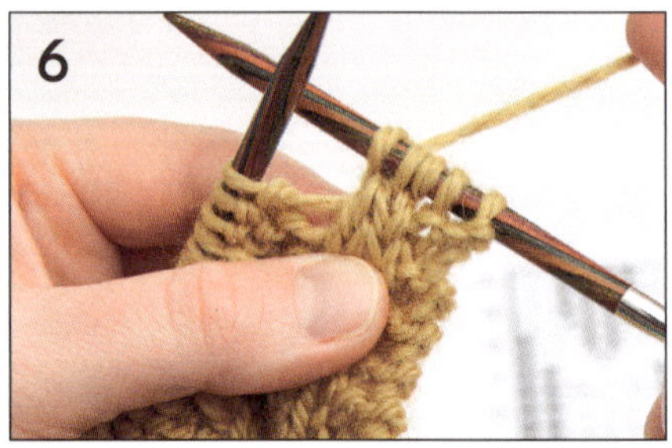

Jetzt sieht man, dass 2 rechte Maschen 1 linke Masche nach links überkreuzen.

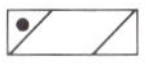 **2/1 RPC**

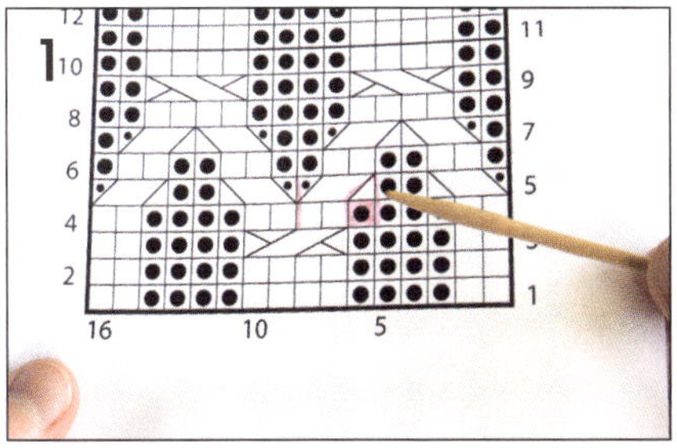

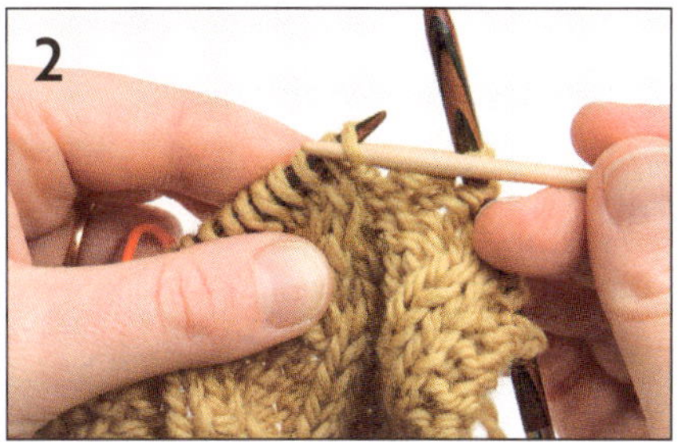

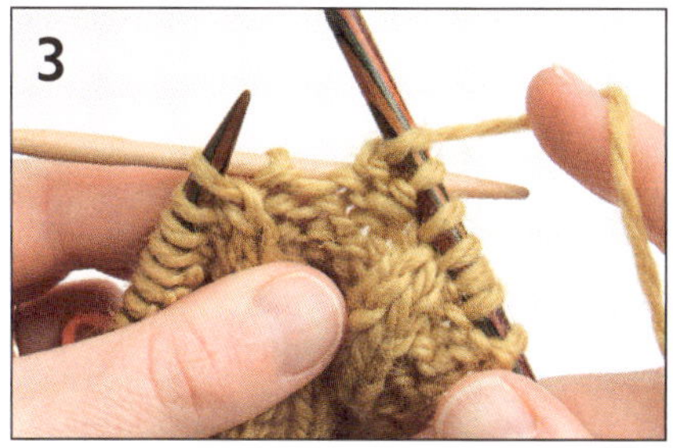

Das Zopfsymbol umfasst 3 Maschen. Wenn wir uns die diagonalen Linien nach unten verlängert vorstellen, sehen wir, dass sie rechts zu 1 und links zu 2 Maschen werden. Daher wird 1 Masche auf die Zopfnadel geschoben, die hinter die Arbeit gehalten wird, weil der Zopf nach rechts geht. 2 Maschen von der rechten Nadel rechts (insgesamt 3 Maschen inkl.

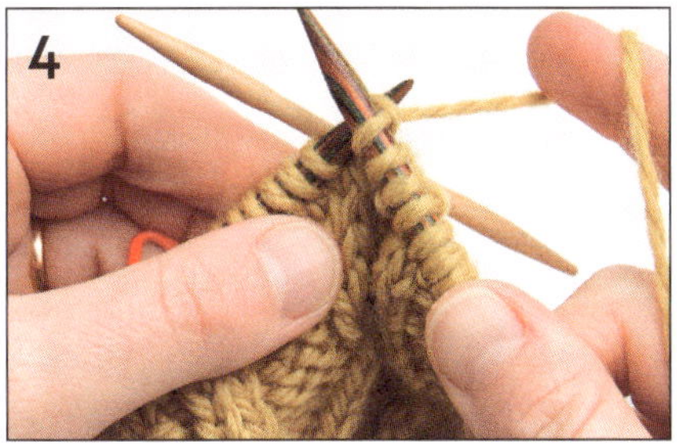

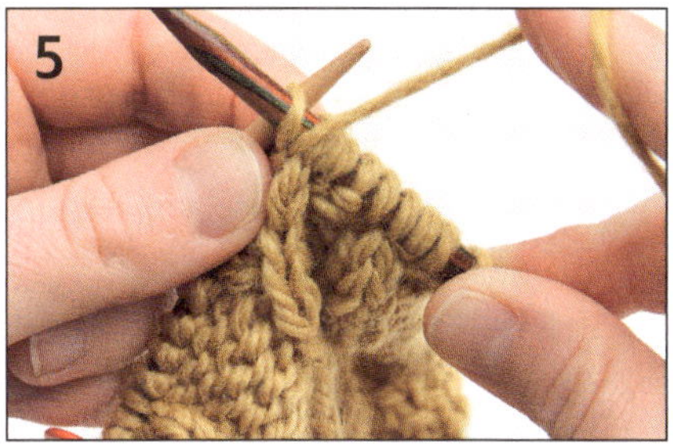

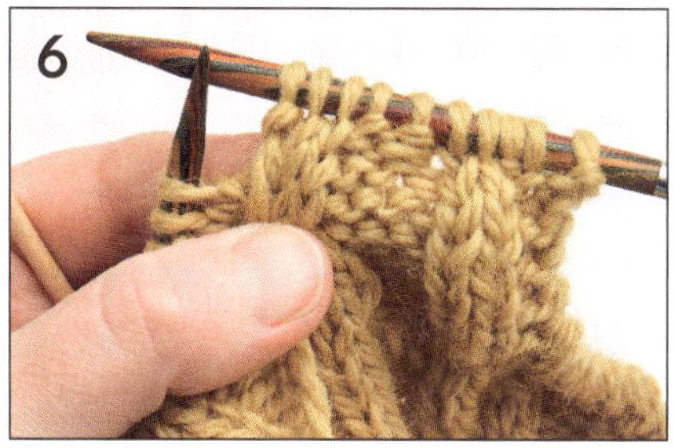

1 Masche auf der Zopfnadel), und da hier keine weiteren Zeichen auftauchen, werden alle Maschen rechts gestrickt. Die letzte Masche hat einen Punkt für linke Maschen, die Masche von der Zopfnadel wird also links gestrickt. Jetzt sieht man, dass 2 rechte Maschen 1 linke Masche nach rechts überkreuzen.

Man kann üben, die Zöpfen aus den Symbolen zu erkennen und sie dann mit den Abkürzungen zu vergleichen.

ABBILDUNG 4

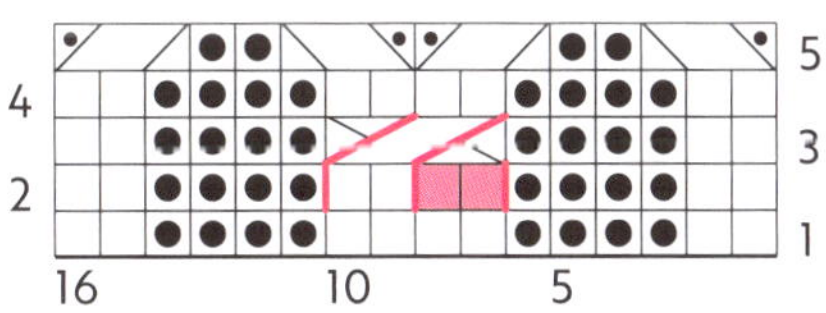

ABBILDUNG 5

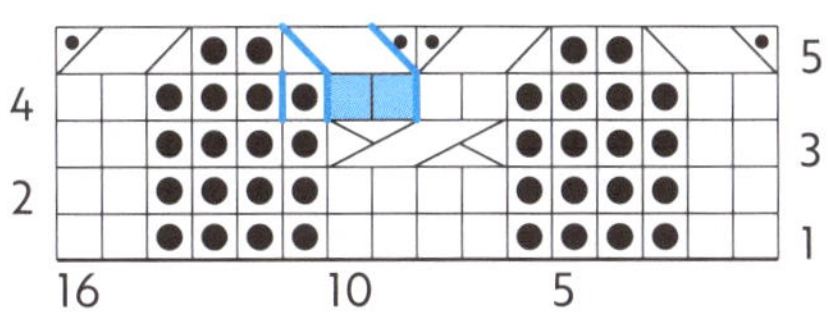

ZOPFEN OHNE ZOPFNADEL

Eine der besten Möglichkeiten, schneller zu zopfen, ist es, die Zopfnadel wegzulassen. Auch für unterwegs sehr sinnvoll, da die kleine Zopfnadel so nicht verloren gehen kann. Hier eine Schritt-für-Schritt-Anleitung zum Zopfen ohne Zopfnadel.

WIE VIELE MASCHEN UMFASST DER ZOPF?

Das erfährt man genauso wie beim Zopfen mit Zopfnadel (S. 82).

WIE WERDEN DIE MASCHEN AUFGETEILT?

Dafür muss man sich anschauen, wie die Maschen im Zopfsymbol aufgeteilt sind. Stellen Sie sich vor, dass die Linien des diagonalen Teils nach unten über den Zopf hinaus verlängert sind wie auf Abb. 4. Wenn man auf den Abschnitt unter dem Zopfsymbol schaut, zeigt die linke Seite (die ungefärbten Maschen), wie viele Maschen mit der rechten Nadel aufgenommen werden. Auf Abb. 4 überspringt man die ersten 2 Maschen (die bunten) und nimmt die 2 Maschen auf der rechten Nadel (die ungefärbten) auf. Auf Abb.5 werden die ersten 2 Maschen auf der linken Nadel übersprungen (die blauen Maschen) und nur 1 Masche (die ungefärbte Masche) wird von der rechten Nadel aufgenommen.

UND NEHME ICH DIE MASCHEN VORN ODER HINTEN AUF?

Geht der Zopf nach links, muss man die Masche(n) hinter der Arbeit aufnehmen, geht er nach rechts, vorne. Wenn die linke Maschengruppe auf der rechten Nadelspitze liegt, zieht man vorsichtig die linke Nadel aus allen am Zopf beteiligten Maschen. Die linke Maschengruppe befindet sich auf der rechten Nadel, die rechte Maschengruppe ist offen. Diese Maschen nun mit der linken Nadelspitze aufnehmen und die abgehobenen Maschen von der rechten auf die linke Nadel schieben.

RECHTS ODER LINKS?

Da sich jetzt die Maschen in der richtigen Reihenfolge auf der rechten Nadel befinden, muss man noch wissen, ob sie rechts oder links oder sonst wie gestrickt werden. Dafür schaut man sich das Zopfsymbol an. Auf Abb. 4 gibt es keine weiteren Zeichen, nur leere, diagonale Linien. Das bedeutet, alle 4 Maschen sind rechte Maschen. Auf Abb. 5, steht ein Punkt für linke Maschen in der ersten, rechten Ecke, die erste Masche von der linken Nadel wird also links gestrickt. Da keine weiteren Zeichen auftauchen, werden die nächsten 2 Maschen rechts gestrickt.

STRICKBEISPIELE

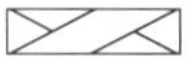 **2/2 RC**

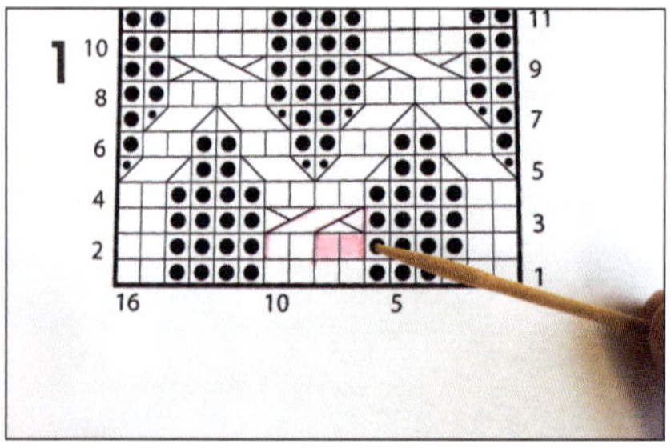

Das Zopfsymbol umfasst 4 Maschen. Wenn wir uns die diagonalen Linien nach unten verlängert vorstellen, sehen wir, dass sie zu 2 Gruppen von 2 Maschen werden. Es gibt 2 Maschen in der Gruppe

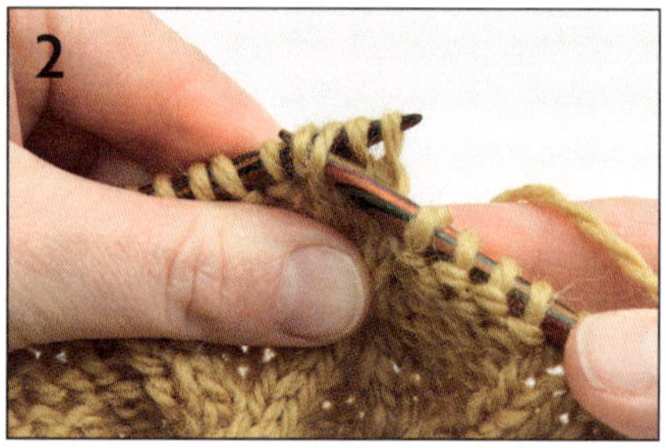

links vom Zopf und der Zopf geht nach rechts, man überspringt also 2 Maschen (die bunten rechts) und nimmt mit der rechten Nadelspitze 2 Maschen vor der Arbeit auf.

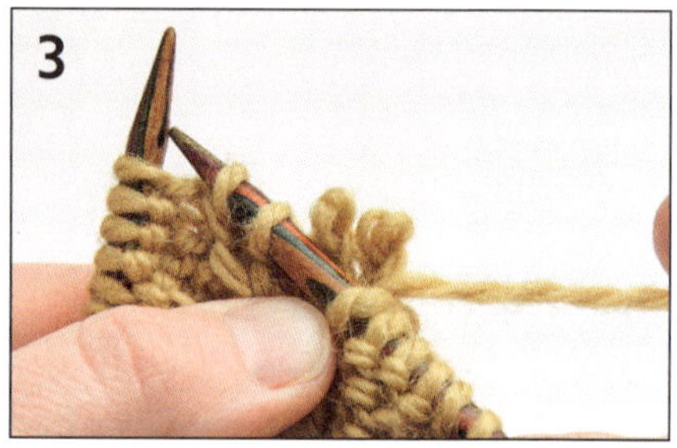

Die linke Nadel aus allen 4 Zopfmaschen ziehen. Jetzt sind 2 Maschen auf der rechten Nadel und 2 offen. Mit der linken Nadelspitze die offenen

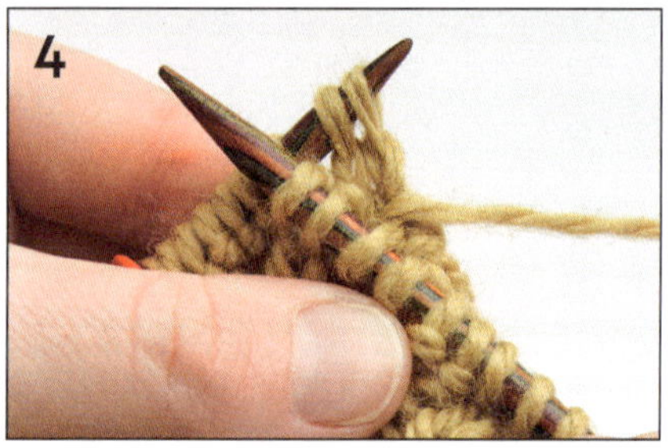

Maschen aufnehmen. Die abgehobenen Maschen von der rechten auf die linke Nadel schieben.

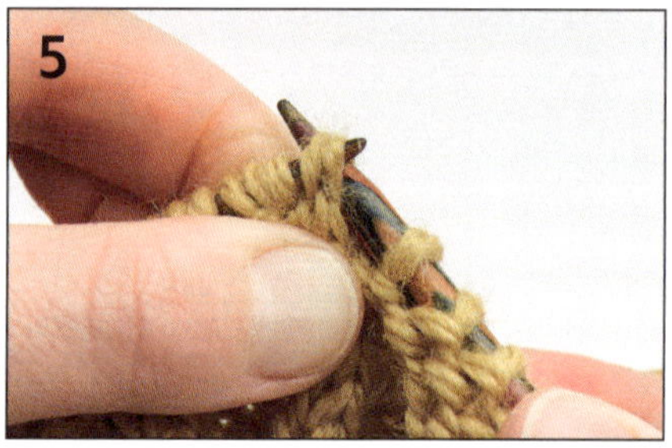

Jetzt sieht man, dass die Reihenfolge der Maschen auf der rechten Nadel geändert wurde. Die Maschen laut den Zeichen des Zopfsymbols stricken.

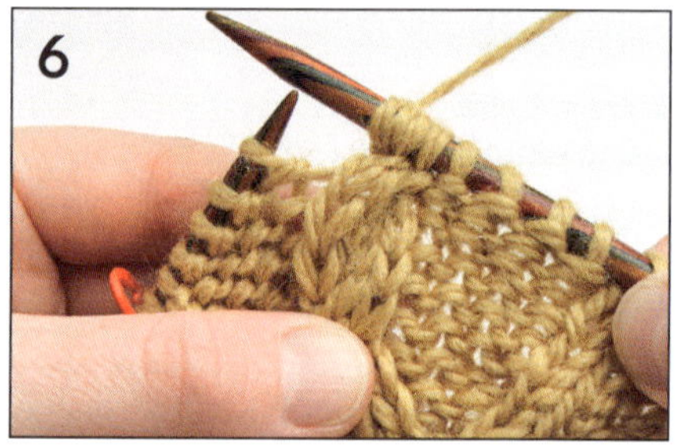

Hier gibt es keine weiteren Zeichen, also werden alle 4 Maschen rechts gestrickt. Jetzt sieht man, dass 2 rechte Maschen 2 rechte Maschen nach rechts überkreuzen.

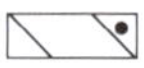 **2/1 LPC**

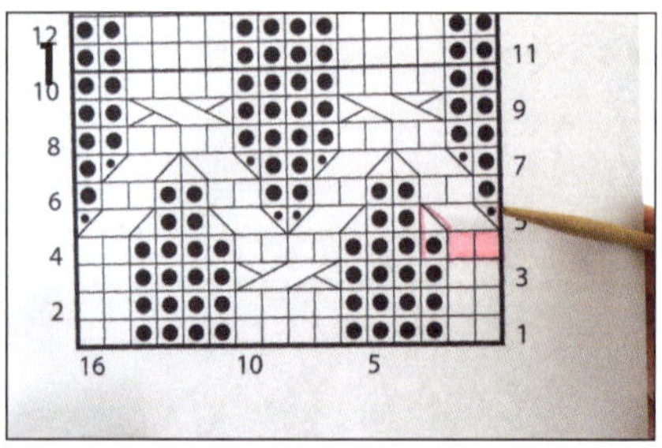

Das Zopfsymbol umfasst 3 Maschen. Wenn wir uns die diagonalen Linien nach unten verlängert vorstellen, sehen wir, dass sie rechts zu 2 Maschen und links zu 1 Masche werden.

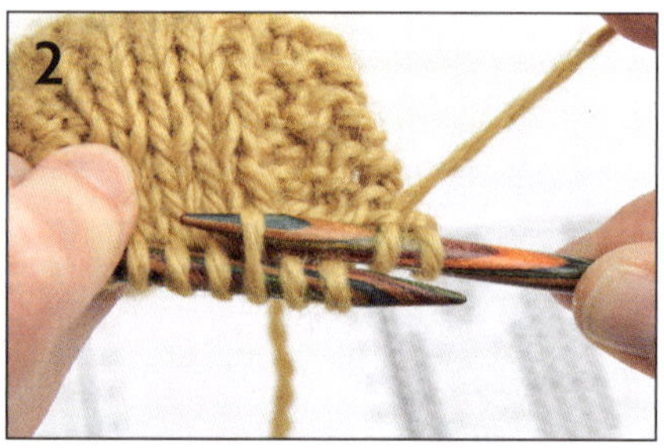

Die ersten 2 Maschen überspringen (die rechten unter dem Zopfsymbol) und 1 Masche hinter der Arbeit mit der rechten Nadelspitze aufnehmen (da der Zopf nach links geht).

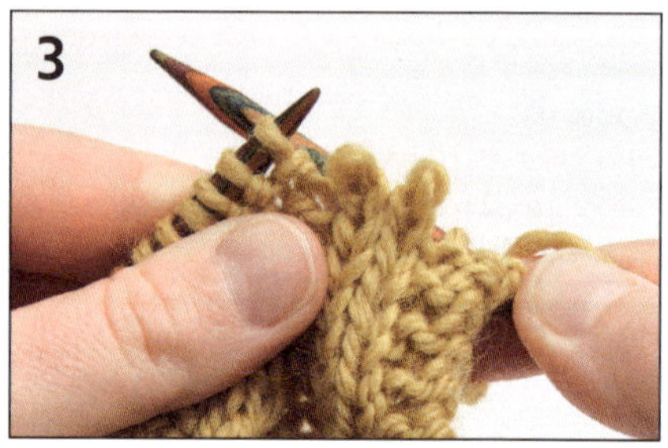

Die linke Nadel vorsichtig aus allen 3 Zopfmaschen ziehen. Auf der rechten Nadel ist 1 Masche und 2 Maschen sind offen.

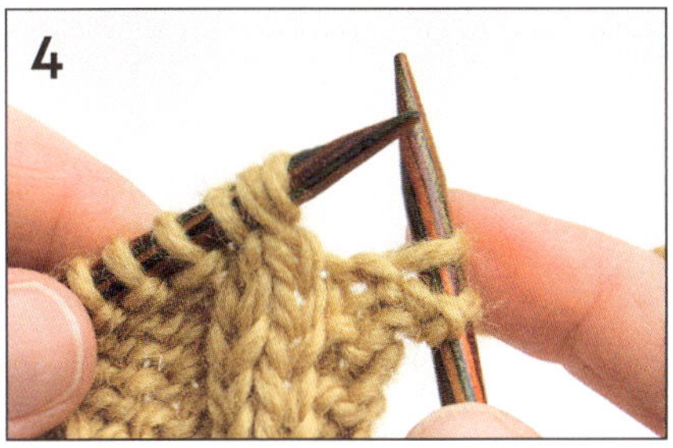

Mit der linken Nadelspitze die offenen Maschen aufnehmen. Die abgehobenen Maschen von der rechten auf die linke Nadel schieben. Die Maschenreihenfolge

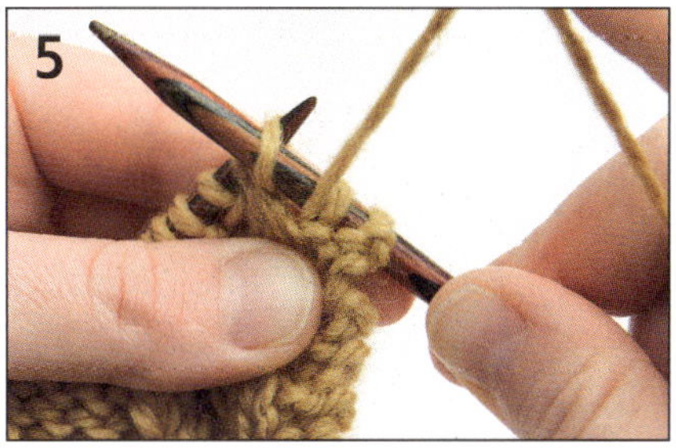

auf der Nadel hat sich geändert. Die Maschen laut den Zeichen des Zopfsymbols stricken – das erste Zeichen ist ein Punkt, also wird die 1. Masche auf

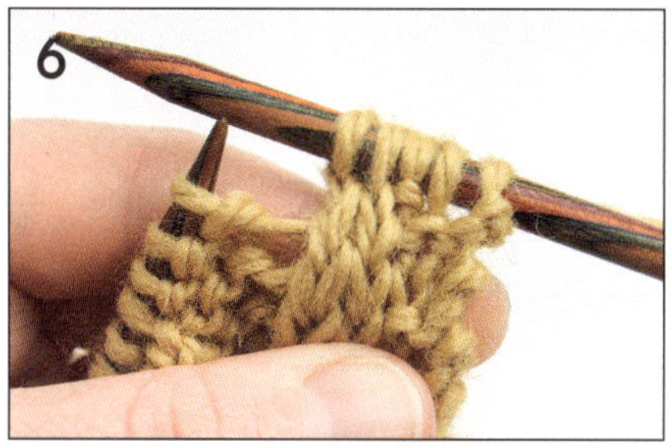

der linken Nadel links gestrickt. Es gibt keine weiteren Zeichen, die restlichen 2 Maschen werden also rechts gestrickt. Jetzt sieht man, dass 2 rechte Maschen 1 linke nach links überkreuzen.

2/1 RPC

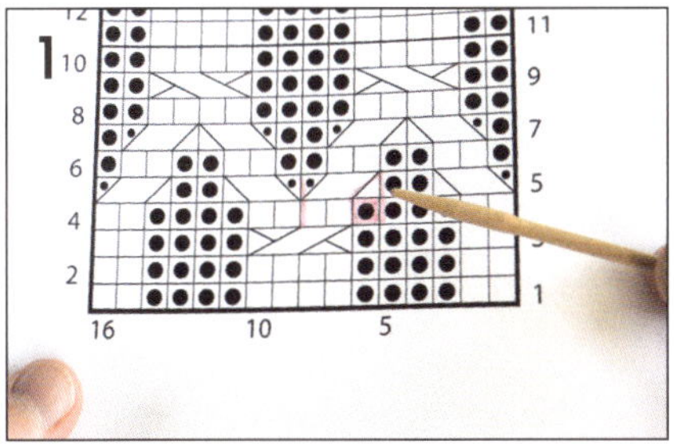

Das Zopfsymbol umfasst 3 Maschen. Wenn wir uns die diagonalen Linien nach unten verlängert vorstellen, sehen wir, dass sie rechts zu 1 und links zu 2 Maschen werden. Die 1 Masche (die rechte

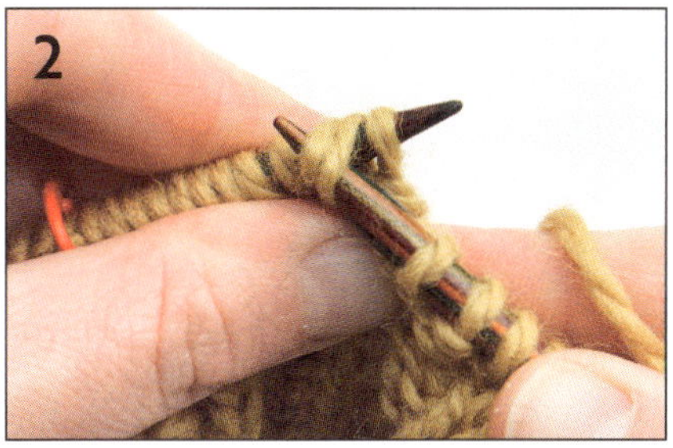

unter dem Symbol) überspringen und mit der rechten Nadel 2 vor der Arbeit aufnehmen (da der Zopf nach rechts geht). Die linke Nadel vorsichtig aus allen 3 Zopfmaschen ziehen. Auf der rechten

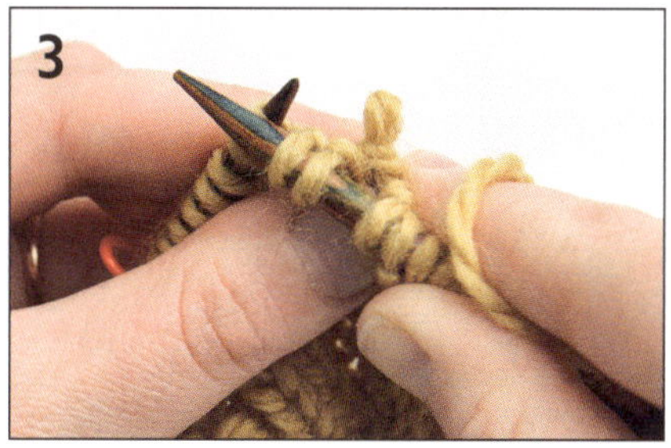

Nadel sind 2 Maschen und 1 offen. Mit der linken Nadelspitze die offene Masche aufnehmen. Die abgehobenen Maschen von der rechten auf die linke Nadel schieben. Die Maschenreihenfolge auf der

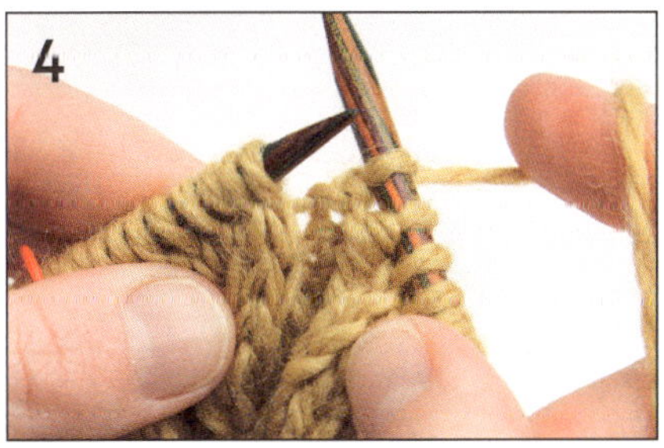

Nadel hat sich geändert. Die Maschen laut den Zeichen des Zopfsymbols stricken – die ersten 2 Maschen (auf der Diagonalen)

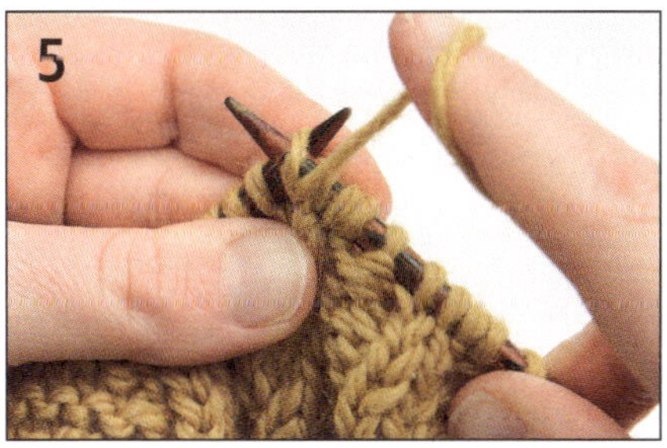

haben keinen Punkt und werden rechts, die 3. Masche mit Punkt wird links gestrickt.

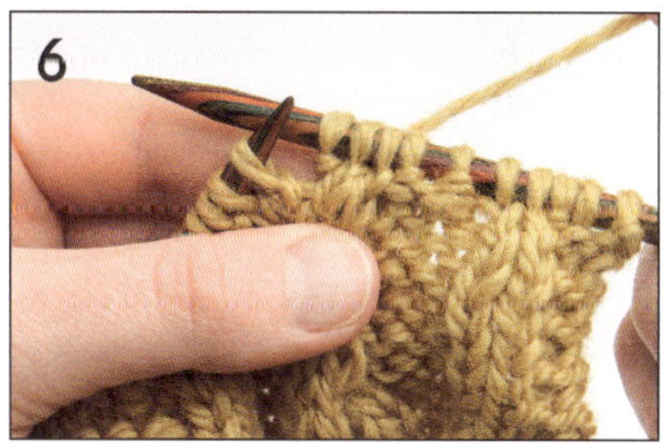

Jetzt sieht man, dass 2 rechte Maschen 1 linke nach rechts überkreuzen.

ÜBUNG!

Um schneller nach Zopfstrickschriften arbeiten zu können, heißt es üben! Am Anfang ist es langsam und umständlich, den schrittweisen Anleitungen zu folgen, aber man wird schneller. Und wenn Sie das nächste Mal ein unbekanntes Symbol sehen, können Sie wenigstens herausfinden, was zu tun ist. Ein Abgleich mit den Abkürzungen wird zeigen, ob Sie den Code entziffert haben.

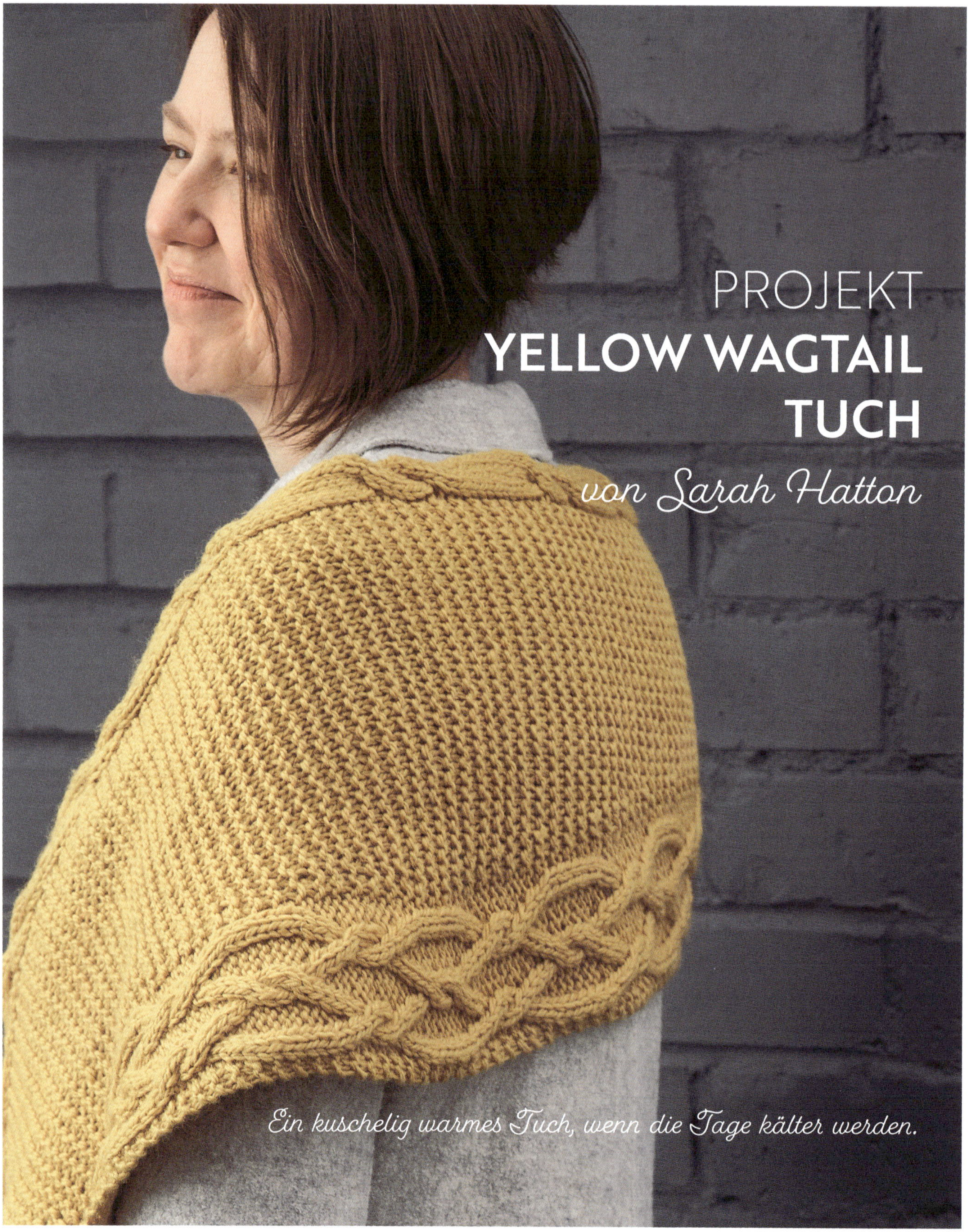

PROJEKT YELLOW WAGTAIL TUCH

von Sarah Hatton

Ein kuschelig warmes Tuch, wenn die Tage kälter werden.

GRÖSSE
Breite: 18,5cm an der schmalsten und 38,5cm an der breitesten Stelle
Länge: 214cm

WOLLE
Jamieson & Smith Shetland Aran Worsted (100% Shetlandwolle; 61m pro 50g Knäuel)
Auld Gold; 7 x 50g Knäuel

NADELN UND ZUBEHÖR
1 Paar 5,5mm Nadeln oder die Stärke, mit der die Maschenprobe erreicht wird
1 Zopfnadel (es sei denn, Sie zopfen ohne)
Maschenmarkierer

MASCHENPROBE
14 M und 26 R auf 10cm krausrechts mit 5,5mm Nadeln, nicht gewaschen & gespannt
12 M und 18 R auf 10cm krausrechts mit 5,5mm Nadeln, gewaschen und gespannt
Zöpfe A mit 6 M sind 3,5cm breit, gewaschen und gespannt
Zöpfe B mit 16 M sind 9cm breit, gewaschen und gespannt

ABKÜRZUNGEN
2/1 RPC **1M auf der Zopfndl hinter die Arbeit legen**, 2M re, 1M li von der Zopfndl
2/1 LPC 2M auf der Zopfndl vor die Arbeit legen, 1M li, 2M re von der Zopfndl
2/2 RC **2M auf der Zopfndl hinter die Arbeit legen**, 2M re, 2M re von der Zopfndl
2/2 LC 2M auf der Zopfndl vor die Arbeit legen, 2M re, 2M re von der Zopfndl
3/3 RC **3M auf der Zopfndl hinter die Arbeit legen**, 3M re, 3M re von der Zopfndl

Eine komplette Abkürzungsliste findet sich am Ende des Buches.

ANMERKUNG ZUR ANLEITUNG
Diese Anleitung gibt es als Strickschrift und ausgeschrieben. Diesen Monat geht es darum, das Lesen von Zopfmustern in Strickschriften zu üben, aber viele finden es hilfreich, mit der ausgeschriebenen Anleitung zu beginnen und erst zur Strickschrift zu wechseln, wenn das Muster etabliert ist. Sie können hin- und herspringen, wie Sie möchten.
Es sind zwei Zopfränder mit einer krausrechten Mitte, in der zu- und abgenommen wird für die asymmetrische Form, die wärmt, ohne aufzutragen.

ANMERKUNG ZUR STRICKSCHRIFT
Ungerade HinR werden von rechts nach links gelesen, gerade RückR von links nach rechts.

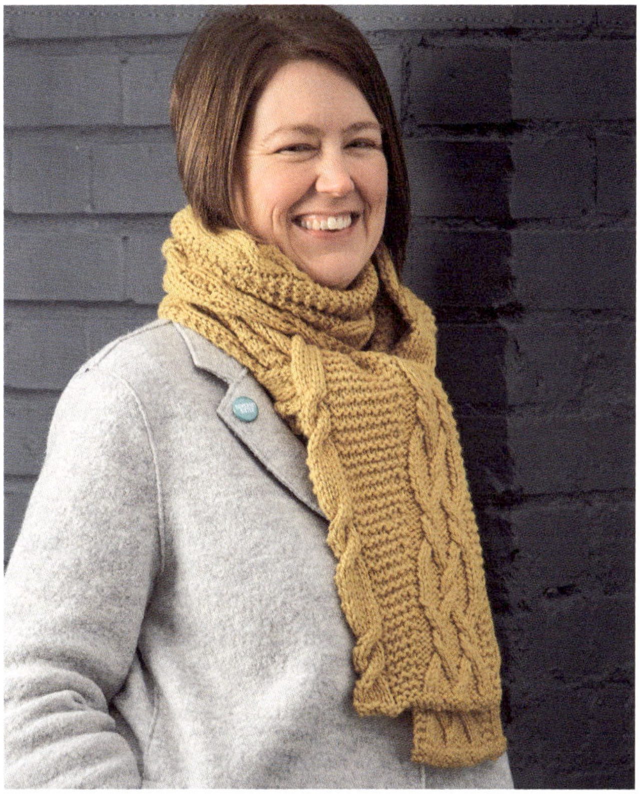

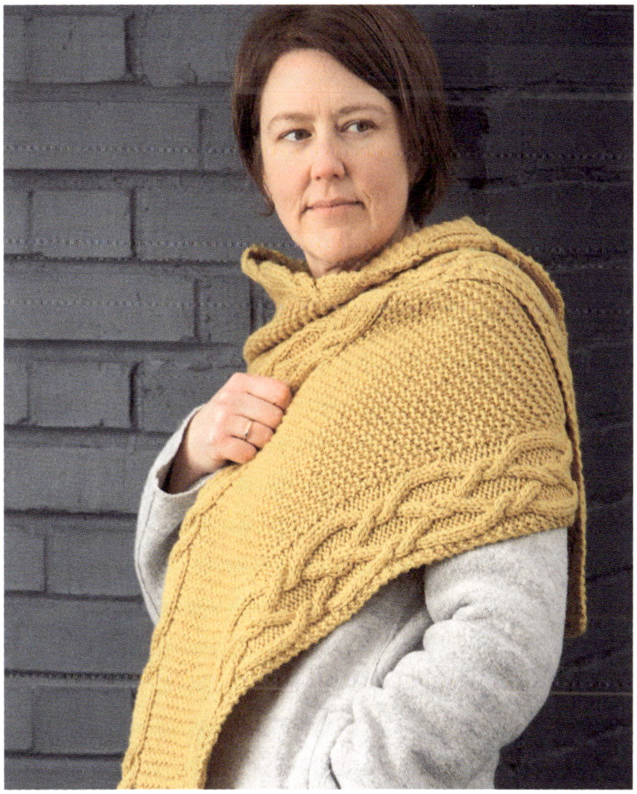

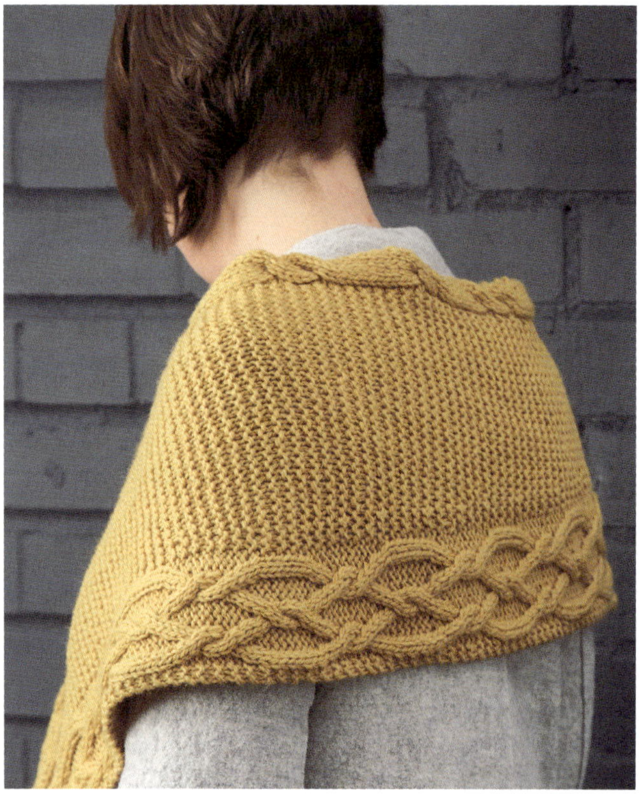

TUCH

1 ANSCHLAG UND ZUNAHMEN
26 M anschlagen (am besten im Kreuzanschlag o.ä.).
Vorbereitungs-R 1 (HinR): Links.
Mascheneinteilung 2 (RückR): 3M re, 1M li zun, 12M re, 1M li zun, 5M re, 1M li zun, 6M re. *3 M zugn; 29 M.*
Weiter mit Schritt 2 für die Anleitung mit Strickschrift oder Schritt 3 für die ausgeschriebene Anleitung.

2 HAUPTTEIL DES TUCHS– ANLEITUNG MIT STRICKSCHRIFT
R 1 (HinR): 2M re, 16 M der 1. R von Strickschrift A str, 1M li, MM setzen, re bis letzte 7 M, 1M li, 6 M der 1. R von Strickschrift B.
R 2 (RückR): 6 M der R 2 der Strickschrift B, bis MM re, MM, 1M re, 16 M der R 2 der Strickschrift A, 2M re.
Noch 2 R im Muster stricken, mit einer RückR enden.
R 5 (HinR): 2M re, 16 M der R 5 der Strickschrift A, 1M li, MM, 1M re, 1M re zun, re bis ltz 7 M, 1M li, 6 M der R 5 von Schrift B. *1 M zugn.*
Zun (1M re, 1M re zun nach dem MM) wie in der Strickschrift angegeben in R 5, 11 und 17 str, weiter im Muster, bis R 4 zum 9. Mal beendet wurde (insg 164 Muster-R). *24 M zug; 53 M.*

R 165 (HinR): 2M re, 16 M der R 5 von Strickschrift A, 1M li, MM, 1M re, 2M re überz zus, re bis ltz 7 M, 1M li, 6 M der R 5 der Strickschrift B. *1 M abgn.*
Die Abn (1M re, 2M re überz zus nach dem MM) wie in der Strickschrift angegeben in R 5, 11 und 17 str, weiter im Muster str, bis R 20 zum 10. Mal beendet wurde (insg 200 Muster-R). *6 M abgn; 47 M.*
Nun wie in der Strickschrift angegeben nur in R 5 und 15 abn, weiter im Muster str, bis R 20 zum 19. Mal beendet wurde (insg 380 Muster-R). *18 M abgn; 29 M.*
R 1 wie in der Strickschrift arbeiten. Weiter mit Schritt 4.

3 HAUPTTEIL DES TUCHS – AUSGESCHRIEBENE ANLEITUNG
R 1 (HinR): (4M re, 4M li) 2x, 2M re, 1M li, MM setzen, re bis ltz 7 M, 1M li, 6M re.
R 2 (RückR): 1M re, 5M li, bis MM re, MM, 1M re, 2M li, 4M re, 4M li, 4M re, 2M li, 2M re.
R 3: 4M re, 4M li, 2/2 RC, 4M li, 2M re, 1M li, MM, re bis ltz 7 M, 1M li, 6M re.
R 4: 1M re, 5M li, bis MM re, MM, 1M re, 2M li, 4M re, 4M li, 4M re, 2M li, 2M re.
R 5 (Zun): 2M re, (2/1 LPC, 2M li, 2/1 RPC) 2x, 1M li, MM, 1M re, 1M re zun, re bis ltz 7 M, 1M li, 6M re. *1M zugn.*
R 6: 1M re, 5M li, bis MM re, MM, (2M re, 2M li) 4x, 3M re.
R 7: 2M re, (1M li, 2/1 LPC, 2/1 RPC, 1M li) 2x, 1M li, MM, re bis ltz 7 M, 1M li, 3/3 RC.
R 8: 1M re, 5M li, bis MM re, MM, 3M re, (4M li, 4M re) 2x.
R 9: 2M re, (2M li, 2/2 LC, 2M li) 2x, 1M li, MM, re bis ltz 7 M, 1M li, 6M re.
R 10: 1M re, 5M li, bis MM re, MM, 3M re, (4M li, 4M re) 2x.
R 11 (Zun): 2M re, 2M li, 4M re, 4M li, 4M re, 3M li, MM, 1M re, 1M re zun, re bis ltz 7 M, 1M li, 6M re. *1M zugn.*
R 12: 1M re, 5M li, bis MM re, MM, 3M re, (4M li, 4M re) 2x.
R 13: 2M re, (2M li, 2/2 LC, 2M li) 2x, 1M li, MM, re bis ltz 7 M, 1M li, 3/3 RC.
R 14: 1M re, 5M li, bis MM re, MM, 3M re, (4M li, 4M re) 2x.
R 15: 2M re, (1M li, 2/1 RPC, 2/1 LPC, 1M li) 2x, 1M li, MM, re bis ltz 7 M, 1M li, 6M re.
R 16: 1M re, 5M li, bis MM re, MM, (2M re, 2M li) 4x, 3M re.
R 17 (Zun): 2M re, (2/1 RPC, 2M li, 2/1 LPC) 2x, 1M li, MM, 1M re, 1M re zun, re bis ltz 7 M, 1M li, 6M re. *1M zugn.*
R 18: 1M re, 5M li, bis MM re, MM, 1M re, 2M li, 4M re, 4M li, 4M re, 2M li, 2M re.
R 19: 4M re, 4M li, 2/2 RC, 4M li, 2M re, 1M li, MM, re bis ltz 7 M, 1M li, 6M re.
R 20: 1M re, 5M li, bis MM re, MM, 1M re, 2M li, 4M re, 4M li, 4M re, 2M li, 2M re.
Die ltz 20 R 7x wdh (insg 160 Muster-R). *24 M zugn; 53 M.*
R 161 (HinR): (4M re, 4M li) 2x, 2M re, 1M li, MM, re bis ltz 7 M, 1M li, 6M re.
R 162 (RückR): 1M re, 5M li, bis MM re, MM, 1M re, 2M li, 4M re, 4M li, 4M re, 2M li, 2M re.
R 163: 4M re, 4M li, 2/2 RC, 4M li, 2M re, 1M li, MM, re bis ltz 7 M, 1M li, 6M re.
R 164: 1M re, 5M li, bis MM re, MM, 1M re, 2M li, 4M re, 4M li, 4M re, 2M li, 2M re.
R 165 (Abn): 2M re, (2/1 LPC, 2M li, 2/1 RPC) 2x, 1M li, MM, 1M re, 2M re überz zus, re bis ltz 7 M, 1M li, 6M re. *1 M abgn.*
R 166: 1M re, 5M li, bis MM re, MM, (2M re, 2M li) 4x, 3M re.
R 167: 2M re, (1M li, 2/1 LPC, 2/1 RPC, 1M li) 2x, 1M li, MM, re bis

ltz 7 M, 1M li, 3/3 RC.
R 168: 1M re, 5M li, bis MM re, MM, 3M re, (4M li, 4M re) 2x.
R 169: 2M re, (2M li, 2/2 LC, 2M li) 2x, 1M li, MM, re bis ltz 7 M, 1M li, 6M re.
R 170: 1M re, 5M li, bis MM re, MM, 3M re, (4M li, 4M re) 2x.
R 171 (Abn): 2M re, 2M li, 4M re, 4M li, 4M re, 3M li, MM, 1M re, 2M re überz zus, re bis ltz 7 M, 1M li, 6M re. *1 M abgn.*
R 172: 1M re, 5M li, bis MM re, MM, 3M re, (4M li, 4M re) 2x.
R 173: 2M re, (2M li, 2/2 LC, 2M li) 2x, 1M li, MM, re bis ltz 7 M, 1M li, 3/3 RC.
R 174: 1M re, 5M li, bis MM re, MM, 3M re, (4M li, 4M re) 2x.
R 175: 2M re, (1M li, 2/1 RPC, 2/1 LPC, 1M li) 2x, 1M li, MM, re bis ltz 7 M, 1M li, 6M re.
R 176: 1M re, 5M li, bis MM re, MM, (2M re, 2M li) 4x, 3M re.
R 177 (Abn): 2M re, (2/1 RPC, 2M li, 2/1 LPC) 2x, 1M li, MM, 1M re, 2M re überz zus, re bis ltz 7 M, 1M li, 6M re. *1 M abgn.*
R 178: 1M re, 5M li, bis MM re, MM, 1M re, 2M li, 4M re, 4M li, 4M re, 2M li, 2M re.
R 179: 4M re, 4M li, 2/2 RC, 4M li, 2M re, 1M li, MM, re bis ltz 7 M, 1M li, 6M re.
R 180: 1M re, 5M li, bis MM re, MM, 1M re, 2M li, 4M re, 4M li, 4M re, 2M li, 2M re.
Die ltz 20 R 1x wdh (insg 200 Muster-R). *6M abgn; 47 M.*
R 201 (HinR): (4M re, 4M li), 2M re, 1M li, MM, re bis ltz 7 M, 1M li, 6M re.
R 202 (RückR): 1M re, 5M li, bis MM re, MM, 1M re, 2M li, 4M re, 4M li, 4M re, 2M li, 2M re.
R 203: 4M re, 4M li, 2/2 RC, 4M li, 2M re, 1M li, MM, re bis ltz 7 M, 1M li, 6M re.
R 204: 1M re, 5M li, bis MM re, MM, 1M re, 2M li, 4M re, 4M li, 4M re, 2M li, 2M re.
R 205 (Abn): 2M re, (2/1 LPC, 2M li, 2/1 RPC) 2x, 1M li, MM, 1M re, 2M re überz zus, re bis ltz 7 M, 1M li, 6M re. *1 M abgn.*
R 206: 1M re, 5M li, bis MM re, MM, (2M re, 2M li) 4x, 3M re.
R 207: 2M re, (1M li, 2/1 LPC, 2/1 RPC, 1M li) 2x, 1M li, MM, re bis ltz 7 M, 1M li, 3/3 RC.
R 208: 1M re, 5M li, bis MM re, MM, 3M re, (4M li, 4M re) 2x.
R 209: 2M re, (2M li, 2/2 LC, 2M li) 2x, 1M li, MM, re bis ltz 7 M, 1M li, 6M re.
R 210: 1M re, 5M li, bis MM re, MM, 3M re, (4M li, 4M re) 2x.
R 211: 2M re, 2M li, 4M re, 4M li, 4M re, 3M li, MM, re bis ltz 7 M, 1M li, 6M re.
R 212: 1M re, 5M li, bis MM re, MM, 3M re, (4M li, 4M re) 2x.
R 213: 2M re, (2M li, 2/2 LC, 2M li) 2x, 1M li, MM, re bis ltz 7 M, 1M li, 3/3 RC.
R 214: 1M re, 5M li, bis MM re, MM, 3M re, (4M li, 4M re) 2x.
R 215 (Abn): 2M re, (1M li, 2/1 RPC, 2/1 LPC, 1M li) 2x, 1M li, MM, 1M re, 2M re überz zus, re bis ltz 7 M, 1M li, 6M re. *1M abgn.*
R 216: 1M re, 5M li, bis MM re, MM, (2M re, 2M li) 4x, 3M re.
R 217: 2M re, (2/1 RPC, 2M li, 2/1 LPC) 2x, 1M li, MM, re bis ltz 7 M, 1M li, 6M re.
R 218: 1M re, 5M li, bis MM re, MM, 1M re, 2M li, 4M re, 4M li, 4M re, 2M li, 2M re.
R 219: 4M re, 4M li, 2/2 RC, 4M li, 2M re, 1M li, MM, re bis ltz 7 M, 1M li, 6M re.
R 220: 1M re, 5M li, bis MM re, MM, 1M re, 2M li, 4M re, 4M li, 4M re, 2M li, 2M re.
Die ltz 20 R 8x wdh (insg 380 Muster-R). *18 M abgn; 29 M übrig.*
R 201 noch 1x wdh. Weiter mit Schritt 4.

November

4 ABNAHMEN

R 382 (RückR): 3M re, 2M re zus, 11M re, 2M re zus, 4M re, 2M re zus, 5M re. *3 M abgn; 26 M.*
Nächste R (HinR): Links.
In der RückR re abketten.

5 AUSARBEITEN

Fäden vernähen, noch nicht abschneiden. Das Tuch 20 Minuten in lauwarmes Wasser mit Wollwaschmittel legen. Überschüssiges Wasser ausdrücken (nicht wringen), zwischen Handtüchern pressen. Auf Maße spannen und flach trocknen lassen. Wenn es ganz trocken ist die Fadenenden abschneiden.

SCHLÜSSEL Y

- ☐ HinR re, RückR li
- ⊡ RückR re, HinR li
- **2/1 RPC** 1M auf der Zndl hinter die Arbeit legen, 2M re, 1M li von der Zndl
- **2/1 LPC** 2M auf der Zndl vor die Arbeit legen, 1M li, 2M re von der Zndl
- **2/2 RC** 2M auf der Zndl hinter die Arbeit legen, 2M re, 2M re von der Zndl
- **2/2 LC** 2M auf der Zndl vor die Arbeit legen, 2M re, 2M re von der Zndl
- **3/3 RC** 3M auf der Zndl hinter die Arbeit legen, 3M re, 3M re von der Zndl

STRICKSCHRIFT B

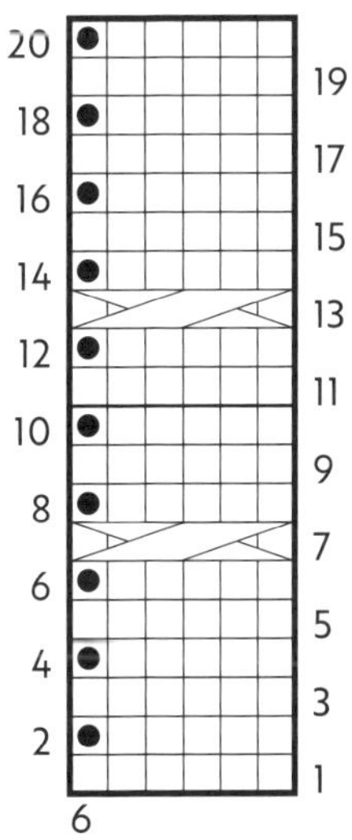

STRICKSCHRIFT A

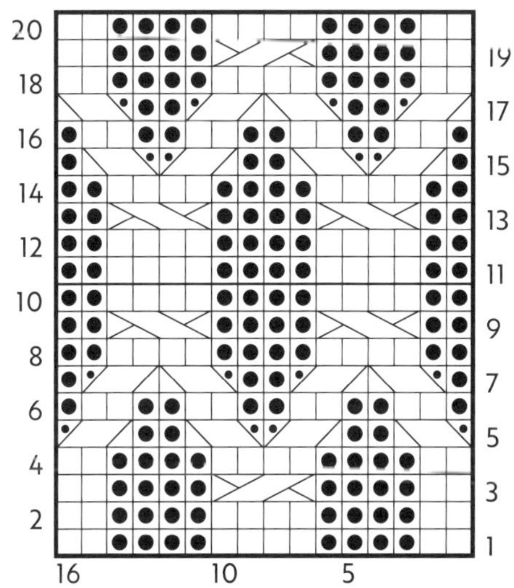

Winter

Dezember

TECHNIK **Nachträgliche Ferse (und Daumen)**
PROJEKT **Hedera Helix Socken**
DESIGN **Jim Arnall-Culliford**

Januar

TECHNIK **Farbdominanz bei Fair Isle Mustern**
PROJEKT **Shaila Handschuhe**
DESIGN **Ella Gordon**

Februar

TECHNIK **Steeks**
PROJEKT **Oorik Pullunder**
DESIGN **Mary Jane Mucklestone**

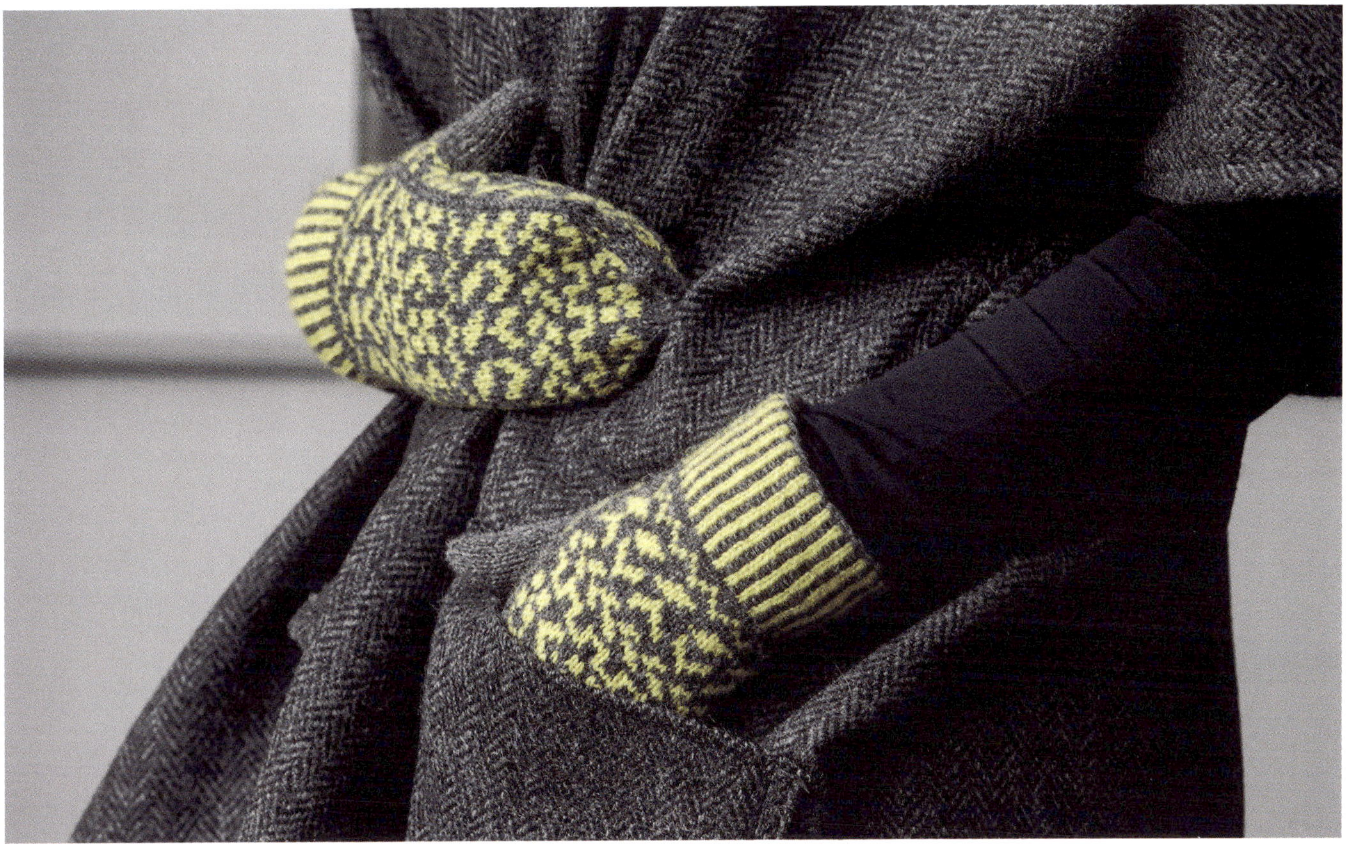

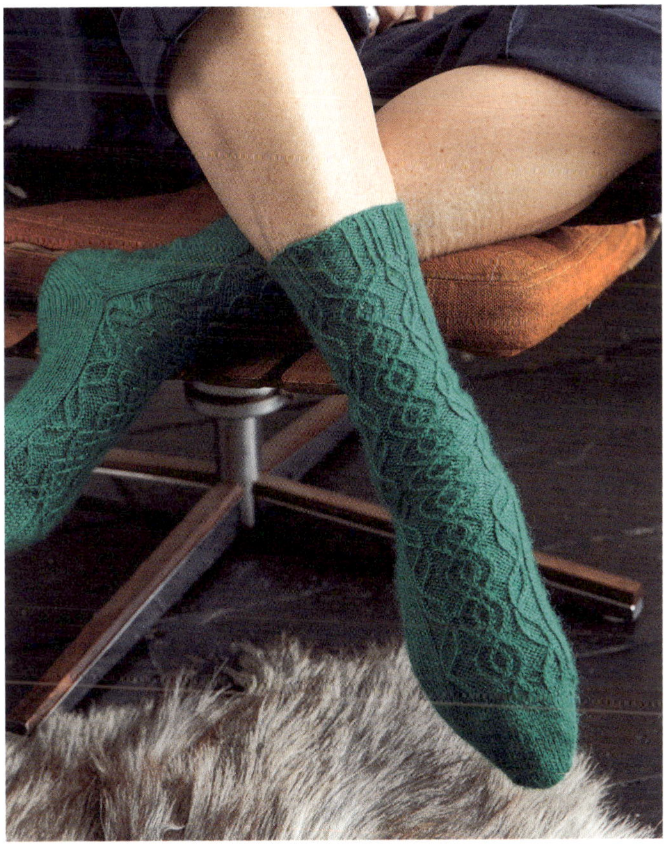

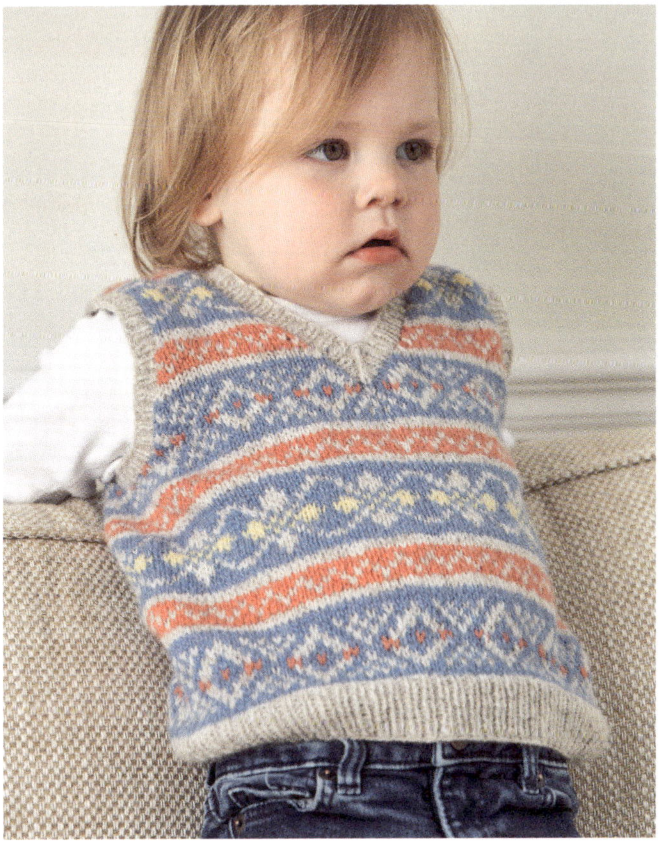

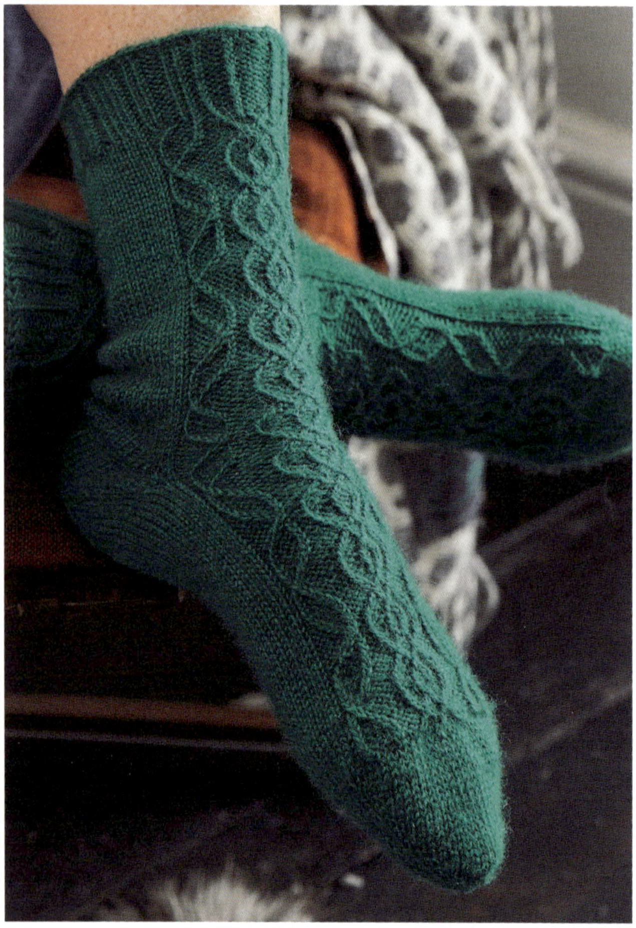

TECHNIK
NACHTRÄGLICHE FERSE (& DAUMEN)

Manchmal möchte man einfach entspannt weiterstricken und nicht aufhören und etwas anderes tun. Vielleicht weil man den wunderschönen Farbverlauf der Regenbogenwolle nicht unterbrechen möchte. Oder vielleicht weil man den Rhythmus des Zopf- oder Fair Isle Musters beibehalten möchte, und eine Pause, um die Ferse zu stricken, würde diesen schönen zen-artigen Fluss stören. Oder vielleicht passt Ihnen die später angestrickte Ferse oder der Daumen einfach besser? Egal warum, eine Öffnung, die sich später nutzen lässt, ist ein praktischer Trick.

Das Prinzip ist simpel: Man bestimmt, über wie viele Maschen die Öffnung gehen soll, dann strickt man diese Maschen mit einem Wollrest ab und dann noch einmal mit dem Arbeitsfaden, dann arbeitet man weiter wie vorher. Wenn man mit dem Stricken fertig ist, kann man die Maschen rund um den Wollrest auf Nadeln nehmen, den Wollrest entfernen und von der Öffnung aus die Ferse, den Daumen, die Tasche oder was auch immer stricken!

Es ist egal, wofür man die nachträgliche Öffnung braucht, die Vorgehensweise ist immer dieselbe.

Ich empfehle, glatte, mercerisierte Baumwolle als Wollrest zu verwenden, weil die sich später leicht entfernen lässt. Man kann auch Wolle benutzen, doch sie hängt stärker an den anderen Maschen fest und ist dadurch schwieriger rauszuziehen. Man kann den Wollrest auch ganz weglassen und einfach den Arbeitsfaden aufschneiden und zu beiden Richtungen über die entsprechende Maschenzahl aufziehen. Ich finde allerdings, dass durch diesen kleinen Wollrest die Maschen viel leichter zu erkennen sind, daher lohnt sich dieser zusätzliche Schritt auf jeden Fall. Außerdem verringert er auch das Risiko, eine Masche fallen zu lassen, wenn man mit der Ferse, dem Daumen oder der Tasche anfängt.

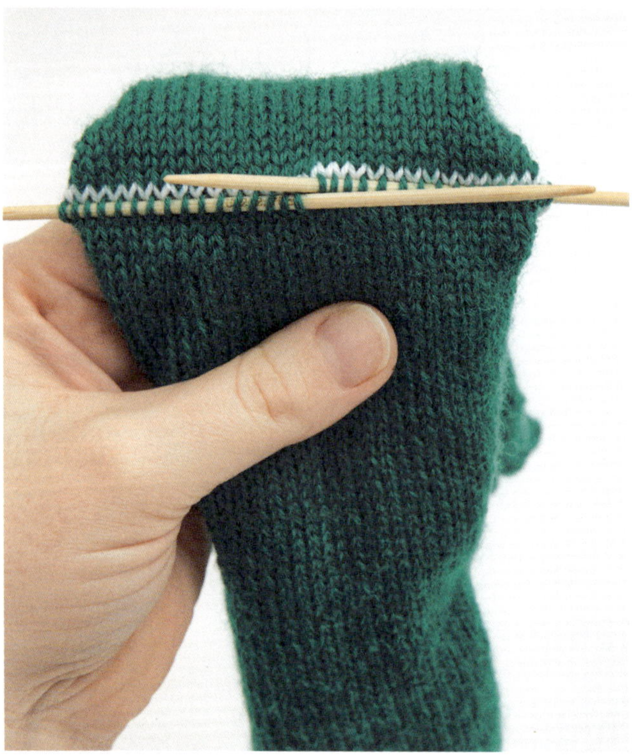

SCHRITT FÜR SCHRITT ANLEITUNG FÜR EINE ÖFFNUNG MIT HILFSFADEN

i Einen Hilfsfaden dazunehmen. Bei einer Ferse strickt man über mindestens die Hälfte der Maschen auf der hinteren Seite oder der Sohle. Bei einem Nadelspiel kann es sinnvoll sein, die Maschen neu zu verteilen, um am Nadelbeginn mit dem Hilfsfaden anzufangen.

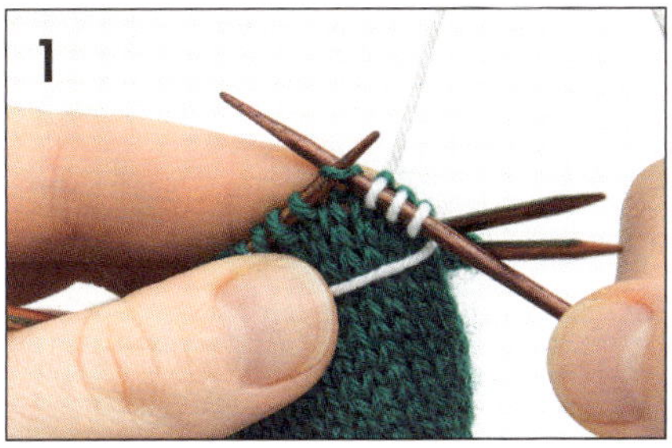

ii Mit dem Hilfsfaden die Maschen wie in der Anleitung angegeben stricken.

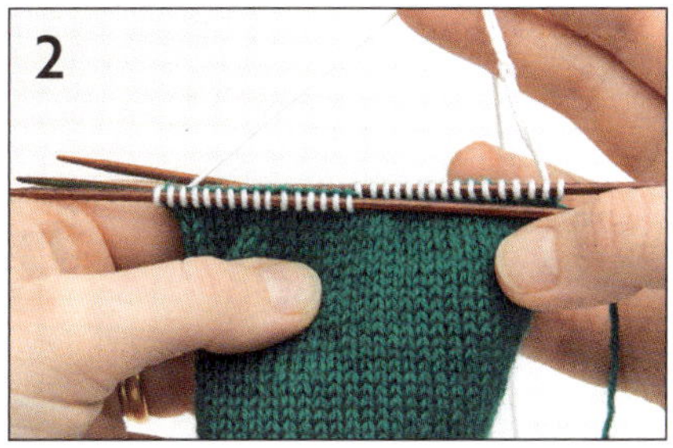

iii Wenn genug Maschen gestrickt wurden, die Enden des Hilfsfadens locker verknoten, damit sie nicht aufgehen.

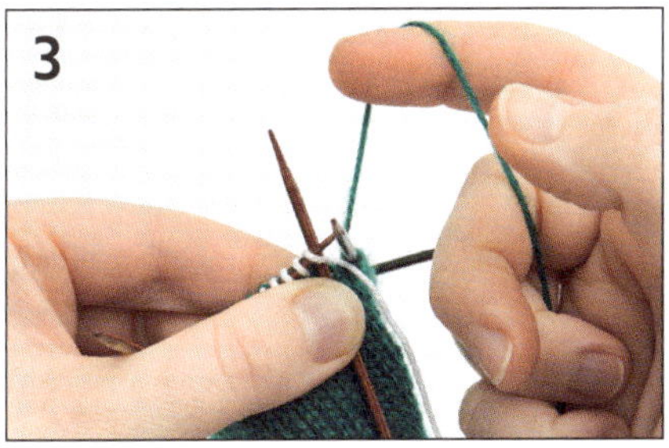

iv Bei einer Rundnadel muss man die Hilfsfadenmaschen wieder zurück auf die linke Nadel schieben, bei einem Nadelspiel kann man sie ans andere Nadelende schieben. Jetzt mit dem Arbeitsfaden weiterstricken

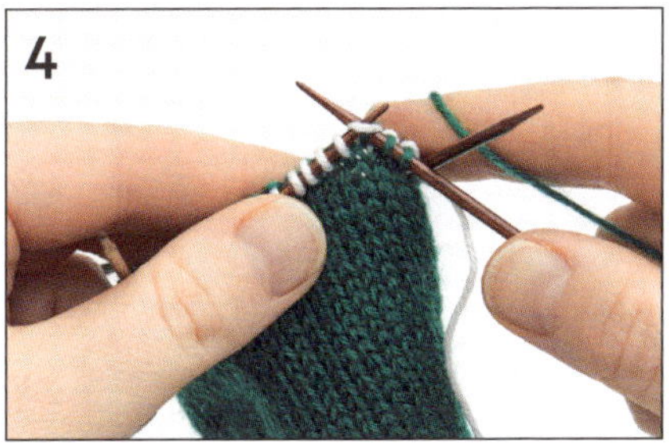

v Mit dem Arbeitsfaden über die Maschen des Hilfsfadens stricken.

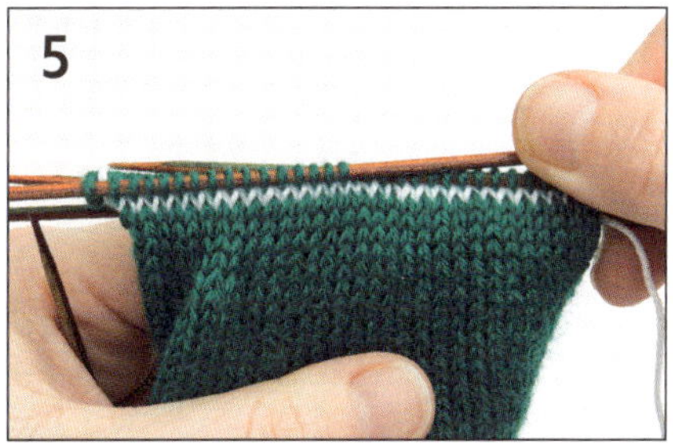

vi Es gibt nun eine Reihe aus dem Hilfsfaden im Strickstück. Wenn die Socke (der Handschuh etc.) fertig ist, löst man den Hilfsfaden und strickt eine nachträgliche Ferse (Daumen oder Tasche).

SCHRITT FÜR SCHRITT ANLEITUNG FÜR EINE NACHTRÄGLICHE FERSE (DAUMEN ODER TASCHE)

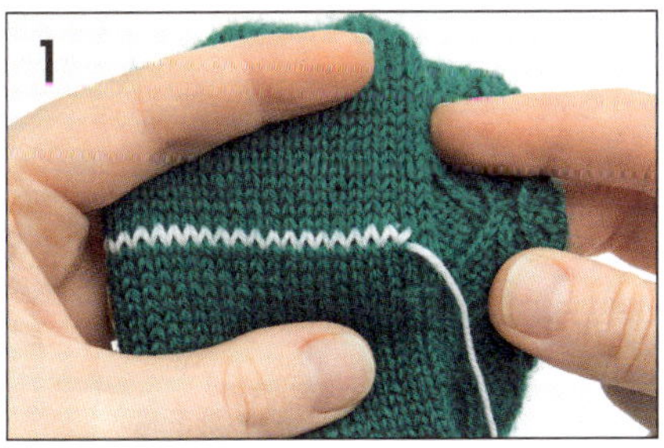

i Wenn der Hauptteil fertig gestrickt ist, kehrt man zu den Hilfsfadenmaschen zurück. Jetzt muss man die Reihe unter den Hilfsfadenmaschen ausfindig machen.

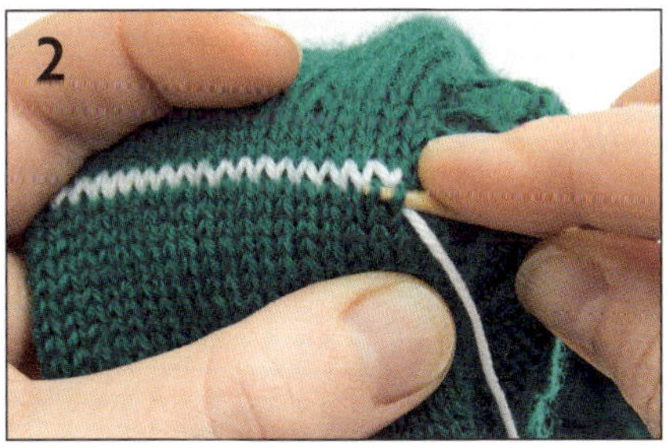

ii Mit einer etwas dünneren Nadel das rechte Maschenglied jeder Masche unter den Hilfsfadenmaschen aufnehmen.

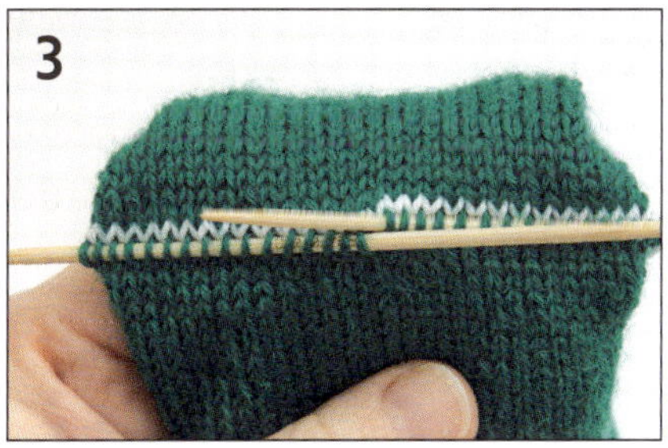

iii Über die gesamte Reihe das rechte Maschenglied jeder Masche aufnehmen. Eventuell zwei Nadelspielnadeln nutzen.

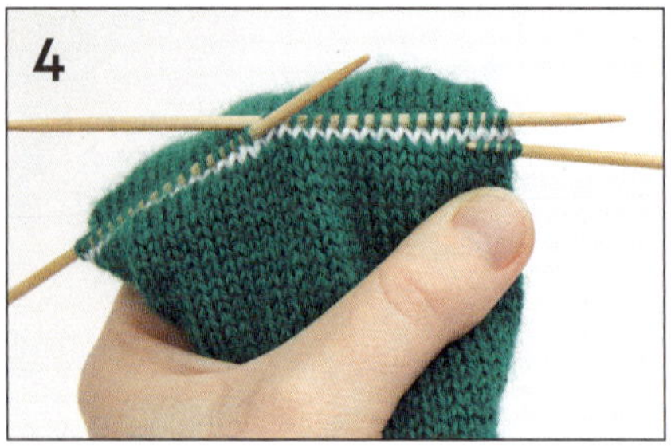

iv Die Arbeit um 180° wenden und auf der anderen Seite des Hilfsfadens genauso verfahren.

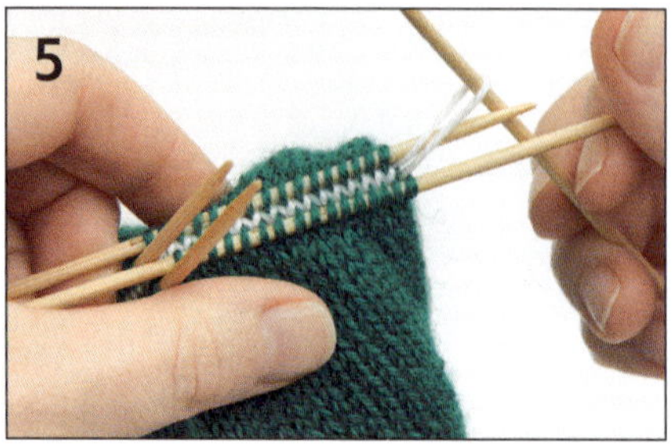

v Wenn alle Maschen aufgenommen wurden, kann man den Hilfsfaden entfernen, entweder man zieht oder man schneidet ihn heraus.

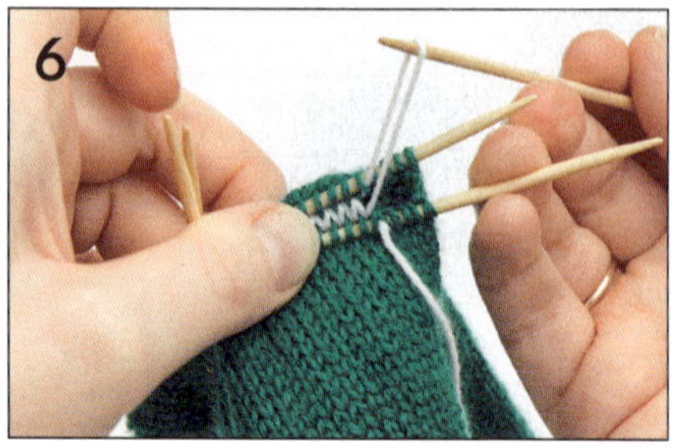

vi Den Hilfsfaden weiter entfernen, darauf achten, dass alle Maschen sicher auf einer Nadel liegen.

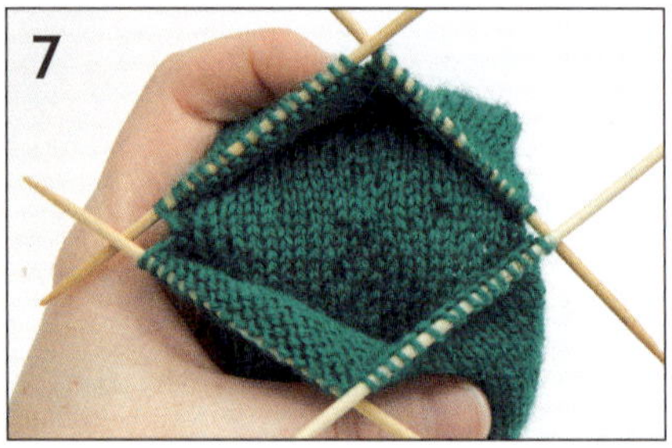

vii Wenn der Hilfsfaden ganz entfernt ist, sollte man überprüfen, dass alle Maschen auf den Nadeln liegen, besonders in den Ecken.

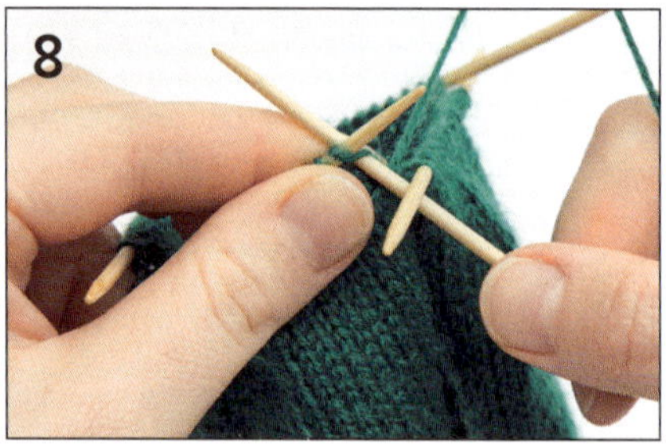

viii Jetzt mit dem Arbeitsgarn und der richtigen Nadelstärke über eine Seite der Öffnung stricken.

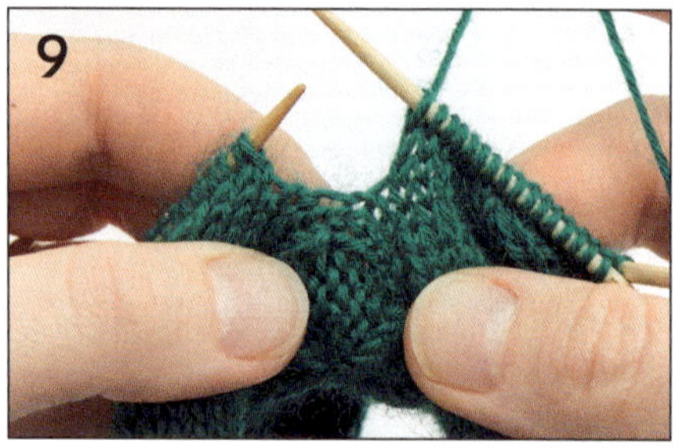

ix Am Ende der Reihe aus dem Hilfsfaden sieht man eine Lücke.

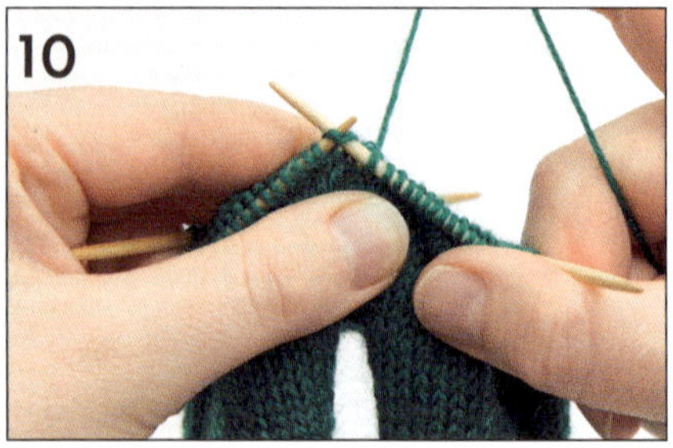

x In dieser Lücke 1 oder 2 Maschen aufnehmen und stricken (in der Anleitung wird stehen wie viele).

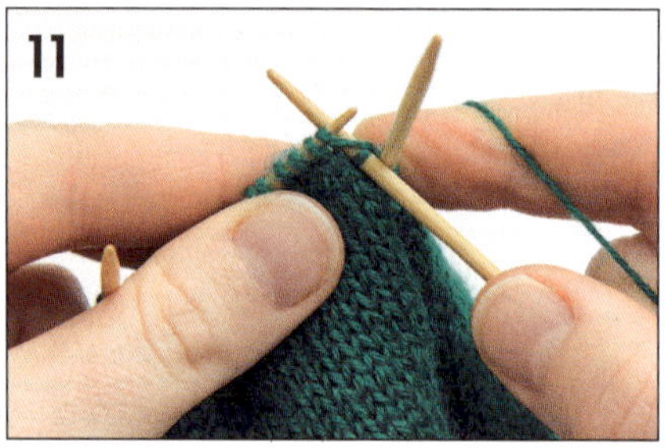

xi Über die andere Seite der Öffnung mit dem Arbeitsgarn und der richtigen Nadelstärke stricken.

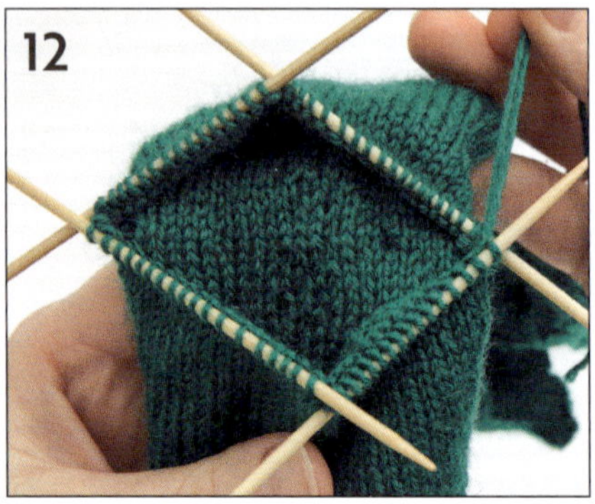

xii Am Ende dieser Seite auch 1 oder 2 Maschen aufnehmen und stricken.

xiii Jetzt kann die Ferse, Tasche oder der Daumen rund gestrickt werden (12).

VARIATIONEN ZUM THEMA

Durch nachträgliche Öffnungen kann man in unterschiedliche Richtungen stricken. Man kann an jeder Verbindungsstelle eine Öffnung arbeiten. Ein Kuscheltier? Kopf und Körper sind ein (geformter) Schlauch, dann kann man die Arme und Beine später aus einer nachträglichen Öffnung herausstricken. Sollte sich herausstellen, dass die Öffnung an der falschen Stelle sitzt, kann man die Maschen immer noch im Maschenstich verschließen und den Arbeitsfaden an einer besseren Stelle aufschneiden.

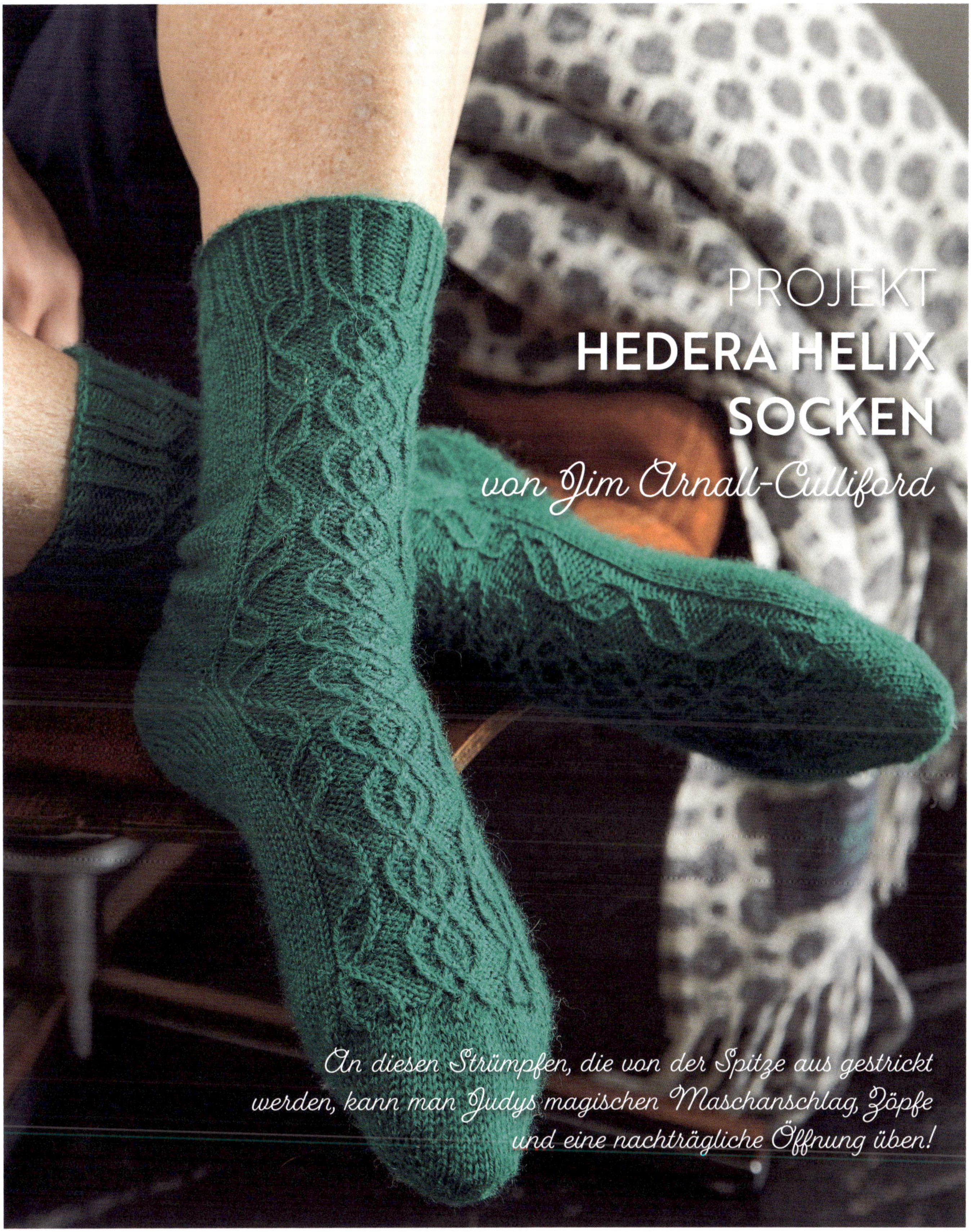
PROJEKT
HEDERA HELIX SOCKEN
von Jim Arnall-Culliford
An diesen Strümpfen, die von der Spitze aus gestrickt werden, kann man Judys magischen Maschanschlag, Zöpfe und eine nachträgliche Öffnung üben!

GRÖSSEN
Small (Medium, Large, XL)
Fußumfang: 20,5 (23, 25,5, 28) cm
Fußumfang der Socke (ungedehnt): 16 (18, 21, 24) cm
Beinlänge bis Fersenbeginn: 17cm
Die Fußlänge lässt sich anpassen. Die fertige Sock ist 0,5cm kürzer als der Fuß, damit sie gut sitzt.

WOLLE
Schoppel Wolle Admiral (75% Wolle, 25% Polyamid; 400m pro 150g Knäuel)
Marsgrün (6601); 1 x 150g Knäuel

NADELN UND ZUBEHÖR
2 Rundnadeln 2,75mm für Judys magischen Maschenanschlag
1 Nadelspiel 2,75mm oder Ihre Lieblingsnadeln für kleine Runden oder die Stärke, mit der die Maschenprobe erreicht wird
Maschenmarkierer; Zopfnadel

MASCHENPROBE
32 M und 42 Rd auf 10cm glatt rechts in Rdn, gewaschen und gespannt
28 M im Zugmaschenmuster messen 6,5cm ungedehnt

TECHNIK
Siehe August (S. 57) für Judys magischen Maschenanschlag für einen geschlossenen Beginn.

ABKÜRZUNGEN
1/1 LT 1M vor der Arbeit auf die Zndl legen, 1M rev; 1M rev von der Zndl
1/1 RT 1M hinter der Arbeit auf die Zndl legen, 1M rev; 1M rev von der Zndl
1/1 LPT 1M vor der Arbeit auf die Zndl legen, 1M li; 1M rev von der Zndl
1/1 RPT 1M hinter der Arbeit auf die Zndl legen, 1M rev; 1M li von der Zndl
Eine komplette Abkürzungsliste findet sich am Ende des Buches.

ANMERKUNG ZUR ANLEITUNG
Diese Socken werden an der Spitze mit Judys magischem Maschenanschlag begonnen, dann wird zugenommen bis zum Fußumfang. Der Fuß hat oben ein Zugmaschenmuster und eine glattrechte Sohle, dann werden Maschen für die Ferse mit einem Wollrest abgestrickt. Das Bein wird genauso gearbeitet wie der Fuß, am Schluss folgt ein Rippenbündchen, das elastisch abgekettet wird. Das Muster gibt es als Strickschrift und ausgeschrieben, so dass man das Lesen der Symbole üben kann, wenn man möchte.

ANMERKUNGEN ZUR STRICKSCHRIFT
Alle Reihe der Strickschrift von rechts nach links lesen.

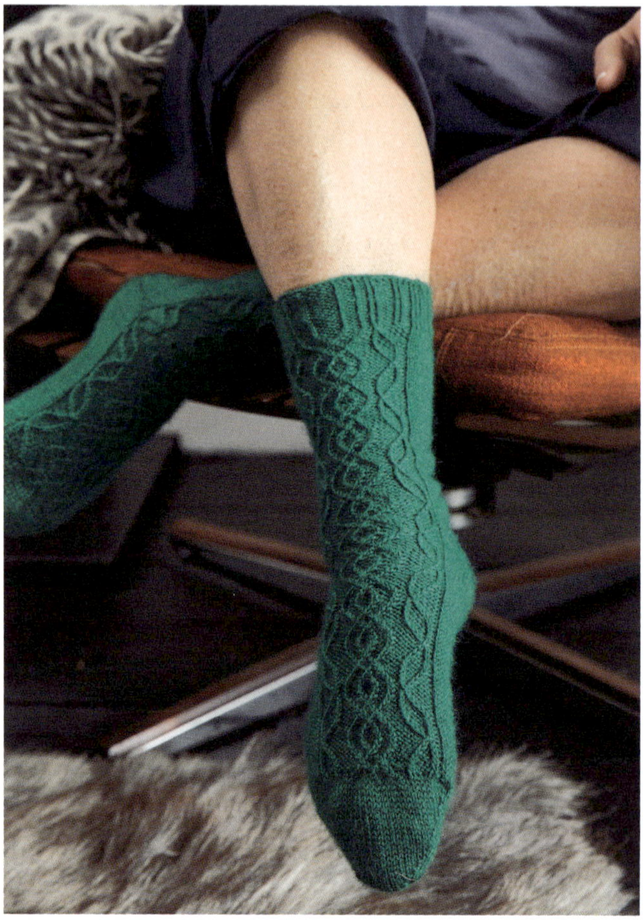

SOCKE
ZWEI GLEICHE STRICKEN

1 SPITZE
18 (20, 22, 24) M mit Judys magischem Maschenanschlag anschlagen, (9 (10, 11, 12) M pro Nadelspitze).
1 Rd re.
Rd 1: *1M re, 1M li zun, 7 (8, 9, 10)M re, 1M li zun, 1M re, MM setzen; ab * noch 1 Mal wdh. *4 M zugn; 22 (24, 26, 28) M.* Der zweite MM markiert das Rd-Ende. Wenn die M gleichmäßig auf zwei Nadelspitzen verteilt sind, kann man die MM auch weglassen, sie würden sowieso ans Nadelende fallen.
Rd 2: Rechts.
Rd 3: *1M re, 1M li zun, bis 1 M vor MM re, 1M li zun, 1M re, MM; ab * noch 1 Mal wdh. *4 M zugn.*
Die letzten 2 Rd noch 8 (9, 11, 13) Mal wdh. *36 (40, 48, 56) M zugn; 58 (64, 74, 84) M.*
Weiter mit Schritt 2 für die Anleitung mit Strickschrift oder Schritt 3 für die ausgeschriebene Anleitung.

2 FUSS – ANLEITUNG MIT STRICKSCHRIFT

Rd 1: 0 (2, 4, 6) M re, 28 M von R 1 der Strickschrift str, bis R-Ende re.

Weiter laut Strickschrift str bis der Fuß 6 (6,5, 7,5, 8,5) cm weniger als die gewünschte Fußlänge misst.

Weiter mit Schritt 4.

3 FUSS – AUSGESCHRIEBENE ANLEITUNG

Rd 1: 0 (2, 4, 6) M re, *2M li, 1/1 RPT, 2M li, 1M rev, 2M li, 1/1 LPT, 2M li*, 1/1 RT, ab * bis * noch 1 Mal wdh, bis R-Ende re.
Rd 2: 0 (2, 4, 6)M re, 1M li, 1/1 RPT, 3M li, 1M rev, 3M li, (1/1 LPT, 1/1 RPT) 2 Mal, 3M li, 1M rev, 3M li, 1/1 LPT, 1M li, bis R-Ende re.
Rd 3: 0 (2, 4, 6)M re, 1M li, (1M rev, 4M li) 2 Mal, 1/1 LT, 2M li, 1/1 LT, (4M li, 1M rev) 2 Mal, 1M li, bis R-Ende re.
Rd 4: 0 (2, 4, 6)M re, 1M li, 1M rev, (3M li, 1/1 RPT) 2 Mal, 1/1 LPT, 1/1 RPT, (1/1 LPT, 3M li) 2 Mal, 1M rev, 1M li, bis R-Ende re.
Rd 5: 0 (2, 4, 6)M re, 1M li, 1M rev, 2M li, 1/1 RPT, 3M li, 1/1 RPT, 2M li, 1/1 RT, 2M li, 1/1 LPT, 3M li, 1/1 LPT, 2M li, 1M rev, 1M li, bis R-Ende re.
Rd 6: 0 (2, 4, 6)M re, 1M li, 1M rev, 1M li, 1/1 RPT, 3M li, 1/1 RPT, 2M li, 1/1 RPT, 1/1 LPT, 2M li, 1/1 LPT, 3M li, 1/1 LPT, 1M li, 1M rev, 1M li, bis R-Ende re.
Rd 7: 0 (2, 4, 6)M re, 1M li, 1M rev, 1/1 RPT, 4M li, 1M rev, 2M li, 1/1 RPT, 2M li, 1/1 LPT, 2M li, 1M rev, 4M li, 1/1 LPT, 1M rev, 1M li, bis R-Ende re.
Rd 8: 0 (2, 4, 6)M re, 1M li, 1/1 RT, 5M li, 1M rev, 2M li, 1M rev, 4M li, 1M rev, 2M li, 1M rev, 5M li, 1/1 LT, 1M li, bis R-Ende re.
Rd 9: 0 (2, 4, 6)M re, 1M li, 1M rev, 1/1 LPT, 4M li, 1M rev, 2M li, 1/1 LPT, 2M li, 1/1 RPT, 2M li, 1M rev, 4M li, 1/1 RPT, 1M rev, 1M li, bis R-Ende re.
Rd 10: 0 (2, 4, 6)M re, 1M li, 1M rev, 1M li, 1/1 LPT, 3M li, 1/1 LPT, 2M li, 1/1 LPT, 1/1 RPT, 2M li, 1/1 RPT, 3M li, 1/1 RPT, 1M li, 1M rev, 1M li, bis R-Ende re.
Rd 11: 0 (2, 4, 6)M re, 1M li, 1M rev, 2M li, 1/1 LPT, 3M li, 1/1 LPT, 2M li, 1/1 RT, 2M li, 1/1 RPT, 3M li, 1/1 RPT, 2M li, 1M rev, 1M li, bis R-Ende re.
Rd 12: 0 (2, 4, 6)M re, 1M li, 1M rev, 3M li, 1/1 LPT, 3M li, (1/1 LPT, 1/1 RPT) 2 Mal, 3M li, 1/1 RPT, 3M li, 1M rev, 1M li, bis R-Ende re.
Rd 13: 0 (2, 4, 6)M re, 1M li, (1M rev, 4M li) 2 Mal, 1/1 LT, 2M li, 1/1 LT, (4M li, 1M rev) 2 Mal, 1M li, bis R-Ende re.
Rd 14: 0 (2, 4, 6)M re, 1M li, 1/1 LPT, 3M li, 1M rev, 3M li, (1/1 RPT, 1/1 LPT) 2 Mal, 3M li, 1M rev, 3M li, 1/1 RPT, 1M li, bis R-Ende re.
Rd 15: 0 (2, 4, 6)M re, 2M li, 1/1 LPT, 2M li, 1M rev, 2M li, 1/1 RPT, 2M li, 1/1 RT, 2M li, 1/1 LPT, 2M li, 1M rev, 2M li, 1/1 RPT, 2M li, bis R-Ende re.
Rd 16: 0 (2, 4, 6)M re, 3M li, 1/1 LPT, 1M li, 1M rev, 1M li, 1/1 RPT, 2M li, 1/1 RPT, 1/1 LPT, 2M li, 1/1 LPT, 1M li, 1M rev, 1M li, 1/1 RPT, 3M li, bis R-Ende re.
Rd 17: 0 (2, 4, 6)M re, 4M li, 1/1 LPT, 1M rev, 1M li, 1M rev, 2M li, 1/1 RPT, 2M li, 1/1 LPT, 2M li, 1M rev, 1M li, 1M rev, 1/1 RPT, 4M li, bis R-Ende re.
Rd 18: 0 (2, 4, 6)M re, 5M li, 1/1 LT, 1M li, 1M rev, (2M li, 1M rev, 2M li) 2 Mal, 1M rev, 1M li, 1/1 RT, 5M li, bis R-Ende re.
Rd 19: 0 (2, 4, 6)M re, 4M li, 1/1 RPT, 1M rev, 1M li, 1M rev, 2M li, 1/1 LPT, 2M li, 1/1 RPT, 2M li, 1M rev, 1M li, 1M rev, 1/1 LPT, 4M li, bis R-Ende re.
Rd 20: 0 (2, 4, 6)M re, 3M li, 1/1 RPT, 1M li, 1M rev, 1M li, 1/1 LPT, 2M li, 1/1 LPT, 1/1 RPT, 2M li, 1/1 RPT, 1M li, 1M rev, 1M li, 1/1 LPT, 3M li, bis R-Ende re.

Diese 20 Rd Zugmaschenmuster wiederholen, bis der Fuß 6 (6,5, 7,5, 8,5) cm weniger als die gewünschte Länge misst.

Weiter mit Schritt 4.

4 BEGINN FERSE

Nächste Rd: 0 (2, 4, 6) M re, Zugmaschenmuster weiter über 28 M str, 0 (2, 4, 6) M re, mit dem Hilfsfaden 30 (32, 38, 44) M re, diese 30 (32, 38, 44) M zurück auf die linke Nadel schieben und mit dem Arbeitsfaden bis R-Ende re.

Jetzt befinden sich 30 (32, 38, 44) Hilfsfaden-M in der Socke. Wenn die Socke beendet ist, wird der Hilfsfaden herausgezogen und über die dadurch offenen Maschen die Ferse gestrickt.

STRICKSCHRIFT

ZUGMASCHENMUSTER

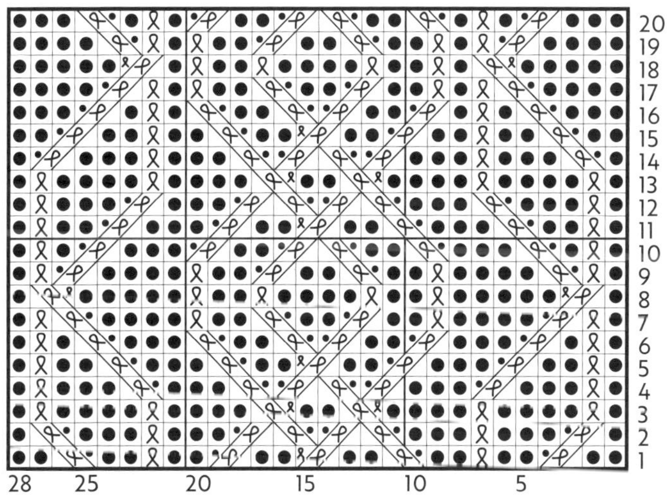

SCHLÜSSEL

- ● links
- 1 Masche rechts verschränkt
- **1/1 RPT** slM hinter der Arbeit auf die Zndl legen, 1M rev; 1M li von der Zndl
- **1/1 LPT** 1M vor der Arbeit auf die Zndl legen, 1M li; 1M rev von der Zndl
- **1/1 RT** 1M hinter der Arbeit auf die Zndl legen, 1M rev; 1M rev von der Zndl
- **1/1 LT** 1M vor der Arbeit auf die Zndl legen, 1M rev; 1M rev von der Zndl

5 BEIN

Nächste Rd: 0 (2, 4, 6) M re, Muster stricken, bis R-Ende re. So weiterarbeiten, bis das Bein ca. 15cm ab dem Hilfsfaden misst, mit einer Muster-Rd 8 oder 18 enden.

6 BUND

NUR GRÖSSE SMALL

Rd 1: *1M li, 2M rev, 2M li, 2M rev, 1M li, 1M rev, 2M li, 1M rev, 4M li, 1M rev, 2M li, 1M rev, 1M li, 2M rev, 2M li, 2M rev, 1M li, 1M rev; ab * noch 1 Mal wdh.

NUR GRÖSSE MEDIUM

Rd 1: *2M rev, 1M li, 2M rev, 2M li, 2M rev, 1M li, 1M rev, 2M li, 1M rev, 4M li, 1M rev, 2M li, 1M rev, 1M li, 2M rev, 2M li, 2M rev, 1M li, 2M rev; ab * noch 1 Mal wdh.

NUR GRÖSSE LARGE

Rd 1: *2M li, 2M rev, 1M li, 2M rev, 2M li, 2M rev, 1M li, 1M rev, 2M li, 1M rev, 4M li, 1M rev, 2M li, 1M rev, 1M li, 2M rev, 2M li, 2M rev, 1M li, 2M rev, 2M li, 1M rev; ab * noch 1 Mal wdh.

NUR GRÖSSE XL

Rd 1: *(2M rev, 2M li, 2M rev, 1M li) 2 Mal, 1M rev, 2M li, 1M rev, 4M li, 1M rev, 2M li, 1M rev, 1M li, (2M rev, 2M li, 2M rev, 1M li) 2 Mal, 1M li; ab * noch 1 Mal wdh.

ALLE GRÖSSEN

Die letzte Rd noch 14 Mal wiederholen.
Alle M locker abketten. Wie folgt abzunähen ist eine gute Methode für Socken von der Spitze:
Den Faden abschneiden, dabei ca. 1 m stehen lassen und auf eine Stopfnadel fädeln. *Die Stopfnadel von rechts nach links durch die ersten 2 M auf der linken Nadelspitze führen, dann von links nach rechts zurück durch die erste M auf der linken Nadelspitze und diese M von der Nadel gleiten lassen. Ab * wdh, bis alle M abgekettet sind.

7 NACHTRÄGLICHE FERSE

Das rechte Maschenglied der 30 (32, 38, 44) M im Arbeitsfaden unter der Hilfsfadenreihe aufnehmen. Die Socke wenden und dasselbe auf der anderen Seite des Hilfsfadens machen, also die 30 (32, 38, 44) M auf der anderen Seite aufnehmen. Es sind jetzt 60 (64, 76, 88) M auf den Nadeln. Den Hilfsfaden vorsichtig entfernen, darauf achten, dass alle M sicher auf den Nadeln liegen. Wie folgt in Rd arbeiten:
Nächste Rd: 30 (32, 38, 44) M re, 2 M in der Lücke zwischen Sohle und Spann aufnehmen, 30 (32, 38, 44) M re, 2 M in der Lücke zwischen Sohle und Spann aufnehmen und den Rd-Beginn markieren. *64 (68, 80, 92) M.*
6 Rd re.

NUR GRÖSSE SMALL

Rd 1 (Abn): *14M re, 2M re zus; von * bis Ende wdh. *4 M abgn; 60 M.*

NUR GRÖSSE MEDIUM, LARGE UND XL

Rd 1 (Abn): *- (32, 38, 44)M re, 2M re zus; ab * noch 1 Mal wdh. *2 M abgn; - (66, 78, 90) M übrig.*

NUR GRÖSSE XL

Rd 2: Rechts.
Rd 3: *13M re, 2M re zus; von * bis Ende wdh. *6 M abgn; 84 M.*
Rd 4: Rechts.
Rd 5: *12M re, 2M re zus; von * bis Ende wdh. *6 M abgn; 78 M.*

NUR GRÖSSE LARGE UND XL

Rd 6: Rechts.
Rd 7: *11M re, 2M re zus; von * bis Ende wdh. *6 M abgn; 72 M.*
Rd 8: Rechts.
Rd 9: 10M re, 2M re zus; von * bis Ende wdh. 6 M abgn; 66 M.

NUR GRÖSSE MEDIUM, LARGE UND XL

Rd 10: Rechts.
Rd 11: *9M re, 2M re zus; von * bis Ende wdh. *6 M abgn; 60 M.*

ALLE GRÖSSEN

Rd 12: Rechts.
Rd 13: *8M re, 2M re zus; von * bis Ende wdh. *6 M abgn; 54 M.*
Rd 14: Rechts.
Rd 15: *7M re, 2M re zus; von * bis Ende wdh. *6 M abgn; 48 M.*
Rd 16: Rechts.
Rd 17: *6M re, 2M re zus; von * bis Ende wdh. *6 M abgn; 42 M.*
Rd 18: Rechts.
Rd 19: *5M re, 2M re zus; von * bis Ende wdh. *6 M abgn; 36 M.*
Rd 20: Rechts.
Rd 21: *4M re, 2M re zus; von * bis Ende wdh. *6 M abgn; 30 M.*
Rd 22: Rechts.
Rd 23: *3M re, 2M re zus; von * bis Ende wdh. *6 M abgn; 24 M.*
Rd 24: Rechts.
Rd 25: *2M re, 2M re zus; von * bis Ende wdh. *6 M abgn; 18 M.*
Rd 26: *1M re, 2M re zus; von * bis Ende wdh. *6 M abgn; 12 M.*
Rd 27: *2M re zus; von * bis Ende wdh. *6 M abgn; 6 M.*
Faden abschneiden, dabei 15cm stehen lassen, durch die restlichen M fädeln und fest zusammenziehen.

8 AUSARBEITEN

Fäden vernähen, aber nicht abschneiden. Die Socken 20 Minuten in lauwarmes Wasser mit Wollwaschmittel legen. Überschüssiges Wasser ausdrücken (nicht wringen), zwischen Handtüchern pressen, dann flach oder auf Sockenspannern trocknen lassen. Wenn sie ganz trocken sind, alle Fadenenden abschneiden.

TECHNIK
FARBDOMINANZ BEI FAIR ISLE MUSTERN

Einer der einfachsten Tricks, Fair Isle Muster besser zu stricken, ist, herauszufinden, wie man die Fäden hält. Anders als beim Intarsienstricken (s. April, S. 18), bei dem getrennte Farbblöcke gestrickt werden, führt man bei Fair Isle Mustern beide Farben durch die gesamte Reihe (oder Runde) mit. Der nicht genutzte Faden wird auf der linken Seite mitgeführt, wodurch Spannfäden entstehen. Wenn man eine Reihe mit zwei Farben strickt, kann man die neue Farbe über oder unter dem bisherigen Faden nach vorn holen. Wenn der Faden von oben kommt, wird die Masche etwas kürzer als wenn der Faden unter der vorigen Farbe hergeholt wird. Der Unterschied ist sehr klein, aber über ein großes Strickstück kann der Effekt deutlich sichtbar sein.
Bei den Maschenproben rechts sieht man die Wirkung, wenn man Gelb unter Grau führt (1), Grau unter Gelb (2) oder wenn man uneinheitlich strickt (3). Maschenprobe 1 zeigt wie die etwas längeren gelben Maschen das Muster klar hervorheben. Bei der Maschenprobe 2 ist das Muster sauber, aber weniger dominant, und bei Stück 3 wurden die Fäden mal so, mal so gehalten, was unsauber wirkt. Der Unterschied wird besonders deutlich, wenn man die Muster vergleicht, die aus einzelnen Maschen bestehen, oben und unten im Zickzackmuster, aber auch im Gesamtbild würde man auf jeden Fall erkennen, wenn ein Handschuh wie Maschenprobe 1 und der andere mit umgekehrter Fadenführung gestrickt wurde.

ERKENNEN VON VORDER- UND HINTERGRUNDFARBE
Bevor man mit einem Fair Isle Muster beginnt, muss man entscheiden, welche Farbe(n) in den Vordergrund gehören und welche in den Hintergrund. Bei vielen Mustern ist das offensichtlich – bei Ellas Shaila Handschuhen ist Gelb die Vordergrundfarbe und Dunkelgrau die Hintergrundfarbe – aber bei anderen muss man sich eventuell entscheiden. Man sollte versuchen, innerhalb eines Motivs die Vorder- und Hintergrundfarbe nicht zu ändern. Bei den Erklärungen gehe ich davon aus, dass die Vordergrundfarbe die stärkere sein soll (und etwas längere Maschen hat), aber vielleicht möchten Sie, dass Ihr Muster weniger stark hervorsteht, dann ändert man die Fadenführung einfach.

1

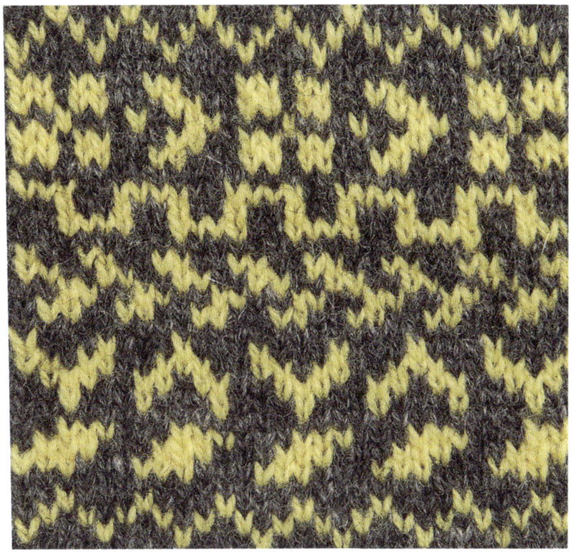

2

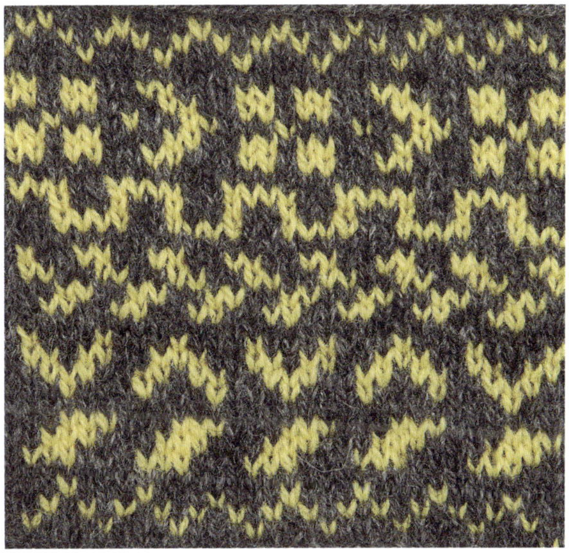

3

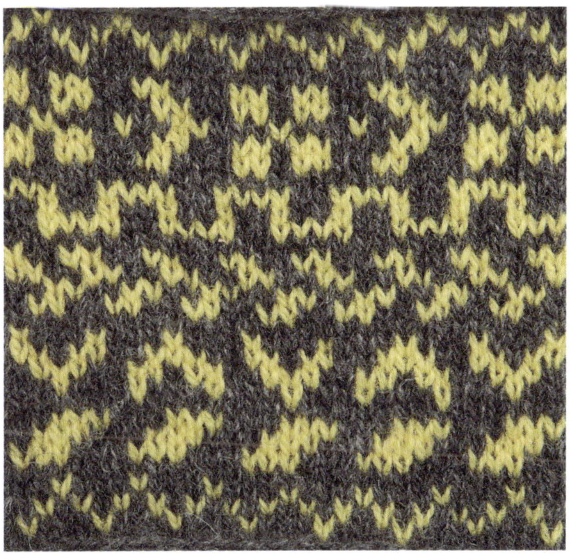

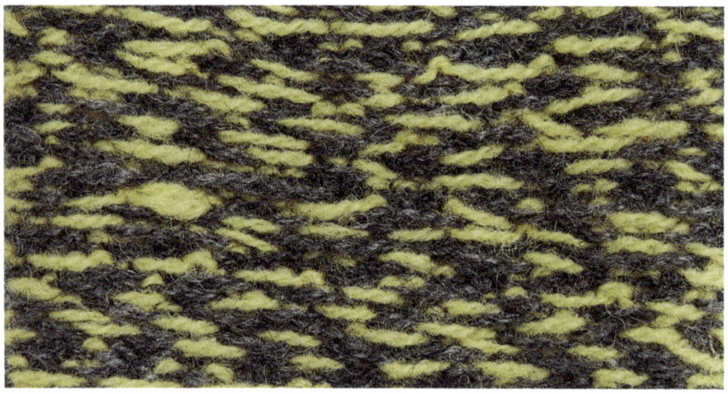

OBEN: *Uneinheitliche Fadenführung*

WIE HALTEN SIE DIE FÄDEN?

In welcher Hand halten Sie den Faden bei einfarbigen Projekten? Sind Sie links- oder rechtshändig? Sind Sie schon mit einem anderen Strickstil bekannt? Das sind alles Fragen, die es zu bedenken gilt, wenn man sich entscheidet, wie man die Fäden bei Fair Isle führt. In der Anleitung unten erkläre ich, wie man auf drei unterschiedliche Arten mit zwei Farben arbeitet. Es gibt noch viele weitere Möglichkeiten, auch solche, bei denen man einen Faden loslässt. Alle sind völlig in Ordnung (wir sind schließlich nicht die Strickpolizei!). Die Hauptsache ist, dass man die Vorder- und Hintergrundfarbe immer einheitlich aufnimmt. Wenn Fair Isle neu für Sie ist, empfehle ich, eine der folgenden Methoden zu üben, denn wenn man beide Fäden ständig hält, strickt man regelmäßiger, man kann die Hintergrundfarbe nämlich gar nicht versehentlich von unten holen, wenn sie immer oben geführt wird.

ALLGEMEINE PRINZIPIEN

Die Vordergrundfarbe wird immer links und hinter der Hintergrundfarbe gehalten. Dadurch kommt die Hintergrundfarbe immer über der vom Vordergrund, wodurch die Maschen des Vordergrunds etwas länger werden. Wenn man immer genauso strickt, verdrehen sich die Farben nicht. Wenn doch, schauen Sie bei den Spannfäden auf der linken Seite nach. Da müssten Sie erkennen, wo Sie die Fäden falsch herum geführt haben. Auf der linken Seite meines Handschuhs (4, unten), liegt jeder gelbe Spannfaden unter den grauen. Bei einer Maschenprobe, bei der ich die Farben uneinheitlich gestrickt habe, sind die Spannfäden schief und uneinheitlich (oben, links).

BEIDE FARBEN IN DER RECHTEN HAND

Das ist meine Lieblingsmethode. Ich bin Rechtshänderin, und auch wenn ich mit dem Faden links stricken kann, geht es schneller und angenehmer mit beiden Farben in meiner rechten Hand.

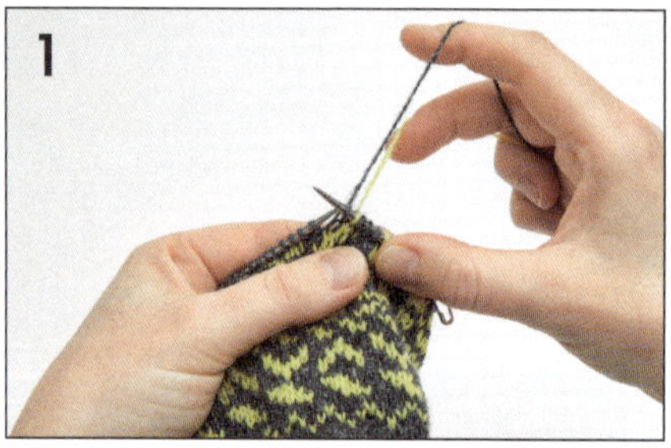

i Die Hintergrundfarbe über dem Zeigefinger, die Vordergrundfarbe über dem Mittelfinger.

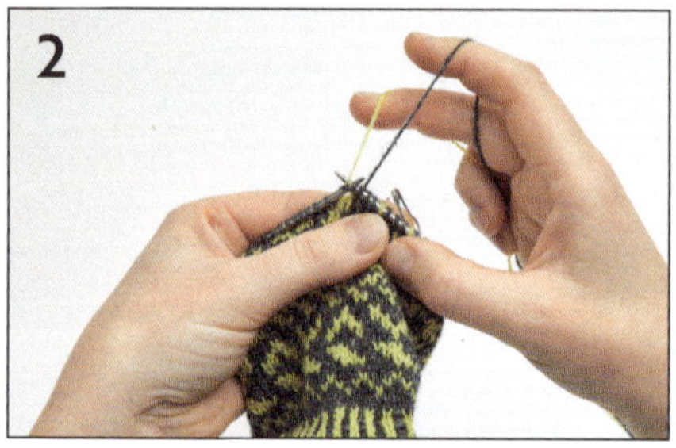

ii Den Mittelfinger nutzen, um die Vordergrundfarbe zu stricken, dadurch landet die Farbe unter der Hintergrundfarbe.

TIPP

Es gibt viele Tipps und Tricks für Fair Isle Muster, Hintergrund- und Vordergrundfarbe durchgehend gleich zu halten ist einer der einfachsten, und wirkungsvollsten für Gleichmäßigkeit und Gesamteindruck des fertigen Projekts.

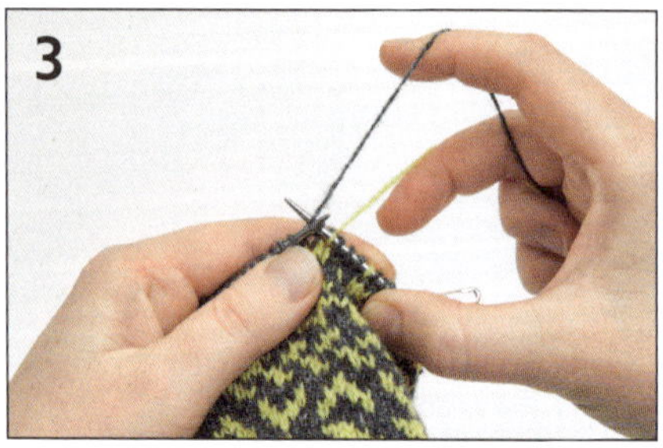

iii Im Muster arbeiten, und die nächste Masche in der Hintergrundfarbe vom Zeigefinger stricken, dadurch landet die Farbe über der Vordergrundfarbe.

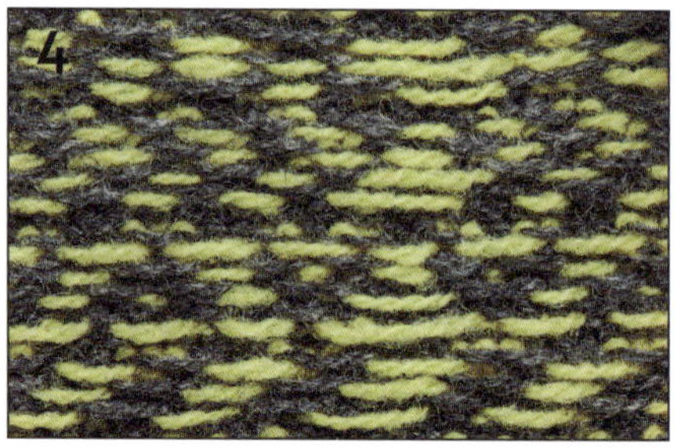

Wenn man die Fäden immer so über Zeige- oder Mittelfinger führt, verläuft die neue Farbe immer korrekt über oder unter der alten. Auf der Rückseite sieht man, dass die Vordergrundfäden (gelb) immer unter den Hintergrundfäden (grau) liegen.

IN JEDER HAND EINE FARBE

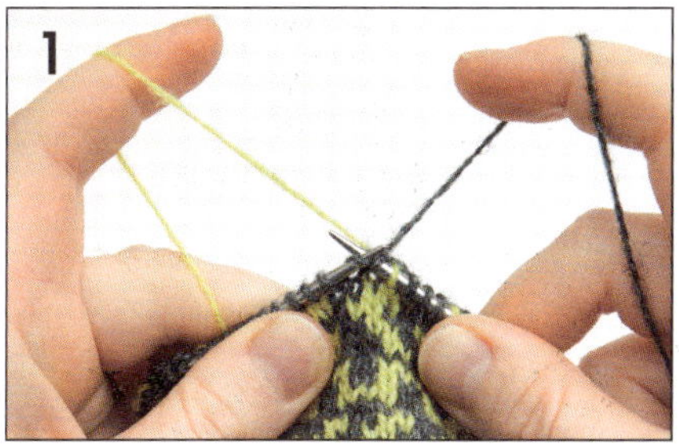

Diese Methode ist sehr beliebt beim Fair Isle Stricken – die Hintergrundfarbe in der rechten, die Vordergrundfarbe in der linken Hand. Wie im Muster angegeben, wechselt man die Zeigefinger ab.

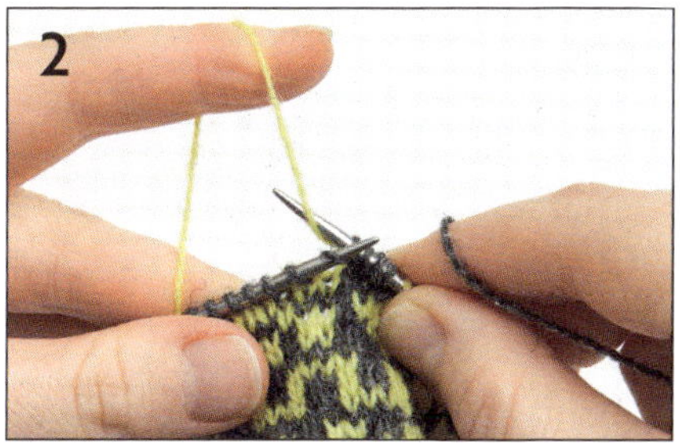

i Für eine Masche in der Vordergrundfarbe, die Nadel hinter den Faden auf dem linken Zeigefinger führen und durch die Masche ziehen. Die Vordergrundfarbe wird unter der Hintergrundfarbe geführt.

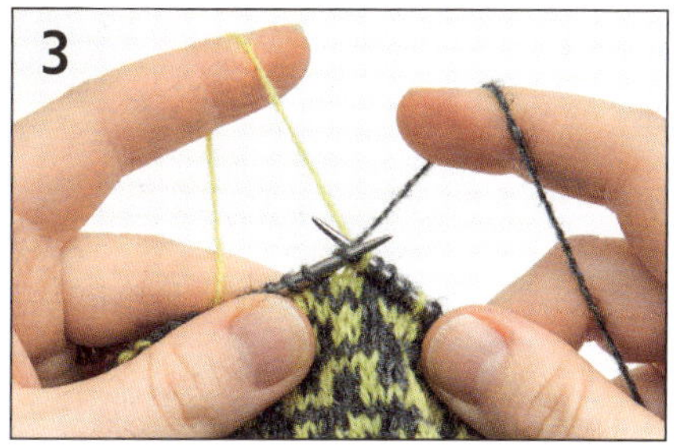

ii Für eine Masche in der Hintergrundfarbe, den Faden mit dem rechten Zeigefinger um die rechte Nadelspitze legen. Die Hintergrundfarbe wird über der Vordergrundfarbe geführt.

BEIDE FARBEN IN DER LINKEN HAND

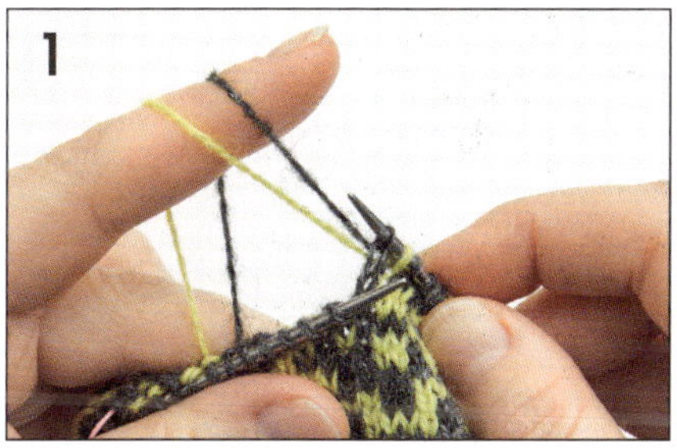

Wenn Sie lieber mit dem Faden in der linken Hand stricken oder linkshändig sind, ist diese wohl die einfachste Methode für Sie.
Beide Farben über dem linken Zeigefinger halten, die Vordergrundfarbe links, die Hintergrundfarbe rechts.

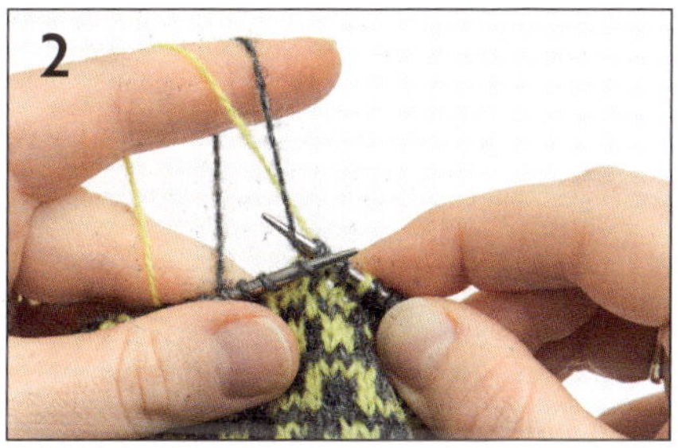

i Für eine Masche in der Hintergrundfarbe, die Nadel um die Farbe führen und durch die Masche ziehen. Die Hintergrundfarbe wird über der Vordergrundfarbe geführt.

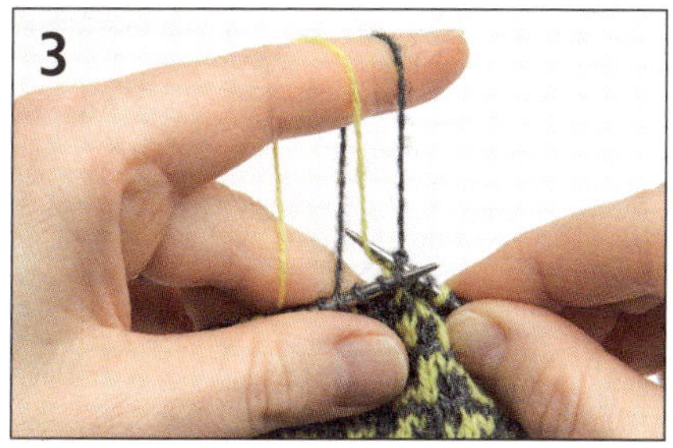

ii Für eine Masche in der Vordergrundfarbe die Nadelspitze zwischen den Fäden führen und die Farbe durch die Masche ziehen. Die Vordergrundfarbe wird immer unter der Hintergrundfarbe geführt.

BEGRIFFE: FAIRS ISLE UND EINSTRICKMUSTER
Der Begriff Fair Isle bezieht sich eigentlich nur auf Einstrickmuster, die ursprünglich von Fair Isle stammen, trotzdem wird er, ähnlich wie Norwegermuster, oft für alle Einstrickmuster verwendet. Die Fäustlinge für diesen Monat von Ella Gordon enthalten Peerie-Motive, die aus Fair Isle Mustern stammen, aber alle Techniktipps gelten so für alle Einstrickmuster. Eine Daumenregel lautet, alle Fair-Isle-Muster sind Einstrickmuster, aber nicht alle Einstrickmuster sind Fair-Isle-Muster.

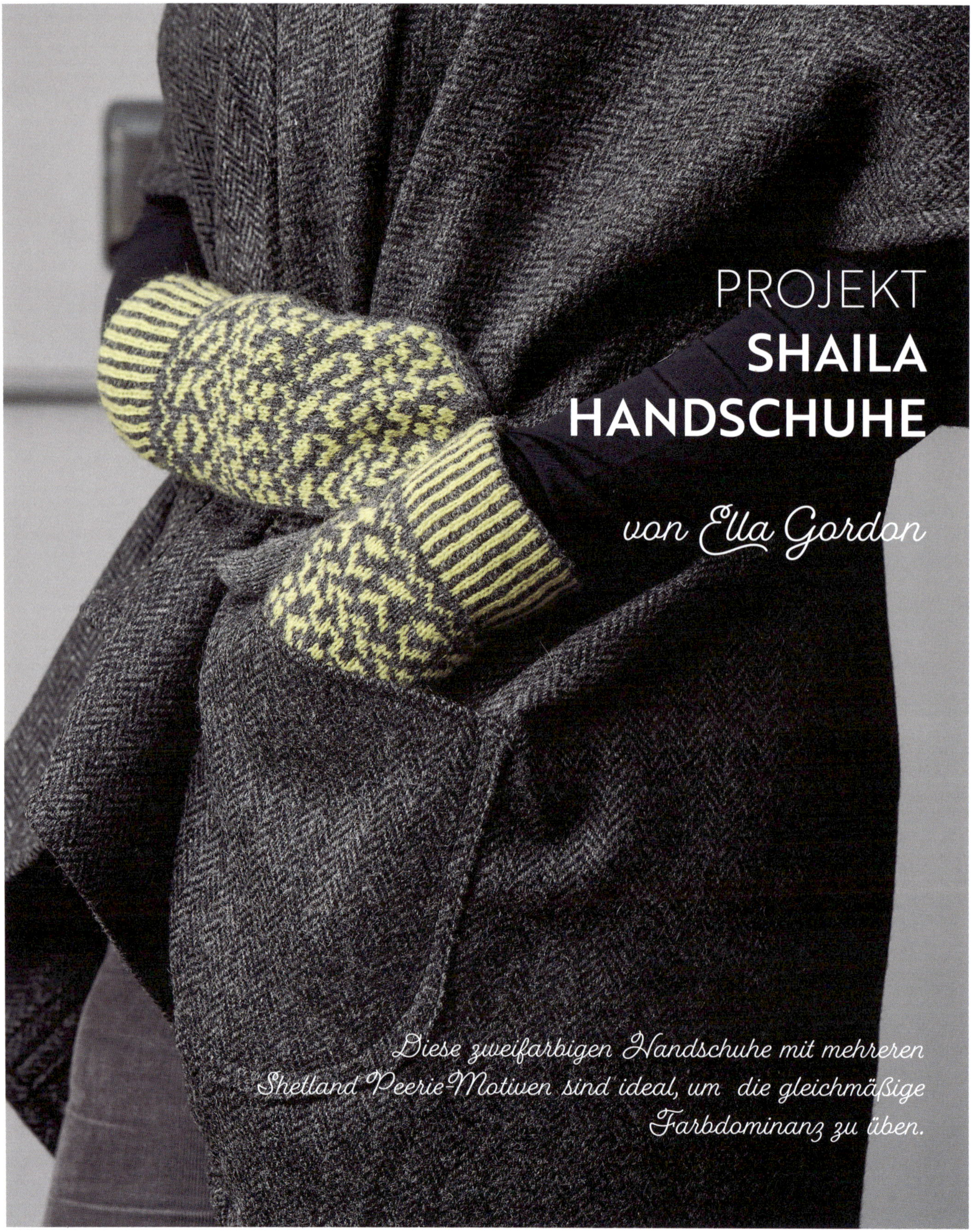

PROJEKT **SHAILA HANDSCHUHE**

von Ella Gordon

Diese zweifarbigen Handschuhe mit mehreren Shetland Peerie-Motiven sind ideal, um die gleichmäßige Farbdominanz zu üben.

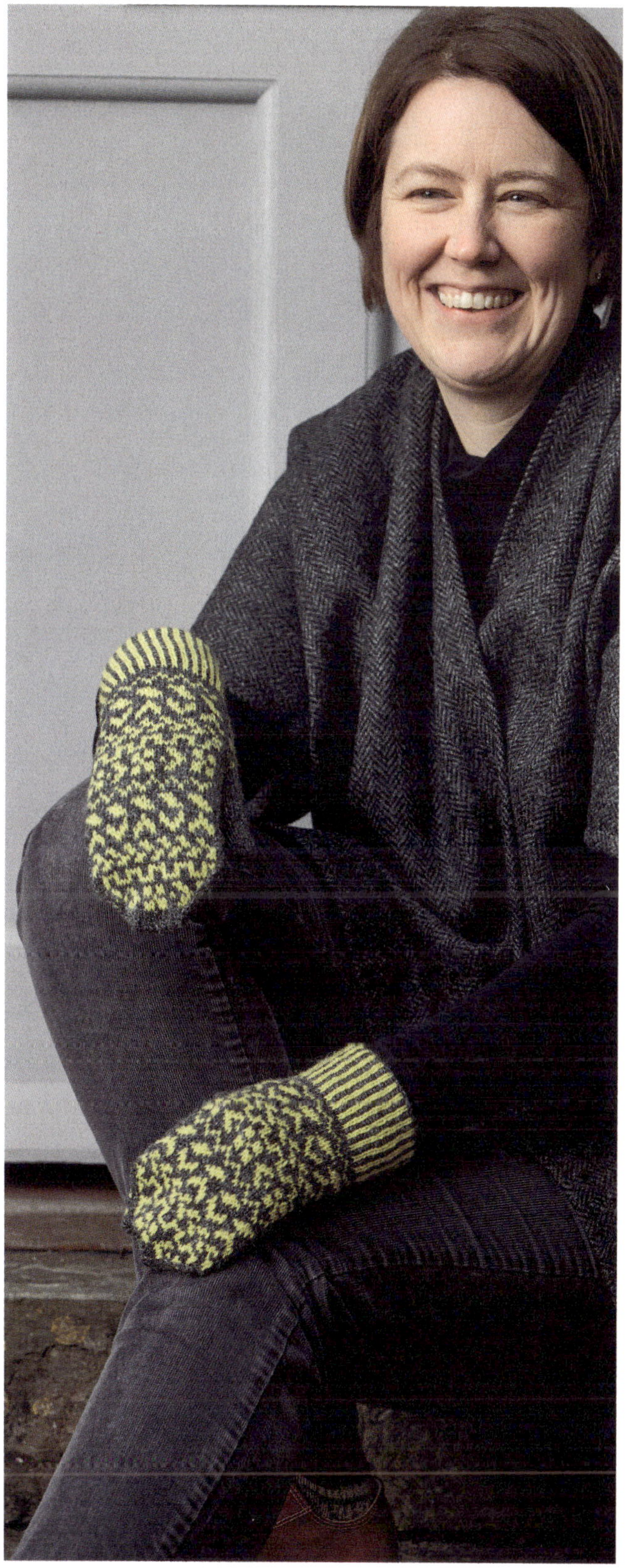

GRÖSSEN
Small (Large)
Umfang über dem Daumen: 18 (21) cm
Länge vom Bund bis zur Spitze: 22 (25) cm

WOLLE
Jamieson & Smith 2ply Jumper Weight (100% Shetlandwool; 115m pro 25g Knäuel)
A: Farbe 23; 2 x 25g Knäuel beide Größen
B: Farbe 54; 2 x 25g Knäuel beide Größen

NADELN UND ZUBEHÖR
1 Nadelspiel 2,5mm oder Ihre Lieblingsnadel für kleine Runden oder die Stärke, mit der die Maschenprobe erreicht wird
1 Nadelspiel 3mm oder Ihre Lieblingsnadel für kleine Runden oder die Stärke, mit der die Maschenprobe erreicht wird
2 Maschenmarkierer
2 glatte Wollreste für den nachträglichen Daumen
Knüpfhaken oder Häkelnadel (wenn gewünscht)

MASCHENPROBE
34 M und 37 Rd auf 10cm im Muster mit 3mm Nadeln, gewaschen und gespannt

TECHNIK
Siehe Dezember (S. 94) für den nachträglichen Daumen.

ABKÜRZUNGEN
Eine komplette Abkürzungsliste findet sich am Ende des Buches.

ANMERKUNG ZUR ANLEITUNG
Diese Fäustlinge haben ein extra warmes, doppeltes Bündchen, das innen einfarbig und außen gestreift ist. Auf den Händen sieht man kleine Farbmuster (sogenannte Peerie-Motive), an denen man trainieren kann, die Farbdominanz immer beizubehalten. Ein Trick für gleichmäßige Spannfäden ist es, bei den Fair Isle Mustern die Fäustlinge auf links zu wenden, dadurch verlaufen die Spannfäden außen und ziehen das Gestrick nicht zusammen. Erst bei mehr als 5 Maschen ist es nötig, die Spannfäden zu verschränken. Die Handschuhe werden in Runden mit einem nachträglichen Daumen gestrickt.

ANMERKUNGEN ZUR STRICKSCHRIFT
Alle Strickschriftreihen von rechts nach links lesen.

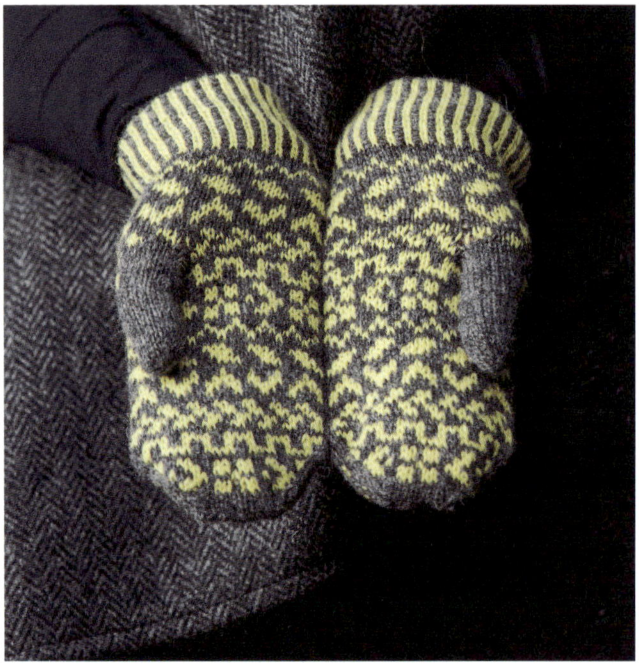

HANDSCHUHE

1 BUND
Auf dünneren Nadeln mit Farbe A im Kreuzanschlag locker 58 (70) M anschlagen. Zur Rd schließen, darauf achten, die M nicht zu verdrehen, den Rd-Beg markieren.
20 (26) Rd re.
Farbe B dazunehmen, aber Farbe A nicht abschneiden.
Nächste Rd: Mit B rechts.
Nächste Rd: Mit B links.
Rd 1: *1M re mit A, 1M li mit B; von * bis Ende wdh.
Die letzte Rd noch 19 (25) Mal wdh.
Auf dickere Nadeln wechseln.
Nächste Rd (Zun): Mit B, *1M re, 1M li zun, 28 (34)M re, 1M li zun; ab * noch 1 Mal wdh. *4 M zugn, 62 (74) M.*

2 LINKE HAND
Es kann hilfreich sein, noch einen MM nach 31 (37) M zu setzen, um die Hälfte zu markieren.
Rd 1: Über 31 (37) M 2 Mal laut Strickschrift A (B) stricken. Weiter im Strickschriftmuster A (B) stricken, bis R 16 (14) beendet ist. Farbe A in den ungemusterten R nicht abschneiden.

3 LINKEN DAUMEN VORBEREITEN UND HAND BEENDEN
Nächste Rd: Bis zu den letzten 12 (14) M im Muster str, mit einem Hilfsfaden 8 (10) M re, die gerade gestrickten 8 (10) M zurück auf die linke Nadel schieben, und mit dem Arbeitsfaden bis R-Ende stricken.
Jetzt befinden sich 8 (10) Hilfsfaden-M im Handschuh. Wenn der beendet ist, wird der Hilfsfaden herausgezogen und über die dadurch offenen M der Daumen gestrickt. Weiter wie bisher laut Strickschrift A (B) stricken, bis R 60 (66) beendet ist, dabei wie angegeben abnehmen. *42 (50) M abgn, 20 (24) M übrig.*
Die ersten 10 (12) M auf eine andere Nadel schieben. Farbe B abschneiden, dabei 30cm stehen lassen und die Maschen im Maschenstich zusammennähen.

4 NACHTRÄGLICHER DAUMEN
Mit den dickeren Nadeln das rechte Maschenglied (oder Seite) der 8 (10) M im Arbeitsfaden unter der R im Hilfsfaden aufnehmen. Den Handschuh wenden und dasselbe auf der anderen Seite des Hilfsfadens machen, also die 8 (10) M auf der anderen Seite aufnehmen. Es sind jetzt 16 (20) M auf den Nadeln. Den Hilfsfaden vorsichtig entfernen, darauf achten, dass alle M sicher auf den Nadeln liegen. *16 (20) M.*

Mit Farbe B re bis der Daumen 5 (6) cm misst.
Nächste Rd: [2M re zus] 8 (10) Mal. *8 (10) M abgn; 8 (10) M.*
Nächste Rd: Rechts.
Nächste Rd: [2M re zus] 4 (5) Mal. *4 (5) M abgn; 4 (5) M übrig.*
Faden abschneiden und durch die restl M nach innen fädeln, dann fest anziehen, damit der Daumen nicht zu spitz ist.

5 RECHTER HANDSCHUH
Schritt 1 und 2 wie beim linken Handschuh arbeiten, nach Strickschrift C (D) anstatt A (B).
Nächste Rd: 4 M der R 17 (15) der Strickschrift stricken, mit einem Hilfsfaden 8 (10) M re, die gerade gestrickten 8 (10) M zurück auf die linke Nadel schieben, und mit dem Arbeitsfaden bis R-Ende stricken. Jetzt befinden sich 8 (10) Hilfsfaden-M im Handschuh. Wenn der beendet ist, wird der Hilfsfaden herausgezogen und über die dadurch offenen M der Daumen gestrickt. Weiter wie bisher laut Strickschrift C (D) stricken, bis R 60 (66) beendet ist, dabei wie angegeben abnehmen. *42 (50) M abgn, 20 (24) M übrig.*
Farbe B abschneiden und die beiden Seiten mit einer Stopfnadel im Maschenstich verbinden.
Schritt 4 wie beim linken Handschuh arbeiten.

6 AUSARBEITEN
Die Handschuhe auf links wenden und Fäden vernähen.
Den doppelten Bund umklappen und mit Farbe A die Anschlagskante passend an die letzte Reihe der Streifen nähen.
Damit die Finger sich nicht in Spannfäden verfangen, kann man die Spannfäden der Farbe A wie folgt verknüpfen: Einen Knüpfhaken oder eine Häkelnadel in den obersten Spannfaden stechen und so weit wie gewünscht durch den Faden jeweils darunter ziehen. Am Schluss einen Faden anknüpfen und verknoten, dann die Fäden vernähen.
Die Handschuhe 20 Minuten in lauwarmes Wasser mit Wollwaschmittel legen. Überschüssiges Wasser ausdrücken (nicht wringen), zwischen Handtüchern pressen. Flach oder auf Spannern trocknen lassen. Alle Fadenenden abschneiden.

SCHLÜSSEL

- Mit A (23); rechts
- Mit B (54); rechts
- Mit der angegebenen Farbe; aaz
- Mit der angegeb Farbe; 2M re zus
- 15/17 Siehe Anleitung für diese Rd
- Daumen

STRICKSCHRIFT A
SMALL, LINKER HANDSCHUH

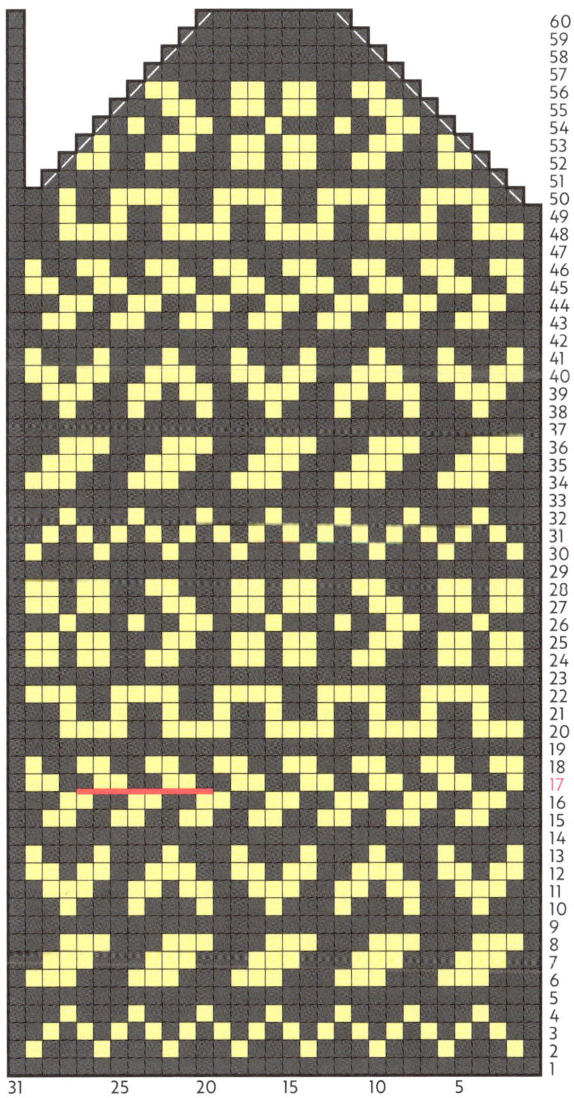

STRICKSCHRIFT B
LARGE, LINKER HANDSCHUH

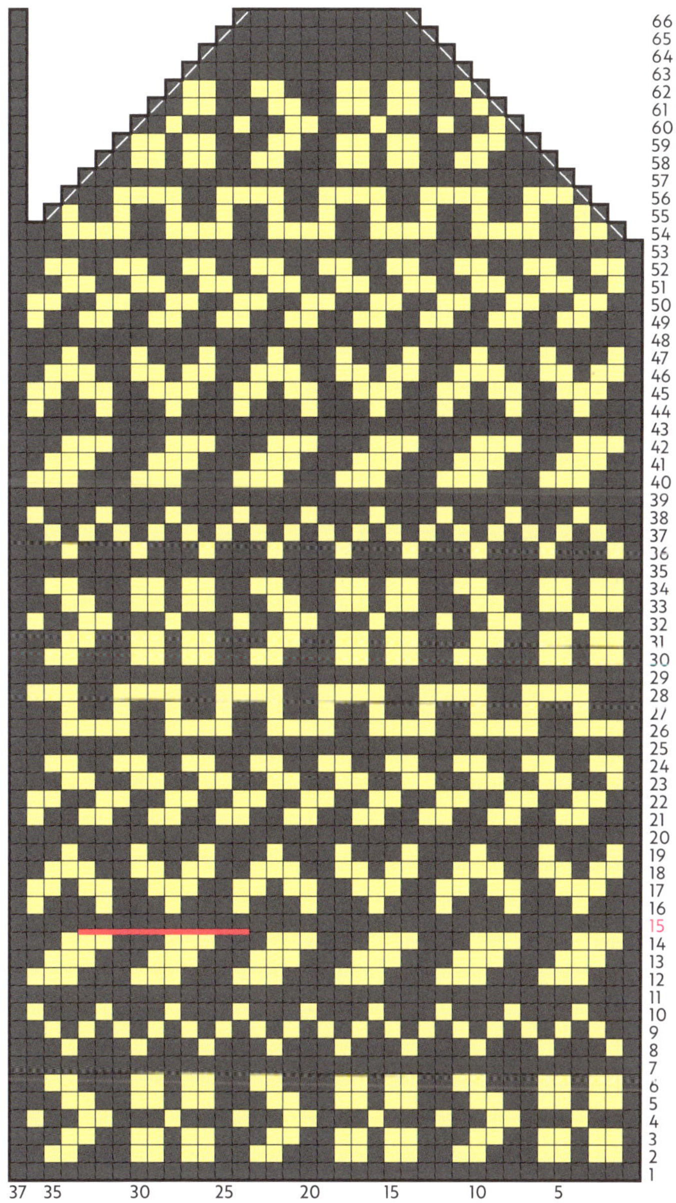

SCHLÜSSEL

- Mit A (23); rechts
- Mit B (54); rechts
- Mit der angegebenen Farbe; aaz
- Mit der angegeb Farbe; 2M re zus
- 15/17 Siehe Anleitung für diese Rd
- Daumen

STRICKSCHRIFT C

SMALL, RECHTER HANDSCHUH

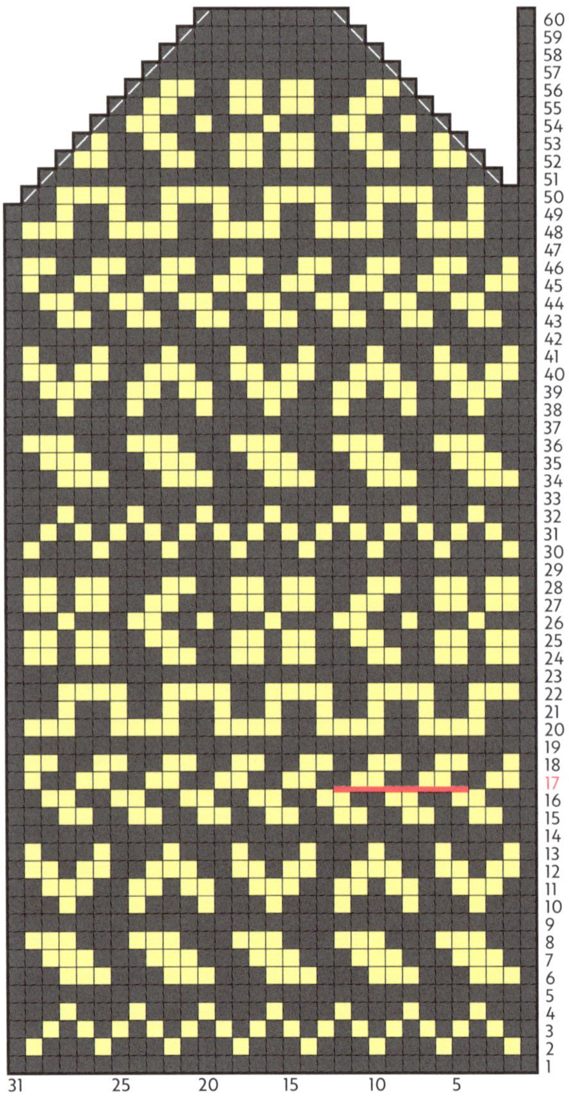

STRICKSCHRIFT D

LARGE, RECHTER HANDSCHUH

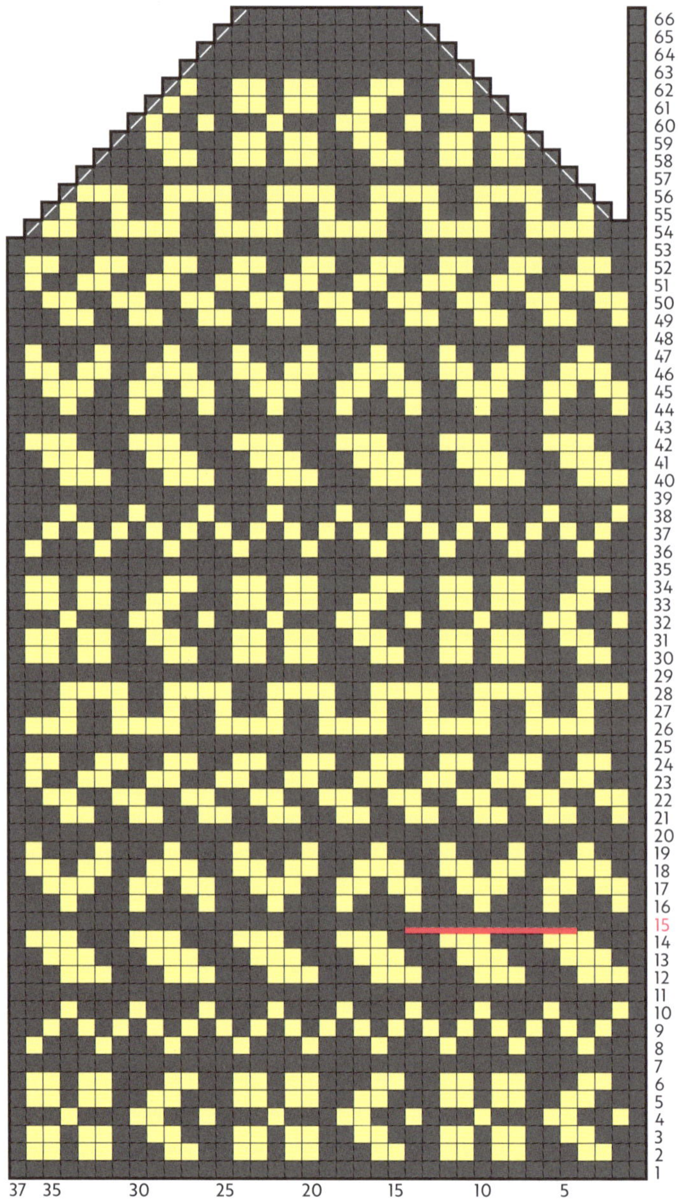

TECHNIK
STEEKS

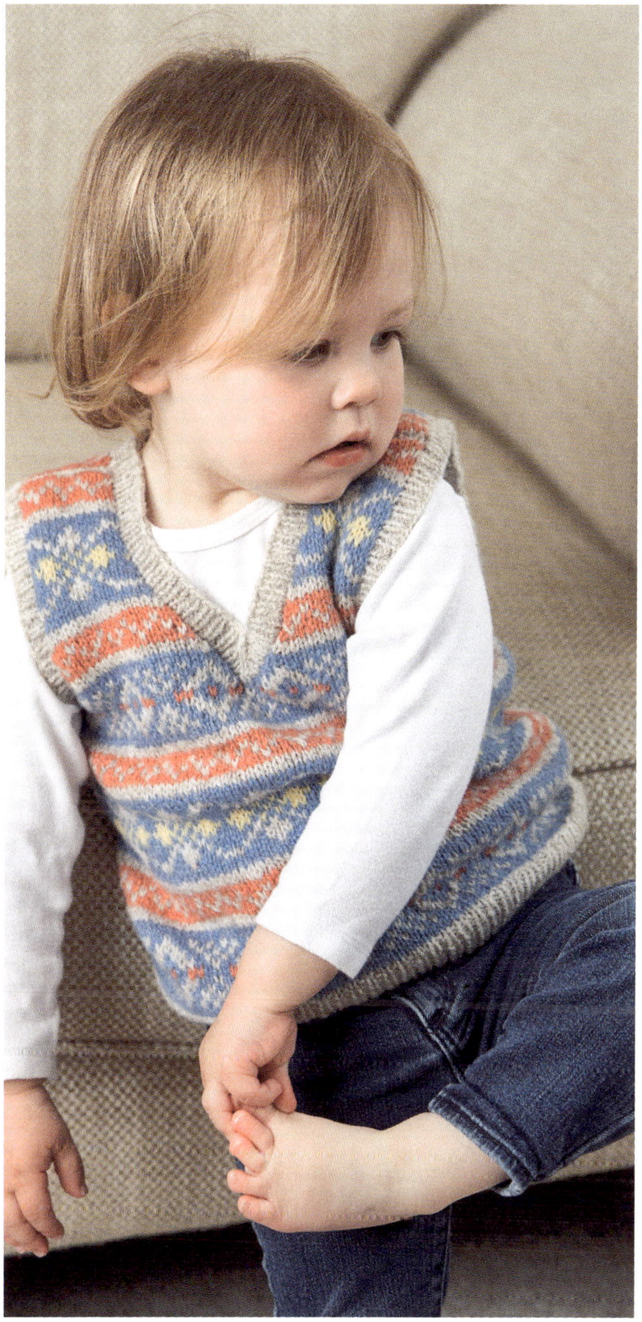

Nur wenige Techniken jagen Strickern mehr Angst ein als Steeks. Die Vorstellung, in ein Strickstück zu schneiden, klingt einfach nach einer ganz schlechten Idee. Bis man es dann tatsächlich mal tut.

WAS SIND STEEKS?
Steeks findet man meistens bei Fair Isle Mustern. Ein Steek ist eine kleine Brücke aus Maschen, ähnlich wie die Nahtzugabe beim Nähen, durch die man ein Stück in Runden stricken kann, um es später aufzuschneiden und flache Teile daraus zu machen. Das hat Vorteile gegenüber dem Stricken in Reihen, da man immer auf der rechten Seite strickt. Dadurch entdeckt man Fehler schneller und muss beim Fair Isle Muster keine linken Maschen stricken. Es bedeutet auch, dass man keine Fäden vernähen muss. Man kann die Farbe einfach in der Mitte des Steeks wechseln, und wenn man ihn dann aufgeschnitten hat, kann man Knoten und letzte Fäden abschneiden.

DIE RICHTIGE WOLLE AUSWÄHLEN
Der Schlüssel zum erfolgreichen Steeken ist die Wahl der richtigen Wolle. Wenn man ein raues Streichgarn aus Shetlandwolle (wie die Jamieson & Smith 2ply Jumper Weight beim Projekt dieses Monats) verstrickt, muss man einfach nur den Steek aufschneiden. Es ist nicht nötig, ihn zu verstärken, weil die Wolle aneinander hängt und nicht aufgeht. Wohingegen ein Kammgarn wie Merinowolle oder, schlimmer noch, eine glatte Faser wie Seide oder Baumwolle es sehr viel schwerer macht (vergessen Sie 100% Baumwolle oder Seide). Je rauer (oder leichter zu filzen) die Wolle ist, umso stabiler wird der Steek sein.

DEN STEEK VERSTÄRKEN
Es ist zwar absolut möglich, den Steek einfach so aufzuschneiden, Maschen aus den Rändern aufzunehmen und zu stricken, und die Schnittkanten mit der Zeit langsam verfilzen zu lassen, Aber die meisten wollen lieber auf Nummer sicher gehen. Was nur zu verständlich ist, nachdem man so viel Zeit in ein Projekt gesteckt hat! Wenn man ein komplettes Kleidungsstück gestrickt hat, will man absolut sicher sein, dass der Steek auch hält. Am besten strickt man eine Maschenprobe und probiert die Methode aus, bevor man sich an ein fertiges Strickstück wagt. Es gibt mehrere Methoden, einen Steek zu verstärken: Zu beiden Seiten des Steeks eine Reihe zu häkeln; mit der Maschine oder von Hand beidseitig an der Schnittstelle entlang nähen und schließlich, ohne Verstärkung zu schneiden, aber dann an den Schnittkanten entlang nähen (was nicht die stabilste Methode ist, aber bei rauer Wolle auf jeden Fall genügt).

Die Häkelmethode eignet sich gut für recht raue Wolle, bei einer superwash Wolle oder einer glatteren Faser ist eine genähte Verstärkung nötig. Es folgen Anleitungen für Steeken ohne Verstärkung und für eine Häkelverstärkung. In den zusätzlichen Informationen auf S. 117 finden sich Links zu online Anleitungen zu Steekverstärkungen.

Die Steeks in Mary Jane Mucklestones süßem Oorik Pullunder sind 8 Maschen breit. Sie benutzt senkrechte Streifen, bei denen eine Mittellinie aus zwei Maschen besteht, zwischen denen der Steek dann aufgeschnitten wird.

SCHRITT FÜR SCHRITT ANLEITUNG ZUR HÄKELVERSTÄRKUNG EINES STEEKS

Nutzen Sie ein Garn ähnlicher Stärke (außer das verstrickte Garn ist sehr dick, dann ein dünneres wählen).

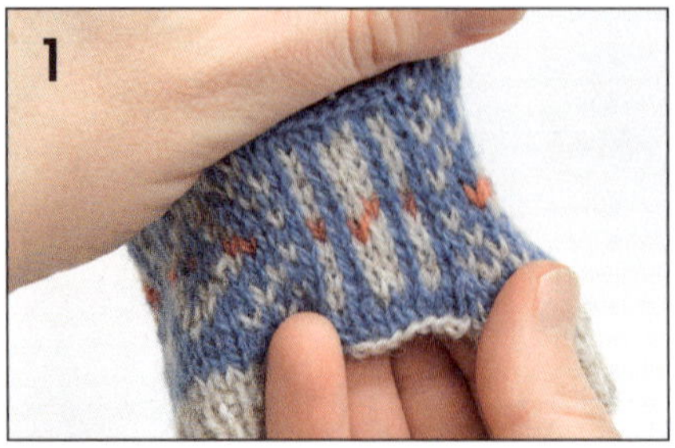

i Sorgfältig die Mittelmasche(n) des Steeks identifizieren. In der Anleitung dieses Monats gibt es 2 Mittelmaschen.

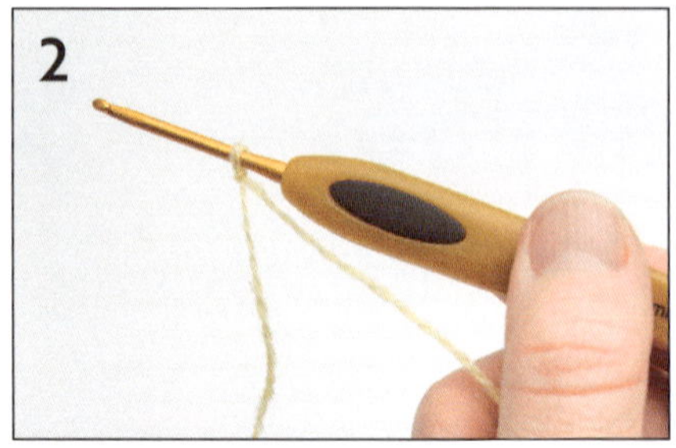

ii Eine Grundschlinge auf die Häkelnadel knüpfen.

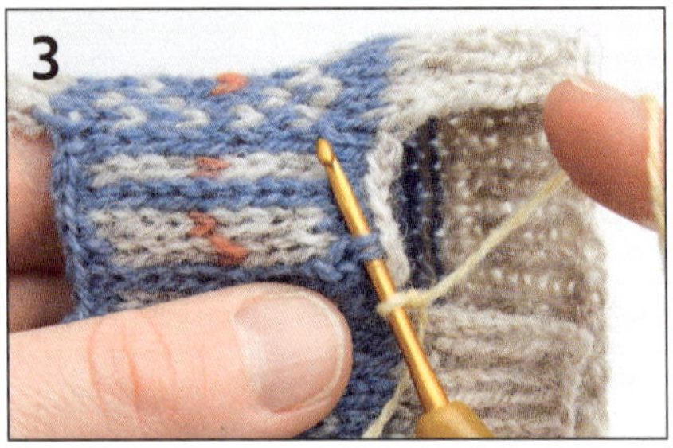

iii Unten am Steek beginnen, die Häkelnadel unter ein Maschenglied der linken Mittelmasche und eines der Nachbarmasche stechen.

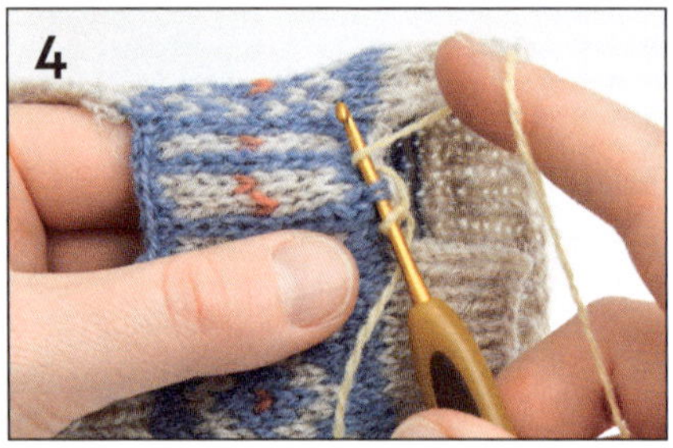

iv Faden um die Häkelnadel legen.

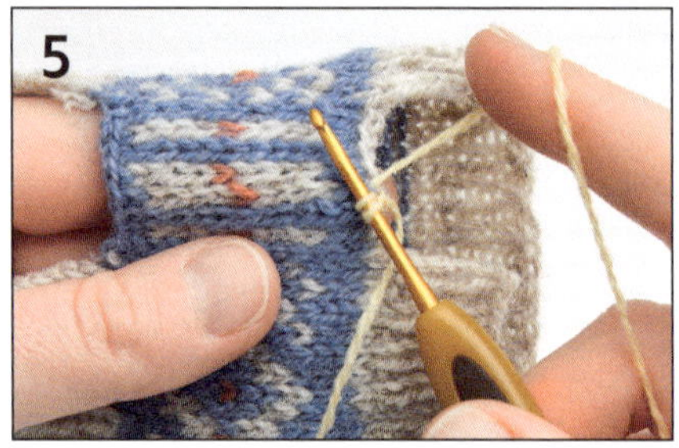

v Faden durch die Maschen ziehen. Es sind 2 Maschen auf der Häkelnadel.

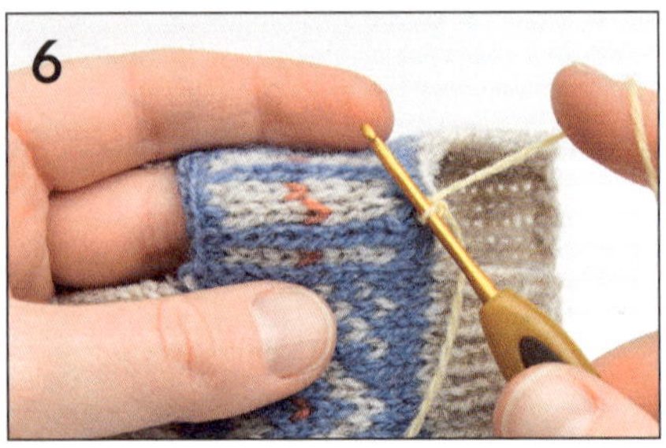

vi Faden durch die Grundschlinge ziehen. Jetzt ist nur noch 1 M auf der Nadel.

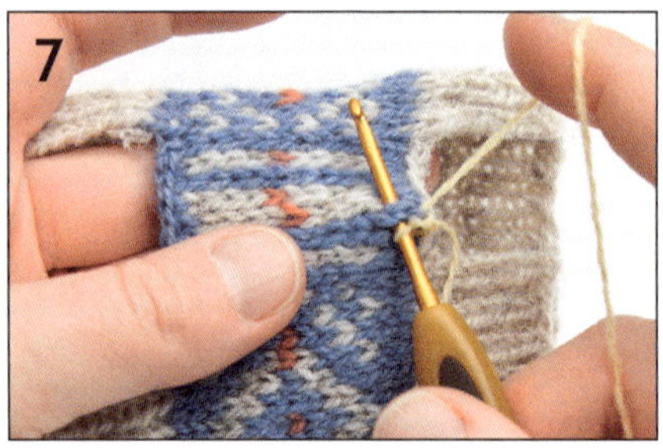

vii Am Steek 1 Masche hochgehen und Schritte iii-vi wiederholen.

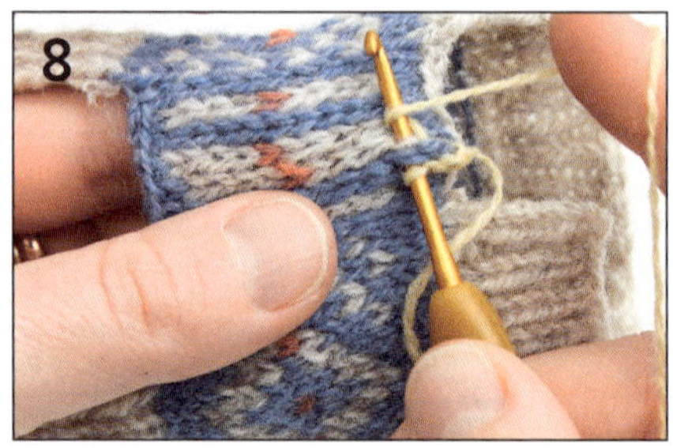

viii So den Steek bis zur Abkettkante bearbeiten.

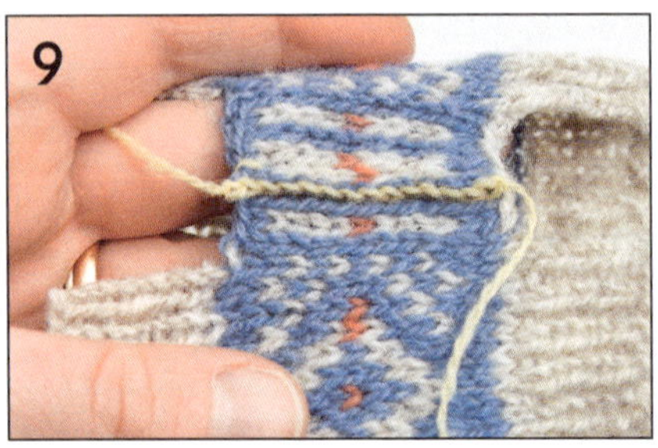

ix Faden abschneiden und durch die letzte Masche ziehen.

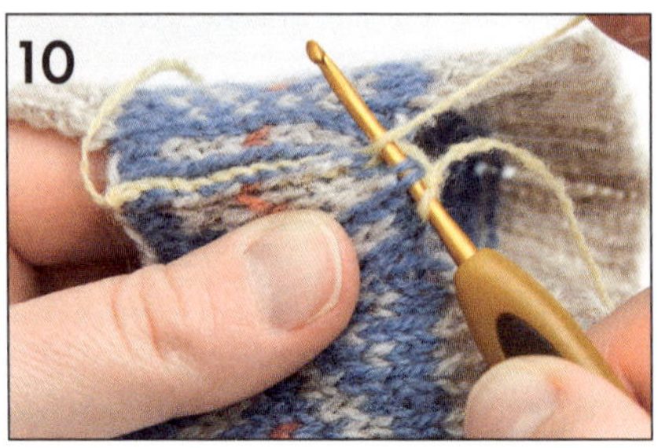

x Das Strickstück um 180° wenden, um die andere Seite des Steeks zu bearbeiten. Wie bei der ersten Seite Schritte ii-vii wiederholen.

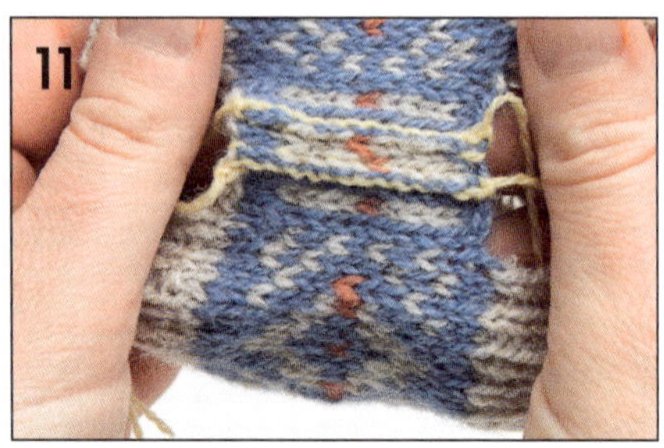

xi Faden durch die letzte Masche ziehen, 2 Häkelreihen zu beiden Seiten der Mittelmaschen gearbeitet.

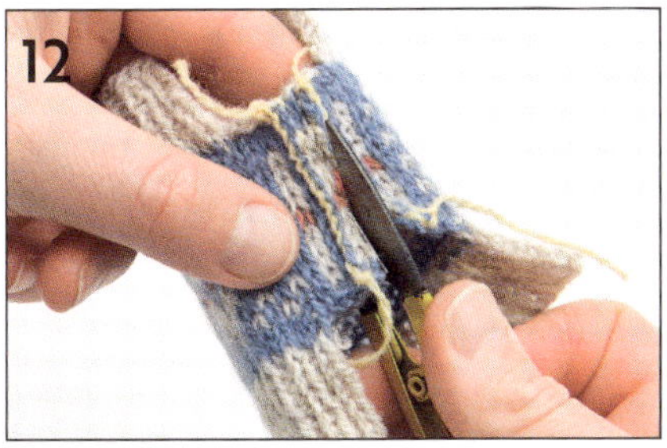

xii Den Steek vorsichtig zwischen den Mittelmaschen aufschneiden. Das ist nicht halb so schlimm, wie es klingt.

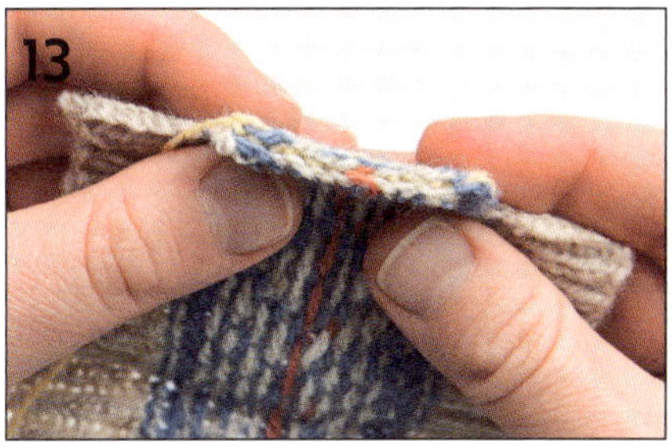

xiii Durch die Häkelmaschen bleiben die Kanten sauber.

TIPP
Manchmal ist es schwierig, zu erkennen, welche Maschenglieder zusammengehäkelt werden sollen. Dann oben nachsehen, wo die Maschen unterschiedliche Farben haben. Wenn klar ist, unter welche Maschenglieder man dort die Häkelnadel einstechen muss, folgt man ihnen einfach bis ganz nach unten, an den Anfang des Steeks.

SCHRITT FÜR SCHRITT ANLEITUNG FÜR EINEN STEEK OHNE VERSTÄRKUNG

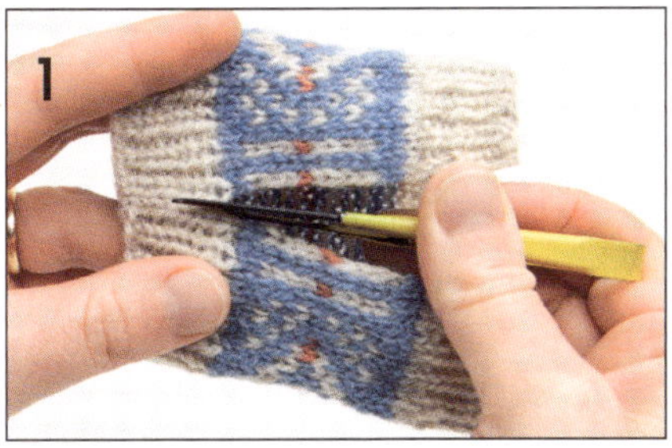

i Bei einer rauen Shetlandwolle muss man den Steek nicht verstärken, sondern schneidet ihn einfach auf.

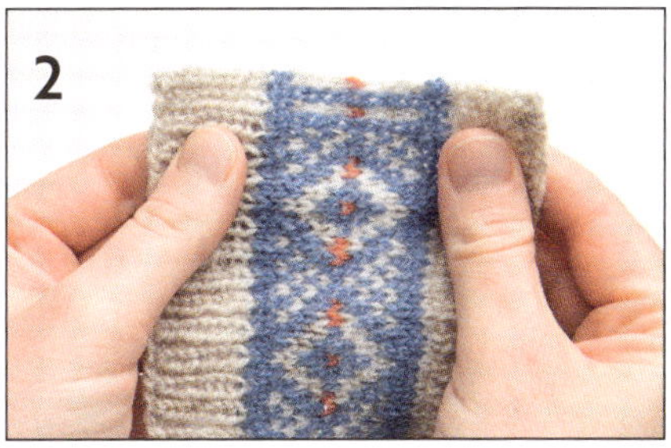

ii Die Schnittkante ist erstaunlich stabil – Gestricktes geht zur Seite nicht so einfach auf, wie man glaubt.

SCHRITT FÜR SCHRITT ANLEITUNG FÜR DAS VERSÄUBERN DER STEEKKANTE

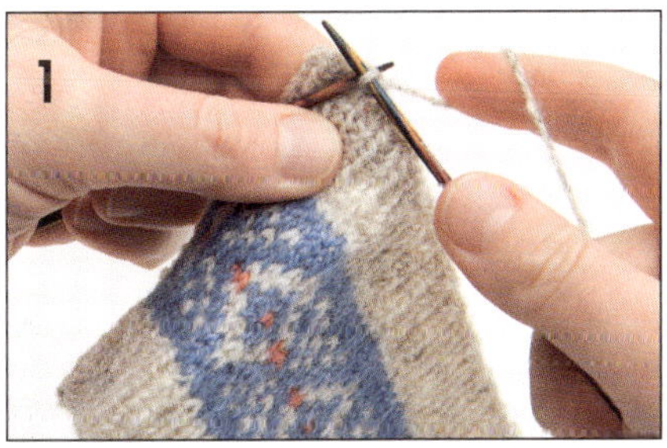

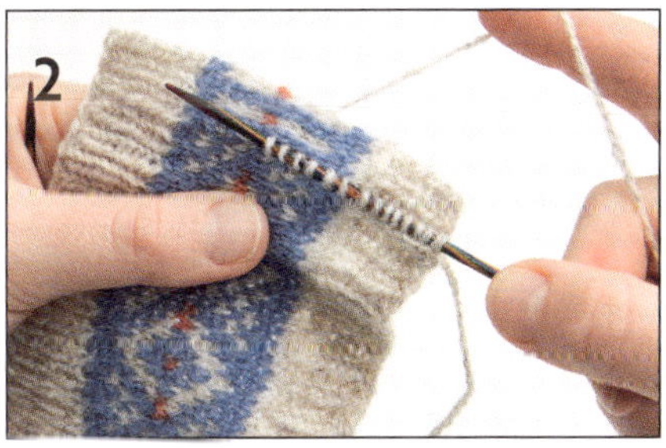

i Zwischen der letzten Steek- und der ersten Mustermasche, wie angegeben Maschen aufnehmen (1 & 2).

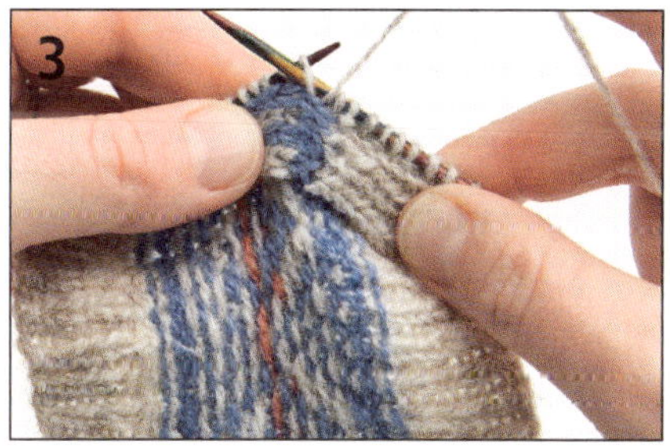

ii Die Kante laut Anleitung stricken (oft werden an einen Steek am Hals oder dem Armloch Rippen gestrickt).

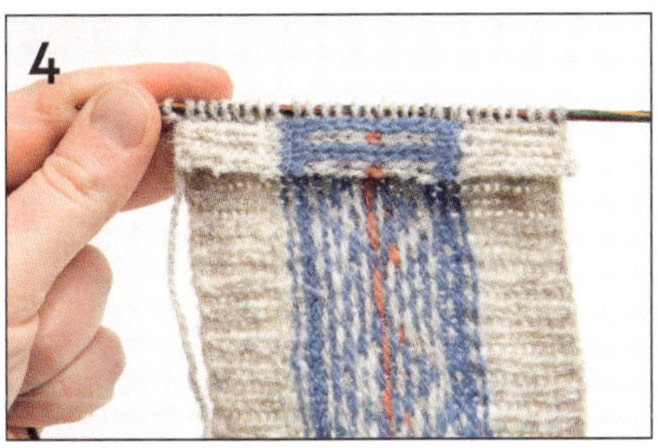

iii Beim Bearbeiten der Kante klappt der Steekrand von selbst nach hinten.

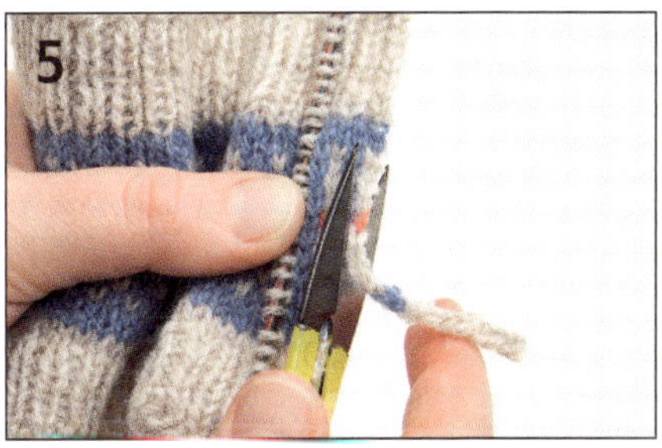

iv Wenn man möchte, kann man die Steekkante zurückschneiden.

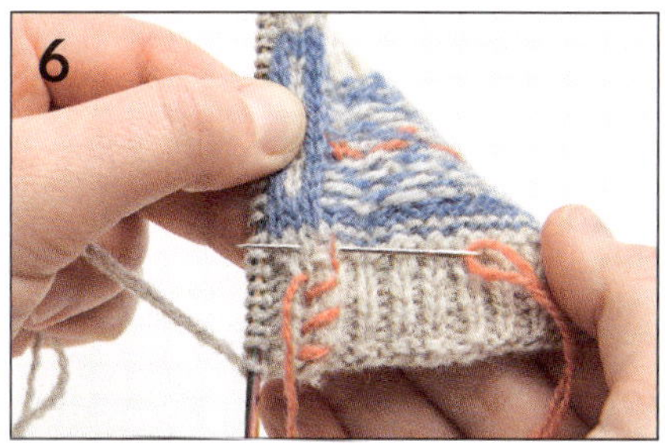

v Die Steekkante kann mit Überwendstichen gesichert werden, wenn gewünscht.

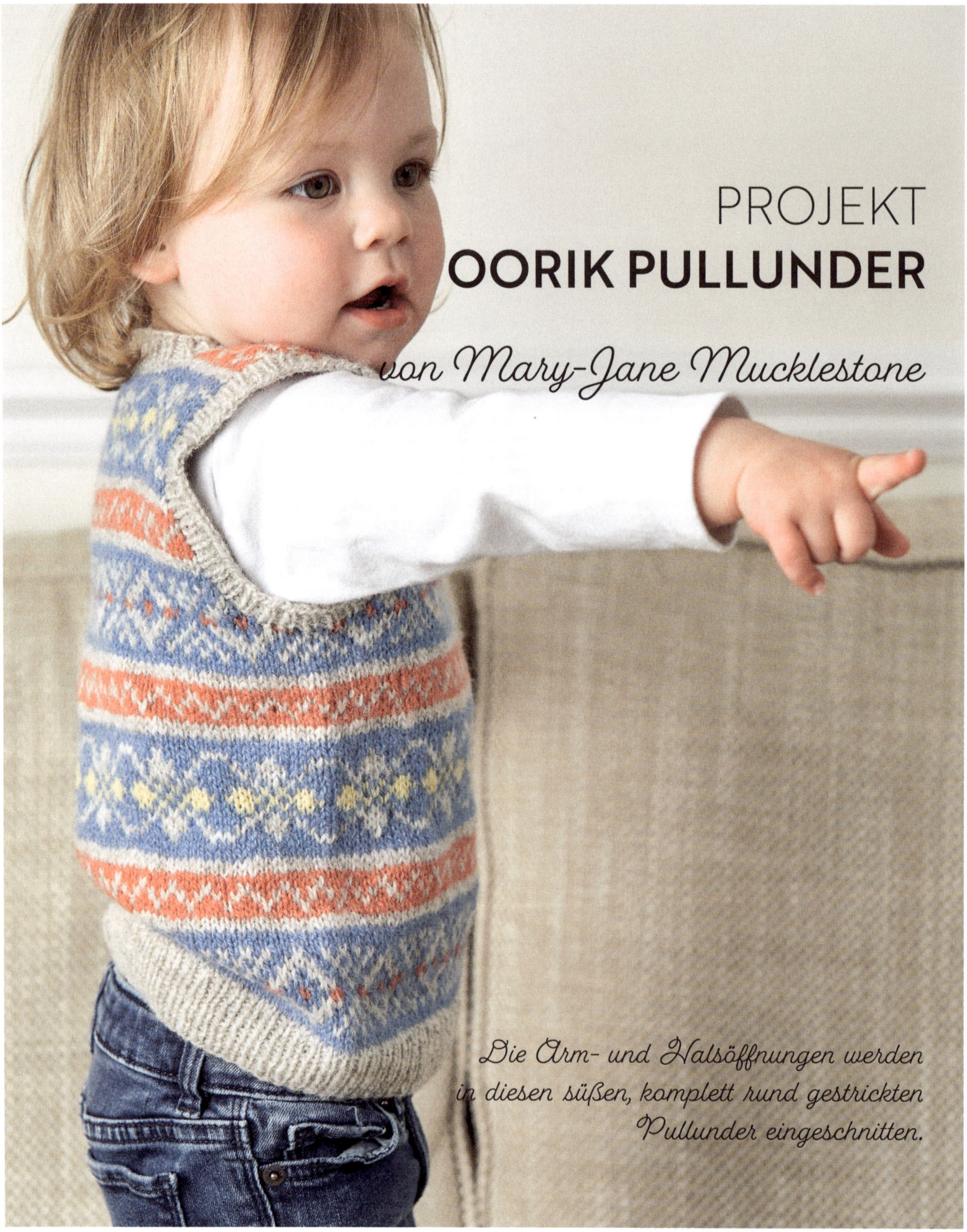

PROJEKT
OORIK PULLUNDER

von Mary-Jane Mucklestone

Die Arm- und Halsöffnungen werden in diesen süßen, komplett rund gestrickten Pullunder eingeschnitten.

GRÖSSEN
Alter: 6 (12, 24) Monate
Für Brustumfang: 43 (48, 53) cm
Brustumfang des Pullunders: 48 (53, 57,5) cm
Länge insgesamt: 29 (31,5, 34) cm
Länge bis zum Armloch: 19 (21, 21) cm
Armlochtiefe: 10 (10,5, 13) cm
Nackenausschnitt: 8,5 (9, 9) cm
Auf dem Foto in der größten Größe.

WOLLE
Jamieson & Smith Shetland Supreme Jumper Weight (100% Shetland wool; 172m pro 50g Knäuel)
Farbe A: Gaulmogot (2006); 1 x 50g Knäuel alle Größen
Jamieson & Smith 2ply Jumper Weight (100% Shetland wool; 115m pro 25g Knäuel)
Farbe B: Farbnr. FC15; 1 (1, 2) x 25g Knäuel
Farbe C: Farbnr. 9144; 1 x 25g Knäuel alle Größen
Farbe D: Farbnr. 66; 1 x 25g Knäuel alle Größen

NADELN UND ZUBEHÖR
2,5mm Rundnadel, 40cm lang oder Ihre Lieblingsnadel zum Rundstricken
3,25mm Rundnadel, 40cm lang oder Ihre Lieblingsnadel zum Rundstricken
Maschenmarkierer in unterschiedlichen Farben
Maschenhalter oder Wollrest
Stopfnadel
Stecknadeln zum Spannen
Eine scharfe Schere
1 Häkelnadel ähnlicher Stärke wie die Hauptstricknadel für eine gehäkelte Verstärkung (wenn gewünscht)

MASCHENPROBE
25 M und 30 Rd = 10cm im glattrechten Fair-Isle-Muster auf 3,25mm Nadeln, gewaschen und gespannt

ABKÜRZUNGEN
Eine Liste aller Abkürzungen findet sich am Ende des Buches.

MASCHENPROBE
An einer kleinen Maschenprobe kann man das Aufschneiden des Steeks ausprobieren, bevor man den gesamten Pullunder strickt, und gleichzeitig auch, ob man die passende Maschenprobe erreicht.
Mit A und dickeren Nadeln 57 M anschlagen. Zur Rd schließen, darauf achten, die M nicht zu verdrehen, den Rd-Beginn markieren.
Rd 1: R 1 von Strickschrift A stricken.
Weiter nach Strickschrift A arbeiten, bis R 15 beendet ist.
Alle M abketten.
Nach der Fotoanleitung eine Verstärkung für den Steek anhäkeln (wenn gewünscht) oder den Steek einfach an der Mittel-M (am Rd-Beginn) aufschneiden.

TECHNIKEN
Siehe Januar (S. 101) zur Farbdominanz beim Fair Isle Stricken.

MASCHEN AUFSCHLINGEN
*Den Faden von vorn nach hinten um den linken Daumen legen und in der Handfläche festhalten. Die Nadel nach oben durch den Faden auf dem Daumen stechen. Die Schlaufe vom Daumen auf die rechte Nadel schieben und anziehen. Ab * bis zur gewünschten M-Zahl wdh.

STREIFENMUSTER FÜR DIE STEEKS
Die Steek-M in jeder Rd als Längsstreifen stricken [1M re in Hintergrundfarbe, 1M re in Vordergrundfarbe] 2 Mal, [1M re in Vordergrundfarbe, 1M re in Hintergrundfarbe] 2 Mal. Dadurch entsteht eine klare Mittellinie aus 2 M in der Vordergrundfarbe, als Aufschnittkante und eine klare, unauffällige Kante in der Hintergrundfarbe, um die Bündchen daraus aufzunehmen.

ANMERKUNG ZUR ANLEITUNG
Der Körper wird von den Schultern nach unten komplett in Runden gestrickt, die Armlöcher und der vordere und hintere Halsausschnitt werden mit Steeks gearbeitet. Für die 1M re, 1M li Rippenbündchen werden Maschen aufgenommen. Man kann den Pullunder durch mehr Musterreihen verlängern, bevor man für die Steeks anschlägt

ANMERKUNG ZUR STRICKSCHRIFT
Alle Strickschriftreihen von rechts nach links lesen.

SCHLÜSSEL

- ☐ Mit A (Gaulmogot); rechts
- Mit B (FC15); rechts
- Mit C (9144); rechts

STRICKSCHRIFT A MASCHENPROBE

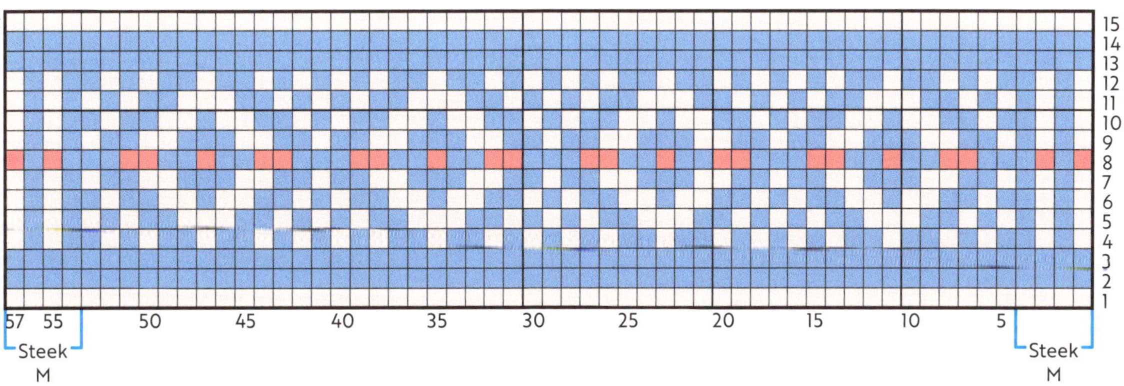

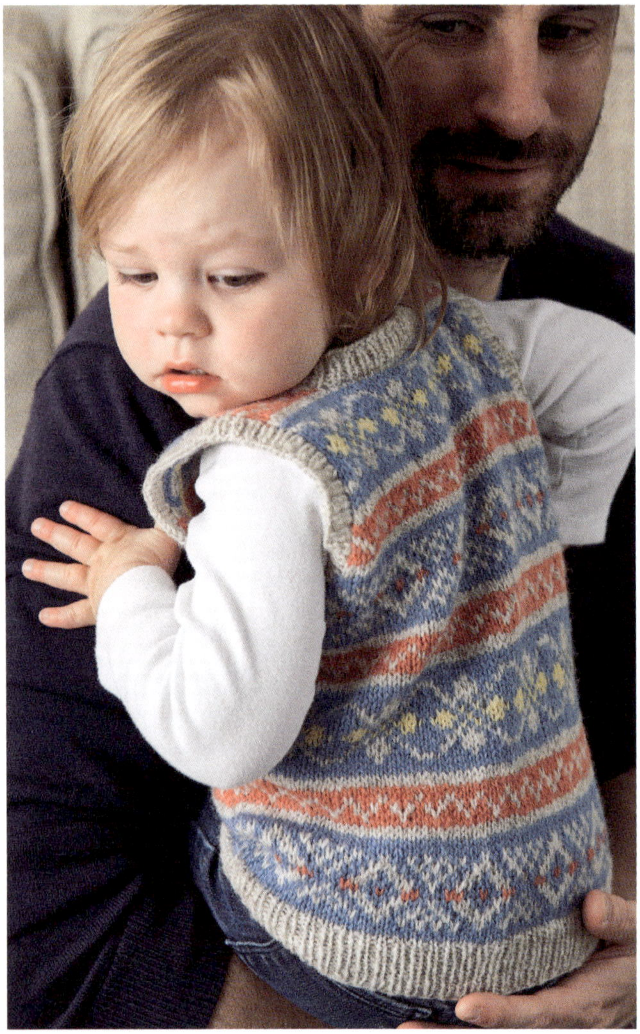

PULLUNDER

KÖRPER

1 ANSCHLAG UND RIPPEN

Auf den dünneren Nadeln mit Farbe A 120 (132, 144) M anschlagen. Zur Rd schließen, darauf achten, die M nicht zu verdrehen. Den Rd-Beginn markieren.

Rd 1: *1M re, 1M li; ab * bis Rd-Ende wdh.

Im 1M re, 1 M li Rippenmuster 3,5cm stricken.

2 FAIR ISLE STRICKSCHRIFT

Auf dickere Nadeln wechseln und wie folgt Strickschrift B (C, D) stricken:

Rd 1: [die 12 M der 1. R von Strickschrift B (C, D)] 10 (11, 12) Mal wdh.

Weiter im Muster laut Strickschrift B (C, D) stricken, bis R 46 (6, 6) 1 Mal (2 Mal, 2 Mal) beendet wurde (46 (52, 52) Muster-Rd). Fäden abschneiden.

3 STEEKS, ARMLÖCHER UND HALSAUSSCHNITT BEGINNEN

Das Muster von Strickschrift B (C, D) weiter korrekt arbeiten (so dass die Motive trotz Abnahmen korrekt übereinander liegen). Alle Steek-M aufschlingen, dann immer wie folgt stricken: [1 M re in Hintergrdfarbe, 1 M in Vordergrdfarbe re] 2 Mal, [1M in Vordergrdfarbe re, 1 M in Hintergrdfarbe re] 2 Mal. Wenn in einer Rd nur eine Farbe benutzt wird, die 8 Steek-M damit re stricken.

NUR GRÖSSE SMALL

Nächste Rd: Den MM für den Rd-Beginn entfernen, die nächsten 3 M stilllegen, mit Farbe A 4 Steek-M anschlagen, MM setzen, 26 M im Muster, die nächste M auf einem M-Halter oder MM stilllegen (vordere Mittel-M), 8 Steek-M anschl, MM setzen, 26 M im Muster, MM setzen, die nächsten 7 M für den Unterarm stilllegen, 8 Steek-M anschl, MM setzen, 53 M im Muster, die letzten 4 M auf demselben M-Halter wie die ersten 3 stilllegen, MM setzen, 4 Steek-M, MM für den Rd-Beginn setzen. *105 Körper-M und 2 Gruppen von 7 stillgelegten Unterarm-M; je 26 M für jedes Vorderteil und 53 Rückenteil-M; plus 3 Steeks mit je 8 M.*

NUR GRÖSSE MEDIUM UND LARGE

Nächste Rd: Den MM für den Rd-Beginn entfernen, die nächsten – (3, 4) M stilllegen, C mit einer Grundschlinge dazunehmen und weitere 3 Steek-M abwechselnd mit B und C anschl, MM setzen, – (29, 31) M Muster, die nächste M auf einem M-Halter oder MM stilllegen (vordere Mittel-M), 8 Steek-M anschl, MM setzen, (29, 31) M im Muster, MM setzen, die nächsten – (7, 9) M für den Unterarm stilllegen, 8 Steek-M anschl, MM setzen,– (59, 63) M im Muster, die letzten – (4, 5) auf demselben M-Halter wie die ersten– (3, 4) stilllegen, MM setzen, 4 Steek-M anschl, MM setzen für Rd-Beginn. *– (117, 125) Körper-M und 2 Gruppen von – (7, 9) stillgelegten Unterarm-M; je – (29, 31) M für jedes Vorderteil und – (59, 63) Rückenteil-M; plus 3 Steeks mit je 8 M.*

SCHNITT

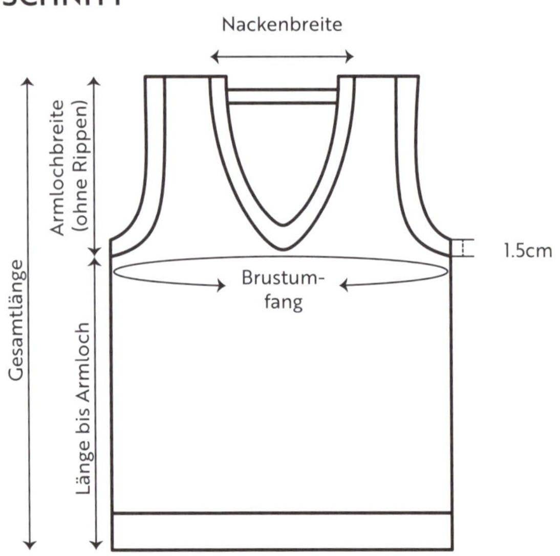

ALLE GRÖSSEN

Die folgenden Schritte durchlesen, aber **NICHT** umsetzen. Dann der Anleitung der jeweiligen Größe folgen, dort steht, wie Schritte A-D gearbeitet werden.

Schritt A (Abn Armlöcher und Hals vorn): *4 Steek-M re, MM, 2M re zus, im Muster bis 2 M vor MM, aaz, MM, 4 Steek-M re; ab * noch 2 Mal wdh. *6 M abgn.*

Schritt B: 4 Steek-M re, [MM, bis MM im Muster str, MM, 8 Steek-M re] 2 Mal, MM, bis MM im Muster str, MM, 4 Steek-M re.

Schritt C (Abn Hals vorn): 4 Steek-M re, MM, bis 2 M vor MM im Muster str, aaz, MM, 8 Steek-M re, MM, 2M re zus, bis MM im Muster str, MM, 8 Steek-M re, MM, bis MM im Muster str, MM, 4 Steek-M re. *2 M abgn.*

Schritt D (Armloch- Abn): 4 Steek-M re, MM, 2M re zus, bis MM im Muster str, MM, 8 Steek-M re, MM, bis 2 M vor MM re, aaz, MM, 8 Steek-M re, MM, 2M re zus, bis 2 M vor MM re, aaz, MM, 4 Steek-M re. *4 M abgn.*

Nur Größe Small: Schritt A 3 Mal. [Schritt B dann Schritt A] 2 Mal. Schritt B dann Schritt C. Schritt B dann Schritt A. [Schritt B 2 Mal, dann Schritt C] 2 Mal. Schritt B 3 Mal, dann Schritt C. *44 M abgn; 61 Körper-M übrig; je 10 M für jedes Vorderteil und 41 Rückenteil-M; plus 3 Steeks mit je 8 M.*

Nur Größe Medium: Schritt A 3 Mal. [Schritt B dann Schritt A] 2 Mal. Schritt B dann Schritt C. Schritt B dann Schritt A. [Schritt B 2 Mal, dann Schritt C] 2 Mal. [Schritt B 3 Mal, dann Schritt C] 2 Mal. *46 M abgn; 71 Körper-M übrig, je 12 M für jedes Vorderteil und 47 Rückenteil-M; plus 3 Steeks mit je 8 M.*

Nur Größe Large: Schritt A 3 Mal. [Schritt B dann Schritt A] 2 Mal. Schritt B dann Schritt C. Schritt B dann Schritt A. Schritt B 2 Mal, dann Schritt C, dann Schritt D. Schritt B dann Schritt C. [Schritt B 3 Mal, dann Schritt C] 2 Mal. *50 M abgn; 75 Körper-M übrig; je 13 M für jedes Vorderteil und 49 Rückenteil-M; plus 3 Steeks mit je 8 M.*

ALLE GRÖSSEN

Schritt B noch 3 (1, 6) Mal wdh. R 25 (33, 38) der Strickschrift B (C, D) ist zweimal beendet.

4 NACKEN

Nächste Rd: 4 Steek-M re, [MM, bis MM im Muster str, MM, 8 Steek-M re] 2 Mal, MM, 10 (12, 13) M im Muster, die nächsten 21 (23, 23) M für den Nacken abk, bis MM im Muster str, MM, 4 Steek-M re. *40 (48, 52) Körper-M übrig; 4 Gruppen von je 10 (12, 13) Schulter-M; plus 3 Steeks mit je 8 M.*

Nächste Rd: 4 Steek-M re, [MM, bis MM im Muster str, MM, 8 Steek-M re] 2 Mal, MM, im Muster bis zu den abgeketten M, MM setzen, 8 Steek-M anschl, MM setzen, bis MM im Muster str, MM, 4 Steek-M re. *40 (48, 52) Körper-M; 4 Gruppen von je 10 (12, 13) Schulter-M; plus 4 Steeks mit je 8 M.*

Nächste Rd: *4 Steek-M re, MM, bis MM im Muster str, MM, 4 Steek-M re; ab * noch 3 Mal wdh.

Die letzte Rd noch 1 (1, 3) Mal wdh.

Nächste Rd: 4 Steek-M re, [MM entfernen, bis MM im Muster str, MM entfernen, 8 Steek-M abk] 4 Mal (die letzten Steek-M werden über den Rd-MM hinweg abgekettet, der entfernt werden kann). *4 Gruppen von je 10 (12, 13) Schulter-M übrig.*

5 STEEKS VERSTÄRKEN UND AUFSCHNEIDEN

Den Pullunder auf links wenden und wie folgt die Schultern gemeinsam abketten:

Die vorderen Schulter-M auf eine Nadelspitze und die hinteren Schulter-M auf eine zweite Nadelspitze schieben. Mit einer 3. Nadel die 1. M der vorderen und hinteren Nadel re zus. *Die nächsten M von jeder Nadel re zus (2 M auf der rechten Nadel), 1M abk; ab * über die Schulter wdh. Faden abschneiden durch die M ziehen.

Für die zweite Schulter wdh.

Siehe die bebildete Anleitung für das Ausarbeiten der Steeks. Wenn gewünscht, die Steeks durch Häkeln verstärken. Die Steeks vorsichtig zwischen den beiden Mittel-M aufschneiden.

6 BUND AM HALSAUSSCHNITT

Die rechte Seite vorn, mit Farbe A und der dünneren Rundnadel ab der linken Schulternaht 30 (32, 38) M gleichmäßig verteilt vorn zwischen Körper- und Steek-M aufnehmen, die stillgelegte Mittel-M re, diese M markieren, gleichmäßig verteilt 30 (32, 38) M an der rechten Seite bis zur Schulternaht aufnehmen, 3 (3, 5) M aus den abgeketteten Nacken-M aufnehmen, 21 (23, 23) M über der abgeketteten Nackenkante aufnehmen und 3 (3, 5) M bis zur Schulternaht. MM setzen und zur Rd schließen. *88 (94, 110) M.*

Nächste Rd: [1M re, 1M li] 14 (15, 18) Mal, 1M re, mittAbn (den MM entfernen und auf diese Mittel-M setzen), *1M re, 1M li; ab * bis End wdh. *2 M abgn; 86 (92, 108) M übrig.*

Nächste Rd: Im Rippenmuster bis 1 M vor der markierten Mittel-M, mittAbn (den MM entfernen und auf diese Mittel-M setzen), im Rippenmuster bis zum Ende str. *2 M abgn.*

Die letzte Rd noch 4 Mal wdh. *10 M abgn; 76 (82, 98) M.*

Im Rippenmuster abketten.

7 ARMLOCHRÄNDER (BEIDE GLEICH BEARBEITEN)

Mit der rechten Seite vorn, mit Farbe A und der dünneren Rundnadel vom Ende des Unterarms aus gleichmäßig verteilt 28 (31, 36) M bis zur Schulternaht aufnehmen, 1 M in der Schulternaht und 28 (31, 36) M gleichmäßig verteilt bis zum Unterarm aufnehmen, 7 (7, 9) stillgelegte Unterarm-M re. MM setzen und zur Rd schließen. *64 (70, 82) M.*

1M re, 1M li Rippen wie in Schritt 1 über 5 Rd stricken. Alle M im Rippenmuster abk.

8 AUSARBEITEN

Alle Fäden vernähen. Die überflüssigen Steek-M ordentlich abschneiden und auf die Rückseite falten. Wenn gewünscht, die Steekkanten überwendlich festnähen. Den Pullunder 20 Minuten in lauwarmes Wasser mit Wollwaschmittel legen. Überschüssiges Wasser ausdrücken (nicht wringen), zwischen Handtüchern pressen. Den Pullunder flach trocknen lassen. Fadenenden abschneiden.

Strickschrift auf der nächsten Seite

SCHLÜSSEL

- ☐ Mit A (Gaulmogot); rechts
- ☐ Mit B (FC15); rechts
- ☐ Mit C (9144); rechts
- ☐ Mit D (66); rechts

STRICKSCHRIFT D LARGE

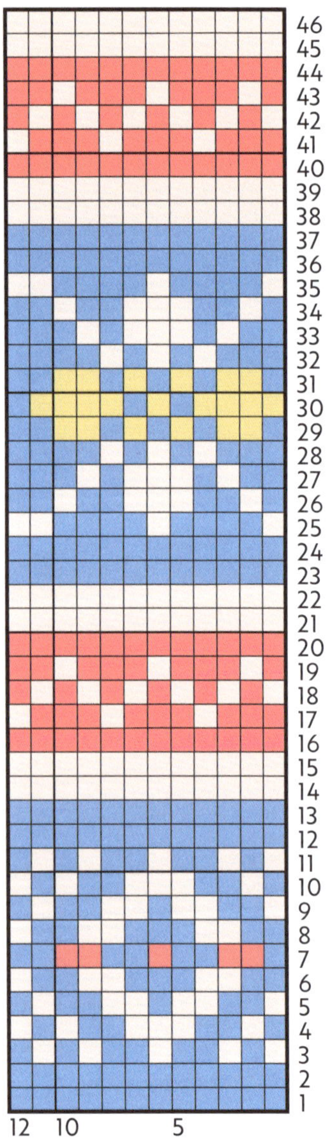

STRICKSCHRIFT C MEDIUM

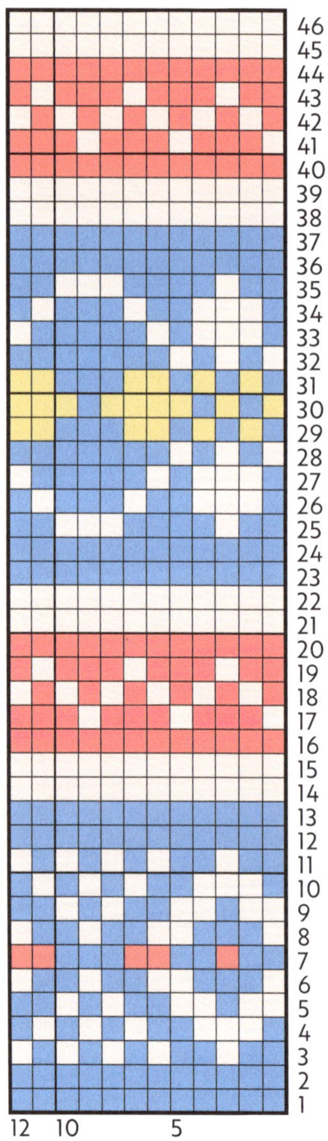

STRICKSCHRIFT B SMALL

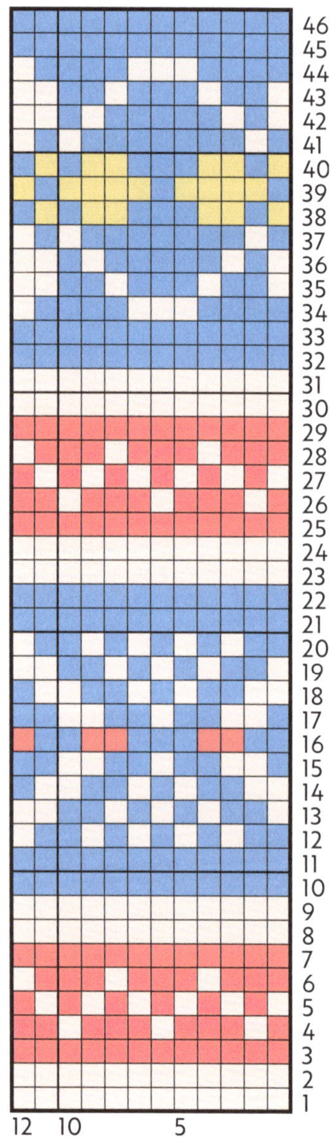

INFORMATIONEN

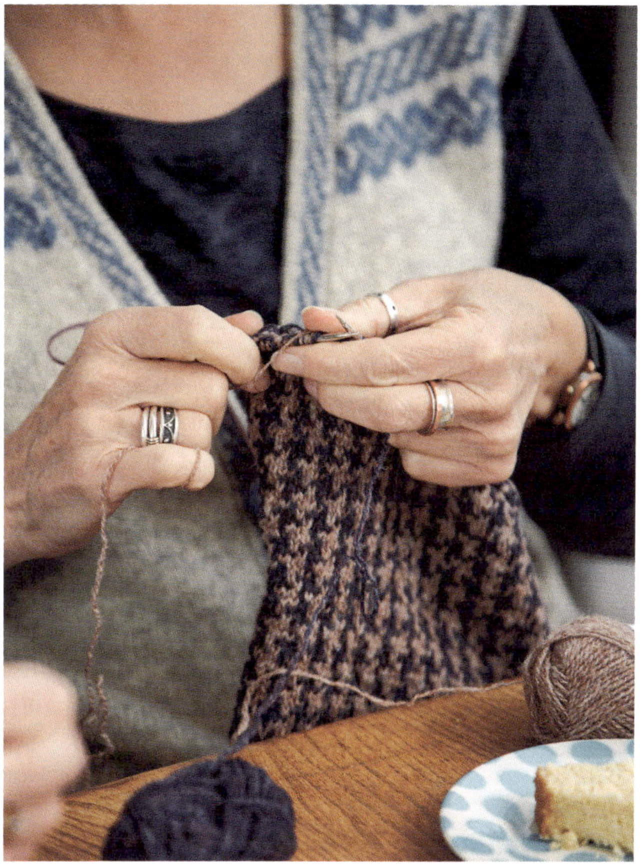

ZUSÄTZLICHE INFORMATIONEN

Ein Buch zur Stricktechnik ganz allgemein hilft bei grundlegenden Fragen.

Anschlagen und Abketten von Leslie Ann Bestor, Stiebner, 2019
Abnehmen und Zunehmen von Judith Durant, Stiebner, 2020
Die Welt der Maschen von Erika Knight, Stiebner, 2016

MASCHENPROBE

Für jedes Projekt ist eine Maschenprobe angegeben. Wenn man die nicht erreicht, sollte man es noch einmal mit dünneren oder dickeren Nadeln versuchen. Die Größe und der Wollverbrauch hängen von der richtigen Maschenprobe ab.

TECHNIKEN

Die folgenden Techniken wurden in diesem Buch benutzt, und diese online Tutorials können hilfreich sein:

MASCHENSTICH BEI GLATTRECHTS
www.woollywormhead.com/grafting/

STRICKKORDEL (I-CORD)
www.purlsoho.com/create/i-cord/

ZOPFEN OHNE ZOPFNADEL
https://ysolda.com/blogs/journal/cabling-without-a-cable-needle

VERSTÄRKUNG FÜR STEEKS NÄHEN
twostrands.com/2015/12/21/top-10-tips-for-machine-sewn-steeks/

STYLING

Die meisten Kleidungsstücke stammen von Boden.
www.boden.co.uk

MATERIAL

Den folgenden Firmen vielen Dank für Wolle:

Fyberspates und Coop Knits *www.fyberspates.co.uk*
Schoppel Wolle *www.schoppel-wolle.de*
Jamieson & Smith *www.shetlandwoolbrokers.co.uk*

Alle Wolle, die in Masterclass Stricken benutzt wurde, führen wir in unserem Onlineshop: **www.acknitwear.co.uk**

WO MAN UNS FINDET

Man kann Jen und Jim hier folgen...

RAVELRY	**JenACKnitwear / VeufTricot**
FACEBOOK	**Arnall-Culliford Knitwear**
INSTAGRAM	**@jenacknitwear / @veuftricot**
TWITTER	**@jenacknitwear / @veuftricot**
YOUTUBE	**JenACKnitwear**
BLOG	**www.acknitwear.co.uk/blog**

HILFE

Sollten Sie Hilfe bei einer der Techniken oder Anleitungen brauchen, kommen Sie in die Knitalong Gruppe auf Ravelry (www.ravelry.com/groups/arnall-culliford-knitwear) oder in The Lounge (forums.masondixonknitting.com). Vielleicht ist Ihre Frage dort bereits beantworten worden, wenn nicht, gibt es dort viele freundliche Stricker, die gern weiterhelfen. Ihre Frage kann auch anderen helfen, also zögern Sie nicht, sie in den Gruppen zu stellen.

VIDEOTUTORIALS

Alle Videotutorials für Masterclass Stricken unter **www.acknitwear.co.uk/a-year-of-techniques-tutorials**.

DAS TEAM

JEN ARNALL-CULLIFORD
Jen ist sehr gefragt als akribische Lektorin von Strickanleitungen, manchmal juckt es sie, selbst etwas zu entwerfen. Sie ist ein wandelndes Lexikon für Stricktechniken und hat alle Anleitungen in diesem Buch geschrieben.

JIM ARNALL-CULLIFORD
Jim ist immer noch erstaunt – Er dachte nicht, dass er nach seinem Chemiediplom Strickanleitungen lektorieren und entwerfen würde! Jim ist der Kopf hinter dem Buchkonzept.

NIC BLACKMORE **Layout und Produktion**
Nic hat das Aussehen und die Atmosphäre von Masterclass Stricken geprägt, da sie zu allen Designaspekten beraten hat. Sie ist auch die beste virtuelle Bürokollegin der Welt.

JESSE WILD **Fotograf**
Wenn Jesse nicht gerade Rad- und Rocklegenden fotografiert, achtet er darauf, dass jede Masche des Strickstücks perfekt ausgeleuchtet ist und filmt unsere Videotutorials. Sein kreativer Blick war unendlich wertvoll. *www.jessewild.co.uk*

SALLY SOMERS **Hauptkorinthenkackerin**
Obwohl sie darauf achtet, dass die Kochbücher des Landes korrekt und klar sind, hat Sally auch Zeit fürs Stricken gefunden und dafür, den Buchtext auf Auffälligkeiten durchzukämmen.

BRISTOL IVY setzt Techniken auf spannende, neue Art ein und erweitert die üblichen Vorstellungen vom Stricken, ohne dabei das umwerfende Endprodukt und den Strickspaß aus den Augen zu verlieren. *www.bristolivy.com*

ELLA AUSTIN ist unglaublich talentiert bei Fair Isle Mustern, die sie oft bei ihren unwiderstehlichen Stricktieren einsetzt. *www.ravelry.com/designers/ella-austin*

ELLA GORDON Shetland Wool Week Patron 2016, ist sowohl für ihre wundervoll gemusterten Designs als auch für ihre große Sammlung von Vintage-Strickstücken bekannt. *ellagordon.wordpress.com*

MARTINA BEHMs Designs sind eine fast magische Mischung aus sehr einfach zu stricken und sehr spannender Konstruktion. *strickmich.frischetexte.de*

MARY JANE MUCKLESTONE genießt den Ruf einer innovativen Spezialistin für Fair Isle Muster, ihr Rundpassenpullover Stopover war im Februar 2016 ein Laufsteghit. *maryjanemucklestone.com*

RACHEL COOPEYs Socken und Accessoires machen Spaß beim Stricken und Tragen, sie sind so fröhlich. *www.coopknits.co.uk*

ROSEMARY (ROMI) HILL beeindruckt mit der Schönheit ihrer Spitzenentwürfe; ihre umwerfende Ästhetik ist unverwechselbar. *www.designsbyromi.com*

SARAH HATTON entwirft schon lang für viele britische Wollhersteller, einige Ihrer Designs sind Klassiker und haben oft schöne Zopf- und Strukturmuster. *www.sarahhatton.com*

TIN CAN KNITS sind berühmt für Anleitungen mit enorm vielen Größen, außerdem für ihre umfassenden Tutorials und farbenfrohen Designs. Tin Can Knits ist das Kreativteam Emily Wessel und Alexa Ludeman. *www.tincanknits.com*

Die außergewöhnlichen Mützenkonstruktionen von WOOLLY WORMHEADs unendlich kreativen und clevereren Entwürfen machen richtig süchtig. *www.woollywormhead.com*

KAY GARDINER und ANN SHAYNE Shayne sind MasonDixon Knitting und haben Masterclass Stricken unterstützt, seit wir sie das erste Mal angemailt haben, ob sie eventuell ein Vorwort schreiben würden. Dass sie bereit dazu waren, hat uns Mut gemacht, ihr Humor und großzügigen Ratschläge waren unheimlich wertvoll. *www.masondixonknitting.com*

DANKSAGUNGEN

Viele Leute haben teil am Erfolg eines Buches, und wir sind allen unsagbar dankbar, die uns dabei geholfen haben. Besonderer Dank gebührt unseren Familien, die uns nicht nur ertragen haben, als wir ständig im Büro geschrieben haben, sondern auch unsere Kinder unterhalten und in letzter Minute mitgemacht haben, damit wir nicht in Wolle ertrinken.

Meine örtliche Strickgruppe bietet immer Unterstützung, Kuchen und Aufmunterung. Danke, nicht nur, weil Ihr immer zuhört, sondern auch, weil wir Euch beim Stricken fotografieren durften.

Vielen Dank an Tabitha Clayson und Simon Morrissey und Ed Arnall-Culliford, weil sie uns in ihren wunderschönen Häusern fotografieren ließen.

Dank an die mutige Sue McGovern, weil sie nicht schreiend davon gelaufen ist, als ich sie bat, mir als Model für die Anleitungen in diesem Buch auszuhelfen und für ihre Geduld.

Unsere zuverlässige Probestrickerin Kim Hobley hat uns dabei geholfen, viele Ideen umzusetzen, danke schön!

Die Knitalongs in unserer Ravelry-Gruppe sind toll, unser Dank gilt Alix, Katherine, Maylin und Nancy für ihren großzügigen Einsatz, um uns in der Gruppe zu helfen.

Jeni Hewlett und Andy Robinson waren nett und geduldig, egal ob es um Ratschläge, Ermutigung oder Wollbestellungen ging. Danke, Euch beiden.

Schließlich gäbe es dieses Buch nicht ohne Kate Davies. Wir sind ihr für den Schubs, es endlich umzusetzen unglaublich dankbar und für die tausend Tipps zu allem möglichen, von Buchhaltungsprogrammen bis zu integrierten Versandetiketten. Danke schön.

ABKÜRZUNGEN

1/1 LPT 1M auf die Zopfnadel vor der Arbeit legen, 1M li, 1M re verschr von der Zopfnadel

1/1 LT 1M auf die Zopfnadel vor der Arbeit legen 1M re verschr, 1M re verschr von der Zopfnadel

1/1 RPT 1M auf die Zopfnadel hinter der Arbeit legen, 1M re verschr, 1M li von der Zopfnadel

1/1 RT 1M auf die Zopfnadel hinter der Arbeit legen, 1M re verschr, 1M re verschr von der Zopfnadel

2/1 LPC 2M auf die Zopfnadel vor der Arbeit legen, 1M li, 2 M re von der Zopfnadel

2/1 RPC 1M auf die Zopfnadel hinter der Arbeit legen, 2M re, 1M li von der Zopfnadel

2/2 LC 2M auf die Zopfnadel vor der Arbeit legen, 2M re, 2M re von der Zopfnadel

2/2 RC 2M auf die Zopfnadel hinter der Arbeit legen, 2M re, 2M re von der Zopfnadel

3/3 RC 3M auf die Zopfnadel hinter der Arbeit legen, 3M re, 3M re von der Zopfnadel

1M doppelt str 1M rechts und rechts verschränkt abstricken (1 M zugenommen)

1 M li zun 1M links neigend zunehmen; mit der linken Nadel von vorn nach hinten den Querfaden anheben, dann durch den hinteren Faden re stricken (1 M zugenommen)

1li M re zun 1 linke Masche rechts neigend zunehmen; von hinten nach vorn mit der linken Nadel den Querfaden anheben und dann durch den vorderen Faden li stricken (1 M zugenommen)

1M re zun 1M rechts neigend zunehmen; von hinten nach vorn mit der linken Nadel den Querfaden anheben und dann durch den vorderen Faden re stricken (1 M zugenommen)

2M li zus 2 Maschen links zusammenstricken (1 Masche abgehommen)

2M re zus 2 Maschen rechts zusammenstricken (1 Masche abgenommen)

3 M re zus 3 Maschen rechts zusammenstricken (2 Maschen abgenommen)

3M überzog zus 1M wie zum Rechtsstricken abheben, 2M re zus, die abgehobene M darüberziehen (2 M abgenommen)

aaz 2 M zusammen wie zum rechts Stricken abheben und rechts verschränkt zusammen stricken (1 M abgenommen)

abh wie zum links Stricken abheben, wenn nicht anders angegeben

abk abketten

abn abnehmen / Abnahme

abgn abgenommen

anschl anschlagen

Beg Beginn einer Runde oder Reihe

Fdn Faden

Fdn hinten Faden hinter der Arbeit

Fdn vorn Faden vor der Arbeit

HinR Hinreihe

IT(y) Fäden wegen Intarsien verdrehen (und den MMy abh); die alte Farbe für die 1. M über die neue halten (und dann den MMy abh); s. Fotoanleitung (S. 19)

li links

M Masche(n)

MM(x/y) Maschenmarkierer (x/y) und MM beim Stricken abheben

mittAbn mittige Abnahme, 2 M wie zum re Zusammenstricken abheben, 1 M re, die beiden abgehobenen M über die M ziehen (2 M abgenommen)

Ndl Nadel(n)

re rechts

RückR Rückreihe

str stricken

U Umschlag (1 Masche zugenommen)

verschr/rev verschränkt, also durch das hintere Maschenglied abstricken

w&w wickeln und wenden; s. Fotoanleitung (S. 76) für w&w oder auch verkürzte Reihen mit Doppelmasche

wdh wiederholen / Wiederholung

Zndl Zopfnadel

zun zunehmen / Zunahme

zugn zugenommen

MASTERCLASS
STRICKEN

Editors	Jen Arnall-Culliford Jim Arnall-Culliford
Tutorials	Jen Arnall-Culliford
Art and Production Editor	Nic Blackmore
Photography	Jesse Wild
Technical Editing	Arnall-Culliford Knitwear Ltd
Copy Editor	Sally Somers
Models	Sue McGovern Jen Arnall-Culliford and Honor

First published in 2017 by Arnall-Culliford Knitwear Ltd Second edition printed in 2018.

Bibliografische Information der Deutschen Nationalbibliothek:
Die Deutsche Nationalbibliothek verzeichnet diese Publikation in der Deutschen Nationalbibliografie; detaillierte bibliografische Daten sind im Internet über http://dnb.de abrufbar.

2. überarbeitete Auflage 2023

© 2021, 2023 der deutschen Ausgabe:
Stiebner Verlag GmbH
Lothstraße 4
80335 München
www.stiebner.com

Übersetzung aus dem englischen:
Christine Heinzius

Cover: Pierre Sick, Stiebner Verlag GmbH, München

Satz und Redaktion der deutschen Ausgabe:
Stefanie Klapetek, Stiebner Verlag GmbH, München

ISBN 978-3-8307-2098-0

Gedruckt bei Balto print, Litauen

Wir produzieren unsere Bücher mit großer Sorgfalt und Genauigkeit. Trotzdem lässt es sich nicht ausschließen, dass uns in Einzelfällen Fehler passieren. Unter www.stiebner.com/errata/2098-0.html finden Sie eventuelle Hinweise und Korrekturen zu diesem Titel. Sollten Sie in diesem Buch einen Fehler finden, so bitten wir um einen Hinweis an verlag@stiebner.com. Für solche Hinweise sind wir sehr dankbar, denn sie helfen uns, unsere Bücher zu verbessern.